U0920932

པ་སྣམ་གྱི་ལོ་རིམ་མེ་ལོང་།

白朗年鉴

2017

（总第1卷）

中共白朗县委员会
白朗县人民政府 主办
中共白朗县委办公室 编

方志出版社
Publishing House of Local Records

图书在版编目（CIP）数据

白朗年鉴. 2017 / 中共白朗县委办公室编. -- 北京：方志出版社，2017.10

ISBN 978-7-5144-2730-1

Ⅰ. ①白… Ⅱ. ①中… Ⅲ. ①白朗县 - 2017 - 年鉴 Ⅳ. ①Z527.54

中国版本图书馆CIP数据核字(2017)第295918号

白朗年鉴（2017）

编　　者：中共白朗县委办公室
责任编辑：王　俊

出 版 人：冀祥德
出 版 者：方志出版社
地址　北京市朝阳区潘家园东里9号（国家方志馆 4 层）
邮编　100021
网址　http://www.fzph.org
发　　行：方志出版社图书经销中心
电话（010）67110500
经　　销：各地新华书店
印　　刷：河南匠心印刷有限公司

开　　本：889×1194　　1/16
印　　张：24
字　　数：443千字
版　　次：2017年10月第1版　　2017年10月第1次印刷
印　　数：001～500册

ISBN 978-7-5144-2730-1　　定价：350.00元

数字白朗 2016

辖区面积：2758.98平方千米

年末常住人口：49080人

地区生产总值：8.61亿元

第一产业：2.3亿元

第二产业：2.8亿元

第三产业：3.5亿元

全社会固定资产总额：10.12亿元

全社会消费品零售总额：1.4亿元

地方公共财政预算收入：2006万元

工业增加值：0.79亿元

招商引资到位资金：1058万元

农牧民人均可支配收入：10575.5元

县委书记　翟　军（2016年6月免）

县委书记　陈　昊（2016年8月任）

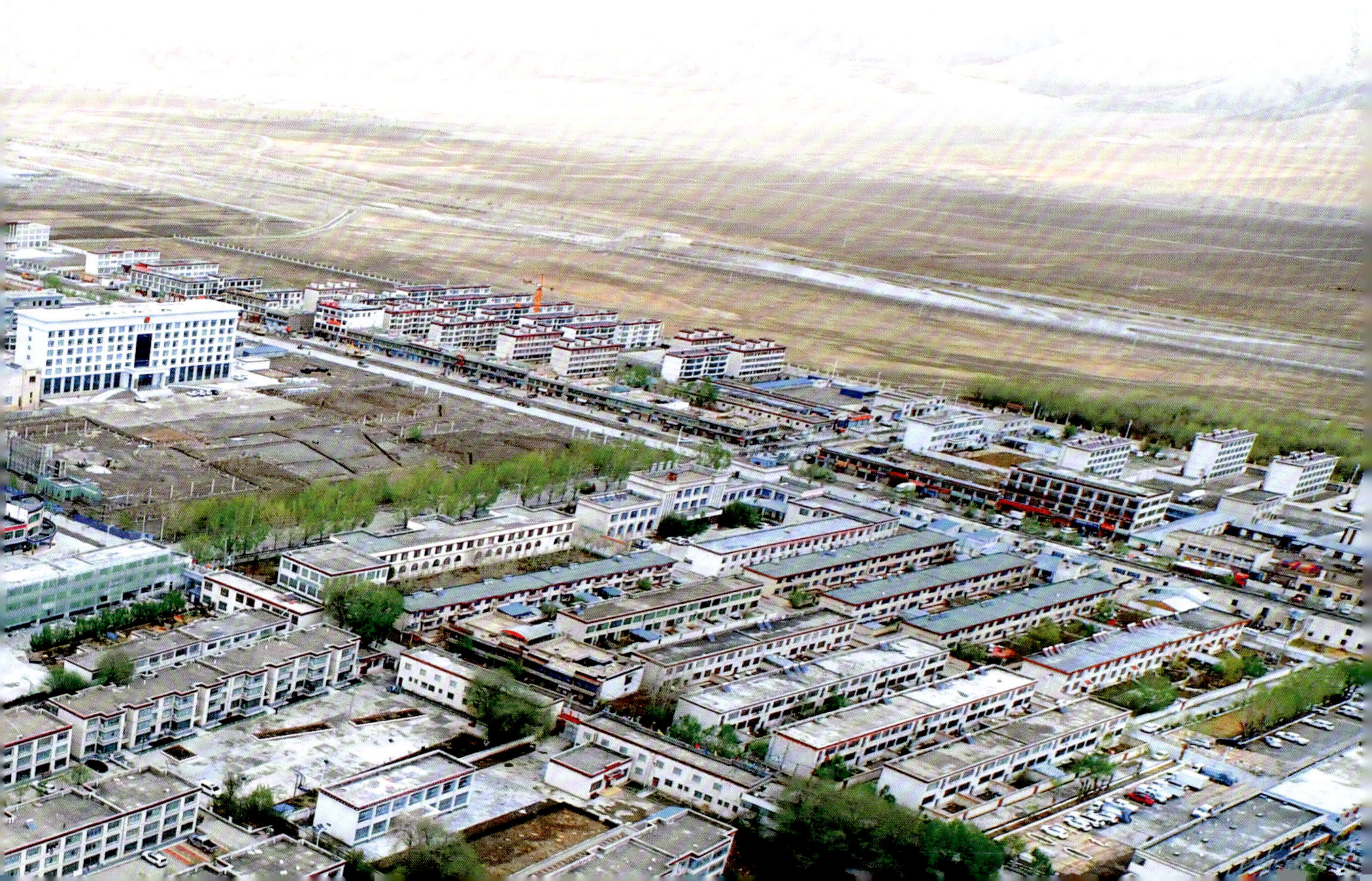

县委副书记、县长　赤列朗杰

济南市第八批援藏干部领队、县委常务副书记　黄晓广

县委副书记、人大常委会党组书记、主任　尼玛顿珠

政协党组书记、主席　普布次旦

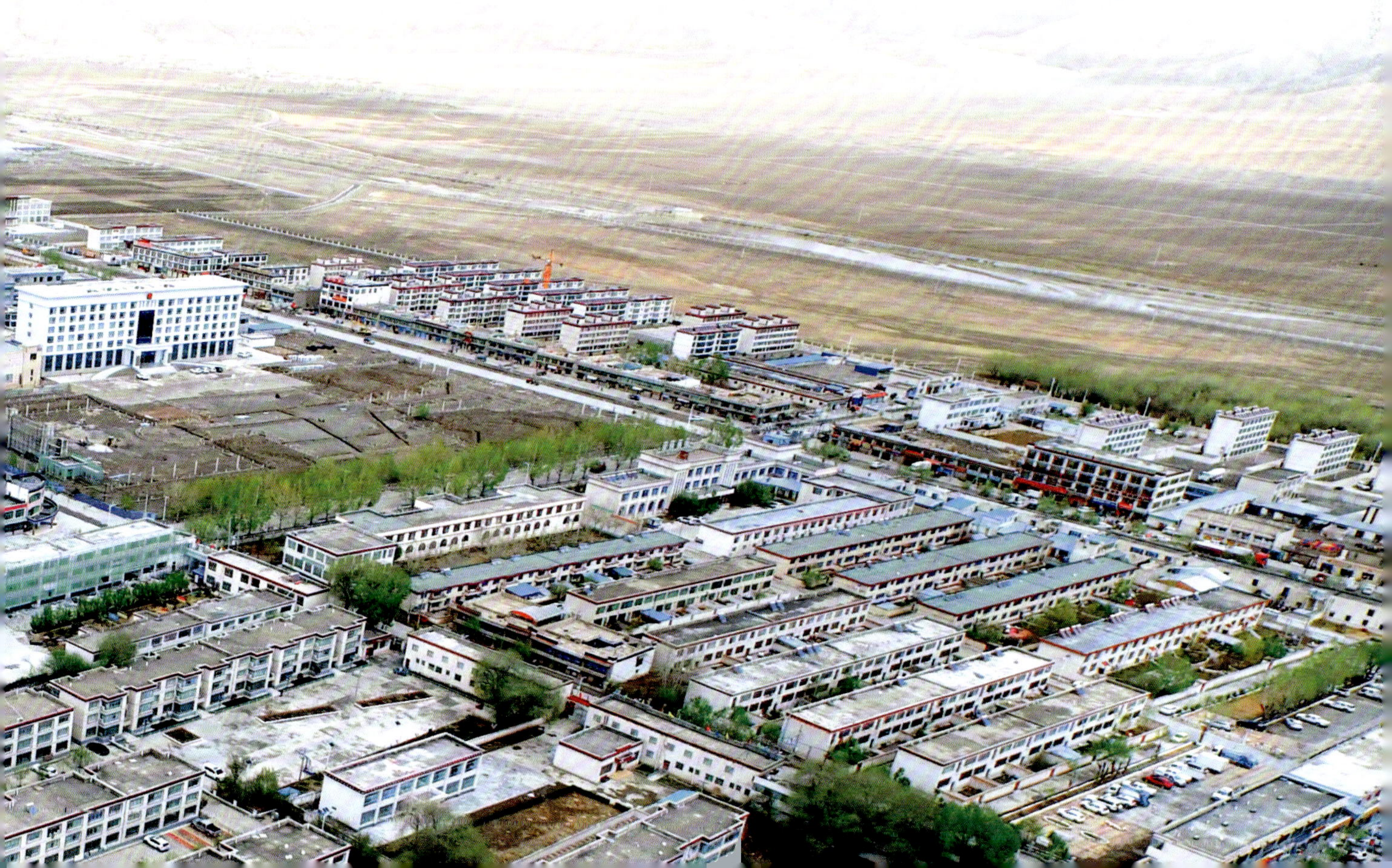

2016年6月8日，西藏自治区党委常务副书记吴英杰（左一）一行到白朗县巴扎乡检查指导工作

2016年7月22日，山东省委常委、组织部部长杨东奇（左一），山东省第八批援藏干部、日喀则市委副书记、常务副市长冯继康（右一）到白朗县看望济南市第八批援藏干部

2016年4月22日，西藏自治区人大常委会副主任维色（左一）到白朗县调研人大工作开展情况

2016年7月16日，西藏自治区人大常委会副主任李文汉（左三）到嘎东镇兴旺传统服饰农民专业合作社检查指导工作

2016年8月24日，西藏自治区政协副主席、自治区工商联主席、总商会会长阿沛·晋源（左二）到白朗县嘎东镇兴旺传统服饰农民专业合作社参观考察

2016年10月21日，日喀则市委书记张延清（左三）到白朗县嘎东镇妇女卓玛传统民族服饰编织厂考察

2016年10月22日，日喀则市委书记张延清（右一）到白朗县曲奴乡检查指导工作

2016年11月8日，日喀则市委副书记、市长刘虎山（右二）到白朗县曲奴乡开展精准扶贫结对帮扶慰问活动

2016年8月11日，中组部组织二局副巡视员苏金鑫（右四）到白朗县检查指导县、乡领导班子换届工作

2016年8月21日，中华人民共和国人力资源和社会保障部农保司司长刘从龙（左三）到白朗县人社局检查指导工作

2016年7月12日，西藏自治区妇联主席江措拉姆（中）到嘎普乡调研“妇女之家”建设工作情况并召开座谈会

2016年7月28日，西藏自治区农牧厅党组书记高巴松（前排右二）到白朗县巴扎乡检查“藏青2000”种子田建设情况

2016年12月8日，西藏自治区科技厅厅长赤列旺杰（右五）一行到白朗县调研

2016年12月2日，西藏军区纪委书记郭岚（右一）到白朗县人民武装部检查指导工作

2016年9月2日，济南市委常委、宣传部部长谭延伟（前排左一）到白朗县考察援藏项目及看望慰问援藏干部

2016年12月1日，西藏自治区财政厅副厅长孙金玲（右二）到白朗县脱贫攻坚指挥部检查指导工作

2016年4月25日，西藏自治区司法厅副厅长于续文（左一）到白朗县司法局调研社区矫正工作

2016年6月19日，西藏自治区农牧厅副厅长顿吉（左一）到白朗县玛乡贫困户家中调研

2016年11月4日，西藏自治区安全厅第五总队政委李胜（右四）到白朗县进行综治考评

2016年12月13日，西藏自治区总工会党组成员、副主席边巴次仁（左二）到白朗县总工会检查指导工作

2016年3月18日，西藏自治区政法委副秘书长、综治办副主任、护路办主任格桑罗布（中）到白朗县铁路沿线考察营房选址

2016年5月23日，自治区党委改革办专职副主任汪晓冬（前排左二）在康桑农产品有限公司调研青稞产业龙头企业

2016年8月26日，中国农业银行西藏分行副行长刘永胜（中）、市政府副市长巴桑（右四）出席白朗县农村土地经营权试点颁证暨土地经营权抵押贷款发放仪式

2016年3月11日，日喀则市检察院党组书记、检察长旦增（右三）到白朗县检查指导法治宣传工作

2016年12月13日，县委书记陈昊到者下乡参加灾后重建易地搬迁乔迁仪式

2016年4月26日，县委副书记、县长赤列朗杰到嘎东镇检查砂场整治情况

2016年6月26日，白朗县举行济南市第八批援藏干部欢迎仪式

2016年9月1日，中国共产党白朗县第九次代表大会召开

2016年9月3日，中国人民政治协商会议第二届白朗县委员会第一次会议召开

2016年9月4日，白朗县第十三届人民代表大会第一次会议开幕

《白朗年鉴（2017）》培训会

2016年5月28日，白朗县2016年度采摘节品种展示

白朗县育苗中心

白朗县育苗中心——立体种植

编辑说明

一、《白朗年鉴》自2017开始编纂，每年出版1卷，2017年卷为第1卷。

二、《白朗年鉴》以马克思列宁主义、毛泽东思想、邓小平理论、“三个代表”重要思想、科学发展观和习近平新时代中国特色社会主义思想为指导，始终坚持“实事求是、质量第一、存史资政、服务大众”的办鉴宗旨，全面、系统、翔实地记述白朗县上一年度政治、经济、文化、社会等各项事业的基本情况，为社会各界与国内外人士了解和研究当今白朗县提供翔实资料。

三、《白朗年鉴》分为正文与彩页两部分。正文采取分类编辑法，以类目、分目、条目为主要框架结构，个别包含多方面资料的条目，则在段落间加插楷体标题提示，方便读者查阅全书。

四、《白朗年鉴（2017）》载录白朗县2016年经济社会发展的基本资料，设有特载、援藏工作、综述、大事记、政治、武装、法治、经济管理、社会事业、城市建设・环保、交通・通信、金融、乡（镇）概况、附录等内容，通过这些内容，可以为人们了解白朗县、认识白朗县提供一个全新的窗口。

五、《白朗年鉴》的编辑宗旨，在于求真务实，力求真实生动地反映白朗县在改革开放和现代化建设中取得的崭新成就。

六、《白朗年鉴》所提供的内容和数据，分别来自于白朗县各有关部门和乡（镇）人民政府，经各级领导审核，但由于口径与统计方法不同，恐有不一致之处，但使用时应以县统计局提供的数据为准。

《白朗年鉴》编辑部

2017年10月8日

《白朗年鉴》编纂委员会

《白朗年鉴》编辑部

目 录

特 载

援藏工作

援藏工作

综 述

白朗县概况

大事记

政 治

中共白朗县委员会

白朗县人民代表大会常务委员会

白朗县人民政府

中国人民政治协商会议白朗县委员会

中共白朗县纪律检查委员会（监察局）

中共白朗县委办公室

白朗县人民代表大会常务委员会办公室

白朗县人民政府办公室

中国人民政治协商会议白朗县委员会办公室

中共白朗县委组织部（编办）

中共白朗县委宣传部

中共白朗县委统战部

中共白朗县委政法委员会

白朗县总工会

共青团白朗县委员会

白朗县妇女联合会

中共白朗县委党校

武 装

白朗县人民武装部

白朗县公安消防大队

武警白朗县中队

法 治

白朗县公安局

白朗县人民检察院

白朗县人民法院

白朗县司法局

经济管理

白朗县发展和改革委员会

白朗县财政局

白朗县国土资源局

白朗县商务局

白朗县安全生产监督管理局

白朗县国家税务局

白朗县工商行政管理局

白朗县旅游局

社会事业

白朗县民政局

白朗县人力资源和社会保障局

白朗县民族宗教事务局

白朗县卫生局

白朗县人民医院

白朗县文化广播电影电视局

白朗县农牧局

白朗县扶贫开发领导小组办公室

白朗县重点产业发展领导小组办公室

白朗县林业局

白朗县水利局

白朗县科学技术局

白朗县教育（体育）局

城市建设·环保

白朗县住房和城乡建设局

白朗县环境保护局

交通·通信

白朗县交通运输局

中国邮政集团公司西藏自治区白朗县邮政分公司

中国电信集团公司白朗县电信局

中国移动通信集团西藏有限公司白朗县分公司

金　融

中国农业银行股份有限公司白朗县支行

乡（镇）概况

洛江镇

嘎东镇

巴扎乡

玛 乡

旺丹乡

曲奴乡

杜琼乡

强堆乡

嘎普乡

者下乡

东喜乡

附 录

彩页目录

特 载

锐意打造高原现代特色农牧产业强县 为全面建成小康社会而努力奋斗

——在中国共产党白朗县第九次代表大会上的报告

县委书记 陈 昊

（2016 年9月1日）

（节选）

过去五年的总结回顾

五年来，我们紧紧围绕中国共产党白朗县第八次代表大会确定的发展战略和目标任务，抢抓机遇，开拓进取，实现了经济建设和各项社会事业全面进步。

综合实力明显增强。相比2010年，2015年全县生产总值达到7.77亿元，增长77.7%，年均增长12.3%；全社会固定资产投资完成5.63亿元，增长176.9%，年均增长22.6%；社会消费品零售总额达到1.17亿元，增长129.4%，年均增长17.9%；地方财政收入达到1515万元，增长136%，年均增长18.7%；农村居民人均可支配收入达到9608元，增长117.8%，年均增长16.8%；城镇登记失业率控制在2%以内，经济社会发展成果显著。

主导产业蓬勃发展。大力发展蔬菜产业，全县蔬菜大棚达到5428座，露天蔬菜种植面积突破1万亩，蔬菜产量达到1.26亿斤，销售收入达1.44亿元，对全县农牧民人均纯收入的贡献率达22.4%。大力发展青稞产业，积极推动青稞产业向“种子产业”转变，推广良种种植9万亩，优质青稞产量达到8700万斤，并建成了全区最大的“藏青2000”良种基地。大力发展农区畜牧业，以标准化、规范化的养殖方式为引领，全县牲畜出栏9.8万头（只、匹），出栏率达35%，奶牛良种覆盖率达50%。大力发展传统手工业，手工业企业达144家，五年实现产值1.98亿元。

基础设施日渐完善。累计完成全社会固定资产投资22.66亿元，实施水利、交通、能源等项目430

个，投资对经济增长的贡献率达到36.5%。大力推进农田水利建设，全县农田灌溉面积达12.3万亩，占总播种面积的96%以上。大力实施交通工程，乡村通畅率达100%，乡镇通达率达60%以上。大力实施通讯、通邮、通网工程，乡镇通邮率、通网率达100%，乡村通话率达100%。大力推进新农村建设，全面改善生产生活条件，改造民居3896户，农村饮水安全人口覆盖率达100%。大力推进县城建设，投资6500万元，不断完善城市服务功能，县城承载能力显著提升。

社会事业全面进步。大力发展教育事业，“两基”攻坚和义务教育均衡发展顺利通过国家验收，办学条件显著改善，“双语”教育和初中毕业率（升学率）分别达到64%、80%（100%）。大力发展文化事业，积极推进县文化活动中心、广播电视站、乡镇文化站、农家书屋、寺庙书屋建设，基层文化设施不断完善，丰富了农牧民业余文化生活。大力发展科技事业，科技对农牧业增收和国民经济增长的贡献率分别达43%和40%。大力发展卫生事业，优化公共卫生服务体系，深入推进医疗机构标准化建设，疾病预防控制、妇幼保健、城乡居民健康体检等工作成效显著，农牧民新型农村合作医疗参保率达99%以上。大力完善社会保障体系，新型农村社会养老保险参保率达98%，孤儿集中收养率达61.5%，“五保户”集中供养率达100%。全力推进扶贫开发、灾后恢复重建和就业再就业等工作，构筑起完善的困难群众“保护网”。

党的建设不断加强。认真落实全面从严治党主体责任，大力提升党建工作科学化水平。狠抓思想政治建设，扎实开展党的群众路线学习教育实践活动和“三严三实”等专题教育，全面提高党员干部的思想政治素质；严格执行《党政领导干部选拔任用工作条例》，注重把优秀人才向乡镇倾斜，提拔干部220名、交流干部305名，进一步优化了领导班子结构，同时，完善议事规则、坚持民主集中制，提高了各级领导班子的领导水平；建立健全《干部职工管理制度》等规定，不断加强干部日常管理，培训党员干部2.5万人次，提升了干部队伍整体战斗力；创新“党建20有”等一系列载体，深化推进创先争优强基础惠民生活动，不断增强基层党组织的凝聚力和战斗力，创树了全市基层党建新标杆。全面落实“一岗双责”，强化责任担当，完善责任体系；建立《白朗县政府采购管理办法》《“三公”经费管理办法》等制度，全面堵塞制度漏洞，不断加强权力运行监督；坚决整治“慵懒散浮”等干部作风问题，依法依纪处分干部职工28人，为经济社会发展营造了良好政治生态。加强党对人大、政协工作的领导，全力做好武装、统战、工青妇、老干部等工作，全面凝聚了改革发展稳定的强大合力。

援藏工作成果丰硕。济南市委、市政府高度重视，坚持“输血”和“造血”相结合，不断加大援建力度，不断深化拓展援藏领域，丰富和深化了新时期对口援藏工作内涵。五年来，两批援藏干部不畏艰难、扎根白朗、倾情奉献，累计投入1.9亿元，实施援藏项目42个，涵盖了经济发展、城市建设、民生事业、社会稳定等诸多方面，加快了白朗县经济社会建设步伐；先后选派30余名技术援藏干部在我县开展技术援藏工作，在解决白朗技术“缺口”的同时，通过传帮带积极推进人才队伍“本土化”；先后组织多批干部和专业技术人员到内地学习培训，提高队伍素质；引进内地先进的发展和管理理念，引导白朗干部群众解放思想，转变发展观念，增强了白朗县自主发展能力，为白朗各项事业做出了卓越贡献，谱写了民族团结新篇章。

同志们，过去的五年，是我们团结一心、干事创业、政通人和的五年，是我们解放思想、积极探索、开拓创新的五年，是我们抢抓机遇、夯实基础、增强后劲的五年。我们取得的辉煌成就，无不凝聚着全县各族党员干部群众的心血和汗水，无不凝聚着社会各界的关心和支持。在此，我代表中国共产党白朗县第八届委员会，向全县广大党员干部群众及关心支持白朗改革发展稳定的各级领导、各界朋友，表示衷心的感谢！

今后五年的主要工作

“十三五”时期，是全面建成小康社会的攻坚决胜期，也是对白朗县长远发展具有决定性影响的战略机遇期。我们必须清醒地认识到，我们承担的任务十分繁重：全面建成小康社会，是中央既定的重大部署，是人民群众的殷切期盼，是必须实现的刚性目标，是一项艰巨复杂的综合性工程。我们必须清醒地认识到，我们面临的挑战十分严峻：与全面建成小康社会的要求相比，我县经济社会发展整体水平还很低，特别是产业还未真正做大做强，自我发展能力还较差，区域不平衡问题仍然突出。我们必须清醒地认识到，我们面临的宝贵机遇前所未有：中央对西藏实施了一系列特殊优惠政策，特别是针对扶贫产业、基础设施建设等实施了诸多特殊财税金融政策，我们只要利用好这些政策，就可以对全县城乡整体规划，超前建设，全面改善，实现跨越发展；西藏和日喀则市正处于大建设大发展时期，对各项事业的投入大幅增长，尤其是市委、市政府已经作出投资10多亿元把白朗蔬菜打造成为百亿级产业的重大决策，产业发展将全面提速升级，为富民强县提供根本保证；同时，随着全面深化改革进程的推进将不断释放出体制机制优势和政策红利，为我们增添强大的动力和无穷的活力。面对壮丽澎湃的时代大潮，面对全县四万八千人民的迫切期待，我们别无选择，只能乘势而上，真抓实干，奋发有为，创造无愧于时代和人民的业绩。

今后五年我们的奋斗目标是：到2020年，全县生产总值达17.5亿元，年均增长18%以上；地方一般公共财政预算收入达5000万元，年均增长27%以上；全社会固定资产投资达17.1亿元，年均增长25%以上；农牧民人均收入达2.15万元，年均增长17.5%以上；基本公共服务指标达到西部地区平均水平，基础设施全面改善，生态文明建设取得显著成效，自我发展能力明显增强，社会局势持续长期全面稳定，建成安居乐业、保障有力、民族团结、家园秀美、文明和谐的小康社会。

我们的总体工作思路是：“实施四大工程，推动四个建设”，即：把产业强县作为第一工程，以建设高原现代特色农牧产业强县为工作核心，为全面建成小康社会夯实物质基础；大力实施扶贫攻坚工程，建设西藏脱贫惠民先行县，使人民群众共享改革发展成果；大力实施美丽家园工程，建设西藏生态环境保护示范县，建立科学健康可持续的发展模式；大力实施强基固本工程，建设西藏基层党建工作模范县，为改革发展稳定大业提供坚强政治保证。

为此，我们将着力抓好以下工作：

一、全力跨越发展，推动城乡面貌全面改变

*一是锐意打造核心产业。*准确把握我县发展蔬菜产业在生态环境、气候特点、产业基础、资金投入等方面的独特优势，牢固树立打造高端产业的新理念，围绕“科学规划、区域布局、集中连片、规模经营”的新思路，打破条块分割现状和市场壁垒，瞄准国内乃至全球市场，培育和大力引进资金实力雄厚、技术水平高、产出能力强的大型企业，鼓励引导以现有用地产值等价换用、出租、转让、入股等多种形式实现土地大规模流转，促使果蔬种植由单一化、分散化向企业化、高端化、集约化、规模化、市场化转变，并以建立经营新体制、注入科技新动力、培育引进新品种、转化拓展新成果为导向，整合内力、借势外力，推动蔬菜产业成为百亿级产业，使白朗成为全区最大的高端果蔬生产基地。

*二是着力完善产业体系。*大力实施旅游品牌化战略，借助区域位置优越、生态环境良好、田园风光美丽等独特禀赋优势，将观光农业、生态保护、绿化美化、大地景观塑造、特色小城镇建设等有机整合，打造“最美高原农庄”，大力发展休闲服务和乡村旅游，塑造“到白朗过周末”旅游品牌，把白朗建成日喀则市区的后花园；大力实施养殖现代化战略，坚持以市场为导向，加大畜禽品种改良和饲草种植力度，以科学引领、示范带动、利益驱动、市场推动的方式，构建养殖板块、养殖小区、特色养殖基地、饲草种植基地等现代化畜牧业发展格局，培育和引进一批养殖龙头企业，拉长养殖、加工、销售产业链条，

辐射性向日喀则市区、周边县区供应优质蛋奶、精品牛羊肉、优良饲草，推动农畜产品由初级化生产走向商品化、规模化、市场化发展道路；大力实施民族特色手工业企业化战略，加大民族特色手工业扶持力度，将一批基础好、效益好、潜力大、前景好的小作坊尽快孵化成企业，做大做强，并通过对接大型销售企业注入新理念、新设计、新技术，带动传统民族手工业由作坊式自给生产向现代化企业转变。同时，抓住产业体系逐步完善集聚发展的趋势，以“互联网+”为驱动，大力发展电子商务，建立商品网络销售门户，积极融入跨地域、国际性的深度发展平台，推动产业发展互联互动、跨界融合，努力形成产业多元、形式多样、活力充沛的经济发展生动局面。

*三是着力改善城乡面貌。*准确把握白朗设区及“桑白一体化”的战略定位，综合考虑产业发展、人口集聚、环境影响等因素，坚持高起点规划、高标准建设、高水平运作、高效能管理的科学发展模式，做好产业融合、产城融合、城乡融合的文章，打破现有村镇区划限制，与扶贫易地搬迁随迁、农村劳动力转移就业、新农村建设相结合，按照以产业促就业、以就业促定居、以定居促建设的思路，规划一批产业新村、产业新镇，积极与政策性银行对接，通过“项目包”形式实施一批贷款项目，对城乡面貌进行全面改造，全面提升群众生产生活水平，切实推动超前发展、跨越发展。

*四是着力优化发展环境。*准确把握产业化和新型城镇化的战略目标，以经济社会发展规律为遵循，大胆解放思想，跳出“走老路”“弹旧调”的惯性思维局限，摒弃墨守成规、固步自封的思想，破除不敢担当、求稳怕乱的观念，改变安于现状、不思进取的状态，以勇往直前的锐气、用我必胜的豪气，大胆闯，大胆干，努力营造干大事、创大业的浓厚氛围，奠定跨越发展的思想基础；牢固树立重商亲商便商理念，切实把招商作为发展产业、壮大县域经济的强大推力，认真落实招商引资优惠政策，提升服务水平，吸引有实力的企业参与我县产业发展；依托投资开发公司，搭建政府投融资平台，对县域内国有资源进行科学开发，拓展财源，加快发展；深化行政管理体制和行政审批制度改革，建设法制政府、诚信政府，优化政府职能，积极探索简政放权，切实增强乡镇事权，做到权责一致；从严开展项目建设领域突出问题整治，坚决打击在项目建设中哄抬物价、暴力垄断、阻碍施工、挑衅滋事等违法犯罪行为，为项目建设营造良好环境。

二、繁荣社会事业，全力保障和改善民生

*一是坚决打赢扶贫攻坚战。*全面做好贫困人口的信息核查工作，在大力宣传扶贫开发政策的同时，严格按照贫困标准对扶贫对象进行精准登记，确保“不漏一户，不落一人”；因地制宜、因村因户施策，突出“换脑、增智、造血、兜底、夯基”等工作，整合政策、项目、行业、社会等各种扶贫开发资源，确保“对症下药、精准治疗”；围绕发展产业、改善民生、强基固本，通过“开发式扶贫、转移式扶贫、保障式扶贫、救助式扶贫、示范式扶贫”等多种形式，确保“覆盖全面、精准滴灌”；加快建立操作性强的扶贫对象收入核实机制和动态管理机制，实现扶贫对象管理进出有序，加快贫困群众脱贫致富步伐，确保年内圆满完成9237人“摘帽”目标；将扶贫开发和县域经济发展结合起来，建立健全扶贫开发长效工作机制，不断改善贫困人口生产生活条件，使特殊困难群众能够共享改革红利，确保到2020年全面巩固提高。

*二是大力发展社会事业。*加强科技创新与运用，完善科技人才服务管理办法，推动基层科技服务体系建设，加大科技普及力度，不断强化经济社会发展的科技支撑。加大教育投入力度，不断完善教育基础设施，加快普及学前“双语”教育，加强薄弱学科攻坚，强化教研教改工作，建立健全教师分类管理和考核考评办法，全力提高办学水平。积极推动文化事业，继承和弘扬优秀传统文化，探索发展文化产业，保护和发展好非物质文化遗产，不断加强文化基础设施规范化建设，不断提高公共文化免费开放水平。加快发展卫生事业，完善疾病预防控制、医疗救助、卫生

执法监督体系，以乡村为重点，加强卫生基础设施和卫生专业技术人员队伍建设，不断提高公共卫生服务能力，逐步提升覆盖城乡、人人享有的基本卫生医疗水平。

*三是切实加强社会保障。*建立健全以社会保险、社会救助、社会福利为基础，以基本养老、基本医疗、最低生活保障制度为重点，覆盖城乡居民的社会保障体系，确保到2020年实现城镇基本养老保险、农牧区养老保险、城镇基本医疗保险和农牧区医疗保险参保率达到100%；加强社会福利体系建设，鼓励和支持社会慈善事业发展，进一步规范和完善福利院管理服务体制，积极统筹推进扶老、助残、救孤、济困等福利事业发展；健全防灾减灾体系，做好防灾、减灾物资储备，完善防灾、减灾应急预案，不断提升防灾、减灾能力水平。

三、建设和谐生态，推进可持续性发展

牢固树立“绿色”发展理念，大力发展生态经济、循环经济，坚决不上破坏生态、污染环境的项目，坚决不走先污染、再治理的老路，坚决不搞掠夺性的开发，做到开发利用资源和保护环境、节约资源并重，做到以经济建设促环境保护、以环境保护优化经济发展；完善生态保护补助奖励机制，加大植树造林、退耕还林、退牧还草、湿地保护与恢复等工作力度，建设年楚河国家湿地公园，促进人与自然和谐发展；以年楚河流域砂场整治等为抓手，加强环境治理力度，坚决打击破坏环境的经营活动，确保自然资源合理合法开发利用；加大宣传力度，引导群众积极参与生态文明建设，积极培育生态文化，不断增强公众保护生态环境意识，努力建设环境友好型社会。

四、全面从严治党，提供坚强有力组织保障

*一是切实加强思想政治建设。*坚持把理论武装放在首位，加强理想信念教育，深入学习中国特色社会主义理论体系、习近平总书记系列讲话精神，进一步坚定中国特色社会主义“四个自信”、坚定“四个全面”战略布局和“五大发展理念”的思想自觉，用党的最新理论成果武装头脑、指导实践、推动工作，促使广大党员干部改造主观世界、紧跟时代步伐、顺应历史潮流，坚定不移地贯彻执行党的路线方针政策，向党中央看齐。特别是要加强农牧民党员党的基本知识、基本理论、基本路线、形势政策教育，确保广大农牧民党员进一步提高思想政治素质，坚定信念、站稳立场、听党指挥，在思想和行动上与党中央保持高度一致。

*二是切实加强干部队伍建设。*深化干部人事制度改革，坚持把好选人用人关，大力培养选拔年轻干部、少数民族干部和妇女干部；加强各级领导班子建设，重点加强班子团结、推进民主议事，打造过硬领导班子；大力支持、真情关心援藏干部，重视培养和使用长期在藏工作的进藏干部，切实发挥他们的聪明才智；建立健全干部管理制度，加强干部管理和履职监督，确保全县广大干部守规矩、尽职责；加强后备干部队伍建设，注重在基层一线、驻村驻寺、急难险重岗位培养锻炼和发展使用实绩突出的后备干部，提升干部队伍战斗力；建立健全人才吸引机制，大力推进人才培养工作，继续围绕促进产业发展，扶持发展各类人才培养机构，创造有利于各类优秀人才脱颖而出的工作机制，为各类人才搭建舞台，努力在全县上下营造谋发展、促突破、争先进、创一流的良好氛围。

*三是切实加强基层党组织建设。*坚持以建设西藏基层党建工作模范县为目标，加大对基层党建工作的投入力度，推动基层党建工作健康有序发展，为全县改革发展稳定提供重要支撑。积极推进基层党组织建设，着力打造服务型党组织，进一步密切党群、干群关系，不断提高基层党组织的凝聚力、战斗力；大力实施村级组织活动场所标准化建设，力争五年内对现有村级组织活动场所进行重建或扩建；不断提高村“两委”干部工资待遇，力争到2020年实现村干部正职工资与普通公务员工资待遇相持平；大力实施“双语”培训、“能读会写”和“村干部素质能力培训工程”，不断提升农牧民党员服务经济社会发展的能力；把紧“入口”畅通“出口”，不断提高党

员队伍素质，树立党员模范先锋新形象；鼓励和支持发展村级集体经济，五年内累计投资不少于2000万元，确保到2020年全县各行政村实现集体经济全覆盖。

*四是切实加强党风廉政建设。*全面担负起从严治党的责任，牢牢抓住纪律建设这个重要环节，不断加强党员领导干部作风教育和廉洁从政教育，引导广大党员干部不断树立正确的权力观、地位观、利益观，切实拧紧党员干部思想上的“总开关”；坚持把纪律和规矩挺在前面，突出抓早抓小抓苗头，进一步健全完善干部约谈、廉政谈话等制度体系，抓住“关键少数”、管住大多数；严格执行领导干部廉洁从政各项规定，深入开展纠风专项治理工作，加强对权力运行的监督制约，促使党员干部作风持续好转；围绕经济发展、项目建设、民生保障等重点领域，坚决纠正损害群众利益的突出问题，严厉查办贪污腐败等违法违纪行为，不断推动党风政风民风向上向善；加强纪检监察机关建设，支持纪检监察机关履职，全力推动党风廉政取得新实效，不断凝聚白朗经济社会发展正能量。

*五是切实加强政治文明建设。*充分发挥县委总揽全局的核心作用，支持人大、政府、审判机关、检察机关依照法律和章程独立负责、协调一致地开展工作。加强同党外人士的合作共事，健全重大问题决策协商制度，真诚接受党外人士的意见和建议。强化党管武装工作，认真解决武装工作中的重点难点问题，推进党管武装工作创新发展。加强对群团组织的领导，支持他们依照法律和章程自主开展工作，充分发挥他们联系群众的桥梁和纽带作用。坚持和完善民族区域自治制度，巩固和发展平等、团结、互助的社会主义新型民族关系，促进各民族共同繁荣进步。健全民主制度、丰富民主形式，扩大公民有序的政治参与，维护人民依法正确行使各项民主权力，确保人民当家作主。坚持和完善政务公开、党务公开、村务公开等办事公开制度，保证基层群众的知情权、参与权和监督权。

同志们，新的宏伟蓝图催人奋进，改革发展稳定重任在肩，实现富民强县使命光荣！让我们以更加饱满的热情，更加昂扬的斗志，更加扎实的作风，团结和带领全县广大党员干部群众，同心同德、发愤图强、务实苦干，为全面建成小康社会而努力奋斗！

政府工作报告

——白朗县第十三届人民代表大会第二次会议

白朗县人民政府县长　赤列朗杰

（2017年3月24日）

（节选）

2016年工作回顾

一年来，县政府在市委、市政府和县委的坚强领导下，深入学习贯彻党的十八大、十八届历次全会及中央第六次西藏工作座谈会精神，学习贯彻习近平总书记系列重要讲话及自治区第九次党代会、市委第一次党代会精神，坚持“五大发展理念”，深入推进“四个全面”战略布局，围绕年初既定目标，团结拼搏，奋力赶超，经济社会发展呈现出稳中有进、进中见好的态势，实现了“十三五”良好开局。

2016年全县生产总值8.61亿元，同比增长10.8%；全社会固定资产投资完成10.12亿元，同比增长82.3%；地方财政一般预算收入2006万元，同比增长32.5%；农村居民人均可支配收入10575.5元，同比增长10%；社会消费品零售总额1.4亿元，同比增长19.96%，多项指标增速跃居全市前列，圆满完成了全年目标任务。

（一）调结构，产业升级加快推进。三产业结构调优为27：32：41。农牧业持续发展，结构不断优化，粮经饲比例调整为67：21：12，农作物播种面积达8518.17公顷，粮油产量达1.03亿斤，实现连续增产。2016年我县荣获“国家农产品质量安全示范县”和“全区粮食生产先进县”称号。开展人工种草5000亩，筹备防抗灾饲草料345万斤，开展牲畜免疫2次，免疫率达100%，年末牲畜存栏数27.56万头（只、匹），出栏率达28%。蔬菜产量达39900吨，实现年销售收入过亿元，蔬菜收入占农牧民收入的15%以上。机耕、机播、机收占总面积的92%、80%、65%，发放农机补贴1000万元。选派农牧民科技特派员222名，对全县农牧业生产进行科技指导，科技对农牧业发展贡献率达到48%。工业经济稳中有进，工业生产总值达7888.54万元，同比增长22%，规模以上企业发展至18家。旅游服务业提质升级，成功申报者下乡“果孜”斗牛节、农业观光旅游景区等旅游项目，完成1家农家乐旅游宾馆县级“金星”级评定工作；举办了“白朗县第六届蔬菜采摘节”，接待游客4500人次，圆满完成7批次印度香客接待服务工作。

（二）抓发展，投资签约取得突破。成立了县项目协调领导小组，组建了县重点项目办，组织召开了六次全县项目推进工作会议，全年落地实施项目达127个，投资总额达10.12亿元，比上年同期增长82.3%，增速跃居全市前列。完成724套乡镇周转房、公租房、廉租房建设；县城供水工程、嘎东垃圾填埋场投入使用。实施了文化广播影视综合服务中心、职工之家、政务中心等援藏项目。成立县重点产业办和招商引资专班，筹建了年雄实业开发有限责任公司和年雄扶贫开发有限责任公司，投融资平台日趋完善。成功签约洛江镇洛江村光伏发电等三个招商引资项目，到位资金3.36亿元。大力推进项目建设领域突出问题专项整治行动，对全县建筑重点领域开展摸排整治47次，完成18家砂场砖场关停整顿，进一步规范了全县建材市场管理，制定政府指导价，坚决遏制哄抬建材价格、阻工阻路等现象，有效提升了投资环境。

（三）重统筹，城乡建设全面提速。灾后重建快速推进，累计完成投资11026万元，完成年度任务的116.78%。者下乡普村、嘎东镇马义村整村推进民房重建基本完成，195户搬迁群众入住新居，居住条件明显改善。嘎东、洛江特色小城镇建设稳步推进，配套设施逐步完善，城镇品位不断提升。配合上级部门完成市区至和平机场快速通道征地拆迁工作。开工建设S204县城段拓宽改造、工业路延伸工程、规划一路、洛江市政大桥等市政工程，实施团结新村至者下乡、嘎普乡至玛岗村、嘎东镇热旦康萨村至阿亚村等乡村公路；乡镇、村公路通达率100%，通畅率分别为81%、43%。开工建设2015、2016年小农重点县项目，建成应急抗旱机井13眼，实施了13个行政村农村安全饮水提升工程。规划完成了25个行政村的农村电网改造提升工程。金融服务“三农”作用日益凸显，发放涉农贷款达2.5亿元。通讯、邮政发展迅速，覆盖率均达到100%。生态文明建设力度加大，投资2138万元，实施造林8421.8亩，封山育林8000亩，绿化村庄35个，防沙治沙、湿地保护、防护林体系等工程顺利推进，恰仓村顺利通过自治区级生态村验收。严把项目建设环评审批关，积极开展农村环境综合整治和水源地保护工程，环境执法不断加强，生态环境明显改善。

（四）促改革，发展活力不断释放。圆满完成部门权责清单申报审批，政府职能加快转变、效能明显提升。接好用好总投资1000万元以下项目审批和建设管理权限及总投资2000万元以下的农村公路建设管理权限。市场活力不断增强，全年各类市场主体发展到1680户，注册资本达13.53亿元。“营改增”试点工作平稳运行，税收收入实现2348万元。积极推进白朗县供销合作社综合改革试点工作，落实家电家具下乡补贴138万元。农村改革顺利推进，全面启动11个乡镇永久性基本农田划定工作，完成全县集体土地确权登记和巴扎、嘎东27个行政村62577.78亩农村土地承包经营权确权登记颁证，全面推进其余71个行政村农村土地承包经营权确权登记工作，发放首批农村土地承包经营权抵押贷款49万元。

（五）惠民生，人民生活持续改善。认真落实“九个一批”工程，8302名贫困人口人均纯收入达到3311元以上，全县贫困发生率控制在2%以内，达到脱贫摘帽标准，脱贫攻坚取得阶段性胜利。完成93户523人的易地扶贫搬迁，提前实施2017年148户756人的易地扶贫搬迁。县年雄扶贫开发有限责任公司融资和转承上级项目资金1.87亿元，带动1462人脱贫增收。认真落实“4321”帮扶行动，区市县1573名干部职工与1946户贫困户结成帮扶对子，落实项目资金120余万元。积极开展“百企帮百村行动”，25家企业投入资金432.46万元开展有效帮扶。对有创业意愿的精准扶贫建档立卡贫困户发放小额贷款723.2万元。积极筹备白朗县慈善协会，募集慈善基金80余万元，用于资助全县建档立卡在校贫困大学生和长期病患人员。完成11个乡镇劳动就业社会保障服务平台建设，转移农牧区富余劳动力27500人次，实现劳务收入6772.9万元。社会保障体系不断完善，五大保险覆盖面逐年提高，城乡居民养老保险参保率达98%。社会救助水平不断提升，发放城乡低保资金583.5万元和临时救助资金27.7万元。完成“五保”集中供养中心供暖工程，有意愿的“五保”老人集中供养率达100%。教育事业优先发展，素质教育顺利通过自治区评估验收；新建巴扎乡扎西村、旺丹乡巴金村等6所村级幼儿园，完成旺丹乡小学教职工宿舍、县双语幼儿园改扩建等4个续建项目；县政府每年安排100万元教育质量提升奖励资金，有效激发了教师队伍的积极性，中考、小考成绩分别上升到全市第14、10名。文化、广播影视繁荣发展，《魅力后藏——白朗篇》即将出版印刷，开展公益放映1459场次。文物保护有序推进，旺丹卡垫、者下斗牛节、恰珠编织等12个项目列入县级非物质遗产文化名录。卫生事业较快发展，新农合参保人数达45054人，参保率达99.89%。实行门诊开放和家庭账户核销报销制度，不断提高住院费用报销比例。乡镇卫生院藏医药覆盖率达72%，孕产妇住院分娩率达98.78%，婴儿死亡率降至5.5‰，农牧民健康体检46210人次，在编僧尼健康体检完成率达100%。食品药品安全形势稳定向好，监管体制逐步健全。工会、共青团、妇女儿童、老龄和双拥等都取得新成绩。

过去一年，我们着力加强政府自身建设，深入开展“两学一做”学习教育和“讲学习、讲忠诚、正风纪、转作风、提效能”主题活动，作风建设不断加强。严格执行“八项规定”“约法十章”“九项要求”，党风廉政建设不断深化。法治政府建设成效明显，依法行政能力不断提高。自觉接受人大法律监督、政协民主监督和社会舆论监督，全年共办理人大代表建议34件、政协委员提案40件，有效解决了一批经济社会发展方面的问题。

各位代表！回顾过去一年，成绩来之不易，这是市委、政府大力支持的结果，是县委坚强领导的结果，是县人大、政协和社会各界监督支持的结果，是济南市倾情援助的结果，更是全县人民团结奋斗的结果。在此，我代表县人民政府，向积极投身于白朗经济社会发展的干部群众，向关心支持白朗县建设的各界人士，向始终支持政府工作的各位代表、各位委员，向驻白朗军警官兵，致以诚挚的谢意和崇高的敬意！

各位代表！成绩令人鼓舞，但我们也要清醒地认识到，我县经济社会发展与市委、市政府和县委的要求，与全面建成小康社会的目标，与广大群众的期盼相比，还有一定差距，还存在一些困难和挑战。一是内生增长动力不足。我县经济发展严重依赖政策扶持、投资拉动，经济粗放型增长特征明显；区域民营企业小散弱，生产效率低，创新能力不足。二是产业支撑能力弱。县域产业结构不尽合理，关联性差、组织化程度低、规模小、竞争能力弱，特色农牧产品开发和深加工能力严重不足；产业项目效益发挥缓慢，巩固脱贫攻坚成效任务艰巨。三是基础设施建设依然滞后。水、电、路等基础设施不够完善，严重影响群众增收致富；城乡规划与建设管理水平不高，城乡发展不平衡；教育、医疗卫生等资源配置不均衡，民生保障工作还存在不少短板。四是思想解放不够。少数干部思想解放不够，执行力不强，群众“等靠要”思想依然存在。政府自身建设还存在一些缺点和不足。对此，我们一定高度重视，以更加积极的态度应对挑战，以更加宽广的视野谋划发展，以更加拼搏的精神干事创业，努力续写白朗新篇章、创造新辉煌，决不辜负全县人民的期望和重托！

困难和挑战固然存在，但我们面临的发展形势更加有利。从宏观形势看，随着“一带一路”建设步伐的加快，我国经济目标呈现多元化趋势，为我们深度推进开放开发、加快融入区域战略带来了更多机遇；国家大力实施创新驱动战略，为我们加快转型升级拓展了更大空间。从政策导向看，中央第六次西藏工作座谈会给予了西藏特殊优惠政策，脱贫政策环境持续优化；中央对西藏的转移支付和项目支持力度逐年递增，为我们加快发展、提速跨越提供了有力支撑；全面加强了对白朗的指导支持；山东作为国内先进省市，为我们深化改革加快发展提供了有益借鉴，济南市委市政府从干部人才、资金项目、技术政策等全方位加强了对我们的援助支持。从自身发展实际看，产业结构不断优化，产业活力不断增强，发展思路愈加清晰，社会持续和谐稳定，党的建设全面加强，为我们下一步发展打下了良好基础，特别是白朗人民感恩向上、勤劳智慧的优秀品质和白朗干部真抓实干、锐意进取的优良作风，是推动白朗跨越发展全面小康的坚强保证和强大动力。

2017年工作安排

2017年是“十三五”承上启下的重要一年，

是深化脱贫攻坚的关键之年，做好2017年的各项工作，责任重大，意义深远。

2017年政府工作总体要求：以邓小平理论、“三个代表”重要思想、科学发展观为指导，认真贯彻党的十八大、十八届历次全会、中央第六次西藏工作座谈会精神，学习贯彻习近平总书记系列重要讲话精神，深入贯彻落实习近平总书记“治国必治边、治边先稳藏”的重要战略思想和加强民族团结、建设美丽西藏的重要指示，坚持“依法治藏、富民兴藏、长期建藏、凝聚人心、夯实基础”的重要原则，落实自治区第九次党代会精神、市委“6677”总体发展思路和县委“1234”发展思路，坚持稳中求进、进中求好、补齐短板工作总要求，主动适应和把握经济发展新常态，紧扣全县发展新形势和人民群众新期待，坚持“强基础、兴产业、惠民生、抓脱贫、奔小康”的工作主线，更加注重结构调整，更加注重产业发展升级，更加注重城乡统筹兼顾，更加注重改革创新，更加注重普惠民生，更加注重政府作风建设，着力打造和谐文明幸福美丽白朗，为与全国一道全面建成小康社会打下更加坚实的基础。

2017年全县经济社会发展的主要预期目标是：地区生产总值增长20%以上；地方一般公共预算收入增长45%以上；全社会固定资产投资增长35%以上；农村居民人均可支配收入增长18%以上；社会消费品零售总额增长20%以上；居民消费价格增长控制在全区平均水平之内；城镇登记失业率控制在3%以内。

为了实现上述目标任务，我们将着力抓好以下八项重点工作：

——聚力聚焦优势产业，全力建设高原特色现代农牧产业强县。充分发挥区域资源优势，不断做大做强青稞、蔬菜、畜牧、旅游，着力打造万亩有机青稞、万亩有机蔬菜、万亩饲草、万亩有机枸杞等产业基地，粮经饲比例调优为73：21：6。围绕青稞优势，全面推进10万亩测土配方施肥示范田，大力开展巴扎乡、嘎东镇、强堆乡等乡镇8.7万亩高产示范区建设，积极建设嘎东镇、巴扎乡2个千亩千斤示范田和洛江镇、强堆乡、杜琼乡等乡镇12个百亩千斤示范田及9930亩种子田等项目，逐步构建起万亩有机青稞种植基地；不断强化科技支撑，积极开展农业机械化全程作业示范工作，深松平整土地14959亩；积极启动珠峰（白朗）有机产业园建设，提高有机肥使用率，切实在提高青稞单产上狠下功夫，确保青稞亩产增加50斤以上，力争粮食产量达到10600万斤。围绕大棚蔬菜优势，完成县蔬菜公司改制，加快推进“一核一轴两心六片区”万亩大棚蔬菜产业布局，大力实施日喀则市“菜篮子工程”基地建设，启动实施首批1500亩设施蔬菜工程，逐步构建起万亩有机设施蔬菜示范园，使蔬菜产业成为我县核心产业、优势产业和支柱产业，力争实现蔬菜收入占农牧民收入的30%以上。围绕畜牧优势，加快推进者下乡、东喜乡人工种草，积极开展青贮、微贮饲草料处理，加快建设现代饲草料产业体系；落实好8000头黄牛改良工作，加快实施岗巴羊规模化养殖基地建设，试点推广“分户饲养、集中管理、合作经营”模式，积极壮大萨福克羊、岗巴羊、娟珊牛养殖经营主体，促使传统农牧业转型升级，提高产出率和商品率，逐步构建起万亩饲草基地和现代畜牧养殖示范区。大力发展高原有机枸杞产业，加快推进嘎东3000亩的枸杞种植一期工程，逐年扩大种植规模，力争三年达15000亩，逐步形成万亩有机枸杞种植基地。大力推进青稞、蔬菜、岗巴羊等农产品加工转化，延长种养加业链条，增加农牧产品附加值。在日喀则市、拉萨市建立农畜产品专营店、直销车，迅速占领区内市场；建设好、利用好农村电子商务平台，探索农畜产品订单销售模式，不断拓宽农畜产品销售渠道。

——抓紧抓实项目建设，着力补齐基础设施短板。紧盯中央和自治区投资导向，积极对接区市重大项目包、专项建设基金和援藏项目资金，围绕基础设施、产业升级、生态环保、脱贫攻坚等重点领域，深入谋划储备一批管长远、补短板、提效能的重大项目。加大项目资金争取和管理力度，确保年内全社会固定投资达13.71亿元。

全面改善交通基础设施，配合建成市区至和平机场快速通道，加快推进团结新村至者下乡、旺丹至东喜乡等公路项目建设。大力改善水利基础设施，启动天曲河旺丹段、县城防洪治理工程；启动实施者下乡水库、杜琼乡二级提灌站、嘎东镇宗萨干渠、2017年小农重点县建设等项目；扎实推进79个行政村农村饮水巩固提升工程。着力改善电力通讯设施，继续实施好农村电网改造提升工程，积极推进光伏发电项目建设。如期完成嘎东、洛江特色小城镇和冲堆村普村整村推进、基础设施建设、重点产业等灾后重建项目建设。巩固和深化项目工程领域突出问题专项整治成果，推动专项整治行动常态化。

——加快城乡统筹发展，着力绘就产城融合大格局。加快完善城乡重点基础设施建设，全面推进白朗撤县建区工作，不断推动桑——白一体化。进一步突出规划的引领作用，积极联系知名度高、技术实力雄厚的设计院，高起点、高标准做好我县“多规合一”的总体规划修编工作，优化城乡空间布局。积极推进地下综合管网、停车场、污水处理厂、绿化亮化工程，不断完善城镇功能，提升城镇综合承载能力，塑造良好的城市形象。借鉴洛江、嘎东特色小城镇建设成功经验，结合易地扶贫搬迁和灾后重建，因地制宜，挖掘优势产业和生态禀赋，科学合理规划编制具有历史记忆、地域特色、民族特点的新型城镇，打造一批“产、镇、人、文”相融、充满活力的“特色新镇”。坚持以城带村，加快推进美丽乡村建设，加大农村基础设施投入，不断完善公共资源、服务设施和产业配套，大力发展“一村一品”“一村一特”，打造一批产业新村、经济强村。

——坚持生态保护底线，矢志不渝保护绿水青山。牢固树立生态保护底线意识，按照绿水青山就是金山银山、冰天雪地也是金山银山的理念，保护好白朗的一草一木、山山水水，切实把我县建设成为全区生态环境保护示范县。持续实施好基本草原划定、草原补奖、公益林补偿、退牧还草、天然林保护、防沙治沙、防护林建设等重点生态治理项目，有效推进生态安全屏障建设。以迎接中央环境保护督察工作为契机，深入开展“全县城乡环境综合整治行动”，加快推进7个乡镇垃圾中转站建设和农村改灶、改厕、改房工程，切实提升城乡文明水平，努力构建文明美丽城乡新风貌。积极对接“珠峰现代农业科技博览创意园”建设，高标准实施县城、产业园区、年楚河流域等重点区域生态建设，办好“白朗县第七届蔬菜采摘节”，切实构建起“现代农业科技创意博览+湿地公园休闲旅游+现代设施观光农牧业+美丽乡村民俗文化体验”多元融合发展的生态旅游大格局。

——全面深化改革创新，奋力开创跨越发展新局面。完善规范权责清单和随机抽查事项清单，持续推进政府职能转变。尽早启用县政务服务中心，积极推行“一站式”服务模式，全力打造便民、贴心、高效的服务平台。全面推进“五证合一、一照一码”商事制度改革，激发大众创业、万众创新的热情。积极争取PPP项目，推行TOT模式，引入社会资本、先进技术投入基础设施、重点产业、社会事业等领域。大力开展资源招商、产业链招商和优化服务招商，引进龙头型、基地型、技术创新型及上市企业，力争招商引资到位资金4.3亿元。加强与国开行、农发行、农行等金融机构的合作，积极争取更多信贷资金的投放，着力破解我县民营企业融资难、特色产业发展难问题。创新做优卡垫、氆氇、藏靴、藏香等民族特色手工业，引导进驻日喀则市珠峰文化旅游创意园区，扶持培育规模以上企业2家。加快推进不动产统一登记制度落实，顺利完成11个乡镇永久性基本农田划定工作。深化农牧区土地制度改革，力争年底全县98个行政村农村土地确权登记颁证工作顺利通过区市验收。推进环评审批制度改革，严把项目建设环境准入关、产业准入关和资源准入关。加大“请进来、走出去”力度，通过职业教育、技能培训和人才引进等方式，不断充实我县人才队伍。围绕县委政府提出的重点工作，突出县域特色亮点，扎实做好外宣工作。

——深化长效帮扶机制，始终聚焦重点环节抓好脱贫攻坚。认真落实“六个精准”和“九个一批”工作要求，加快推进易地扶贫搬迁，如期完成241户1041人的搬迁工作；同步完善配套基础设施和公共服务，真正让贫困群众“搬得出、稳得住、能致富”。充分利用好县年雄扶贫开发有限责任公司投融资平台，用足用活用好政府风险补偿基金，撬动信贷基金，加快实施特色种养加业、民族手工业、休闲旅游等16个产业扶贫项目，切实让困难群众得到长效帮扶。深入开展“百企帮百村”、干部结对帮扶“4321”行动，全方位帮助贫困群众脱贫。加大生态补偿力度，坚持因人因地、定岗定员、定责定酬，积极组织6399个生态补助人员开展生态环境整治，增加其政策性收入。进一步保障8302名已达到脱贫标准群众有长效的增收渠道和致富门路，力争在2016年人均可支配收入3311元基础上递增17%，达到3875元以上，实现稳定脱贫、长效脱贫。大力推广“企业+基地+合作社+农户”模式，提高贫困人口自我发展能力，力控贫困发生率保持在3%以下。

——实施民生优先战略，不断提升人民群众幸福指数。扎实做好社会保障工作，落实好“全民参保登记计划”，稳步提高保障水平。强化技能培训，推动技能型劳务输出，力争年内培训1.1万人次，转移农牧区富余劳动力3万人次，城镇登记失业率控制在3%以内。大力发展社会福利和慈善事业，继续发挥县慈善协会救助作用，力争将全县在校大学生全部纳入资助范围。进一步落实好“五保”集中供养工作，积极推进城乡低保“一户一档”，稳步提高补助水平。加快推进400户棚户区改造和东喜、者下、嘎普等海拔4000米以上乡镇“八有”工程。强化救灾物资储备，完善防抗灾预防体系、应急体系和指挥体系，提高灾害应对能力。扎实推进科教兴民，尽快启动者下乡普村、强堆乡夏吉村等11个村级幼儿园和嘎普乡、巴扎乡小学学生宿舍等项目建设；坚持双语教育，强化控辍保学，继续实施中小学教育质量提升计划，巩固素质教育成果，学前双语幼儿入园率、初中升学率分别达55%、60%，输送内地西藏班达1.5%，中、小学教育教学总体水平分别进入全市前12、前8名。加强科技创新和推广，力争科技进步对农牧业发展贡献率提高到50%，对经济增长的贡献率提高到40%。深入实施健康白朗，全面开展免费健康体检。深化医疗卫生体制改革，继续实施国家基本药物制度，执行好“两降一升”，力争孕产妇住院分娩率稳定在99%以上，婴儿死亡率控制在6‰以内。继续完善广播电视基础设施，全面完成县城有线数字电视建设工作，不断丰富群众精神文化生活，加大非遗保护和申报力度。积极支持工会、妇联、共青团、残联、工商联等开展工作。

政府自身建设

全面建成小康社会的宏伟目标对政府自身建设提出了更高的要求，我们必须进一步解放思想、求真务实、开拓创新，切实提高执政能力和服务水平，努力建设人民群众满意的政府。

（一）扎实推进学习型政府。始终把建设学习型政府作为重大而紧迫的战略任务，巩固深化“两学一做”学习教育成果，用习近平总书记系列重要讲话精神武装头脑、指导实践、推动工作。深入学习金融经济、产业发展、城乡规划等知识，不断提升专业素养。积极开展“深化五项教育、增进五个意识”主题教育活动，增强干部群众认同感。

（二）全面创建廉洁型政府。始终把廉政守责作为政府工作的基本底线，坚持把纪律和规矩挺在前面，严格执行“八项规定”“约法十章”“九项要求”，全面落实党风廉政责任制。加强行政监察、审计监督和政务督查，以铁的纪律、铁的规矩，实现干部清正、政府清廉、政治清明。

（三）努力建设服务型政府。始终把服务群众作为政府工作的根本宗旨，积极为基层和企业、群众排忧解难。加强事中事后监管，确保下放的权力接得住、接得好。全面推进政务公开，充分利用网络媒体公示政务信息，保障群众的知情权、参与权、表达权，确保权力在阳光下运行。

（四）加快建设效能型政府。始终把执行落实作为政府工作的主旋律，全力推动政府工作提速、提质、提效。坚持真抓实干、大干快干的务实作风，确保各项工作高标准推进、高质量完成。严格按照争先进位考核要求，强化督导问责，层层传导压力，建立激励机制，全面推动政府工作高效运转。

各位代表！新目标鼓舞人心，新任务光荣艰巨，新征程催人奋进！让我们紧密团结在以习近平同志为核心的党中央周围，在自治区党委政府、市委政府和县委的坚强领导下，不忘初心，继续前进，上下同欲一起干，撸起袖子加油干，为实现白朗提速发展、争进跨越努力奋斗，以优异成绩迎接党的十九大胜利召开！

名词解释

1. “五大发展理念”：创新、协调、绿色、开放、共享。

2. “四个全面”战略布局：全面建成小康社会、全面深化改革、全面依法治国、全面从严治党。

3. “六个精准”：扶贫对象精准、措施到户精准、项目安排精准、资金使用精准、因村派人精准、脱贫成效精准。

4. “九个一批”：发展生产脱贫一批、易地搬迁脱贫一批、生态补偿脱贫一批、发展教育脱贫一批、社会保障兜底一批、转移就业脱贫一批、信贷扶贫脱贫一批、医疗救助脱贫一批、灾后重建脱贫一批。

5. “一带一路”：是“丝绸之路经济带”和“21世纪海上丝绸之路”的简称。

6. 市委“6677”总体发展思路：“六大战略”：党建珠峰、生态珠峰、文化珠峰、产业珠峰、幸福珠峰、法治珠峰战略。“六城共建”：全国文明城市、国家卫生城市、国家园林城市、国家环保模范城市、全国双拥模范城市、全国民族团结示范城市。“七区建设”：旅游文化腹心区、文化传承保护区、南亚开放前沿区、生态屏障保护区、安全屏障建设区、民族团结示范区、社会稳定典范区。“七大产业”：珠峰有机种养加业、珠峰特色旅游业、珠峰天然饮用水业、珠峰绿色生态业、珠峰特色手工业、珠峰清洁能源业、珠峰南亚物流业。

7. 县委“1234”发展思路：“瞄准一个目标”，就是以建设高原特色现代农牧产业强县为目标，使白朗成为日喀则市的“粮袋子”“菜篮子”“后花园”；“突出两大任务”，就是全面脱贫，全面建成小康社会；做好“三篇文章”，就是做好产业融合文章，产城融合文章，城乡融合文章；实施“四大工程”，就是大力实施产业强县工程，扶贫攻坚工程，美丽家园工程，强基固本工程。

8. “一核一轴两心六片区”：“一核”：就是与市珠峰农业科技博览创意园、县现代农业示范园区紧密结合，以县城为产业引领、管理、服务核心；“一轴”：就是形成沿204省道、年楚河的蔬菜产业发展轴线；“两心”：就是巴扎、曲奴核心区；“六片区”：就是涵盖巴扎、嘎东、洛江、曲奴、杜琼、强堆六个乡镇。

9. “五证合一、一照一码”：营业执照、组织机构代码证、税务登记证、社会保险登记证、统计登记证五证合为一张证件，一张执照上一个代码。

10. PPP模式：PPP模式即Public—Private—Partnership的字母缩写，通常译为“公共私营合作制”，是指政府与私人组织之间，以特许权协议为基础，彼此之间形成一种伙伴式的合作关系，并通过签署合同来明确双方的权利和义务，以确保合作的顺利完成，最终使合作各方达到比预期单独行动更为有利的结果。

11. TOT模式：TOT是英文Transfer-Operate-Transfer的缩写，即移交——经营——移交。TOT方式是国际上较为流行的一种项目融资方式，通常是指政府部门或国有企业将建设好的项目的一定期限的产权或经营权，有偿转让给投资人，由其进行运营管理；投资人在约定的期限内通过经营收回全部投资并得到合理的回报，双方合约期满之后，投资人再将该项目交还政府部门或原企业的一种融资方式。

12. 不动产登记：又称为不动产物权登记，是权利人申请国家职能部门将有关申请人的不动产物权的事项记载于不动产登记簿的事实。

13. “两降一升”：分娩孕妇死亡率和新生婴儿死亡率同比下降，住院分娩率同比上升。

14. “五级五覆盖”：在区市县乡村五级实现“党政同责”全覆盖；“一岗双责”全覆盖；管行业必须管安全、管业务必须管安全、管生产经营必须管安全全覆盖；政府主要负责人担任安委会主任全覆盖；各级安委办定期向本级纪检、组织部门报送安全生产情况全覆盖。

在白朗县第十三届人民代表大会第二次会议闭幕会议上的讲话

县委副书记、人大常委会主任　尼玛顿珠

（2017年3月25日）

白朗县第十三届人民代表大会第二次会议，经过全体代表的共同努力，圆满完成了预定的各项任务，就要胜利闭幕了。会议始终突出统一思想、形成合力的主旋律，始终充满了共商大计、共谋良策的民主氛围，代表们的意见得到了充分反映，群众的愿望得到了充分表达，开得非常成功，这是一次意气风发、团结奋进的大会，这是一次共商大计、共谋发展的大会。在此，我代表大会主席团对大会的圆满成功表示热烈的祝贺，向认真履行职责的全体代表，特邀、列席和参加会议的各位同志，向辛勤工作、为大会提供服务的全体工作人员，表示衷心的感谢！

会议期间，各位代表以对白朗事业发展高度负责的精神，认真审视过去、精心谋划今年工作。大家一致认为，2016年是很不平凡的一年，也是我们励精图治、攻坚克难取得较大成绩的一年，成绩来之不易，必须倍加珍惜；大家一致认为，政府工作报告部署今年工作重点突出，措施有力，吹响了全县在新的一年里迎难而上、跨越赶超的号角，必将极大地鼓舞广大干部群众以更加坚定的信心、更加昂扬的斗志，推动我县经济社会更好更快的发展。

各位代表、同志们，通过这次大会的召开，2017年的目标任务和具体措施已经明确，摆在我们面前的中心工作，就是要以党的十八大和十八届三中、四中、五中、六中全会精神为指导，坚持走群众路线，积极应对经济形势发展变化带来的冲击和挑战，深入实施县委“1234”发展战略，以战则必胜的信心、迎难而上的魄力、顽强拼搏的精神，凝聚实干，开拓进取，不断推动各项工作创新突破，全面开创我县改革发展的新局面。

做好今年的工作，必须准确把握大势，高度统一思想，坚定发展的信心和决心。2017年，社会形势仍然复杂、发展任务非常艰巨，既是一个攻坚突破的奋斗之年，也是一个发力提升的希望之年。做好今年的各项工作，实现既定目标，我们既有压力，更有动力。说有压力，是因为我县去年刚刚脱贫摘帽，如何防止返贫，是摆在大家面前的一件头等大事；说有动力，是因为我们面临着前所未有的产业发展机遇。各级人大要不断加强自身建设，积极适应新形势、新任务、新要求，更加自觉地在县委领导下，围绕中心、服务大局，增强信心、抢抓机遇，认真履行宪法和法律赋予的职责，加强、改进监督工作，依法决定重大事项，扎实做好代表工作，不断推动我县人大工作迈上新台阶。

下面，我就如何切实发挥代表作用谈四点意见：

一是要在统一思想、凝聚力量中发挥促进作用。

要结合当前开展的“深化五项教育 增进五个意识”主题活动，深入基层、深入群众，把党的各项惠民政策、习近平总书记系列重要讲话精神，特别是对西藏人民的亲切关怀和支持西藏事业的发展等方面要传达好、贯彻好、落实好，积极为加快白朗发展造势鼓劲，把广大干部群众的思想和行动统一到中央、区党委、市委、县委的决策部署上来，把一切力量凝聚到加快发展上来。

二是要在服务发展、带头创业中发挥推动作用。

各位代表都是各行各业、各个领域的优秀分子和杰出代表，是推进白朗发展的重要力量。希望大家以服务全县大局为己任，以建设白朗为追求，争做产业创新的表率，争做推动经济发展的带头人，努力在建设富裕和谐幸福美丽新白朗的进程中建功立业。

三是要在依法行政、公正司法中发挥监督作用。

在坚持依法治县的前提下，积极探索履行法定职权的方法、途径、手段，建立健全执法检查、代表视察、述职评议等方面的工作制度，完善运行机制，突出监督重点，着力抓好各项监督工作，促进人大干部作风转变、优化服务、廉洁从政，促进人大工作科学化、规范化。

四是要在维护稳定、促进和谐中发挥保障作用。

要充分发挥代表联系人民群众的桥梁和纽带作用，带头深入基层一线，调查了解民情，主动反映民意，勇于维护民权，在履行职责上发挥更大作用；要充分发挥面向基层、接触面广的优势，多做解疑释惑、理顺情绪、化解矛盾、推动落实的工作，正确引导社会舆情，确保人民群众在和谐稳定的环境中，不断增强安全感、提高幸福指数。

各位代表、同志们，“重任在肩当奋进，使命系身需图强”。我县正处于一个蓄势待发、跨越发展的重要历史时期。让我们在县委的坚强领导下，团结一致、奋力拼搏，为实现我县提速发展、跨越发展做出新的、更大的贡献！

最后，祝各位代表、同志们身体健康、万事如意、扎西德勒！

中国人民政治协商会议
第一届白朗县委员会常务委员会工作报告

——政协第二届白朗县委员会第一次会议

政协党组书记、主席　普布次旦

（2016年6月23日）

（节选）

过去四年工作回顾

四年来，政协白朗县委员会在日喀则市政协的有力指导下，在白朗县委、县政府的坚强领导下，高举爱国主义和社会主义伟大旗帜，深入学习贯彻中共中央关于西藏工作的指导思想和一系列方针政策，紧密团结和带领广大政协委员，牢牢把握团结和民主两大主题，围绕中心，服务大局，切实履行政治协商、民主监督、参政议政职能，为促进白朗县经济发展，维护局势稳定，加强民族团结，不断推动白朗政协工作与时俱进、创新发展，开创了人民政协工作新局面。

（一）加强学习，打造学习型政协机关。常委会坚持把政治理论学习作为提高委员履职能力的前提和基础。组织动员全县广大政协委员，深入学习贯彻党的十八大、十八届三、四、五中全会和中央第六次西藏工作座谈会精神、学习贯彻习近平总书记系列重要讲话精神、特别是治国必治边、治边先稳藏的重要战略思想和学习贯彻党的治藏方略，学习贯彻依法治藏、富民兴藏、长期建藏、凝聚人心、夯实基础的重要原则，学习贯彻全国“两会”精神，学习把握市政协工作会议和县工作会议精神，认真学习人民政协理论及业务知识，结合学习贯彻自治区“两会”精神和政协章程，努力创建学习型政协机关。

（二）切实履行政协职能，努力推动经济的发展。四年来政协白朗县委员会坚持把经济建设为中心作为履行职能的第一要务，紧紧围绕县委、政府的中心工作，服从和服务于白朗发展稳定大局，深入调查研究，积极协商议政，切实建言献策。一是积极开展协商民主，进一步提高民主监督实效。4年来白朗县成功地召开政协一届一次会议至五次会议，委员听取并审议通过了县政协常委会工作报告和提案工作报告，列席了县人大会议，听取并讨论了政府工作报告和其他报告，围绕我县经济社会发展的重大问题进行了协商议政，完成了会议的各项任务。二是开展调研，改善民生。4年来县政协深入基层，对全县各（乡）镇、各寺庙，部分学校进行了走访调研活动，收集社情民意，充分发挥政协委员联系广泛、凝心聚力、桥梁纽带作用，及时倾听群众利益诉求，了解社情民意，掌握真实情况，了解农牧民的生产生活、维稳、安居工程、驻村工作、寺庙管理等情况，积极为我县经济社会发展建净言，献良策。同时，积极为他们提供信息和发展思路，指导鼓励发展经济实体，增加群众收入。三是加大督办力度，推进提案办理。 提案办理质量是提案工作质量的关键，提案能否发挥作用，关键在于办理。我们按照“围绕中心、服务大局，提高质量、讲求实效”的要求，坚持与时俱进，努力改进工作，切实加大督办提案的力度，促进了提案办理质量和落实率的不断提高。4年来政协共收到委员提案145件，其中审查立案51件，建议94件，提案答复率达100%。四是加强与委员联系。我们十分重视与委员的联系，把联系委员工作责任分解到每个常委身上，及时了解委员生产、生活和工作的情况，对委员反映的问题尽力给予协调解决。同时以走访的形式引导委员围绕全县中心工作和群众关心的热点难点问题参政议政，通过走访引导，委员在各自的岗位上都发挥了较好的带头作用。五是完成各项调研工作和学习考察。县政协积极协助和配合上级政协完成调研工作及文史资料的搜集工作。4年来县政协与兄弟县及外地政协交流联谊7次，共接待考察团208人次，加强了互动交流，深化了彼此感情，促进了政协工作的开展。六是组织委员开展视察及学习考察活动。4年来，白朗政协组织全体委员在本县境内视察了蔬菜示范点、职能温室、自来水厂、便民警务站、公安指挥中心、旺达食品有限公司、圣雄养殖基地等，通过委员实地查看，对县政府的工作有了深入直观的了解。三次共组织32名委员前往林芝、山南、阿里、地、市和兄弟县进行了学习考察。通过学习考察，开阔了我县政协委员的视野，增长了见识，解放了思想，明确了方向。更增强了与兄弟县之间的友谊、情感，形成了共识。更增强了委员履行三大职能的责任感和使命感，激发了做好政协工作的激情和活力，达到了相互交流，相互借鉴，相互促进和相互学习的目的。

（三）积极开展走访慰问活动，发挥政协职能优势。4年来，县政协共6次开展走访慰问活动，深入基层，了解困难党员及贫困户的生产生活情况及身体状况，并向困难大学生捐助生活费共14000元，向贫困党员发放慰问金共10500元，向困难群众发放慰问金共10000元，向驻寺干部发放慰问金共10000元。县政协积极调动经济界委员向僧尼发放慰问金16000元，向4.25地震灾区送去价值12万元的蔬菜和价值16万元的食品以及捐款共计384600元。通过走访慰问活动，尽心尽力为群众办实事、做好事，解难事，让群众切身感受到党和政府的关怀和温暖。

（四）切实加强自身建设，推进政协工作创新发展。政协白朗县委员会始终坚持解放思想、实事求是、与时俱进，主动适应新形势新任务的要求，不断强化理论武装，强化队伍建设，强化制度创新，注重团结合作，积极探索政协工作思路，建立健全各项委员管理制度，在县委党校举办了提案培训一次，参加委员35名，以以会代训方式为全体委员中进行政协章程、委员手册、委员管理暂行办法、中共十八届五中全会和中央第六次西藏工作座谈会精神等方面的培训，通过调动委员参政议政的积极性、主动性，切实推进政协工作制度化、规范化和程序化建设，为政协工作制度化、规范化和程序化履职职能提供了有力的保障。大力创新工作机制，不断完善工作举措，努力推进委员提案办理、文史资料征集，形成了良好的工作格局，开创了政协工作新局面。4年来，县政协委员参加了市政协协商民主座谈会交流2次，参加自治区政协举办培训2次，参加市委党校培训8次，促进了政协履职水平和委员自身素质的提高。

各位委员，过去4年县政协工作取得的成绩，是县委、政府和社会各界大力支持的结果，是广大委员团结奋斗的结果。广大政协委员以高度的政治责任感、强烈的委员意识和良好的精神风貌，认真履职，扎实工作，为人民政协事业发展作出了新的贡献。在此，我代表白朗政协常委会表示衷心的感谢！

主要体会

回顾一届白朗政协的工作，我们主要有以下几点认识和体会：

——必须坚持党的领导，是做好人民政协工作的根本保证 。坚持中国共产党的领导是人民政协开展工作必须遵循的根本原则。必须主动接受、自觉维护中国共产党的领导，坚决贯彻执行党的路线方针政策，切实把党委的重要决策和工作部署贯彻到政协全部工作中去，体现政协工作特点、发挥政协优势的新思路、新方法、新举措，使党的路线方针政策和县委的决策部署在政协得到有效的贯彻落实。实践证明，只有坚持党的领导，人民政协工作才能保证正确的政治方向。

——必须服务发展大局，是做好人民政协工作的基本原则。发展是中国共产党执政兴国的第一要务，也是人民政协履行职能的第一要务。必须牢固树立发展为先、发展为大、发展为重的理念，不断增强为推动科学发展服务的大局意识、中心意识、责任意识，把促进和服务发展贯穿于政协履行职能的各个环节。我们紧紧围绕县委中心工作，服从和服务于经济社会发展大局，切实履行政治协商、民主监督、参政议政职能，促进经济发展作为各项工作的重中之重。实践证明，只有深入贯彻科学发展观，服务发展大局，人民政协工作才能有实效、有影响。

——必须把握两大主题，是做好人民政协工作的内在要求 。团结和民主两大主题，是人民政协性质的集中体现，也是人民政协产生和发展的历史依据。必须始终坚持民主协商、平等议事、求同存异的原则，积极营造畅所欲言、生动活泼的政治氛围，努力创造和衷共济、和谐稳定的社会环境。我们注重调动委员的积极性，充分发挥各界别的纽带作用，使县政协的协商议政活动更加生动活泼、更加富有成效。实践证明，只有实行广泛的团结民主，人民政协才能切实提高履行职能的水平和质量。

——必须加强自身建设，是做好人民政协工作的重要保障。加强自身建设是人民政协事业巩固和发展的重要基础。必须全面推进人民政协的自身建设。积极探索发挥界别作用的途径，努力使界别活动更加活跃，更加规范，更加有效。注重发挥委员的主体作用，加强服务管理，积极为委员发挥作用创造条件。大力加强政协机关建设，不断提高机关整体素质、工作效率和服务水平。实践证明，切实加强自身建设，不断提高履行职能的能力和水平，人民政协事业才能适应新形势、开创新局面。

这些认识和体会，是我县政协机关、广大政协委员和政协工作者积极探索、勇于实践的结果，来之不易，我们要倍加珍惜，在今后工作中发扬光大。

在回顾和总结一届政协四年成绩和体会的同时，也清醒看到，我们的工作中还存在一些问题和不足。主要表现在：民主监督还不够有力，需要进一步规范；专题调研和提案的整体质量与水平不高，需要进一步提高；发挥委员界别作用还不够广泛，需要进一步探索，等等。对这些问题，在今后工作中，我们要高度重视，认真研究，采取措施，逐步改进和完善。

今后五年工作计划

政协第二届白朗县委员会即将产生，其任期的五年将是我县加快推进经济社会科学发展，全面建成小康社会的关键时期。做好今后五年的工作，意义重大，影响深远。作为新的二届委员及政协机关工作任务将会更加繁重，肩上责任将会更加重大，履职领域也将更加宽广。今后五年，县政协人工作总体要求是：全面贯彻中共十八大和十八届三中、四中、五中全会精神，深入学习贯彻习近平总书记系列重要讲话精神以及中央第六次西藏工作座谈会精神，坚持以“四个全面”战略布局为统领，特别是治国必治边、治边先稳藏的重要战略思想和学习贯彻党的治藏方略，学习贯彻依法治藏、富民兴藏、长期建藏、凝聚人心、夯实基础的重要原则，紧紧围绕我县12345发展思路，坚持团结和民主两大主题，聚焦全面建成小康社会目标，把坚持和发展中国特色社会主义作为巩固共同思想政治基础的主轴，把围绕“十三五”规划实施建言献策作为工作主线，突出问题导向，强化短板意识，着力增强协商议政实效，着力强化民主监督职能，着力做好团结联谊工作，着力提高调查研究水平，为实现

“十三五”发展良好开局作出积极贡献。

（一）加强理论学习，努力提高履职能力和水平。白朗政协认真学习中共十八大和十八届三中全会、四中、五中全会精神，深刻领会习总书记的一系列重要讲话精神及俞正声主席“依法治藏、长期建藏、争取人心、夯实基础”的重要原则。通过学习，使全体政协委员、各界人士的思想和行动统一到中共中央和自治区、市委、县委的各项决策部署上来，把智慧和力量汇聚到转型跨越发展的伟大实践中来，坚持和发展中国特色社会主义、实现中华民族伟大复兴中国梦的自觉性、主动性和创造性，推动政协工作创新与发展。

（二）抓好协调，推动提案办理注重实效。一是突出重点，以点带面。通过座谈会，专题调研，走访承办单位等形式，全面促进提案办理。二是领导督办，发挥示范作用。坚持党政领导阅批提案制度和县政协领导督办提案制度。三是加强联动，督促检查，与县政府办联动，召开提案交办会，适时催办，督办，确保提案办理的实效。

（三）充分发挥政协委员在政协史料工作中的主体作用。政协委员是政协履行职能的主体，也是开展政协史料工作的主力军。政协委员及其所联系的社会各界人士丰富的工作经验和人生阅历，特别是参加中国特色社会主义建设和中华民族伟大复兴的实践，是史料工作取之不尽、用之不竭的源泉。作为政协委员，应该尽义务地把这些情况记录下来，积极负责地履行好政协委员撰写“三亲”史料的职责。

（四）协助上级政协，做好调研工作。协助和配合上级政协做好相关调研工作，同时立足我县的实际，将上级统筹研究解决的意见建议及时反映上去，争取纳入决策，提升议政建言的层次和实效。

（五）加强政协机关建设，积极推进政协工作新发展。深入学习贯彻党的十八大和十八届三中、四中、五中全会精神，学习中央第六次西藏工作座谈会精神及习近平总书记系列重要讲话精神及“两学一做”教育活动，深入推进政协机关思想建设，组织建设、效能建设、制度建设、信息化建设、作风建设和反腐倡廉建设，努力建设“学习型，服务型、创新型、效能型、和谐型”政协机关。

各位委员，在新的历史起点继续推进人民政协事业发展，是时代和人民赋予我们神圣使命和光荣职责。让我们更加紧密地团结在以习近平同志为总书记的党中央周围，在县委的坚强领导下，牢记使命，肩负重任，团结拼搏，开拓奋进，为开创人民政协工作新局面，为建设富裕文明、和谐美丽的白朗而不懈努力。

白朗县纪委践行“四种形态”执纪监督工作开展情况汇报

县委副书记、纪委书记 拉巴仓决

（2017年4月7日）

近年来，在县委、县政府的坚强领导和高度重视下，在区市两级纪委的有力指导下，白朗县纪委自始至终履行党章赋予的职责，认真贯彻落实全面从严管党治党战略部署要求，围绕践行“四种形态”，按照王岐山书记提出的反腐败“治标和治本”的战略思想部署，坚持纪在法前、抓早抓小、惩前毖后、治病救人的原则，进一步转变理念，从以往查办大案要案为主向全面监督执纪问责转型，紧紧扭住纪律不放，突出抓早抓小，勇于揭短亮丑、提高执纪问责实效。现将我县践行“四种形态”工作开展情况简要汇报如下，不妥之处，敬请批评指正。

践行“四种形态”主要开展工作

一、学思践悟，深刻领会“四种形态”政策内涵

一是在纪检系统干部率先学。县纪委通过召开常委会、专题学习会等形式，组织纪检监察干部认真学习王岐山书记关于“四种形态”重要论述精神，使全体干部悉心领会，把握新思想、新观点、新要求；二是在党员领导干部集体学。通过理论中心组学习和全县党风廉政会议上集中传达学习“四种形态”精神，紧紧抓住主体责任牛鼻子，强化两个责任考核机制，规范责任追究和问责制；三是部门干部自行自学。在各级党政部门组织自学。切实把思想和行动统一到中央和区、市纪委的部署上来；将“四种形态”的精神实质、深刻内涵传递给每位干部，准确把握“大多数”与“极少数”“治标”与“治本”“严管”与“厚爱”等关系，通过各层面的学习，明确了法和纪的分开，纪严与法前尺度和红线标准，进一步清理了思路，认清了党员应遵循规章制度，充分发挥职能作用，认真践行纪在法前，有纪必执、执纪必严。

二、狠抓党纪学习，深刻理解“四种形态”核心要义

“四种形态”是一个完整的逻辑体系，每种形态背后都有理论的支撑，制度的支撑和纪律的支撑，都是从严治党的利器。因此“四种形态”核心要义在于重党纪，轻处分。县纪委狠抓《中国共产党廉洁自律准则》《中国共产党纪律处分条例》学习，在全县掀起学习热潮。一是编制编印《准则》《条例》藏汉一本通学习读本。对全县党员干部、各级党组织和农牧区基层党支部中要求开展学习“准则”“条例”活动，并发放学习读本3000册，建立了“谈心交心”机制，全县形成了以县级干部带头学、各支部组织学、党员干部主动学的良好学习氛围，把《准则》《条例》内化于心，外化于行。二是把《准则》《条例》学习纳入全县综治宣传月活动。组织纪检专干在三月份指定宣传点进行开展《准则》《条例》宣传，让更多党员干部的行为准则规范明朗于群众心中，打造一支懂纪懂规懂法的群众监督大军。三是

纪检监察系统开展《准则》《条例》知识考试。4月初，组织全县纪检监察系统干部进行了《准则》《条例》知识竞赛考试，通过考试，采取比成绩、提升业务质量，比竞赛、丰富理论知识，做到相互竞赛、相互批评、把党纪党规牢牢刻于党员干部心中，全面提升队伍综合素质。

三、认真践行“四种形态”，坚持抓早抓小形成常态化

一是咬耳朵、扯袖子、红红脸出出汗的长效机制。我县在过去的预防机制基础上抓好无问题的提早及时提醒和警示教育结合工作，在重要节点，重要敏感时段，严明作风纪律和及时下发警示文件作为常态化工作，坚持牢固树立预防在先，惩治在后的工作理念，全面开展警示教育活动。2015年来，纪检干部中实行“廉政月讲堂制”和“党风廉政乡村巡回督查”制度，确保党风廉政延伸到乡村，创建清廉清风、清正民风的社会环境。同时在全县党员干部中实行月观看腐败案件影视教育片警示教育活动，年内巡回督导4次，警示教育5次，干部受教育覆盖率达80%。通过多渠道方式，做到了教育在先、监督在前目标，确保问题无盲区，干部得保护，工作得实效、群众得满意。二是党员领导干部率先垂范、敢于亮剑。重点在县级干部中开展民主生活会。近年来，通过在党员干部中开展群众路线教育、三严三实学教活动及其正在进行的“两学一做”学习教育，我县深入开展民主生活会同时开展批评和自我批评活动，采取敢于批评、相互亮剑方式，先后召开5次批评会，提出问题人均15件，整改20问题，明确了方向、理清了思路、强化了分工协作、理顺了体制和个人分工机制，认清了各自权力、理顺权力清单、增强了队伍团结和凝聚力、做到了咬耳扯袖、红脸出汗效果。三是注重谈话，形成震慑。2015年来，我县先后出台了《白朗县关于建立健全领导干部谈话制度的实施办法》，坚持以问题谈话和无问题谈话为相结合，以日常谈话和提醒谈话为相结合工作思路，对全县无发现问题单位的干部采取了集中约谈6次，参加人数约达50名；对发现问题的11家单位进行个别谈话22人；对问题轻重采取了诫勉谈话、组织谈话，通报批评、调离、降职、责令辞职、免职等组织处理建议权，做到优势互补，综合运用多种方式稳妥处理，适应监督执纪“四种形态”的问责导向，寻求最佳处理效果。年内，诫勉谈话3人，组织谈话5人；对受处分11名人员做了处分后谈话。同时对乡镇纪委书记建立集体约谈制，做到年初和年末约谈2次。通过多种谈话，及时掌握了党员干部的思想动态，对苗头性倾向性问题做到提醒预防、警示教育，起到了干部受教育和出汗震慑作用。

四、积极探索“四种形态”，狠抓作风建设

让党纪约束党员干部，用纪律武器来治党治理干部。一是承担监督执纪维稳工作，确保干部履职成效。年初以来，与县组织部、维稳办等部门联合先后成立专项督导检查组，对全县驻村点、驻寺、维稳值班等工作领域进行了12次维稳专项检查工作，检查中发现干部纪律的问题及时采取有效措施，边整改边教育，对情节较重的问题进行了责任追究，对情节较轻进行在全县内通报批评，确保维稳工作万无一失。同时结合白朗县县情，坚持立规矩，将出台“八小时之内之外干部工作效能管理规定”，强化上下班工作纪律、严肃工作作风，转变工作观念，解决纪律涣散、意识淡薄、作风漂浮、懒散拖延等问题能得到有效治理。二是狠抓落实八项规定，执纪掷地有声。2015年以来，开展监督检查40余组次，出台了“八个严禁”。重点对公车私用、公款玩乐、公款吃喝、公款送礼、乱接待乱开支和参加赌博及其公款宴请、旅游等活动顶风违纪问题专项检查，做到预防在先，刹住违纪。同时全面清查自八项规定出台以来国家公职人员参与项目招投标、验收收取红包的问题，及时采取措施，坚持治病救人的原则，及时整改刹住。三是早查早纠、规范“三公经费”合理运行。去年8月，我委局牵头联合县财政局对全县11个乡镇、10家县直单位“三公经费”管理使用情况做了专项检查。对发现的财务管理工作不规范、财务管理制度不健全、资金使用不规范的、政策执行不严的、报销审批把关不严的、公车使用经费报销不规范等20个问题进行深入分析、就地纠正，限期整改9个，尤其对涉及的人员做了深刻教育，对情节较严重的2个问题单位负责人做了约谈。四是以制度为堡垒，督促执纪，确保制度管人保驾护航。用好监督执纪“四种形态”，贵在坚持。协同县委、县政府，为推动“四种形态”常态化、长效化，先后出台了《中共白朗县纪委关于规范党员领导干部操办婚丧喜庆等事宜的暂行规定（试行）》《中共白朗县纪委关于严禁党政机关工作人员参与赌博的通知》《关于建立健全领导干部谈话制度的实施办法》《中共白朗县领导干部在维护稳定工作中失职渎职行为责任追究办法》《关于加强对同级党委监督的暂行办法》《关于推进党风廉政乡村巡回督导工作实施意见》等制度，以制度的堡垒为“四种形态”有效运用保驾护航。五是落实两个责任，强化责任担当。全县各级党组织坚持把落实主体责任作为政治任务，切实当好本县本单位的执行者和推动者，纪检作为监督责任，协助党委抓好党风廉政建设和反腐败工作，我县实行“年初会议签订目标责任制和年末履行考核责任追究制”，依规实行“一票否决制”。每年分别召开在乡镇党委书记述廉述职报告会，机关负责人述廉述责报告会，会上县委书记、纪委书记、分管领导作大会点评。有力推动了反腐倡廉各项工作落到实处。

五、自觉践行四种形态，打造担当的纪检监察干部铁军

一是自觉履行“四种形态”、保持政治定力。纪检监察干部承担着加强党内监督、推动“四种形态”落实的重要使命，更应模范遵守党章、维护党的形象。我们自觉在政治上、思想上、行动上同党中央保持高度一致，时刻传播正能量，绝不说有损党形象的话、不做有损党形象的事，党往哪里指，就往哪里走，把党的主张变成自觉行动，不断感染、引领和带动其他党员坚定不移地跟党走。二是严守红线、坚守干净底线。严守红线、干净做人，是纪检监察干部的底线，离开“干净”二字，就没有做纪检监察干部的资格。作为党纪政纪的执行者、维护者，只有自身干净正派，才能理直气壮地监督别人。对此，“四种形态”让纪检监察干部监督执纪的范围更加宽泛，新常态下纪检监察干部被拉拢腐蚀的风险不断增加，纪检监察干部要时刻有如履薄冰、如临深渊之感，时刻将自己的言行举动与自身形象联系在一起，把“廉洁”内化为一种风骨、升华为人生信条，带头遵守党纪国法，时刻自省自警，始终保持一身正气和清廉本色。三是务实工作作风，履行党内监督职责。在“抓早抓小”“正歪树、治病树、拔烂树”的监督执纪理念下，我们必须强化责任意识、担当意识，自觉肩负起全面从严治党的政治责任，坚持“惩前毖后、治病救人”，积极推进“三转”，践行监督执纪“四种形态”，让咬耳扯袖、红脸出汗成为常态化，党纪轻处分和组织处理成为大多数化，防止党员干部由违纪跌入违法犯罪的深渊，全力推动党风建设的更加全面，从严治党扎实有效。

六、围绕践行“四种形态”，大力推进基层纪检机关改革建设

1. 配齐配强县纪委纪检干部，监督执纪能力不断提升。一是完善纪检系统队伍建设，优化干部队伍结构。按照区党委办公厅33号文件要求，从基层乡镇公务员中充实8名同志到县纪委队伍，达到区纪委要求中县15名的标准，其中男性干部9名，女性干部6名；本科7名，大专2名，中专4名，高中2名；30岁以下11名，30岁-40岁2名，40岁以上2名，平均年龄29.5岁，我县纪检监察干部呈年轻化趋势，年龄结构明显改善，干部学历层次明显提高，保证了队伍的稳定性，提高了干部的综合素质。二是充实完善县纪委常委班子建设。从县检察院、县委办、组织部等工作领域的科级干部4名充实到县纪委常委，常委人数达到7名，确保纪委常委标准化。三是强化委局领导班子建设。在县委的高度重视和组织部的积极配合下，坚持优中选优，优中选品德高尚的原则，在全县范围内选拔纪检干部，配齐配强纪委领导班子。调整纪委副书记、监察局局长1名，提拔监察局副局长1名，县级纪检监察机关领导职数达到5

名，纪委常委会和委局领导班子得到加强。

2. 调整内设机构，促进基层纪检机关规范化建设。根据区党委办公厅33号文件要求，经县委批准同意，县纪委、监察局内部新设4个科室，即：综合办公室、党风政风监督室、纪检监察室、组宣部。同时制定出4个办公室的具体职能，明确工作分工，优化职能，推进委局工作顺利开展。

3. 配齐配强乡镇纪委书记，实现乡镇纪委书记专职化。9月中旬县纪委联合县委组织部组成考察组，对11名拟调整和提拔为乡镇专职纪委书记的干部进行专项考察，并于9月22日，白朗县第10次县委常委会研究通过了乡镇纪委书记专职化请示。经过严格选拔、民主推荐、组织考核等层层把关，于10月8日，全县11个乡镇专职纪委书记正式上岗，实现了乡镇纪委书记专职化，推进了白朗县乡镇纪检监察机关组织规范化建设。

践行“四种形态”面临的实际困难

我县虽在践行监督执纪“四种形态”过程中力所能及做了一些工作，但按照上级纪委要求还没有发挥好效益，仍遇到了一些难点阻力。主要表现在以下方面：

一是思想认识不到位。“四种形态”是对纪检监察工作履职提出的新要求和新目标。长期以来，由于纪检监察干部习惯了原有的工作模式，对“四种形态”在思想上还需要一个逐渐适应的过程；加之对监督执纪“四种形态”的学习宣传不够，致使广大纪检监察干部在思想认识上还不能完全跟上。尤其是乡镇纪委以及县直各部门对“四种形态”领会和把握较差。

二是监督执纪方式方法滞后。在实践中，由于没有建立与监督执纪“四种形态”相适应的配套制度，致使没有将“四种形态”贯穿到纪检监察信访举报受理、问题线索管理、纪律审查和案件审理等环节，在纪律审查各个环节还没有完全体现抓早抓小、关口前移、动辄则咎，“四种形态”从理念变为现实，还需不断完善纪律审查制度机制、创新监督执纪方式方法。

下步践行“四种形态”的思路

针对践行“四种形态”遇到的难点和阻力，全县各级纪检监察机关将努力在四个方面上下功夫，不断增强监督执纪实效，以严明的纪律推进全面从严治党。

一是真正压实“两个责任”。落实“四种形态”，党委（党组）的主体责任和纪委的监督责任同样重要，缺一不可，并且相互促进。党委（党组）主体责任履行得好，纪委的监督工作就会更加顺利，效果也会更加明显，反之亦然。各级党委（党组）要把主体责任扛肩上，抓在手上，主动拿起批评和自我批评的武器，严肃党内政治生活，营造良好的政治生态。

二是加强纪律宣传教育。要坚持不懈地、大张旗鼓地进行纪律宣传教育，努力唤醒广大党员的党员意识和纪律意识，让守纪内化于心、外化于形。要探索科学的宣教方法和途径，确保教育效果。在时间上，实行定期和不定期相结合，做到突出重点、连续不断。在内容上，实行正反面教育相交叉，做到对比鲜明、触动有力。在对象上，实行普遍性和重点性相统一，做到全面覆盖、不留空白。当前尤其要大力宣讲新修订的《中国共产党廉洁自律准则》和《中国共产党纪律处分条例》，让广大党员切实掌握《准则》和《条例》的内容，做到知纪守纪。

三是加强纪律和制度建设。落实“四种形态”是执纪、执纪要依纪。各级党委要根据《中国共产党廉洁自律准则》和《中国共产党纪律处分条例》结合各自工作特点和当前党建工作新形势制订或者修改完善各项纪律，确保纪律管用、有效，为监督执纪提供依据。“四种形态”是新的实践指导，各级纪委要在实践中不断探索、创新、总结，逐步形成规范，建立制度，从而更好地推动“四种形态”的落实。

四是加强纪检监察干部队伍建设。一是加强管理。纪检监察干部是党的卫士，对党忠诚是最基本的政治操守和最大最根本的纪律和规矩。纪检监察干部是执纪者、监督者，执纪者就要先守纪、严守纪，监督者更应该经得起监督。各级纪委要按照“打铁还需自身硬”“严管就是厚爱”“信任不能代替监督”的要求，加大对纪检监察干部教育、监督、管理的力度，打牢愿担当的思想基础，增强敢担当的硬气和底气。二是加强培养培训。要通过上派挂职、下派锻炼、交流轮岗、组织培训等多种形式培养干部。在培训上，要围绕落实“四种形态”的能力需求，有针对性地安排培训内容，提高队伍的整体能力和水平。

西藏自治区白朗县人民法院工作报告

——白朗县第十三届人民代表大会第二次会议

白朗县人民法院院长　达　娃

（2017年3月24日）

2016年工作回顾

2016年，我院在县委的正确领导、人大及政协的监督、政府的支持和市中级人民法院的指导下，高举中国特色社会主义伟大旗帜，以邓小平理论和“三个代表”重要思想，科学发展观及党的十八大、十八届三中、四中、五中、六中全会和中央第六次西藏工作座谈会精神为指导，深入贯彻落实习近平总书记系列讲话精神、特别是“治国必治边、治边先稳藏”的重要战略思想和“加强民族团结、建设美丽西藏”的重要指示，以“五位一体”总体布局和“四个全面”战略布局为统领，坚持党的领导、人民当家做主、依法治国有机统一，坚持党的治藏方略，坚持“依法治藏、富民兴藏、长期建藏、凝聚人心、夯实基础”的重要原则，紧紧围绕“十三五”规划的全面实施，结合我市提出的“6677”和县委提出的“1234”总体工作思路，依法行使职权、积极开展工作，为建设和谐文明幸福美丽白朗提供了强有力的司法保障。全年共受理各类案件101件，审执结100件，结案率为99%。

一、立足职能发挥，着眼发展大局，全力维护社会和谐稳定

着眼于执法办案第一要务，通过审判执行具体案件，促进社会公平正义，保障群众安居乐业。

打防并举反对分裂，维护国家安全。我院坚持“预防为主，打防并举，重在治本”的方针和“谁主管、谁负责”的原则，深入开展反分裂斗争，严厉打击十四世达赖集团和敌对势力分裂破坏活动，力保我县社会长期稳定、全面稳定；根据各级党委维护社会稳定的相关文件要求制定了我院的实施细则并认真贯彻落实，形成了以院长为总带班，各党组成员为带班的长期维稳值班制度；坚决贯彻“稳定压倒一切”的方针，发扬不怕疲劳、连续作战的作风，做好单位内部安保工作及审执工作领域的绝对安全。据统计：2016年内我院共投入维稳工作警力210人次、车辆82台次，确保了各项维稳工作的顺利完成。

刑事审判宽严相济，维护社会稳定。我院始终坚持惩罚犯罪与教育改造相结合的审判工作理念，坚持罪刑法定和罪刑相适应原则，充分发挥刑事审判职能作用，依法严厉打击各类刑事犯罪。全年我院共受理传销罪、妨碍公务罪等刑事案件8件11人，已审结8件11人，结案率100%。

民商审判定纷止争，促进社会和谐。我院坚持“调解优先、调判结合”的原则，以案结事了为目的，切实加大调解力度，努力减少不稳定、不和谐因素，避免矛盾激化，产生不稳定因素；增强矛盾纠纷的排查、化解工作的主动性，尽可能的做到早准备、早发现、早处理，切实将矛盾化解在萌芽状态。全年我院共受理各类民（商）事案件81件，审结80件，结案率达98.7%，诉讼标的达302万余元。

执行工作强化措施，全力维护司法权威。执

行工作是司法公正的最终体现，2016年作为全国法院执行工作攻坚之年，我院严格按照《执行案件目标责任书》的相关要求，紧紧围绕最高院有关执行工作的安排部署，依靠党委领导、人大监督、政府支持，依托区内、区外兄弟法院，克服执行工作中的种种困难，完善执行机制成立了19家部门组成的执行联动机制和强有力的执行办案小组，执结了米某诉索某拖欠民工工资案等一批执行硬骨头案件，加大执行力度，提高执行效率，努力让胜诉的当事人及时实现合法权益。全年，我院共受理执行案件12件，执结12件，执结标的达84万余元，自动履行4件，执结率达100%。

二、围绕中心工作，坚持公正司法，积极参与综合调控

牢固树立公正司法理念，充分发扬勇于担当精神，积极主动地服务县域经济发展。

多措并举，不断推进多元化解决纠纷机制。继续深入推行“五心三联动”的“白朗诉讼调解模式”，大力开展诉前、诉外调解工作，积极参与社会综合调控。2016年，组织法官送法进乡村、进校园17场次，受教育干部群众达6700人次，增强了广大干部群众的法律意识；召开不同形式人民陪审员的培训会2场次，受训人数达20人次，提升了基层人民陪审员化解矛盾纠纷的能力和水平。同时，主动与相关部门进行对接，对涉及劳资纠纷案件提前谋划，共同研究，全力维护农民工等弱势群体的合法权益。

案结事了，全方位化解信访难题。我院始终把案结事了作为最高追求，努力化解涉法涉诉信访案件，对于群众反映强烈、可能引发涉诉信访的事件，我院实行院长接待日工作制度，及时了解、沟通当事人的诉求，如许某与李某建设施工合同纠纷案及龙建路桥西藏分公司与惠某及张某劳资纠纷案等一些涉案人数多，涉及金额大，可能引发信访隐患的案件，我院党组高度重视、周密部署，及时成立专案组并将有关情况及时汇报当地党委政府，共同协商，积极动员多方力量追回并兑现民工工资262万余元，及时维护了当事人的合法权益，确保了不发生影响社会稳定的事件。

积极参与，打牢强基础惠民生根基，确保精准脱贫工作。我院共选派了8名干警，积极参与扎实开展强基础惠民生驻村工作当中，认真开展各项工作，紧紧围绕保障民生、改善民生、服务“三农”的工作主旋律，采取自行出资、筹资和积极寻求社会各方援助等方式，筹集爱心物质和落实项目资金累计达32万余元，组织动员全体干警积极开展结对帮扶活动，给他们送去了节日的慰问金和慰问品共计4.2万元。同时结合派出单位的本职工作，为村里培养一批法律明白人，共举办法律业校辅导班18期，参训群众人数达240余人次。

三、狠抓党建工作，加大公开力度，深入落实司法为民

紧紧围绕当前开展的“两学一做”学习教育，始终坚持司法为民宗旨，积极推进司法公开工作，主动接受监督，最大限度保护群众的切身利益。

持之以恒，加强司法作风建设。在“两学一做”学习教育中，我院多层面多渠道地广泛征求群众的意见和建议8条，对此，我们认真梳理汇总，全面查摆整改，并结合法院工作实际，重点解决“六难三案”问题，坚决清除“冷硬横推”“慵懒散拖”等司法不正之风，以“零容忍”的态度查处不正之风。

以人为本，完善便民服务举措。不断细化立案、审判、执行、信访等各个环节的便民利民措施，通过实行网上立案、推行巡回法庭、发放便民联系卡等方式，尽可能地减轻当事人的奔波之苦；在相关乡镇党委、政府的大力支持下，全力推进基层人民法庭建设工作，目前，玛乡、嘎东镇、杜琼乡三个派出法庭、均以建成，将大大方便当地群众诉讼；认真落实人民陪审员“倍增计划”，目前，经县人大常委会批准任命了6名人民陪审员，为更好地发挥基层人民法庭的前沿阵地作用提供了组织保障。

阳光司法，全面提升审判质效。充分发挥司法公开网络平台作用，坚持把依法办案作为第一要务，把确保案件质量作为第一责任，公开立案程序、庭审流程、执行过程，2016年在司法公开平台上公开案件流程88件、裁判文书16份、开庭公告88条，利用科技法庭平台审理案件26件；实行结案审批制度，全部案件由审管办统一进行结案把关，并不断健全审判流程管理机制、案件质量评查机制，强化督查评议制度，健全审判质效分析制度，做到月研判、季调度，完善错案防范、问责机制，全面提高了审判质效，评查案件质量率达85%以上，一审服判息诉率达100%。

强化为民，不断延伸司法触角。畅通人民群众走进法院的“最先一公里”，打通司法服务人民群众的“最后一公里”作为诉讼服务中心建设的出发点和落脚点，以诉讼服务大厅、12368诉讼服务热线、诉讼服务网、车载流动法庭“四位一体”为诉讼服务平台，实现了我院零距离为民服务的宗旨。诉讼服务大厅共接待当事人350余人次，12368诉讼服务热线提供咨询查询等服务25人次，网上立案101件，特别是今年6月份全市两级法院诉讼服务中心建设现场交流会在我院的召开进一步肯定了我院诉讼服务中心建设工作取得的成绩。

拓宽渠道，伸展司法覆盖面。我院进一步加大以人民法庭为点、车载流动法庭为线、基层法院为面，点线面相结合的巡回法庭就地办案力度，完善巡回法庭制度，用实际行动来践行党的群众路线教育实践活动和“三严三实”以及“两学一做”学习教育的实践成果，减轻当事人诉讼难、诉讼累的问题，“车载流动法庭”车辆行驶里程8万余公里，审结各类案件75件。

四、围绕队伍建设，以忠诚使命的理想信念，不断提升司法公信

着眼转变司法作风，大力加强思想政治建设，努力打造信念坚定、执法为民、敢于担当、清正廉洁的过硬法院队伍。

教育引导，树立法官良好形象。深入开展社会主义核心价值观和社会主义法治理念教育活动，认真学习党的十八大、十八届三中、四中、五中、六中全会精神及习近平总书记系列重要讲话精神，不断提升干警的政治素质和理论水平；认真落实党风廉政建设主体责任和监督责任，坚持对干警从严教育、从严管理、从严监督，我院根据相关要求，结合本院工作实际，在继续坚持党风廉洁建设目标管理制度、工作报告制度、诫免谈话制度、案件评查制度、审务公开制度的基础上，制定和完善了我院“三重一大”实施方案、案件评查制度、车辆管理暂行条例、审务督查工作细则等8项制度，使各项工作有章可循、规范运行。

强化培训，提升理论业务水平。为全面推进法官队伍正规化、专业化和职业化建设，我院注重实践锻炼与教育培训相结合，加大法官培训力度，班子成员坚持带头授课，积极组织全院干警集中学习业务知识；大力支持和鼓励干警参加各种学历进修和司法考试，不断提升法官公正司法的能力和水平。全年选派干警参加各种业务培训共26人次。

推进改革，实现法院新突破。以建设高效权威的司法制度，实现审判体系和能力的现代化为目标，紧紧围绕上级法院有关司法体制改革的相关文件要求努力做好了司法人员分类管理制度的准备工作、严格撰写了有关司法体制改革的相关调研报告2篇，并下设了司改办，为深入贯彻落实上级有关司法体制改革的各项工作的顺利有序开展奠定基础。

夯实基础，不断强化办案保障。认真落实最高法院通知要求，强化各项安全保卫工作，真正实现了办公区和审判区分离，使当事人的生命、财产安全得到有效保障；进一步完善警用装备补充更换机制，强化法警队伍管理，保障审务安全；进一步加强网络化管理，积极争取上级法院配套资金53万余元，配齐了新建审判综合楼办公设备，实现了办公科技化，开庭审判网络化。

畅通渠道，主动接受各界监督。自觉主动地将法院各项工作置于人大、政协及社会各界的监督之下，坚持重大工作主动向县委、人大报告，及时办理人大代表、政协委员建议、提案。2016年采取“走出去”与“请进来”相结合的办法共走访人大代表、政协委员及社会各界人士8人次，邀请座谈、旁听庭审7人次，向人大常务会汇报法院重点工作3次，执行攻坚工作专题汇报2次，向有关部门及县人大代表寄发征求意见函35余份。以司法公开为手段，多途径传递了法院的声音，多层面征询了意见和建议，有效促进了法院各项工作更好地开展。

各位代表，县法院工作取得的成绩和进步，离不开县委的正确领导，离不开县人大及其常委会的有力监督，离不开县政府、政协的关心与支持，离不开第七批济南市援藏干部的无私帮助更离不开各位代表、委员及广大人民群众的关心和帮助。在此，我代表白朗县人民法院，向关心支持法院工作的各级领导和同志们致以崇高的敬意和衷心的感谢!

在看到成绩的同时，我们也清醒的认识到，县法院工作还存在许多问题和不足：一是案多人少的矛盾依然突出。二是法院干警的综合素质有待提高，全院干警的司法能力、司法理念还不能完全适应司法体制改革的实际需求。三是随着案件数量的增多，干警人身安全保障机制需进一步落实。

2017年工作任务

2017年是实施“十三五”规划的承上启下之年，是实现“6677”及“1234”奋斗目标的开局之年，也是司法体制改革全面推进之年，我院将继续坚持以邓小平理论和“三个代表”重要思想为指导，立足“十三五”规划，认真开展“用公开促公正，建设核心价值”主体教育活动，以贯彻落实十八届六中全会和自治区第九次党代会精神为切入点，按照全国、全区政法工作会议精神，紧紧围绕“努力让人民群众在每一个司法案件上感受到公平正义”的工作目标，积极践行“公正与效率”工作主题，维护稳定，保障发展，促进和谐，不断提高审判质量和效率，促进审判工作的进一步发展，为确保我县经济社会跨跃式发展，确保长治久安，提供公正高效权威的司法保障，主要做好以下几项工作：

一是坚持以人为本的科学发展观，在加大队伍建设方面实现新突破；二是以深化审判管理为手段，在提高审判质量方面实现新突破；三是以司法能力为向导，在机制创新方面实现新突破；四是以全县工作大局为重点，在加强服务保障方面实现新突破。

各位代表，面对新形势、新任务、新征程，我们决心在县委坚强领导、在上级法院的精心指导下，在人大的有力监督和县政府、政协及社会各界的关心支持下，认真贯彻落实本次大会的有关决议决定，忠实履行宪法和法律赋予的职责，不忘初心、不负众托、不容使命，以昂扬向上的精神，求真务实的工作作风，坚定信念不动摇，严格司法不松懈，为建设法治白朗，美丽白朗做出新的更大的贡献!

白朗县人民检察院工作报告

——白朗县第十三届人民代表大会第二次会议

白朗县人民检察院党组书记、检察长 扎西次仁

（2017年3月24日）

主要工作回顾

2016年，白朗县人民检察院在县委和上级检察院的正确领导下，在县人大及其常委会的有力监督下，在县政府和兄弟单位的大力支持下，在济南市院和第八批援藏干部的无私援助下，认真学习贯彻落实十八大、十八届历次全会、中央第六次西藏工作座谈会、自治区第九次党代会、市委一届五次全委会和习近平总书记系列重要讲话精神，紧紧围绕跨越式发展和长治久安这个中心，全面深化检察改革，积极履行法律监督职能，各项工作取得了新成绩，实现了新跨越。

这一年，我们始终坚持维护和谐稳定。夯实维稳基础。严格按照县委、县府的维稳部署要求，深化干警反对分裂的立场教育，培养常态化维稳的意识，着力营造和谐稳定的社会环境，打好维稳工作基础。强化制度保障。健全完善维护社会稳定工作方案、应急预案，完善落实值班制度、外来人员及车辆登记制度、网格化维稳防控区巡逻登记制度等十余项，重点强化处突演练，抓实维稳工作程序。突出工作实效。始终坚持主动治理、主动衔接、主动防范，按照网格化防控要求，展开巡逻布控，在学校、加油站、加气站等重点区域加强排查力度，坚持从源头上消除不稳定隐患，全年共投入警力133人次，车辆77台次，主要领导蹲点督导维稳34天，投入维稳经费14万余元，有力维护了全年各敏感节点的社会稳定。

这一年，我们始终坚持维护公平正义。宽严相济办刑案。受理提捕案件7件10人，批捕5件7人，不捕2件3人，受理审查起诉7件12人，提起公诉8件14人，作出不起诉1件1人，法院均作出有罪判决。所办的入室盗窃案、妨害司法案、强制医疗案、非法传销案均属建院以来的首例，特别是强制医疗案，在全市乃至全区属于首例，得到了上级领导的关注和肯定。惩防结合建体系。受理职务犯罪举报线索4起，自行审查澄清事实2件2人，移交纪检部门2件2人，联合纪检部门调查核实4起案件线索，构建起检察、纪检工作联系新模式。与11个乡镇、24个相关单位签订了预防职务犯罪工作联系机制，投入8万元资金构建了大预防体系；发出检察建议2件，对县卫生系统、曲奴乡达玉村财务管理混乱问题进行督促规范整改；开展法制宣传11次，发放宣传材料15000余份。依法监督求实效。审查人民法院民事裁判80件，未发现违法裁判、违法执行的情况；对县公安机关办理的治安案件进行了一次全面复查并对存在的问题提出了书面整改意见。保障权益促平安。受理来信来访案件2件2人，1件1人转交公安机关办理，1件1人正在办理阶段。全年无一起涉检进京上访、越级上访事件。

这一年，我们始终坚持服务中心大局。结合业务促脱贫。县院17名干警与26名建档立卡贫困户结对认亲，通过下乡调研、谈心谈话、物资

帮扶等方式帮助困难户理清脱贫思路，全年共捐助、争取帮扶资金25000余元；充分发挥法律监督作用，围绕扶贫领域薄弱环节，广泛收集职务犯罪案件线索，为脱贫攻坚提供坚强的司法保障。突出党建强基础。以“两学一做”主题教育为抓手，进一步规范完善党建各项制度；以县委“十项措施、百日行动”为契机，深化“讲学习、讲忠诚、正风纪、转作风、提效能”主题活动；充分发挥党员先锋模范作用，先后多次深入敬老院、扶贫点、扶持户开展献爱心活动，实现县院党建工作成为“排头兵”；全年召开支部学习研讨会议22次，院领导带头讲党课5次。强化驻村惠民生。先后选派7名驻村队员，深入开展驻村工作，我院驻嘎东镇亚温村工作队整合两年驻村资金28万元购买联合收割机；吉琼村工作队花费驻村资金19万元新建人畜饮水工程，为驻村扶持户解决资金3万元并对其无偿提供作业场所及减免附加费用，各大节日慰问达1.5万余元，累计捐款捐物4.8万余元，开展普法宣传活动3场，调解邻里矛盾纠纷8起，开办村级学前班受教育儿童达16人，得到了乡党委和群众达一致好评。参与管理创平安。积极参与县综治办发起的“综治宣传月”活动，制定法律宣传方案，深入开展综治工作宣传工作；配合相关部门加强重点区域和重点事项的排查整治工作，对全县20个沙场点进行摸底调查，针对存在的问题，向县政府提出整改建议。

这一年，我们始终坚持从严管理队伍。提升理论水平。坚持认真学习贯彻十八届历次全会、自治区第九次党代会、三级政法工作会和全国、全区检察长座谈会精神，贯彻落实中央第六次西藏工作精神、习近平总书记系列重要讲话精神，学习领会曹建明检察长、张培中检察长重要讲话精神，制定了《每周五下午干警学习制度》《工作交流制度》《业务技能竞赛制度》《理论中心学习制度》等制度规范6项，集中学习50余次，全面加强思想建设，不断提高干警理论水平和执法水平。全面从严治检。坚持把全面从严治党要求贯穿日常管理全过程，把强化党内监督与强化司法办案监督紧密结合起来，着力提高干部队伍廉洁从检的自觉性，不断强化责任意识，狠抓检察队伍作风建设，年内组织干警学习各类违纪通报文件30余次，召开节前廉洁教育会议5次，干部廉政谈心谈话20余次；在干部培养上，始终践行以德为先的用人导向，时刻教育干部加强学习，引导干警清白做人，坚决杜绝违纪行为的发生，用更严格的要求来约束干警，更好地承担起宪法法律赋予的神圣职责。注重人才培养。调整充实了检委会和院党组，提任正科级领导岗位2名，调任副检察长1名，将3名乡镇优秀应届大学毕业生充实到检察队伍，选派16名干警参加司法考试培训和内地交流培训。

这一年，我们始终坚持提升保障水平。推进公寓化建设。新建职工周转房18套；争取5万元修建8个简易车库，投资3万元扩建维稳值班室，同时经自治区检察院协调今年我院再次配备一辆霸道越野车。推进自动化建设。年初新办公楼正式投入使用；投资42万元更新了办公设备；投入44万元补充更新了办案设备。推进信息化建设。充分利用新媒体，建立检察机关“两微一端”，加大检察工作宣传力度；多方协调建通了检察三级网络，加强使用22万元资金新建了电视电话会议室，使各项业务工作开展更加便捷、更加规范。

这一年，我们始终坚持主动靠上受援。按照高检院关于检察业务、人才、教育、文化、信息科技和项目资金等“六位一体”援藏工作总思路，积极加强与济南市院对接衔接工作，争取资金22万元，修建改善干警食堂设施条件；区检院和山东省院开展对口支援“双百计划”实施后，选派我院1名优秀干警到山东省学习取经，受援济南和临沂市院为我院选派2名优秀干警，开展为期半年的挂职锻炼，带来了先进的办案理念，与本院干警互学互动，达到了互促互进的目的；8月份山东省检察机关赴藏考察团一行到县院进行考察交流，进一步深化县院与对口院的感情交流、文化交流、经验交流，为今后检察受援工作奠定了良好的基础。

各位代表：一年来，白朗县院各项工作均实现了长足发展，先后获评为“全区检察机关先进基层单位”和“白朗县民族团结进步模范集体”。这些成绩的取得，离不开县委和上级院的正确领导，离不开各位代表的大力支持，更离不开全体干警的团结奋斗。在此，我谨代表白朗县人民检察院向大家表示衷心地感谢，向所有关心白朗检察事业发展的各界人士表达诚挚的谢意！

但是，我们清醒地认识到，面对新形势、新任务和新要求，现在的检察工作还存在很大的差距：一是法律监督工作方面仍存在不敢监督、不会监督、不善监督现象，与建设法治社会的要求、与人民群众日益增长的司法需求还有一定的差距；二是自侦案件工作与人民的要求还存在较大差距，需进一步拓宽职务犯罪案件线索渠道；三是信息化建设相对滞后，办案办公无纸化进程缓慢，信息化资源利用不充分；四是干警的业务水平和理论素养有待提高，复合型人才严重缺失；五是检察职能服务全县经济发展领域的能力发挥不明显。

2017年工作要点

2017年白朗县院工作的指导思想是：高举中国特色社会主义伟大旗帜，以邓小平理论、“三个代表”重要思想、科学发展观为指导，深入学习贯彻党的十八届六中全会、自治区第九次党代会精神和习近平总书记系列重要讲话精神，以主题教育实践活动为引领，以维护社会和谐稳定为己任，以保障和改善民生为抓手，以加强班子建设和队伍建设为动力，以推进司法体制改革为目标，以职务犯罪预防和查办为突破口，充分发挥法律监督职能，为建设和谐文明幸福美丽白朗提供更有力的法治保障，努力开创我县检察工作新局面。

今年，白朗县院的主要工作目标是：继续深入开展反腐败与党风廉洁建设相结合的大预防体系建设，逐步覆盖11个乡镇；继续深入落实人才培养计划，打造一支高素质、强能力的复合型干警队伍；严把案件质量关，突出立案监督和审判监督两项主业，实现案件全过程审核准确率达到100%；关注和保障民生，突出打击民生领域职务犯罪案件，尝试开展公益诉讼。为确保既定工作目标能如期实现，我院决心做好以下五个方面工作：

（一）加强学习教育，提高业务水平。认真开展“深化五项教育，增进五个意识”主题活动，结合精准扶贫工作，以党建扶持点、扶贫结对认亲为突破口，创建以服务民生为主的检察党建工作品牌；进一步加强学习力度，规范学习制度，全力提升干警的理论水平和专业素养；支持和鼓励年轻干警参加各类业务培训，通过实践锻炼，提高新进检察人员双语办案能力。

（二）关注民生事业，发挥监督职能。主动参与监督精准扶贫和产业发展两项重大民生工作领域内资金落实与使用情况，为实现产业强县提供阳光司法保障；注重打击生态环境保护和弱势群体等损害公共利益的违法犯罪案件，大胆尝试公益诉讼。

（三）建强惩防体系，营造廉洁环境。进一步加强与纪检监察部门工作联系制度与信息共享制度，拓宽自侦案件线索来源，力争办理1—2起职务犯罪案件；进一步扩大“大预防体系”工作覆盖面，将检察机关大预防体系逐步推广普及到11个乡镇。

（四）准确把握重点，深化司法改革。凸显检察机关的法律监督机关定位，今年把主要精力放在审判监督和立案监督两项主业上，全力提升检察机关民事行政和立案监督工作力度；主动加强与纪检、组织人事、公安、民政等部门协调配合，充分发挥惩治、教育、预防、治理、服务等多元检察职能，坚决铲除“村霸”和宗教黑恶势力，依法严厉打击危害农村和谐稳定的违法犯罪。

（五）强化检务保障，完善基础设施。利用各种渠道争取资金修整院内绿化、硬化及排水工程；争取上级业务部门和县委、县政府支持，协调纪检、组织、党校等有关部门，建立白朗县预防职务犯罪警示教育基地。

各位代表、同志们：检察机关作为法律监督

机关，在推进全面依法治国中肩负着重要职责。回顾过去，成绩来之不易；展望未来，我们任重道远。在新的一年里，县院继续在县委和上级院的正确领导下，认真贯彻落实本次会议决议，依法履职，真抓实干，为白朗县跨越式发展和长治久安提供更坚实的司法保障。

白朗县2016年国民经济和社会发展计划执行情况与2017年国民经济和社会发展计划（草案）报告

——白朗县第十三届人民代表大会第二次会议

白朗县发展和改革委员会

（2017年3月24日）

一、2016年国民经济和社会发展计划执行情况

2016年是“十三五”规划的开局之年，在县委、县政府的正确领导下，在县人大、县政协的监督和大力支持下，全县上下以科学发展观统筹工作全局，紧紧围绕全县的工作核心，创新工作方式方法，提高工作效率和水平，全力推进全县经济发展方式的转变和产业结构的调整，全县经济社会呈现“稳中有进、稳中向好”的发展态势，较好地完成了县十二届人大七次会议确定的国民经济和社会发展计划的目标任务。

（一）经济发展稳步增长。全县国民生产总值达到8.61亿元，同比增长10.8%；工业总产值达到7888.54万元，同比增长21.8%；全社会固定资产投资完成10.12亿元，同比增长82.3%；地方财政一般预算收入完成2006万元，同比增长32.5%；社会消费品零售总额预计达1.4亿元，同比增长19.96%。

（二）农牧业发展稳中向好。全县农牧业总产值实现3.38亿元，同比增长12.6%。一是农业发展方面，粮经饲比例进一步调整为73：21：6，全县农作物播种面积12.78万亩，粮食作物播种面积达到9.8万亩，机耕、机播、机收分别占总面积的92%、80%、65%，粮油总产量1.03亿斤，蔬菜总产量7980万斤，筹备防抗灾饲草料345万斤；二是牧业发展方面，开展牲畜免疫2次，免疫率达100%，全县2016年末牲畜存栏28万头（只、匹），牲畜出栏7.8万头（只、匹），出栏率达27.9%，肉产量1444.01吨，牛奶产量9816吨。

（三）群众收入持续增长。全县农村经济总收入达到75977.97万元，三产业的比例进一步优化为57：17：26，其中，第一产业43212.81万元，占56.87%，第二产业12691.49万元，占16.71%，第三产业20073.67万元，占26.42%；农村居民人均可支配收入达到10575.5元，同比增长10%；现金收入8060元，现金收入比例达到76.2%。

（四）项目建设成效显著。2016年，市政府为我县下达基础建设项目80个，计划投资8.15亿元，实际全年实施各类项目127个，完成总投资10.12亿元，同比增长82.3%；2016年项目建设涉及农村基础设施、水利、交通、教育、城市基础设施、环境保护、社会事业等方面，有力促进了我县经济社会持续快速发展。一是狠抓固定资产投资。2016年累计完成全社会固定资产投资10.12亿元，完成年度目标的124%；二是扎实开展灾后重建。我县灾后恢复重建工作推进扎实有效，目标任务为9441万元，累计完成投资11026.04万元，完成年度目标任务的116.78%；三是全面推进招商引资。

全年实现招商引资项目落地3个，到位资金3.36亿元，完成累计投资14003万元，实现了招商引资工作新突破；四是有序推进易地搬迁。全年实施精准扶贫易地搬迁241户1279人，累计完成投资5145万元，累计拨付资金3035.74万元，占工程款的70%左右。

（五）财税金融稳步发展。2016年我县财政收入持续增长，全年完成地方财政预算收入2006万元，同比增长32.5%；完成税收1449万元，同比增长12%；金融业持续平稳运行，全县各类存款余额达10.75亿元，同比增长60.7%，其中城乡居民储蓄存款1.92亿元，同比增长28.4%；各项贷款余额4.79亿元，同比增长26.6%；2016年，电信、移动全年业务收入1800万元，电信用户增长4000户，移动用户增长17000户；邮政全年业务收入达到49.6万元。

（六）社会事业协调发展。完成11个乡镇劳动就业社会保障服务平台建设，转移农牧区富余劳动力27500人次，实现劳务收入6772.9万元；社会保障体系不断完善，五大保险覆盖面逐年提高，城乡居民养老保险参保率达98%；社会救助水平不断提升，发放城乡低保583.5万元和临时救助资金27.7万元；完成“五保”集中供养中心供暖工程，有意愿的“五保”老人集中供养率达100%；教育事业优先发展，素质教育顺利通过自治区评估验收；新建巴扎乡扎西村、旺丹乡巴金村等6所村级幼儿园，完成旺丹乡小学教职工宿舍、县双语幼儿园改扩建等4个续建项目。

（七）精准扶贫快速推进。严格对照区、市“九个一批”的脱贫措施，实现8302人精准脱贫，脱贫人口人均纯收入达到3311元以上，111个贫困村全部退出，全县贫困发生率控制在2%，达到脱贫摘帽标准，脱贫攻坚取得阶段性胜利；大力实施易地搬迁脱贫，在者下乡、东喜乡、旺丹乡，易地扶贫搬迁241户1279人，共计19个安置点（其中者下乡2016年实施130户742人，东喜乡12户51人，旺丹乡99户486人）建档立卡贫困人口识别精准，搬迁安置方式合理有效。

（八）专项整治有效推进。成立了以县委书记担任组长的专项整治行动工作领导小组，制定了具有可操作性的工作方案、制定联席会议制度，及时研究和安排整治工作，做到了整治工作有安排、有检查、有督促、有落实、有成效；大力推进白朗县项目工程领域突出问题专项整治行动，对全县建筑重点领域开展摸排整治47次，完成18家砂场砖场关停整顿，合理分配采挖河床段，全面完成搬迁工作，砂场旧址恢复工作积极推进。

二、2017年国民经济和社会发展计划主要目标及措施

2017年是“十三五”承上启下的重要一年，是深化脱贫攻坚的关键之年，做好2017年各项工作，责任重大，意义深远。

2017年全县经济社会发展的主要目标是：县级生产总值同比增长20%以上；全社会固定资产投资同比增长35%以上；地方财政预算收入同比增长45%以上；农村居民人均可支配收入同比增长18%以上；社会消费品零售总额同比增长20%以上；城镇登记失业率控制在3%以内；居民消费价格增长控制在全区平均水平之内。

2017年国民经济和社会发展计划主要预期指标的确定，综合考虑分析我县经济形势和改革发展的任务，结合我县“十三五”时期发展目标和我县在全市的站位情况，在努力保持全县来之不易的良好发展势头前提下，把握发展速度和发展质量的平衡点、经济发展和民生改善的契合点，充分考虑预计指标的科学性和可行性，以及指标间、指标年度间的相互衔接。

围绕上述总体要求和预期目标，新的一年中，我们发展白朗县经济的信心决心不变，加快经济发展的支持力度不减，把发展的立足点放在把握重点之上，把发展的着力点放在抓实工作之中。重点抓好以下三个方面：

（一）明确新农村建设任务，着力夯实“三农”基础。

立足生产实际，深入了解全县“三农”现状，紧紧咬住市场需求，做大做优特色产业，瞄准县、市、区内外市场，扩规模、上水平、深加工、创精品、走生态、绿色、有机的路子。

一是聚焦优势，推进“三农”项目建设。大力实施农田水利建设项目，实施农田水利灌溉工程、新建者下乡水库等项目建设。全面推进10万亩测土配方施肥示范田，大力开展巴扎乡、嘎东镇、强堆乡等乡镇8.7万亩高产示范区建设，积极建设嘎东镇、巴扎乡2个“千亩千斤”示范田和洛江镇、强堆乡、杜琼乡等乡镇12个“百亩千斤”示范田及9930亩种子田等建设项目，力争实现青稞亩增产50斤的目标；以“企业+基地+合作社+农户”的发展模式，促进传统优势产业走创新型、效益型、集约型、生态型发展之路，加快推进万亩有机青稞、万亩果蔬、万亩饲草、万亩有机枸杞等一批重点产业项目建设。

二是突出重点，扶持特色产业发展。积极引导特色产业发展，尤其是青稞产业、蔬菜产业和短期育肥产业。加快推进“一核一心一轴六片区”蔬菜产业布局，大力实施日喀则市“菜篮子工程”基地建设，力争3月底启动建设首批1500亩设施蔬菜工程，积极推进现有3000亩蔬菜大棚改造提质增效工程，种植露天蔬菜2000亩；大力发展高原有机枸杞产业，加快推进嘎东3000亩的枸杞种植一期工程，逐年扩大种植规模，力争三年达15000亩，逐步形成万亩有机枸杞种植基地；围绕畜牧优势，加快推进者下乡、东喜乡人工种草，积极开展青贮、微贮饲草料处理，加快建设现代饲草料产业体系；采取“分户饲养、集中管理、合作经营”模式，积极壮大萨福克羊、岗巴羊、娟珊牛养殖经营主体，促使传统农牧业转型升级，提高产出率和商品率，逐步构建起万亩饲草基地和现代畜牧养殖示范区。

（二）明确项目投资发展重心，着力加强建设力度。

紧盯中央和自治区投资导向，积极对接区、市重大项目包、专项建设基金和援藏项目资金，围绕基础设施、产业升级、生态环保、脱贫攻坚等重点领域，深入谋划实施一批管长远、补短板、提效能的重大项目。

一是对照任务，确保建设实效。深刻认识项目建设在全县经济社会发展中的重要地位，支持项目工作，按照年初划定的“时间表”和“线路图”重点部署，积极推进全县的项目建设；全面改善交通基础设施，配合建成市区至和平机场快速通道，加快推进团结新村至者下乡、旺丹至东喜乡、珠峰白朗有机产业园等公路项目建设；大力改善水利基础设施，启动天曲河旺丹段、县城防洪治理工程；全面实施者下乡水库、杜琼乡二级提灌站、嘎东镇宗萨干渠、2017年小农重点县建设等项目；扎实推进79个行政村农村饮水巩固提升工程；如期完成嘎东、洛江特色小城镇和马义村普村整村推进、基础设施建设、重点产业等灾后重建项目建设。

二是形成合力，提高建设效率。统一思想，牢固树立“抓项目就是抓发展的意识”，形成合力，加快项目建设的进度；发改、交通、水利、农牧、住建、扶贫、国土、教育、环保等部门相互要密切配合，强化衔接协调力度，强化项目管理，全方位、多角度挖掘潜力，推动项目大提速，大推进、大建设；同时，做好援藏项目与国家投资项目的衔接工作，做到项目建设不冲突，投资不重复。

三是创新方式，打破瓶颈束缚。在现有招商引资落地项目的基础上，继续做好鼓励民间投资和招商引资工作，向各相关部门收集整理最新的县域资源概况，整合优势资源，编制全新的招商项目；梳理现有招商项目，剔除不符合实际的招商项目，充实完善可操作性强的项目资料；完善招商引资制度，提升部门和企业招商引资的主动性、积极性，以确保全县固定资产投资和财税收入保持快速增长；大力开展资源招商、产业链招商和优化服务招商，引进龙头型、基地型、技术创新型及上市企业。

（三）明确社会事业发展目标，着力抓好民生工程。

实施民生优先战略，拓展民生工程深度，提升民生工程时效，不断推进我县各项社会事业的加速发展。结合区、市、县精准扶贫规划，认真贯彻落实区、市、县扶贫各项工作，强化精准扶贫措施。

一是坚持民生，夯实事业工程。优先促进我县教育、卫生、文化等社会事业发展，坚持以人为本，协调各方利益，始终把保障和改善民生作为经济建设、社会建设的出发点和落脚点，白朗县重点民生项目建设工作，不断完善我县公共服务体系，提升人民群众生活质量；落实好“全民参保登记计划”，稳步提高保障水平。强化技能培训，推动技能型劳务输出，力争年内培训1.1万人次，转移农牧区富余劳动力3万人次，城镇登记失业率控制在3%以内；加快推进400户棚户区改造和东喜、者下、嘎普等海拔在4000米以上乡镇“八有”工程建设，切实改善基层干部职工生活条件；尽快启动者下乡新普村、强堆乡夏吉村等11个村级幼儿园和新建嘎普乡与巴扎乡小学学生宿舍建设项目。

二是精准识别，推进搬迁工作。不断强化扶贫工作的针对性、精准性和有效性，强化精准扶贫措施，完善“产业扶贫、项目扶贫、社会扶贫、政策扶贫、援藏扶贫”五位一体的扶贫格局，继续推进2017年精准扶贫易地搬迁230户1041人的相关工作，制定和落实好搬迁对象的脱贫发展规划和实施方案，采取产业扶贫、技能培训、劳务输出、资产收益等扶持措施，确保农牧区搬迁群众“搬得出、稳得住、能致富”。

各位代表，我们在此提出了符合我县县情的发展目标。我们将在县人大、政协的监督和支持下，主动听取各位代表、委员的意见和建议，紧密团结和依靠全县人民，按照县委、县政府的战略部署，攻坚克难，开拓创新，奋勇前进，扎实工作，为白朗县的跨越式发展和长治久安做出新的更大的贡献！

白朗县2016年财政预算执行情况及2017年财政预算（草案）的报告

——县第十三届人民代表大会第二次会议

白朗县财政局

（2017年3月24日）

一、2016年财政预算执行情况

根据县委、县政府对财政经济工作的总体部署，2016年我县财政预算安排的总体要求是：贯彻落实党的十八大、十八届历次会议精神，坚持稳中求进的工作总基调，紧密结合我县“十三五”总体规划，围绕“1234”的工作思路，积极发挥财政职能作用，遵循“统筹兼顾、突出重点、有保有压”的原则，优化财政支出结构，坚持依法理财、增收节支、量力而行、精打细算的方针，深入推进财政预算管理改革，加强财政科学化精细化管理，提高财政资金使用效益，为白朗经济社会全面、健康、可持续发展提供坚实的财力保障。

县十二届人大七次会议审议通过的白朗县2016年财政预算为：我县可供财力40875.22万元。其中：一般性转移支付收入24858.88万元；财政预算收入1742万元；专项转移支付收入3911.29万元；税收返还214万元；教育单列财力10149.05万元。在年度预算执行过程中，根据预算内专项资金的增加，一般公共财政预算财力调整为94188万元。

预算执行结果，2016年我县总财力为95461万元，其中：一般公共财政预算财力94188万元（稳定调节基金461万元，教育单列财力10915.56万元），政府性基金专项财力1273万元。一般公共财政预算收入完成了2006万元，比去年同期增加491万元，增长32.4%。完成我县目标任务1818万元的110.34%，完成打入预算盘子1742万元的115.15%。税收完成1449万元，占一般公共财政预算收入总额的72.23%，非税收入完成557万元，占一般公共财政预算收入总额的27.77%，地方财政收入突破2000万元大关。财政总支出完成95461万元。其中：一般公共财政预算支出94188万元，政府性基金支出1273万元，为最后调整预算的100%。支出执行情况比较正常，在应保尽保的前提下，实现了收支平衡。

（一）扎实推进社会主义新农村建设

“三农”工作始终是财政支持的重中之重。2016年，全县财政预算内涉农支出达到25825万元，同比去年增加5519万元，增长0.2%。本级财政安排支农资金660.8万元，同比增长34.85%。

今年我们紧紧围绕精准扶贫及4.25灾后重建两项重点工作，加大资金投入力度，本级投入精准扶贫专项资金403万元的基础上，统筹整合资金597万元，共计1000万元用于扶贫产业发展，以一卡通形式兑现生态补偿脱贫岗位补助资金1833.6万元及建档立卡贫困大学生资助资金60.2万元，提前垫付产业脱贫分红资金116.96万元，为我县2016年顺利实现脱贫摘牌奠定了基础。盘活历年存量资金1036万元用于灾后重建民房建设，确保灾后重建任务如期完成。还有蔬菜大棚、人畜饮水、农田水利基本建设、农村公路等项目的实施，使农牧民群众生产生活条件明显改善。

2016年共兑现农牧民群众粮食直接补贴、农资综合补贴、农村公共服务资金、草原生态奖励补助资金、现代农业示范资金、科技转化与推广、农机具补贴、农村税费改革、森林生态效益补偿金、防纱治沙、野生动物肇事补偿金和农作物畜牧良种补贴等补贴资金4276.03万元，进一步做优青稞产业，大力推进农业机械化，稳定粮食生产，增加农民收入。

（二）加大对教育、文化卫生、科技等各项社会事业发展的投入力度

在改善农牧民生产生活条件的同时，大力促进农村各项社会事业的发展。2016年全县教育支出达到13432万元，同口径比上年增加2534万元，增长23.4%。本级财政对教育配套达到760.2万元，达到上年财政收入的50.18%，县政府单独安排100万元的教学质量提升激励资金，全县办学条件明显改善，教育质量有所提高。

坚持公共医疗卫生的公益性质，继续加大对医疗卫生事业发展的投入。全县医疗卫生支出达到5604万元，同口径比上年增长15%。本级财政对卫生事业投入达到196.58万元，同比增长15.22%。

科学技术支出达到512万元，比上年增加345万元，增长2.06%。本级科技投入及科协事业经费9.7万元，科技特派员生活补助133.2万元；坚持社会主义先进文化的前进方向，继续加大对城市环境事业发展的投入，今年本级财政落实城市主体运行维护经费150万元；落实环境保护经费237.5万元，有效推动了我县环境卫生事业进一步美化、绿化、亮化，改善了我县环境面貌。

（三）加大对社会稳定投入

为维护我县社会秩序、保障公共安全，保护公民人身、财产安全，促进经济社会和谐发展，落实本级公共安全资金5704万元，同比增长17.22%，本级财政对社会稳定投入达到592.97万元，同比增加51.18万元，增长9% 。为保障社会局势稳定提供了资金支持。

（四）社会保障与就业支出得到有效保障

2016年全县社会保障和就业支出达到17426万元，同口径比去年增长63.43%；本级财政配套532万元，同比增长12%。一是加大城乡救助力度。配套城镇、农村低保、五保户、城乡医疗救助等民生资金120.32万元；二是进一步提高各项社会保险的保障水平。全力推进了新型农村养老保险工作，本级安排新型农村养老保险配套、公益性岗位等497万元，有效保障了各项社会保障事业的发展。全年职工养老保险、医疗保险、工伤保险、失业保险、生育保险等五大保险资金按时足额配套。

全县住房公积金按月缴纳，财政配套部分及时足额上缴，本级财政配套资金1270万元，个人缴纳1270万元。

按照机关事业单位养老保险改革相关要求，安排干部职工养老保险及职业年金单位配套资金3089.65万元。

（五）坚持改革创新，依法和科学理财水平不断提高

在全力支持经济社会加快发展的同时，不断加快自身改革，努力提高工作效率。严格执行《会计法》《预算法》等法律法规，深入推进部门预算、国库集中支付、预算绩效管理、预决算公开管理等改革，进一步规范会计电算化，全面启用 “大平台” 软件和财政系统办公自动化、工资统发系统、直接支付系统。强化基本支出和项目支出管理，建立了国库集中支付体系，盘活了历年结余结转资金2507万元，并合理安排。进一步强化预算约束，提高资金的使用效益，进一步重视落实民生资金，补贴资金直接落实到农牧民手中，得到农牧民群众的好评，并进行了支农惠农宣传，及时把党的好政策、新政策传达到农牧民群众中。同时加大财务人员的在职培训力度，大力开展财经法律法规的普法教育，财政干部依法理财、科学理财的水平显著提高。

2016年，我县财政工作取得了可喜的成绩，这些成绩的取得，是县委的正确领导和县人大的监督指导，济南市的无私援助，上级财政部门的

大力支持以及各乡镇、各部门理解支持的结果。同时我们也清醒地认识到，我县经济社会事业快速发展对财力的需求与财政保障能力的矛盾将会长期存在，财政增收难度越来越大，各项财政改革重任摆在眼前，我们将认真总结经验，创新工作方法，采取切实有效措施，认真加以解决。

二、2017年财政预算（草案）

根据自治区财政厅关于编制2017年地方财政预算的通知精神，结合我县实际，编制完成了2017年财政预算草案。

（一）预算编制的指导思想

2017年是实施“十三五”规划实施的关键一年我们要以邓小平理论、“三个代表”重要思想为指导，深入贯彻落实科学发展观，按照党的十八大、十八届三中、四中、五中、六中全会、自治区第九次党代会以及中央、自治区经济工作会议精神，紧密结合我县“十三五”总体规划，围绕县委“1234”的发展思路及县政府“强基础、兴产业、惠民生、抓脱贫、奔小康”的工作主线，充分发挥财政职能，根据发展的阶段性特征和改善民生的新要求，遵循“统筹兼顾、突出重点、有保有压”的原则，优化财政支出结构，在资金安排上更加突出稳定优先，更加突出民生优先，更加注重产业发展。坚持依法理财、增收节支、量力而行、精打细算的方针，深入推进财政预算管理改革，加强财政科学化、精细化管理，提高财政资金使用效益。为白朗经济社会全面、健康、可持续发展提供坚实的财力保障。

（二）2017年财政预算安排

根据我县的总体规划以及上述指导思想，2017年我县打入预算盘子的收入为2120万元。其中：一般公共预算收入为2090万元；政府性基金收入30万元。我们力争全年一般公共预算收入突破3000万元，较上年增长45%以上。

按现行财政体制，2017年我县可供财力47751.81万元。一是政府性基金财力44.28万元；二是一般公共预算财力47707.53万元。其中：一般性转移支付收入40152万元，（教育经费12441万元）；地方一般公共预算收入2090万元；专项转移支付收入4672万元；税收返还793万元。

2017年财政总支出安排47273.81万元，比2016年年初预算增加6399万元，增长15.66%。一是一般公共预算支出47229.53万元（教育单列经费12441万元）；二是政府性基金支出44.28万元。安排预备费478万元。

（三）2017年财政预算支出安排保障的重点

“财政管理，预算为先”，预算管理是财政管理工作的重要组成部分，工作千头万绪，我们高度重视预算管理工作，认真领会和贯彻自治区财政工作会议精神，统筹兼顾，突出重点、突显焦点、突破难点，严格预算安排，控制非重点支出安排，优化支出结构作为财政工作的中心任务常抓不懈，切实保证政策性支出和重点支出。

1. 维护稳定经费810.92万元，同口径增长3.5%，其中：公安法定加班补助127.74万元、公安天网工程宽带租线费21.78万元、普法及法律援助经费8.62万元、平安西藏建设经费14.5万元、涉宗领域维稳经费12万元、综合治理经费18万元、乡镇维稳工作经费22万元、加油站执勤人员补助7.3万元、法院执行救助资金6万元、密码事业经费10万元、一线指挥部工作经费及加班补助48.46万元、武装部正规化及国防后备力量建设经费46万元；武警内卫部队营房及附属设备维修经费1.5万元、县中队电费5万元、消防业务及相关支出89.21万元、人民陪审员经费4万元、流动法庭工作经费5万元、人民调解工作经费5万元、看守所给养人员补助8万元、公检法司系统装备经费190.77万元、政法委服装经费1.2万元、“双联户”户长补助区县两级安排103.74万元、“先进双联户”集体表彰奖励资金8.2万元、双联户长培训经费及办公经费10万元、铁路护路队生活补助36.9万元。

2. 支农资金安排4394.09万元，同口径比上年预算增长41.55%，主要是增加年初预算提前告知专项资金。其中：森林生态效益补偿基金150.4万元、农机具购置补贴286万元、中小河流域治理2012.25万元、野生动植物保护1.44万元、畜牧良种补贴资金10万元、草原生态保护补助奖励928万元、村级动物防疫员基本报酬133.2万元。县本级支农投入954.2万元，本级农牧、水利支农资金均增加到50万元。

3. 免费医疗1962.32万元，基本公共卫生服务奖励资金219.53万元、村医报酬266.4万元、降消项目17.3万元、防保经费18.8万元、医管经费3.5万元、计划生育10.03万元、城乡医疗救助43万元、村卫生室设备购置基金17万元、村卫生室运行经费111万元。医疗卫生投入共计2737.14万元，同口径比上年预算增长36%。其中：本级安排152.23万元，今年县本级承担新农合资金从人均2元提高到5元。

4. 抚恤和社会福利救济、救灾应急资金、寿星老人补助、三老人员、五保供养、特困群众医疗生活救助、寿星老人健康补助、三老人员生活补贴、农村五保户供养服务机构管理经费等本级安排825.7万元。

5. 科技投入及科协事业经费142.9万元，其中本级安排9.4万元。

6. 安排教育投入25%、住房公积金缺口和教育系统临时工工资、工伤、生育保险、提升教学质量激励资金等本级共投入983.2万元。对教育总投入达到财政上年收入的49.01%，比上年预算增长29.33%。

7. 养老保险、失业保险、医疗保险、生育保险、工伤保险安排4280万元；住房公积金1270万元；工会经费188万元；职工取暖费188万元；随着干部职工工资提高与工资相关的支出相应提高。

8. 重点工作支出：强基办公室经费30万元；驻村工作队油料等经费43万元；党建工作经费50万元；创建和谐模范寺庙及爱国守法僧尼表彰经费9.4万元；安排乡镇组织保障经费33万元；项目前期经费100万元；城市主体功能建设150万元；文物保护及非物质文化遗产保护经费10万元；政协、人大视察经费10万元；寺庙“六个一”活动工作经费15座寺庙26万元；楚松水库后续管理维护基金3万元；珠峰文化节活动经费安排20万元；环境保护管理业务经费5万元；农村环保知识宣传与培训经费5万元；环境保护监察与监测经费26万元；环境保护与修复治理专项经费100万元；农村环境保护奖惩资金111万元；人大代表之家活动经费14.6万元；老干部帮扶资金10万元；大学生村官创业基金5万元；人才资源开发专项资5万元；村两委班子考核激励补助资金142.3万元；基层社会救助工作经费3万元；新农保软件维护费2万元；防雹经费10.8万元；艰苦台站津贴29万元；防汛抗旱资金15万元；党风廉政建设资金10万元；反贪污贿赂工作经费8万元；干部抽调护路执勤补助10万；村务监督委员会成员误工补贴131万元；“西部计划志愿者活动经费4万元；财政预决算经费6万元；基层公共服务平台建设人员22.2万元；未休假干部职工补助150万元；地方专版经费6万元；今年新增的支出还有全县环境综合整治专项经费120万元；城市管理与公共设施维护经费增加到105万元；县自来水厂运行于维护经费增加到100万元；“五五”活动办公室经费30万元；“五五”活动载体开展专项经费100万元；全县培训经费20万元（包括流动党校5万元）；乡镇强基办经费11万元；巡查工作经费10万元；村两委换届工作经费30万元；政协文史资料征集经费6万元；物交会经费3万元；基本农田划定经费248.69万元；基本农田划定工作经费10万元；综治表彰经费8.8万元；地方志年鉴经费50万元；山洪灾害县级非工程措施防治经费11.4万元；全县招商引资经费20万元；扶贫投入500万元等保障性支出共计2689.19万元。全年在保障重点、应保尽保的前提下机关事业单位养老保险、职业年金单位配套缺口资金1877.65万元只能甩在预算盘子之外。

今年我们在财力比较紧张情况下，根据新出台干部职工正常补贴发放工作实施细则，新安排干部职工伙食补贴及食堂聘用人员补助近500万元，使得所有干部能够享受到应有的福利。同时“三公经费”实行季度报账制度。为了响应中央“八项规定”和区党委“约法十章”，我局严把公用经费，严管公务接待，严控公车购置，严禁铺张浪费，比起往年切实有效地降低行政成本，把有限的财政资金用在刀刃上，用在改善民生上，做到了保证急需、保证重点。

三、依法理财，科学管理，确保2017年财政预算任务圆满完成

2017年，我们将以科学发展观为指导，按照上级要求和县委、县政府的决策部署，狠抓增收节支，加强财政科学化精细化管理，满怀信心，奋发进取，圆满完成2017年的预算收支任务。

（一）狠抓收入征管，力争超额完成预算任务

一是强化目标责任制，及早将全年收入任务落实到各征收部门，进一步完善收入目标考核体系，建立健全科学的财政收入增长的考核机制，在正常税收征管的基础上继续加大税收征管力度，加强与税务及项目主管部门的密切配合，加强税收协调，深入分析收入征管中存在的问题，及时提出应对措施，做到应收尽收；二是根据相关规定，将加大非税收入监管力度，健全非税收入管理体制，严格执行收支两条线管理；三是积极培植财源，加大财政对全县产业发展、招商引资、政府投融资平台的支持和投入力度，以培养我县的支柱财源，增加财政收入。

（二）深化财政改革，不断优化支出结构

贯彻实施积极财政政策，整体推进国库集中支付改革工作，全面推行部门预算改革，强化绩效预算意识，严格预算编制程序，改革预算编制方法，细化预算编制，健全支出定额体系，进一步公平、公开预算分配。进一步扩大政府采购范围，健全政府采购机制，积极实行财政业务网上大平台办公，加大存量资金的盘活力度。进一步完善乡镇财政所的建设，认真贯彻落实党政机关厉行节约有关规定，严格控制一般性支出增长，继续压缩公“三公经费”开支，切实降低政府行政成本，努力将有限的财力更多的投向社会民生领域，确保维护稳定、社会保障、教科文卫等重点支出的需要。

（三）全面推进财政科学化精细化管理

加强财政各项基础性工作，不断提高财政管理水平。全面加强国有资产清理清查和会计核算工作，建立健全国有资产登记和台帐制度，防止国有资产流失。继续深入推进部门预算、国库集中支付、预算绩效管理、预决算公开管理等各项财政改革，建立预算编制与预算执行、预算监督有机衔接的运行机制。全面推进财政科学化精细化管理，不断提高财政管理质量和水平。

各位代表，2017年财政收支预算和各项财政工作，任务艰巨，使命光荣。我们一定要在县委县府的正确领导下，在县人大的监督指导下按照上级要求和县委、县政府的决策部署，狠抓增收节支，加强财政科学化精细化管理，满怀信心，奋发进取，圆满完成2017年的各项工作任务，为开创白朗经济社会又好又快发展做出新的更大贡献，以优异的成绩向党的十九大献礼。

援藏工作

援藏工作

【概况】 济南市第七批援藏干部一行9人自2013年6月进藏以来，以主人翁的姿态、高昂的工作热情、良好的精神状态投身于白朗建设事业，于2016年6月，圆满完成援藏工作任务。2016年6月，济南市第八批援藏干部一行9人如期进藏，顺利接过济南市第七批援藏干部的接力棒，以建设白朗、发展白朗、稳定白朗为己任，开始了新一轮援藏工作。

【完成工作任务】 济南市第七批援藏干部始终牢记使命，夯实责任，再接再厉，善始善终，站好最后一班岗。休假结束返藏后，及时召开干部管理组工作会议，安排部署各项工作，圆满完成各项工作任务。济南市第七批援藏干部管理组项目已于2015年10月全部完工，2016年重点开展项目“回头看”活动，对所有项目进行认真梳理，搞好验收和审计，做好分类归档工作。同时，不断加强和完善项目后期管理，确保援藏项目持续、长久发挥效益。紧紧围绕援藏工作主题，突出援藏工作经验、援藏工作成果和白朗的新变化，全面深入做好援藏各项工作宣传报道。全体援藏干部结合实际，认真撰写了工作总结，确保全面详实、实事求是。继续保持良好的精神状态，坚守岗位、敬业奉献，切实维护援藏干部的良好形象，确保政治、经济、作风、健康“四安全”。

【明确工作思路】 济南市第八批援藏干部到任之时，正值“十三五”开局之年，根据援藏工作新形势、新特点，结合市援藏干部管理组确定援藏工作必须在省委组织部和省援藏干部管理中心组领导下开展的工作要求，明确了“必须以服从县委、县政府的发展大局为工作遵循，全面贯彻落实中央第六次西藏工作战略部署，大力弘扬‘特别能吃苦、特别能战斗、特别能忍耐、特别能奉献、特别能团结’精神，坚持科学援藏、生态立藏、产业强藏、富民兴藏，助力白朗全面建成小康社会”的三年援藏工作思路。此外，在实际工作中，立足白朗实际，努力寻求上级精神与白朗实际的最佳结合点，对总体工作思路进行细化，并形成了一系列的具体的有针对性的方法和措施，为全面推进和不断深化援藏工作指明了方向。

【积极献计献策】 济南市第八批援藏干部积极开展调研，立足白朗实际，建议并协助县委、县政府提出了打造“万亩有机青稞基地、万亩设施果蔬基地、万亩高原有机枸杞基地、万亩人工牧草基地”的产业发展目标，进一步明确了白朗产业发展重点。同时，向县委、县政府提出了“制定全县产业发展规划”“加快推进县蔬菜公司改制”“成立重点产业投资促进工作领导小组办公室，推进现代高原农牧业发展”“创新饲养模式，推进农区畜牧养殖规模化”等工作建议。

【确保援藏工作成效】 济南市第八批援藏干部紧紧围绕脱贫攻坚和全面建成小康社会两大任务目标，就产业发展、社会民生、基础设施建设等援藏工作重点，对全县经济社会发展、民生改善、基础设施建设、特色经济发展、党建情况以及维稳工作有了较为全面的认识；学习研究历届援藏工作思路，了解项目实施情况，听取干部群众对援建项目效益的评价和进一步的需求；详细了解了第七批移交援藏项目的进度和资金使用情况，全力推进，抓紧收尾，确保上批移交援藏项目如期完工并尽快投入使用；与相关干部和农牧民进行深入交流，了解高原农牧业生产现状，全面掌握全县农牧业发展的情况，及时发现农牧业生产中存在的问题，明确产业发展的重点和方向，夯实了新一轮援藏项目基础。

【推动民生事业新发展】 济南市第八批援藏干部继续全力保障，并充分发挥自身优势，借助“大后方”资源，努力改善群众生产生活。在全面了解白朗县教育发展情况的基础上，为白朗县教师购买510本教育理论书籍—苏霍姆林斯基的《给教师的建议》，为进一步提升教师教育教学水平提供了基础；开展“2016年山东西藏光明行”活动，为40余位来自农牧区的患者检查治疗眼疾，并对其中8名患者成功免费进行白内障手术；针对城市管理资金紧张、环卫工人工资待遇低等实际困难，投入专项资金，保持该项工作的连续性；积极募集助学金，每年提供5万元用于奖励品学兼优的学生和资助家庭困难的孩子。

【夯实援藏工作基础】 济南市第八批援藏干部管理组视白朗为第二故乡，视藏胞为亲人，主动融入当地、联系群众，服务发展、维护稳定，不畏艰险、敢担重任，用实际行动展现决心和信心。抵达后，与县级干部交流，简要了解白朗经济社会发展情况和济南市第七批援藏干部管理组工作情况；前往公安、政法系统调研，听取工作介绍，查看援藏项目建设情况；深入寺庙，详细了解西藏宗教历史文化、僧尼日常生活等，为融入本土生活、开展维护稳定工作打下了坚实的基础；积极深入包挂乡镇，看望慰问结对帮扶困难党员和贫困户，详细了解致贫原因，研究探索脱贫途径。

济南市第七批援藏干部如期圆满完成工作任务，为推动白朗经济社会发展，巩固鲁藏两地友谊做出了积极贡献。济南市第八批援藏干部进藏后，通过加强学习、深入调研，努力适应、转变角色，团结融入、勇于承担，为新一轮援藏工作有效展开打下坚实基础。

（赵文明）

【领导名录】

第七批

县委书记　翟　军（山东援藏，6月免）

县委副书记、常务副县长

田俊林（山东援藏，6月免）

县委常委、县委办公室主任

李　强（山东援藏，6月免）

县委常委、政府副县长

王士强（山东援藏，6月免）

县发改委副主任、主任科员

董庆龙（山东援藏，6月免）

县住建局副局长

常庆峰（山东援藏，6月免，副县级）

县卫生局副局长、卫生服务中心副主任

张　刚（山东援藏，6月免）

县教育局副局长、中学党支部书记、副校长

万　云（山东援藏，6月免）

县农牧局副局长、农牧综合服务中心副主任

于新元（山东援藏，6月免）

第八批

县委常务副书记

黄晓广（山东援藏，6月任）

县委副书记、常务副县长

何继文（山东援藏，6月任）

县委常委、政府副县长

鞠正江（山东援藏，6月任）

县发改委副主任

张　铎（山东援藏，6月任）

县住建局副局长

刘军涛（山东援藏，6月任，副县级）

县交通运输局副局长

程凤国（山东援藏，6月任）

县农牧局副局长

冯文军（山东援藏，6月任，副县级）

县卫生服务中心副主任

陈建新（山东援藏，6月任）

县中学党支部书记、副校长

黄寿友（山东援藏，6月任）

综 述

白朗县概况

【历史沿革】 8世纪中叶，吐蕃著名的喇嘛译师巴扎·楚臣加布和纳朗·多吉堆迥两人曾在巴雪（今白朗县嘎东镇白雪村）念过经。后来人们为了纪念这两位德高望重的大师，取二人姓名首字合成“巴朗”，几经人们的译音和择字，后定为“白朗”。

11世纪，年楚河流域由琼氏、哲氏及杰氏分别统治，但随着统治娘麦（今白朗—日喀则一带）的杰氏的不断强盛，逐渐替代了琼、哲两氏，建立了统治年楚河流域三地的杰氏政权。

13世纪中叶，元朝中央政府在西藏实行“十三万户行政体制”，并在各地建立由万户管理的行政区域。包括今白朗县在内的年楚河流域划归夏鲁万户管辖。

14世纪后期，帕木竹巴政权取得西藏大部分地区的统治权，并在西藏地方实施“宗”制（“宗”：旧西藏相当于县一级的行政单位），从此白朗作为县一级的行政单位正式形成。

15~16世纪，巴朗伦珠孜宗先后历经帕竹、仁蚌巴、藏巴第悉政权的统治。

17世纪中叶，五世达赖喇嘛建立甘丹颇章政权后，在西藏地方全面推行宗豁制（“豁”：又称“豁卡”，意为庄园）。

18世纪中叶，西藏地方政府在后藏直属的宗豁中除巴朗宗外，增设堆冲、汪垫两个宗豁。“巴朗”即今白朗县曾用名称；“堆冲”即今白朗县杜琼乡曾用名称；“汪垫”即今白朗县旺丹乡曾用名称。1912年后，西藏地方政府调整行政区划，各地设立行署一级机构，在今日喀则市宗山设立了“基宗”，意即后藏总管，管辖白朗宗和杜琼豁、旺丹豁在内的后藏15个直属宗豁。

1951年5月23日，《中央人民政府和西藏地方政府关于和平解放西藏办法的协议》（即“十七条协议”）在北京签订，西藏实现和平解放，但在1956年西藏自治区筹备委员会成立之前，白朗宗仍属西藏地方政府管理。

1954年，西藏地方政府再次调整行政区划，把“基宗”改名为“藏基”，仍是统领后藏行政事务的行署一级的管理机构，治所设在日喀则市宗山，管辖后藏地区包括白朗宗、杜琼宗豁、旺丹宗豁在内的15个宗豁。

1956年10月，江孜分工委在白朗宗、旺丹宗、杜琼宗分别成立办事处，系代权性机构，隶属江孜“基巧”办事处。由于1959年民主改革前，西藏地方政权推行的政教合一宗豁制度，在今白朗县境内设立白朗、杜琼、旺丹3个宗豁属于西藏地方政府外，还有一些豁卡，即庄园分别隶属于寺院和贵族。拥有豁卡的寺院有扎什伦布寺、白曲寺、夏鲁寺、俄寺等十几座寺院。拥有豁卡的白朗籍贵族有贝喜、琼然、诺囊、恰鲁、吉普、仲颇罗等11家，拥有谿卡的非白朗籍贵族有噶希、哲奎、锁康、斋康等六七家。另外班禅驻锡寺扎什伦布所属贵族德伦家族在白朗县境内拥有谿卡。

1959年8月西藏民主改革后，受江孜基巧办事处直接领导的白朗、旺丹、杜琼三宗精简合并，成立白朗县人民政府，隶属江孜专区，全县划为6个行政区（强堆区、洛麦区、洛布琼孜区、嘎东区、旺丹区及杜琼区）和一个工作区（东喜牧业工作区）。1960年，白朗县在21个乡农协会的基础上，通过普选逐步建立21个乡人民政府。1961年10月，白朗县收缩撤销6个行政区和一个工作区，成立旺丹、杜琼、强堆、洛布琼孜、洛麦、嘎东6个区人民政府，下辖21个乡。1962年2月25日，白朗县洛麦区并入洛布琼孜区，改名为洛江区，全县辖区改划为5个区、21个乡。

1964年5月30日，经西藏自治区筹备委员会第56次会议决定，江孜专区并入日喀则专区，白朗县随之归属日喀则地区。1966—1969年，白朗县先后成立21个人民公社、129个生产队，全县实现人民公社化。1982年5月，萨迦县者下乡公社划归白朗县旺丹区，全县公社增至22个，生产队增至163个。1984年8月，白朗县实行政社分开、撤社建乡和生产队改村，全县原5个区不变，22个公社和163个生产队调整为22个乡和116个村委会。1988年4月，根据自治区党委、政府《关于加强基层政权建设的决定》的通知，白朗县开展撤区并乡工作，全县原5个区、22个乡改为11个乡（巴扎乡、洛江乡、嘎东乡、强堆乡、杜琼乡、玛乡、曲奴乡、嘎普乡、旺丹乡、东喜乡、者下乡），原116个村合并为113个村。

2016年，白朗县辖11个乡镇、111个行政村，总人口数49080人，其中藏族48629人，汉族440人，回族5人，门巴族1人，蒙古族1人，苗族1人，壮族1人，土家族2人。

【地理位置】 白朗县位于西藏自治区南部。受雅鲁藏布江大断裂活动带的影响，白朗县地质总体构造线方向呈近东西向展布，为断裂、褶皱构造发育，地层中主要包括砂页岩、砾岩、砂岩、粉砂岩、泥岩、泥灰岩、页岩、凝灰岩等。地处北纬28° 17′ ~29° 18′，东经88° 53′ ~89° 25′之间，南北长约120公里，东西宽约50公里，总面积2758.98平方千米，平均海拔4000米以上。白朗县北靠日喀则，南望亚东县，东西毗邻江孜县和萨迦县，距离江孜县仅有42公里，日江公路穿城而过，交通极为方便。

【气候特征】 白朗县属高原温带季风半干旱季候，气候干燥，太阳辐射强，干湿冷暖季节分明，年平均降水量361毫米，降水一般集中在每年5—10月，而又以夜雨为主，地域上从北向向南逐步减退。白朗县年平均气温5.9℃，气温日差较大，年差较小，最高气温26℃，最低气温-24.6℃，全年日照时数3200小时，无霜期120~140天，风期100天左右，最大风力8级以上。

【水文状况】 白朗县境内北部水资源较为丰富，中南部水资源相对贫乏，北部山间河谷地下水供源主要是降水、年楚河及其支流，浅层地下水深度在4~6米，中南部高海拔山区地下水供源主要是降水、冰雪融水，浅层地下水深度在8~10米。白朗县河流众多，均为季节性河流，较大的河流有10条，其中又以年楚河与江嘎雄曲河两大河流为主，流经白朗县38公里的年楚河，长年不断。6—9月为丰水期，10—5月为平水期。最大流量为41.70立方米/秒，最小流量为11.07立方米/s，年平均流量为25.7立方米/秒，是沿河四乡（镇）农田灌溉的主要依托。

【自然资源】 白朗县总耕地面积18.34万亩，人均耕地4.2亩，农作物总播种面积8492.24公顷；草原畜牧业和农区畜牧业潜力巨大，天然草场273.1万亩，其中可利用草场175838.34公顷，已利用草场面积175838.34公顷。矿产资源丰富，已初步探明深层封闭式地热田，铜、磷、铅、锌、铬铁、泥炭、水晶等矿藏储量最为可观，丰富的矿物资源等待开发利用。动物资源相对缺乏，主要有喜马拉雅旱獭、野驴、狐狸、鹿、长嘴百灵、黑颈鹤、斑头雁、斑鸠、拉萨裂腹鱼、双须重唇鱼等。白朗县境内分布有近200种各类植被资源，它们构成了高山寒漠植被、高山草甸植被、亚高山草甸植被、亚高山草原植被、灌丛草原植被、草甸植被、沼泽植被等7个植被类型。

【人文资源】 白朗县历史文化源远流长，一代藏王颇罗鼐出生于白朗县杜琼乡。颇罗鼐执政期间，实行了安定西藏社会秩序、促进藏族政治经济、文化发展的措施。颇罗鼐为了及时恢复和发展生产，针对旧制中存在的弊端进行了改革，从改革的措施来看，政治上励精图治、顺应僧尼民众，社会矛盾得到缓解、民众负担有了减轻，体察民情、民众得到休养生息。同时，其他传统文化极富地方民族特色。境内盛行的传统歌舞与西藏其他地区相似，内容关乎劳动、娱乐、庆典、出征、祭祀等形式有锅庄舞、踢踏舞、神舞、藏戏等。

【行政区划】 白朗县辖2镇9乡，即洛江镇、巴扎乡、嘎东镇、强堆乡、杜琼乡、曲奴乡、旺丹乡、玛乡、嘎普乡、者下乡、东喜乡，111个行政村。

【特色产业】 白朗县是自治区粮食主产县和国家级蔬菜标准化种植示范区，同时也是国家现代农业示范区、国家农业科技园区核心区、自治区农村改革示范县，现有大棚蔬菜、优质青稞、农区畜牧业和传统民族手工业等四大支柱产业。白朗县农作物主要有青稞、豌豆、小麦、油菜以及各类温室大棚蔬菜等。畜牧养殖主要有黄牛、娟姗牛、岗巴羊、新疆细毛羊等。工业进一步发展，主要有白朗县嘎东镇兴旺传统服饰农民专业合作社、白朗县现代藏式服装厂、白朗县旺达食品有限公司、白朗县康桑农产品发展有限公司、白朗县嘎东镇惠民联营传统粮油加工农民专业合作社、白朗县嘎东镇色唐荞麦加工农民专业合作社、白朗县恰珠编织坊、白朗县旺丹卡垫厂、白朗绿色蔬菜发展有限公司、白朗县罗布丹增糌粑加工厂、恰珠编织厂、日喀则地区旺达食品有限公司、西藏白朗县圣雄奶牛农民专业合作社和珠峰农机公司等。白朗县民族手工业种类众多，有纺织、制革、编织、造纸、缝纫、木工、绘画和金银饰品加工等。

【经济现状】 2016年，全县生产总值8.61亿元，同比2015年增长10.88%；全社会固定资产投资完成10.12亿元，同比2015年增长82.3%；地方财政一般预算收入2006万元，同比2015年增长32%；农村居民人均可支配收入10575.5元，同比2015年增长10%；社会消费品零售总额1.4亿元，同比2015年增长16.7%，圆满完成了全年目标任务。

（廖 雪）

大事记

1月

5日　白朗县召开老干部座谈会，县委副书记、县长赤列朗杰出席会议，会议由县委副书记、人大常委会主任尼玛顿珠主持。

6日　县委常务副书记陈海英、副县长强巴顿旦一行到者下乡看望慰问贫困党员、“三老人员”、困难退伍军人、受灾户、低保户、贫困残疾人、困难农民工会会员、统战爱国人士。

同日　县委常务副书记陈海英一行到玛乡对农牧民群众进行节日慰问。

同日　县委副书记、纪委书记拉巴仓决，副县长付宜锋一行到嘎普乡开展慰问活动。

7日　市委常委、组织部部长杨昆到市委组织部驻白朗县旺丹乡夏麦村、巴金村，了解驻村工作开展情况，调研指导扶贫开发工作，看望慰问结对帮扶户和夏麦村、巴金村村“两委”干部以及驻村工作队员。

同日　市就业局副局长扎西一行到白朗县恰珠编织厂，对卡垫、氆氇、围巾培训工作进行验收。

同日　根据县委统一安排，县工商局、食品药品管理局、卫生局、公安局等主要监管部门，在全县范围内开展各类食品安全的专项检查和集中整治工作。

8日　白朗县圆满完成2015年度土地变更调查工作。

同日　白朗县完成10个乡镇106个行政村2015年中央森林生态效益补偿资金的发放工作。此次共兑现资金852885元。

同日　白朗县完成嘎东镇2014年“7·25”洪灾灾后重建生活补助发放。此次发放分为三组，第一小组发放资金872350元，第二小组发放资金266000元，第三小组发放资金230400元，共计1368750元。

9日　市人大常委会副主任江措、日喀则市创先争优强基惠民生活动办公室主任贡桑、日喀则市委副秘书长石小明一行到白朗县公安局驻嘎东镇帕嘎村驻村点检查指导工作。

10日　自治区教育厅副厅长刘泊清，自治区电教馆馆长郭元博在市教育局党委副书记、局长索旺，市教育局电教馆馆长次多，市教育局体育科达瓦次仁陪同下到白朗县看望慰问困难教师和优秀教师代表。

同日　市人大常委会副主任巴桑多吉、市人大办副秘书长周雪梅、综合科科长普布顿珠一行到市人大办公室驻洛江镇康萨、罗林村慰问驻村工作队，并带来慰问金2000元以及生活用品。

同日　邮政储蓄银行西藏自治区分行副行长董建民一行4人到者下乡普村、宗村看望慰问3户结对帮扶贫困户。

同日　自治区人力资源和社会保障厅党组成员、副厅长菜宜田一行到区人社厅驻白朗县杜琼乡差强村工作队检查指导工作并慰问驻村工作队员。

15日 2016年“三大节日”来临之际，白朗县制订慰问方案，在县“四大班子”领导带领下，深入全县11个乡镇，对困难党员、僧尼、“三老人员”等进行走访慰问。涉宗领域重点对全县统战爱国人士、归国藏胞、困难僧人和60岁以上僧人、驻寺干部、寺庙进行走访慰问，共送去慰问金24500元。

同日 县委副书记、纪委书记拉巴仓决，副县长付宜锋一行到嘎普乡看望慰问“三老人员”、困难党员、退伍军人、贫困户等困难群众，发放慰问金2000元，大米、面粉10袋，清油10斤、白糖8斤、毛毯2床、奶粉10袋、酥油2袋、砖茶10条。

16—22日 白朗县卫生局邀请日喀则市同和医院8名专家及医务人员对东喜乡1000余名农牧民进行免费体检。

17日 自治区党建考核组在市委常委、宣传部部长戎新龙，市委组织部副部长、老干局局长贡桑陪同下到白朗县考核党建工作。

19日 白朗县文化科技卫生法律和爱国爱教宣传服务“五下乡”活动领导小组召开会议，会议由县委常务副书记陈海英主持。

19日 白朗县召开2015年第二批新生分配暨岗前培训会议，县委副书记、人大常委会主任尼玛顿珠出席会议。

21日 由县委常委、副县长普布次仁一行对相关单位开展粮食经营领域安全生产隐患排查。

同日 白朗县召开贫困户建档立卡精准扶贫统计工作部署会议。

24日 由市委宣传部牵头，到白朗县旺丹乡开展“五下乡”服务活动，副县长索朗顿珠陪同。

25—26日 县委副书记、纪委书记拉巴仓决，县委常委、副县长普布次仁，副县长付宜锋，副县长强巴顿旦，县参卓林寺管委会主任尼玛多吉一行对嘎东镇、强堆乡、旺丹乡、玛乡、嘎普乡、者下乡各项工作开展情况进行调研。

26日 白朗县农牧民免费健康体检工作正式开启，利用4个月的时间，对白朗县11个乡镇的农牧民进行查体、辅助检查、重点疾病筛查等免费健康体检。

27日 自治区教育厅副厅长刘泊清一行在市教体局局长索旺，县委副书记、县长赤列朗杰陪同下，到白朗县玛乡普能村看望慰问驻村工作队。

同日 县委常务副书记陈海英走访慰问西部计划志愿者，并主持召开座谈会。

29日 市政府副市长次仁央宗与市政府办、市残联相关负责人一行到白朗县看望慰问贫困残疾人。

2 月

2日 在春节和藏历新年来临之际，县委副书记、人大常委会主任尼玛顿珠，副县长付宜锋一行6人到嘎普乡看望慰问驻村工作队和驻寺干部。

3日 县委副书记、纪委书记拉巴仓决，副县长强巴顿旦一行6人看望慰问市国税局驻曲奴乡萨嘎村、团结新村、麦措村和桑林村工作队。

4日 在春节和藏历新年来临之际，县委副书记、县长赤列朗杰一行到玛乡看望慰问驻村工作队，为驻村工作队送去慰问品和慰问金，为每名驻村队员献上哈达及新年的祝福。

5日 白朗县召开全县安全生产工作会议，县委副书记、县长赤列朗杰，县委副书记、人大常委会主任尼玛顿珠，县政协主席普布次旦，县委常委、副县长普布次仁，县委常委、政法委书记、公安局局长罗布顿珠，副县长强巴顿旦及各乡镇、县（中、区）直部门、驻军警部队主要负责同志共80余人参加会议。

同日 自治区高院法警总队总队长陈连禄一行考评组到白朗县法院考察指导工作。

同日 白朗县召开2016年进藏干部迎春座谈会，会议由县委副书记、人大常委会主任尼玛顿珠主持，县委副书记、县长赤列朗杰，县政协主席普布次旦出席会议，全体留藏过年的进藏干部参加会议。

12日 县委常委、政法委书记、公安局局长罗布顿珠到县法院驻旺丹乡秋堆村检查指导工作。

17日 县委副书记、纪委书记拉巴仓决，副县长强巴顿旦一行看望慰问市工信局驻强堆乡当嘎村工作队、县人大办驻强堆乡亚龙村工作队和驻寺管委会。

同日 为让电影放映工作无障碍运行，县委、县政府为县电影管理站配发了5辆英田牌拖拉机供下乡放映使用。

18日 县委副书记、人大常委会主任尼玛顿珠一行到强堆乡看望慰问结对帮扶贫困户。

21日 拉孜县工商联组织拉孜县40个工商联会员企业代表一行到白朗县非公企业考察学习产品生产、管理、经营、党建等工作。

22日 白朗县组织召开2016年度乡镇纪委书记集体约谈会，会议由县委副书记、纪委书记拉巴仓决主持。

23日 桑珠孜区检察院一行到白朗县检察院开展以控申、信访接待为主的交流学习。

同日 县委副书记、纪委书记拉巴仓决，副县长付宜锋一行到嘎普乡开展困难党员、“三老人员”节日慰问活动。

24日 市强基惠民检查组到白朗县各驻村点督导检查驻村工作开展情况。

25日 白朗县举办创先争优强基础惠民生活动第五批驻村工作队素质提升培训班，会议由县强基础惠民生领导小组常务副组长、县委副书记、人大常委会主任尼玛顿珠主持，县委副书记、县长赤列朗杰出席会议并讲话，区市县乡四级驻村工作队成员，各乡镇强基惠民联络员等共245名干部职工参加会议。

25—28日 白朗县举办2016年度第一、二期驻村干部素质提升培训班。此次培训班采取同一工作队轮流参加的方式进行，全县111个驻村工作队共803人次参加培训，受教育面达100%。

26日 由市人社局邹昌荣带队，协同专技老师到白朗县对2015年下半年的6个工种（藏靴、挖土机、装载机、钢筋、混泥土、卡垫）技能培训结业情况进行验收。

同日 副县长强巴顿旦、教育局负责人、学校校长、教师代表一行5人对玛乡、曲奴乡履职教育工作进行述职评议考核，考核采取座谈会、听取工作汇报、查看资料、履职自评等方式进行。

28日 县委副书记、县长赤列朗杰一行走访慰问杜琼乡党精村驻村工作队，并对驻村工作进行指导。

3 月

1日 市就业局副局长扎西到白朗县恰珠编织厂对恰珠卡垫、氆氇、围巾培训情况进行验收。

4日 副县长王瑞斌一行到曲奴乡昂嘎村对驻村工作队进行督导慰问。

5日 县委副书记、县长赤列朗杰到者下乡开展调研指导工作，并对者下乡普村、宗村驻村工作队，寺庙、学校、结对帮扶困难党员、贫困户等进行看望慰问。

6日 自治区巡察二组联合日喀则市组织部及白朗县第九督导检查组到嘎普乡玛岗村督导检查各项驻村工作开展情况。

7日 县委书记翟军到东喜乡8个行政村、寺庙开展走访调研，并看望慰问驻村工作队及村“两委”班子。

同日 县委书记翟军到嘎普乡对驻村工作开展情况、值班人员在岗情况及精准扶贫工作开展情况进行督导检查。

同日 县委副书记、纪委书记拉巴仓决，县委常委、副县长普布次仁，副县长付宜锋，副县长强巴顿旦一行专项工作组集中利用半天时间，对强堆乡开展专项调研指导工作。

14—15日 市教育局督导组一行8人到白朗县就校园安全、办学行为、师德师风建设和“三年行动计划”落实情况进行检查指导。

17日 白朗县召开2016年扶贫开发工作会议，会议由县委常务副书记陈海英主持，在岗县级领导出席会议，各乡镇主要负责人，县（中、区）直部门及企事业单位全体干部职工，驻军警部队负责人、各驻村工作队队长、各寺庙管委会主任（特派员）参加会议。

同日　由中国科学院成都生物研究所潘志芬、西藏自治区农科所张玉红为组长、市人社局副局长冷振邦、市科技局副局长尼琼、市人社局事业管理科科长柳之强、日喀则国家农业科技园区产业科科长其美为成员的“万名专家”到白朗县旺达食品有限公司、白朗县康桑农产品有限公司进行检查指导。

18日　自治区统计局局长、国家统计局西藏调查总队总队长刘柏呈带队的自治区调研组一行到白朗县开展调研统计工作。

同日　自治区人大常委会副主任、市委书记丹增朗杰一行到白朗县对灾后重建恢复工作进行检查指导。

21日　白朗县召开2016年度党风廉政建设和反腐败斗争工作部署会议，会议由县委副书记、县长赤列朗杰主持，在岗县级领导出席会议，各乡镇党委书记、纪委书记、纪检专职干部，县直部门全体干部职工参加会议。

22日　中国人民政治协商会议白朗县委员会第一届第六次会议隆重开幕。

23日　白朗县第十二届人民代表大会第七次大会隆重开幕。

24日　中国人民政治协商会议白朗县委员会第一届第六次会议圆满闭幕。

4 月

6日　市委常委、统战部部长、非公党工委书记拉巴平措一行到白朗县就非公企业党建及企业发展情况进行调研。

11日　县委副书记、县长赤列朗杰，县委副书记、人大常委会主任尼玛顿珠一行到者下乡普村针对“4·25”灾后重建及搬迁动员工作进行检查指导。

12日　自治区人大常委会副主任维色到白朗县检查指导工作。

14日　由自治区副主席坚参带队的督导检查组到白朗县检查指导驻村工作开展情况，主要对精准扶贫前期调研摸底、贫困户“建档立卡”等工作进行详实的了解。

15日　市学前教育测评考核领导小组一行到白朗县各幼儿园进行学前双语教育毕业测试。

18—19日　由市扶贫办党组书记达珍带队的脱贫攻坚督察小组到白朗县就精准扶贫、精准脱贫工作开展为期两天的督导检查。

19日　由市教育局督导室仓木琼带队的市督导组一行到白朗县督导检查学校常规工作开展情况。

25日　国家林业局工作组到白朗县检查指导苗圃培育及植树造林工作。

同日　自治区司法厅党委委员、副厅长于续文，自治区司法厅戒毒局所政科科长洛桑朗杰，自治区司法厅社区矫正管理局副主任科员达娃顿珠在日喀则市司法局党组书记、副局长周先荣，日喀则市司法局社区矫正管理科副科长周理剑的陪同下，到白朗县就社区矫正工作开展情况进行调研。

5 月

5日　市教育局督导组一行到白朗县中学检查指导工作。

16日　县委副书记、县长赤列朗杰，县委副书记、人大常委会主任尼玛顿珠，县委常委、副县长普布次仁一行到者下乡“4·25”地震搬迁施工点，检查和督导项目工作开展情况。

17日　自治区强基惠民活动第二巡回检查组到白朗县指导检查“两学一做”学习教育及强基惠民活动有关工作开展情况。

同日　县委副书记、县长赤列朗杰一行到曲奴乡萨嘎村对农田灌溉机井项目进度情况进行实地检查。

18日　自治区换届督查组一行6人到白朗县巴扎乡督查党委、人大换届工作开展情况。

同日　自治区林业厅退耕办王洪英一行在市

林业局副局长文明祥、副县长强巴顿旦的陪同下，对白朗县防沙治沙工作进行检查。

23日 自治区党委改革办副主任汪晓冬带队的督导组一行到白朗县督导农改工作。

24日 由市政府副市长次央带队的市精准扶贫工作督导组一行5人，到白朗县督导检查精准扶贫工作。

同日 由市政府副市长巴桑带队的一行到白朗县调研“三农”工作。

26日 市委常委、组织部部长杨昆到白朗县强堆乡检查指导换届工作并召开座谈会。

28日 最具高原农业特色的“白朗县第六届蔬菜采摘节”在白朗县现代农业科技示范园正式开园。白朗县在山东省对口援助下，建设蔬菜、水果大棚5428座，2015年瓜菜产量4000万公斤，销售收入过亿元，参与农户达3200余户，帮助1000余人实现脱贫。

29日 市人大法制委员会副主任程建章一行到白朗县强堆乡检查指导人大换届选举工作。

同日 “情牵日喀则教育基金”工作组一行5人在秘书长宋广伟的带领下，到白朗县举行“情牵日喀则教育基金”奖学金签约仪式，并举办首期奖学金发放仪式。

6月

8日 自治区党委常务副书记吴英杰，自治区党委常委、组织部部长曾万明一行到白朗县检查指导工作。

15日 县委书记陈昊到嘎普乡调研指导工作。

16日 县委书记陈昊，县委副书记、人大常委会主任尼玛顿珠，县委常委、组织部部长次仁旺堆一行到者下乡调研检查各项工作开展情况。

19日 自治区农牧厅副厅长顿吉、中国人民银行拉萨中心支行处长李玉富一行督察组到者下乡、曲奴乡检查督导精准扶贫工作。

20日 白朗县召开非公企业党员大会，选举出席中国共产党白朗县第九次党员代表大会代表。大会应到党员77名，实际到会党员64名，因事因病请假13名。

同日 西藏自治区教育厅中考巡视组到县中学考点检查工作，县委书记陈昊陪同。

同日 县委书记陈昊到旺丹乡调研指导工作。

22日 县委书记陈昊到曲奴乡调研指导工作。

同日 县委书记陈昊到杜琼乡就社会经济发展、基层党建、产业发展、精准扶贫等工作开展情况进行指导调研，同时对退休干部、贫困户、实体经济负责人进行慰问。

23日 县委副书记、人大常委会主任尼玛顿珠到旺丹乡巴金村、拉吾自然村，实地查看2015年实施并竣工的村道改造工程和排水沟工程质量及其作用发挥情况。

同日 县委书记陈昊到巴扎乡调研指导工作，并简要听取工作汇报。

同日 县委书记陈昊到强堆乡调研指导工作，并看望慰问困难党员、贫困户、致富能手。

25—26日 白朗县首次古籍普查工作全面启动。分别对强堆乡白岗寺、玛乡色热珠德寺、谢珠林寺、嘎普乡顿觉寺、嘎东镇参卓林寺等5个寺庙及杜琼乡德吉夏玛户私人珍藏的藏纸经文以及刻经板、木刻佛像等年代久远的珍贵古籍进行尺寸测量、数量统计、名目登记、拍照等鉴定工作。

26日 以黄晓广为领队的9名济南市第八批援藏干部顺利抵达白朗县，并与县“四大班子”领导，济南市第七批援藏干部，县直部门负责人召开座谈会，会议由县委副书记、县长赤列朗杰主持。

27日 在党的95岁生日即将来临之际，日喀则市委组织部副部长、老干局局长贡桑到强堆乡白岗村走访慰问老党员。

28日 以翟军为领队的9名济南市第七批援藏干部圆满完成了三年对口支援白朗县的工作任务，离开白朗踏上返济归途，奔赴新的工作岗位，全县干部职工、群众代表怀着对他们依依不舍的情怀为他们送行，感谢他们三年来扎根白朗，无私奉献的辛苦付出。

29日 自治区人民检察院党组副书记、常务副检察长汪留国，日喀则市人民检察院党组书记、检察长旦增一行到白朗县检察院考察调研。

同日 自治区民政厅副厅长江娟、日喀则副市长巴桑一行到白朗县民政局对救灾仓库和福利院老人吃住情况进行检查。

同日 市民宗局副局长扎顿、宗教科科长索琼及设计单位负责人到白朗县检查指导工作并对白朗县“4·25”地震受灾的5个寺庙重建情况提出意见建议。

30日 自治区财政厅国库处处长肖厚国、市财政局党组书记阿旺、国库科科长赵家齐一行到白朗县财政局调研。

同日 白朗县举办以“唱红歌、颂党情、感党恩”为主题的文艺晚会。县“四大班子”领导，各乡镇、各部门干部职工、退休干部及附近乡镇群众代表近700余人观看晚会，共庆党的95岁华诞。

7 月

1日 白朗县召开全县义务教育均衡发展检测复查暨素质教育评估工作动员大会，传达区教育厅在实施素质教育工作上的会议精神，对全县推进素质教育工作进行安排部署。会议由副县长索朗顿珠主持，县委副书记、县长赤列朗杰出席会议并讲话。

4日 白朗县召开县委理论学习中心组会议，会议由县委书记陈昊主持，传达学习《习近平总书记在庆祝中国共产党成立95周年大会上的讲话精神》《张延清在全市干部大会上的讲话精神》《中国共产党问责条例》。

同日 第一期全区发展稳定任务重、情况复杂村（居）组织负责人示范培训班开班典礼在白朗县委党校举行；日喀则市委组织部组织一科科长尼玛次仁出席并讲话。

5日 县委常务副书记黄晓广带队的援藏干部一行9人到嘎东镇针对社会经济发展、党建、医疗、教育、生态等工作进行调研。

同日 县委常委、宣传部部长赵瑞红到曲奴乡、杜琼乡、强堆乡、洛江镇、巴扎乡开展调研指导工作。

6日 县委常务副书记黄晓广带队的济南市第八批援藏干部一行9人到巴扎乡开展调研指导工作。

同日 县委副书记、纪委书记拉巴仓决，县人大常委会副主任米玛次仁、副县长顾群艳一行到玛乡开展调研指导工作。

同日 县委副书记、人大常委会主任尼玛顿珠到强堆乡对3户结对帮扶贫困户和1名贫困党员进行慰问。

7日 县委副书记、人大常委会主任尼玛顿珠带队的白朗县防汛抗灾督导组一行到强堆乡就近期防汛抗灾工作开展督导检查。

同日 县委副书记、县长赤列朗杰，县委常委、宣传部部长赵瑞红，县人大常委会副主任边巴顿珠一行到者下乡7个村开展“1+6”结对帮扶调研工作。

8日 县委常务副书记黄晓广带队的济南市第八批援藏干部一行9人到强堆乡开展调研指导工作。

8—14日 白朗县委成立以县委常务副书记黄晓广，县委副书记、人大常委会主任尼玛顿珠为组长，11个乡镇党委副书记、县直党总支（工委）副书记、县委组织部相关工作人员为成员的党建考核组，集中利用7天时间，深入11个乡镇及44个县直党支部开展党建考核工作。

9日 县委常务副书记黄晓广带领由10个乡镇党委副书记组成的考评组到巴扎乡督导检查2016年上半年党建工作。

11日 市委副书记、市长刘虎山一行到白朗县现代农业科技示范园区调研。他要求，白朗县要着力发挥农业科技引领带动作用，大力实施农业产业化经营，做大做强蔬菜产业，走现代化农业跨越之路，带动群众增收致富。

同日 市委副书记、市长刘虎山一行对县中学的各项工作进行检查指导，县委副书记、县长赤列朗杰，副县长索朗顿珠陪同。

12日　自治区妇联主席江措拉姆、自治区妇联培训中心张莉一行到嘎普乡调研慰问贫困妇女。市妇联主席叶青莲、市妇联副主席刘卫华，县委书记陈昊，县委常委、组织部部长次仁旺堆陪同。

同日　县委常务副书记黄晓广带队的济南市第八批援藏干部一行9人到杜琼乡围绕社会经济发展、基层党建、医疗、教育等工作开展情况进行调研，并召开座谈会听取杜琼乡上半年工作汇报。

13日　县人民法院院长达娃到强堆乡看望慰问3户结对帮扶贫困户和1名困难党员。

同日　县委常委、副县长普布次仁，县委常委、统战部部长扎西顿珠一行到曲奴乡各结对认亲联系点，开展结对帮扶慰问。

14日　县委书记陈昊、县人大常委会副主任张军、副县长强巴顿旦一行到东喜乡慰问结对帮扶贫困户和困难党员。

15日　白朗县召开全县教育系统素质教育评估工作推进会，对全县推进素质教育工作再次进行安排部署。

16日　由自治区人大常委会副主任李文汉带队的自治区人大常委会“精准扶贫、精准脱贫”专题工作调研组一行，利用1天时间，对白朗县精准扶贫工作进行专题调研。市人大常委会副主任尼玛仓，县委书记陈昊，县委副书记、人大常委会主任尼玛顿珠，县政协主席普布次旦陪同。

18日　白朗县召开精准扶贫产业项目招商引资合作意向洽谈会。会议由县委书记陈昊主持。会上，都江堰市龙岭灵草农业科技有限公司负责人对公司情况作了详细介绍，双方就如何合作开发高效温室建设项目进行意见交流，并初步达成了合作意向。

同日　市教育局副局长普琼、督导室主任葛小勇一行到白朗县督导检查素质教育工作开展情况，副县长索朗顿珠陪同。

同日　市司法局副调研员多吉平措、社区矫正管理科科长次仁德吉一行到县司法局检查指导社区矫正工作。

19日　白朗县组织71名建档立卡贫困户在白朗县恰珠编织厂召开白朗县第一期脱贫攻坚转移就业培训班开班典礼。

同日　白朗县委理论学习中心组召开“两学一做”学习教育第二专题学习研讨会，会议主要围绕“学习习近平总书记系列重要讲话”进行集中学习研讨。会议由县委书记陈昊主持。

同日　自治区教育工委副书记、教育厅党组书记、副厅长普布次仁，区电教馆党委书记格桑扎西一行到白朗县玛乡普西村对结对帮扶贫困户开展慰问。

21日　自治区人社厅厅长解海源、人社厅办公室副主任陈可玉一行，在市人社局党组书记冯小义，县委书记陈昊，县委常委、组织部部长次仁旺堆，副县长索朗顿珠陪同下到杜琼乡差强村检查指导驻村工作并看望慰问驻村工作队。

同日　县政协主席普布次旦到旺丹乡秋麦村、比尼村、桑巴村、巴金村看望慰问结对帮扶贫困户和困难党员。

22日　副县长付宜锋到旺丹乡检查指导防汛抗灾工作。

同日　江孜县安监局局长普琼一行到白朗县安监局对安全生产综合监管、责任制考核、安委会办公室日常工作以及党建工作等进行交流学习。

同日　县人大常委会副主任刘万里到巴扎乡冲堆村、金嘎村、巴扎村看望慰问3户结对帮扶贫困户和困难党员。

同日　县人大常委会副主任张军到嘎普乡督导检查乡值班备勤情况和防汛救灾工作开展情况。

同日　县委常委、宣传部部长赵瑞红到者下乡检查防汛工作开展情况，并结合“两学一做”学习教育活动为者下乡机关、派出所、驻寺、驻村党员开展讲党课。

同日　县政协副主席次仁琼达到强堆乡各村以及灾害易发点，对防汛备汛工作情况进行督导检查。

同日 山东省委常委、组织部部长杨东奇一行考察组到白朗县考察指导对口支援工作，并看望慰问第八批援藏干部。市委副书记、山东省第八批援藏干部总领队冯继康，市委常委、组织部部长杨昆陪同。

23日 县人大常委会副主任刘万里到巴扎乡对防汛抢险工作进行督导检查。

25日 自治区教育工委副书记、教育厅党组书记、副厅长普布次仁到玛乡普能村检查指导驻村工作，并看望慰问驻村工作队和村“两委”班子。

同日 由市委党校副调研员次仁为组长的考察组一行到曲奴乡对2016年从优秀村党支部书记、村委会主任中选拔乡镇公务员进行考察。

26日 自治区教育厅副厅长达娃、区总工会副主任斯朗青措一行在市扶贫办副主任普琼、市教育局副局长冯学成、职教科科长普琼陪同下，到白朗县检查教育精准扶贫工作开展情况。

27日 白朗县召开2016年首次巡察工作动员部署会，县委书记陈昊出席会议并作讲话；会议由县委副书记、县长赤列朗杰主持；在岗县级领导，乡镇主要负责人、纪委书记、纪检专干和财务人员及县直部门全体干部职工参加会议。

28日 副县长索朗顿珠一行到巴扎乡调研指导文化站工作。

同日 自治区农牧厅党组书记高巴松一行到巴扎乡金嘎村视察“藏青2000”一级种子田抽穗期情况。

29日 由市委宣传部副部长冷兴邦和市委党校副校长、副教授邱磊组成的宣讲团到白朗县召开习近平总书记“七一”重要讲话精神宣讲报告会。在岗县级领导，各乡镇主要负责人、宣传委员，县直部门全体干部职工参加会议。会议由县委书记陈昊主持。

31日 自治区党委组织部常务副部长边巴扎西一行在县委常委、组织部部长次仁旺堆、嘎东镇党委书记洛桑陪同下，到白朗县嘎东镇对企业进行检查指导。

8月

1日 副县长顾群艳到曲奴乡督导检查防汛救灾工作。

3日 白朗县第二期村干部素质能力提升示范培训班在县委党校举行，县委常委、组织部部长次仁旺堆出席会议并作讲话，各乡镇专职副书记等共120人参加开班仪式。

同日 县人大常委会副主任边巴顿珠到者下乡普村灾后重建整村推进项目区开展讲党课活动。

4日 邮政储蓄银行西藏自治区分行办公室总经理尼玛平措、计划财务部总经理蔡军军、党群部总经理钟爱珍、人力资源部副总经理谢娟一行到者下乡普村、宗村慰问结对帮扶贫困户。

同日 县委常委、副县长胡卫波到杜琼乡对社会、经济、文化、卫生等工作进行调研。

同日 由副县长索朗顿珠为组长，农牧局、农改办、农牧区乡镇党委书记及县种养大户一行16人到康马县涅如堆乡对人工种草产业发展及草业种植合作社建设情况进行考察学习。

5日 市委书记张延清到白朗县调研干部驻村、脱贫攻坚、产业发展等工作，并看望慰问基层干部群众。

同日 白朗县召开全县精准扶贫工作推进会。会议总结全县上半年精准扶贫工作开展情况，深入查找存在的问题，并安排部署下半年精准扶贫具体工作。会议由县委常务副书记黄晓广主持；在岗县级领导，各乡镇负责人，县直部门全体干部职工参加会议。

同日 白朗县召开2016年上半年经济运行分析暨下半年经济工作部署会，会议由县委常务副书记黄晓广主持，在岗县级领导，各乡镇负责人，县直部门全体干部职工参加会议。

同日 县委副书记、纪委书记拉巴仓决到洛江镇则嘎村检查指导工作，主要对则嘎村近三年强基惠民资金使用管理、落实情况进行调研，并对村务各项经费往来、收支情况等进行检查。

8日　新分配西部计划志愿者全部到各自服务单位正式工作，各项志愿服务工作正在紧张有序开展中。

9日　县委副书记、人大常委会主任尼玛顿珠带领区市县乡四级人大代表一行17人到旺丹乡、曲奴乡、嘎普乡对精准扶贫及重点项目建设工作进行调研。

同日　县委常委、副县长普布次仁，副县长强巴顿旦一行到玛乡协调解决公路改建过程中出现的影响道路施工进程问题。

同日　县委副书记、县长赤列朗杰，县委常委、副县长胡卫波一行到东喜乡各村检查指导畜牧发展、脱贫攻坚等工作。

11日　中央纪委、中组部换届风气第五巡回督察组一行到巴扎乡督导检查换届选举工作。

12日　由国家林业局湿地保护管理中心副处长闫晓红、国家高原湿地研究中心教授肖德荣、南京大学生命科学学院教授刘茂松、西藏自治区林业厅保护处处长扎多组成的国家湿地公园验收组一行到白朗县，对年楚河国家湿地公园试点项目进行验收评估；县委书记陈昊、副县长付宜锋陪同。

14日　市农牧局局长丁峰带队的市产业脱贫调研组一行4人到白朗县开展调研。

15日　由市卫生局邀请的上海市精神卫生专家组到白朗县开展重性精神疾病患者现场筛查诊断及复核工作，对46名拟重性精神病患者进行现场排查、诊断分析、危险评估、提出治疗意见，包括转诊到专科医院治疗或现场制定药物治疗方案及随访意见等；副县长顾群艳陪同。

17日　白朗县召开2016年上半年党建、强基惠民、“两学一做”交流推进会，会议总结交流上半年基层党建、“两学一做”和强基惠民工作开展情况及工作经验，寻找差距，安排部署下半年各项工作任务和责任。县委书记陈昊出席会议并作讲话，会议由县委副书记、人大常委会主任尼玛顿珠主持；在岗县级领导，各乡镇党委书记、副书记、组织委员、强基办负责人，111名驻村工作队队长和县直部门负责人共计221人参加会议。

21日　由人社部农保司司长刘从龙带队的工作组一行在日喀则市人社局副书记、纪检组组长普布卓玛、城乡居民养老保险科科长多吉次仁的陪同下到白朗县人社局检查指导工作并召开座谈会。

22日　市人大常委会副主任赵小舟到白朗县督导检查防汛工作开展情况；县委副书记、人大常委会主任尼玛顿珠，县委常委、副县长普布次仁陪同。

同日　市委副书记、市长刘虎山一行到白朗县巴扎乡视察彭仓村蔬菜温室大棚和恰仓村萨福克羊养殖基地。

23日　在人大常委会副主任边巴顿珠、副县长付宜锋的带领下，由县相关部门组成的项目初步验收组到嘎东镇、洛江镇、巴扎乡，对2016年白朗县林业绿化项目进行初步验收。

同日　县委副书记、县长赤列朗杰代表县委、县政府看望慰问白朗县参加第十四届珠峰文化旅游节的群众演员、民间艺术团演员及工作人员。

24日　白朗县召开推进产业发展座谈会，会议由县委书记陈昊主持，县委副书记、县长赤列朗杰，县委常委、副县长鞠正江出席会议并讲话，各乡镇主要负责人、县直相关部门主要负责人参加会议。

同日　全国新媒体采风行动组一行到白朗县采风，日喀则市网信办主任高斌，县委常委、副县长鞠正江，县委常委、宣传部部长赵瑞红陪同。

同日　“西行阿里”遇见“魅力日喀则”新媒体采风行动活动走进白朗县现代农业科技示范园。

28日　县委副书记、纪委书记拉巴仓决到杜琼乡、曲奴乡巡察点督查指导工作，并召开座谈会，听取巡察工作汇报，全面深入了解巡察过程中发现的问题、线索、困难，广泛征求进一步做好巡察工作的意见和建议。

30日　县委书记陈昊到嘎东镇对防沙治沙、客土治沙工作进行调研。

31日 中国共产党白朗县第九次代表大会召集人会议召开，县委常委、组织部部长次仁旺堆主持会议并讲话。

同日 中国共产党白朗县第九次代表大会预备会议在县大礼堂召开；会议应到代表230名，因病、因事请假22名，实际到会代表208名；会议听取了中国共产党白朗县第九次代表大会筹备工作情况报告；表决通过了大会主席团名单、秘书长名单、代表资格审查委员会名单和大会议程。

同日 中国共产党白朗县第九次代表大会代表资格审查委员会会议召开。

同日 中国共产党白朗县第九次代表大会主席团看望参会代表。

同日 白朗县民间艺术团的第十四届珠峰文化旅游节之行圆满结束。

9 月

1日 中国共产党白朗县第九次代表大会隆重开幕。

同日 中国共产党白朗县第九次代表大会第一代表团第二次会议在县农牧局会议室召开；会议对八届县委工作报告、纪委工作报告和党费收缴、使用和管理情况报告进行审议。

同日 中国共产党白朗县第九次代表大会第二代表团第二次会议在县委党校一楼会议室召开；会议就八届县委工作报告、纪委工作报告和党费收缴、使用和管理情况报告展开了认真审议，与会代表结合实际积极发言，建言献策。

同日 中国共产党白朗县第九次代表大会第三代表团第二次会议在县委党校二楼会议室召开；认真讨论审议了八届县委工作报告、纪委工作报告和党费收缴、使用和管理情况。

同日 中国共产党白朗县第九次代表大会第四代表团第二次会议在县政府二楼会议室召开，对三个报告进行讨论审议。

同日 中国共产党白朗县第九次代表大会第五代表团第二次会议在县法院三楼会议室召开，对三个工作报告进行讨论审议。

同日 中国共产党白朗县第九次代表大会第六代表团第二次会议在县委党校三楼会议室召开，对三个工作报告进行讨论审议。

2日 中国人民政治协商会议第二届白朗县委员会第一次会议预备会议在县委党校顺利召开。会议由县政协主席普布次旦主持。

同日 中国人民政治协商会议第二届白朗县委员会第一次会议主席团第一次会议在县委党校三楼会议室召开。会议由县政协副主席次仁琼达主持。

同日 中国共产党白朗县第九次代表大会胜利闭幕，会议由县委书记陈昊主持，本次大会应到代表230名，因病因事请假16名，实到214名。

同日 中共白朗县第九届委员会第一次全体会议在县委二楼会议室召开，会议应到委员26名，实到委员22名。

3日 中国人民政治协商会议第二届白朗县委员会第一次会议在县大礼堂隆重召开。

同日 白朗县组织召开第十三届人民代表大会第一次会议和政协第二届一次委员党员大会。会议由县委副书记、人大常委会主任尼玛顿珠主持，县委书记陈昊出席会议并作讲话。

同日 白朗县第十三届人民代表大会第一次会议预备会议在县大礼堂召开。本次会议应到代表113名，因病、因事请假10名，实到代表103名。会议由县委副书记、人大常委会主任尼玛顿珠主持。

4日 白朗县召开第十三届人民代表大会第一次会议。此次会议应到代表113名，因事、因病请假8名，实到代表105名。会议由大会执行主席尼玛顿珠主持。

同日 县委书记陈昊先后来到嘎东镇、东喜乡第一代表团和巴扎乡、强堆乡第三代表团与参加白朗县第十三届人民代表大会第一次会议的代表们共同讨论审议各项工作报告。

同日 白朗县第十三届人民代表大会第一次会议洛江镇、者下乡第二代表团代表认真审议政府工作报告，代表们一致认为报告催人奋进、激动人心。

同日　政协白朗县委员会第二届第一次会议选举会议在县委党校一楼会议室召开。大会应到委员102名，因病、因事请假10名，实到委员92名，会议由政协主席普布次旦主持。

同日　白朗县第十三届人民代表大会第一次会议主席团第二次会议在县委二楼会议室召开。会议由县委常委、副县长普布次仁主持，大会主席团全体成员参加了会议，各代表团团长列席会议。

5日　白朗县第十三届人民代表大会第一次会议第二次全体会议在县大礼堂召开。会议由县人大常委会副主任米玛次仁主持。此次会议应到代表113名，因病、因事请假7名，实到代表106名。

同日　中国人民政治协商会议第二届白朗县委员会第一次会议圆满完成各项议程，胜利闭幕。

同日　白朗县第十三届人民代表大会第一次会议曲奴乡、旺丹乡、嘎普乡第四代表团讨论会在县法院三楼会议室召开。县委书记陈昊出席会议，会议由团长平措央金主持，第四代表团全体代表参加会议。

同日　白朗县第十三届人民代表大会第一次会议巴扎乡、强堆乡第三代表团讨论会在县人大会议室召开。代表们认真审议了白朗县第十二届人大常委会五年工作报告、县人民法院五年工作报告、县人民检察院五年工作报告。

同日　白朗县第十三届人民代表大会第一次会议主席团第三次会议在县委常委会议室召开。会议由县委常委、政法委书记、公安局局长罗布顿珠主持，大会主席团全体成员参加会议，各代表团团长列席会议。

6日　白朗县第十三届人民代表大会第一次会议第三次全体会议在县大礼堂召开。会议由县委书记陈昊主持；此次会议应到代表113名，因病、因事请假8名，实到代表105名。

同日　白朗县第十三届人民代表大会第一次会议举行第四次全体会议。大会由执行主席张军主持。会议应到代表113名，因病、因事请假10名，实到代表103名。县（中、区）直部门负责人、群众团体主要负责人列席会议。

同日　白朗县第十三届人民代表大会第一次会议圆满完成各项议程，胜利闭幕。

7日　自治区副主席坚参到巴扎乡看望慰问2户结对帮扶贫困户，深入田间地头查看秋收情况，县委书记陈昊，县委副书记、县长赤列朗杰陪同。

8日　者下乡第十一届“斗牛文化节”暨第三届物交会在当雄草场隆重开幕。县委书记陈昊，县委副书记、人大常委会主任尼玛顿珠，县委副书记、常务副县长何继文，县委副书记、纪委书记拉巴仓决，县委常委、组织部部长次仁旺堆，县委常委、政法委书记、公安局局长罗布顿珠出席开幕式。

11日　自治区政协副主席、自治区总工会主席洛桑久美一行到白朗县检查指导工作。日喀则市总工会副主席尼琼，县委副书记、县长赤列朗杰陪同。

12日　白朗县召开2016年教师节表彰大会暨全县教育工作会议。县委书记陈昊，县委副书记、县长赤列朗杰，县委副书记、人大常委会主任尼玛顿珠，县委副书记、常务副县长何继文，县政协主席普布次旦，副县长索朗顿珠出席会议。各乡镇、县直部门负责人、各学校负责人、受表彰的先进单位、先进个人和部分师生代表参加会议。

同日　按照区、市两级“两学一做”教育进度安排，结合实际，县委理论学习中心组围绕“学习讨论党的治藏方略”进行集中研讨。

同日　由济南市历城区委常委、区委办公室主任张庆国带队的济南市党政代表团一行5人，到白朗县看望慰问援藏干部并与县委、县政府班子成员及援藏干部进行座谈。

同日　阿里地区妇联组织农牧区妇女到白朗县洛江镇则嘎村开展编织技能培训开班典礼暨市级妇女编织培训基地授牌仪式。日喀则市妇联党组副书记、主席叶青莲，日喀则市妇联党组成员、副主席刘卫华，阿里地区妇联发展部部长旦增，白朗县委常委、组织部部长次仁旺堆出席会议，阿里地区农牧区27名妇女学员参加会议。

同日 白朗县召开2016年度第一期事业单位专技干部分配暨岗前培训会，县委常委、组织部部长次仁旺堆、人社局局长格桑吉拉、各乡镇主要负责人及新报到的人员共计95人参加会议。

13日 县委副书记、县长赤列朗杰到杜琼乡差强村检查指导工作，同时看望慰问区人社厅驻差强村工作队。

同日 市人社局党组副书记、局长旦增加布，市就业局副局长扎西一行到县人社局检查指导工作，副县长索朗顿珠陪同。

同日 由济南市第八批援藏干部领队、县委常务副书记黄晓广带队的济南市第八批援藏干部一行9人到敬老院看望慰问五保户老人。

同日 白朗县召开项目推进工作会，县委副书记、县长赤列朗杰主持会议并讲话，各副县长、各项目部门负责人参加会议。

14日 由市扶贫办副主任普琼带队的督导组到白朗县听取脱贫攻坚、重点项目、灾后重建和项目建设领域突出问题专项整治等工作开展情况汇报。县委副书记、县长赤列朗杰，县政协主席普布次旦，县委常委、副县长普布次仁及相关部门负责人参加会议。

18日 重庆天亿城建工程有限公司西藏分公司为白朗县中学捐赠价值25万元的灯饰，用以改造县中学照明系统，改善办学条件，为学生创造良好的学习生活环境。县委书记陈昊，县委副书记、县长赤列朗杰参加捐赠仪式。

19日 市人社局党组副书记普布卓玛、市人社局财务规划科科长米玛次仁到县人社局检查指导工作，副县长索朗顿珠陪同。

同日 白朗县农村土地承包经营权确权登记颁布领导小组办公室组织召开农村土地承包经营权确权登记颁证工作推进会。县委副书记、县长赤列朗杰出席会议并讲话。

同日 白朗县开展“民族团结月”联合宣传教育活动，统战部、宣传部、政法委、公安局、民宗局、法院、检察院等部门参与联合宣传。

同日 县委常委、副县长普布次仁一行到者下乡所辖7个行政村对易地扶贫搬迁项目的进度及质量依次进行检查。

20日 白朗县互联网信息办公室联合宣传部、教育局、公安局、团县委、电信局等部门开展以“网络安全为人民，网络安全靠人民”为主题的第三届国家网络安全宣传周活动。

21日 白朗县掀起学习市委书记张延清在仲巴县布多乡调研时的讲话热潮。

同日 白朗县包虫病流行情况调查工作圆满完成。

同日 广东投资考察团一行到白朗县视察产业化建设项目投资前景。县委常委、副县长鞠正江，副县长强巴曲桑陪同。

21—22日 日喀则市教育体育局师资培训中心主任谭铁强一行7人历时两天对白朗县秋季开学工作进行全面督导检查，副县长索朗顿珠陪同。

22日 自治区国家税务局绩效工作督导检查组组长徐华一行在日喀则市国家税务绩效办工作人员的陪同下到白朗县国家税务局督导检查绩效工作。

同日 副县长强巴曲桑到农行白朗县支行对业务发展、信贷支持和服务“三农”等情况进行调研。

22—23日 日喀则市国土资源局特邀全区制作农村宅基地发证系统的专家到白朗县，对农村宅基地发证系统运作进行一对一指导。

23日 白朗县组织相关部门对加气站、加油站开展安全生产应急管理专项执法检查。

同日 白朗县召开2016年度民族团结进步表彰大会，县委书记陈昊出席会议并作讲话，会议由县委副书记、县长赤列朗杰主持，在岗县级领导，全县民族团结模范集体代表和个人代表，各乡镇，县直部门主要负责人，驻军警部队，学校、驻寺、宗教界人士等参加会议。

26日 白朗县安监局、公安局、住建局、消防大队等部门在县加气站开展消防火灾、应急疏散演练。

26—27日 山东省农科院产业规划专家组一行10人到强堆乡、曲奴乡，通过实地查看和听取汇报的方式，对农业产业项目发展情况进行调研。

29日　由县政协副主席次仁琼达带队的县安委会领导小组成员一行到强堆乡、曲奴乡就安全生产工作进行督导检查并召开座谈会。

同日　白朗县召开全县重点产业发展大会。会议由县委副书记、县长赤列朗杰主持，县委书记陈昊出席会议并讲话。

10月

1日　市委组织部老干局副局长陈宇到巴扎乡政府驻乃琼村、区人社厅驻杜琼乡差强村看望慰问驻村工作队，并召开座谈会。

2日　县委书记陈昊到旺丹乡夏麦村慰问贫困户及检查旺丹乡国庆期间人员在岗、值班情况。

5日　县委常委、副县长普布次仁一行到东喜乡调研项目建设工作。

6—7日　县委常委、副县长普布次仁一行到旺丹乡对易地搬迁和产业发展规划等情况进行调研。

7日　县委副书记、县长赤列朗杰一行到白朗县各建筑工地开展安全生产大检查。

9日　白朗县召开脱贫摘帽验收工作启动会。县委副书记、县长赤列朗杰出席并讲话；会议由县政协主席普布次旦主持。

同日　白朗县专项办对巴扎乡辖区内四个采砂场的搬迁工作进行现场检查监督。

10日　市检察院党组书记、检察长旦增到杜琼乡党精村、东普村、帕措村、杜琼村开展结对帮扶慰问活动。

同日　副县长强巴曲桑到旺丹乡对扶贫产业开发工作进行调研。

11日　东部县贫困妇女手工编织技能培训班在白朗县洛江镇则嘎村举行开班仪式，培训为期1个月，培训对象是来自白朗、南木林、江孜等县的30名贫困妇女。市妇联主席叶青莲、县委常务副书记黄晓广出席开班仪式，开班仪式由市妇联党组成员、副主席刘卫华主持。

同日　白朗县召开永久性基本农田划定和农村宅基地登记发证工作动员部署会，会议由副县长强巴顿旦主持。

同日　县委书记陈昊到白朗县国家税务局调研指导工作，先后视察办税服务大厅、廉政教育示范基地、办公室等，听取工作汇报，并就白朗县税源情况，营改增对当地税收收入的影响等方面与税务干部进行深入交流。

同日　县委书记陈昊，县委常委、副县长普布次仁一行到县发改委调研指导工作，重点查看“4·25”灾后重建民房重建项目户型展板，详细询问民房重建项目、设计、筹资、进度等相关问题，并对其中存在的不足，给出意见建议。

同日　县委书记陈昊，县委常委、副县长普布次仁一行到县安监局调研指导工作，陈昊同志听取县安监局重点工作推进情况、年度目标完成情况以及业务工作开展情况等方面的汇报，并查看相关档案资料。

同日　由市扶贫办主任普琼带队的市督导小组一行5人到玛乡、嘎东镇，调研督导精准扶贫工作和结对帮扶情况。

12日　自治区公有住房管理局土登尼玛一行到白朗县住建局开展调研工作。市住建局副调研员旺拉、市住建局房产管理局局长边巴次仁陪同。

13日　白朗县召开脱贫攻坚督导考核工作推进会。县委书记陈昊出席并讲话；会议由县委副书记、县长赤列朗杰主持。在岗县级领导出席会议，各乡镇主要负责人及扶贫专干，县直部门主要负责人共62人参加会议。

同日　由共青团西藏自治区委员会工农部部长泽仁扎西带队的调研组一行到白朗县开展“走进青年、转变作风、改进工作”大宣传大调研活动。县委常务副书记黄晓广陪同。

同日　由自治区卫计委常务副主任王寿碧带队的工作组一行到白朗县督导检查健康扶贫工作。市卫生局副局长罗布、副县长顾群艳陪同。

同日　白朗县制订《白朗县脱贫摘帽验收考

核自验工作实施方案》，明确11个县级领导担任组长、县直部门驻村工作队派出单位主要负责人为成员的自验组，到11个乡镇开展自验工作。

15日 白朗县组织60名建档立卡参训人员在洛江镇则嘎村顿吉传统民族线麻氇氇编织合作社召开白朗县第三期脱贫攻坚转移就业培训开班典礼。

17日 县委书记陈昊到县法院视察新建审判大楼和诉讼服务大厅相关施舍建设情况并召开座谈会。

同日 市人大常委会副主任尼玛仓一行到白朗县洛江镇康萨村、罗林村检查指导驻村工作并慰问驻村队员。

同日 由县委常委、宣传部部长赵瑞红带队的自验检查督导组一行到者下乡检查精准扶贫工作相关资料数据及各项政策落实情况。

同日 由副县长强巴顿旦带队的工作组一行4人到东喜乡开展脱贫摘帽考核督导检查工作。

18日 由县委常委、组织部部长次仁旺堆带队的自验组一行到嘎普乡开展脱贫摘帽验收考核工作。

同日 自治区民政厅副厅长达娃卓玛一行到嘎东镇督导检查精准扶贫工作。县政协主席普布次旦陪同。

同日 白朗县召开创先争优强基础惠民生活动第六批驻村工作考评动员部署暨培训会。

同日 由市交通局党组成员、纪检组组长罗布顿珠带领的精准扶贫易地搬迁检查组到旺丹乡督导检查扶贫易地搬迁工作。县委常委、副县长普布次仁陪同。

19日 白朗县2016年乡镇文化站专技人员为期5天的培训圆满结束。

同日 县委书记陈昊到县纪委（监察局）调研指导工作并召开座谈会。座谈会由县委副书记、纪委书记拉巴仓决主持。

同日 由自治区教育厅副巡视员钟吉云带队的素质教育督导评估组一行到白朗县对中小学素质教育工作进行督导评估。市教育局局长索旺，县委副书记、县长赤列朗杰，副县长索朗顿珠陪同。

20日 自13日，白朗县脱贫攻坚督导考核工作推进会召开后，各组行动迅速，深入全县11个乡镇、111个行政村、1946个贫困户开展脱贫摘帽考核验收自验工作。自验工作以走村入户、逐一验收的方式，采取“听、问、看、查、访”的方式开展。

21日 纪念红军长征胜利80周年大会在北京人民大会堂隆重举行，白朗县组织全县干部在县委党校收看《纪念红军长征胜利80周年大会》电视直播。

同日 白朗县特邀市委党校讲师陈立为全县党员干部作“边疆治理视阈下的治藏方略”专题讲座。此次讲座由县委常务副书记黄晓广主持，在岗县级领导，县直部门全体党员干部参加讲座。

22日 白朗县顺利通过自治区素质教育督导评估。

同日 市委书记张延清到白朗县调研指导工作。张延清书记来到政府大楼查看了白朗县未来规划效果展板，随后召开座谈会。会议由县委常务副书记黄晓广主持，在岗县级领导、各乡镇、县直部门负责人参加会议。

23日 白朗县召开县地名普查专家领导小组会议。5名受邀专家、副县长顾群艳、相关部门负责人及工作人员参加会议。

同日 白朗县选派技术精湛、经验丰富的医务人员为111名第二批村党支部“第一书记”人选进行健康体检。

24日 白朗县举行选派第二批村党支部“第一书记”到村任职岗前培训班开班典礼，选派的村党支部“第一书记”及相关部门人员共120余人参加开班典礼。

同日 县委副书记、人大常委会主任尼玛顿珠一行到者下乡普村灾后重建整村项目推进项目区，终验者下乡普村“4·25”灾后重建整村推进项目。

同日 白朗县召开第五批驻村工作汇报会。县委常委、组织部部长次仁旺堆出席会议。

同日 县委常委、副县长鞠正江到嘎东镇、巴扎乡调研指导农牧工作。

25日 白朗县食药局牵头组织相关部门以悬挂横幅、发放药品安全宣传手册的形式，开展“全国安全用药月”宣传活动。副县长顾群艳出席并查看活动开展情况。

26日 白朗县召开全县今冬明春农牧业防抗灾工作会议。日喀则市气象局党组书记洛桑扎西、县委副书记、县长赤列朗杰，县委常委、副县长鞠正江，市气象局副调研员索贵、江孜县气象局局长西洛、相关部门负责人、各乡镇乡镇长、乡镇农牧综合服务中心负责人参加会议，会议由副县长顾群艳主持。

同日 白朗县召开九届县委第六次常委（扩大）会议，会议由县委书记陈昊主持，在岗县级干部、各乡镇党委书记、县直部门主要负责人参会，会议传达学习张延清书记在白朗调研及座谈会上的讲话精神，并对张延清书记提出的相关要求进行专题部署。

同日 白朗县召开精准扶贫工作督导推进会。县委书记陈昊出席会议并讲话，会议由县委副书记、县长赤列朗杰主持，在岗县级领导、11个专项组成员、11个督导组成员、各乡镇主要负责人参加会议。

同日 由副县长强巴曲桑带队的第十一督导组一行7人到东喜乡督察精准脱贫工作落实情况。

同日 县委副书记、县长赤列朗杰到者下乡走村入户检查指导精准扶贫工作。

27日 市司法局党组副书记、纪检组长米玛、基层工作科副科长李兰君、社区矫正管理科副科长周理剑以及计财装备科工作人员一行4人到县司法局检查指导司法行政工作。

同日 白朗县吉瑞建筑有限公司总经理拉贵带队到者下乡曲姆村开展“百企帮百村”精准扶贫帮扶工作。

同日 由白朗县安委会牵头组织相关部门对204省道白朗段开展隐患排查专项整治行动。

27—28日 由县委常委、宣传部部长赵瑞红带队的精准扶贫自验组到者下乡检查精准扶贫工作相关资料、数据及各项政策宣传落实情况。

28日 自治区新闻出版广电局党组成员、巡视员、自治区强基办副主任兼宣传简报组组长游胜苗，西藏日报社总编辑室主任、区强基办宣传简报组副组长王京，以及随行的西藏电视台、西藏日报社3名记者，在市委组织部老干局副局长、强基办副主任拉巴加布的陪同下到白朗县洛江镇康萨村检查指导工作，县委常务副书记黄晓广，县委常委、组织部部长次仁旺堆陪同。

同日 由县委副书记、常务副县长何继文带队的精准扶贫第一督导组到嘎东镇督导精准扶贫工作。

同日 白朗县第二批村党支部“第一书记”任职培训班一行到旺丹乡夏麦村对村集体经济及精准扶贫工作开展情况进行参观学习。

同日 县委常委、副县长普布次仁到曲奴乡奴麻村开展精准扶贫结对帮扶慰问。

29日 县委书记陈昊，县委副书记、县长赤列朗杰到嘎普乡督导检查精准扶贫落实情况。

30日 由市委常委、宣传部部长戎新龙带队的一行27人到白朗县者下乡开展送温暖活动，并为者下乡群众带去一场精彩的文艺汇演，县委副书记、县长赤列朗杰，县委常委、宣传部部长赵瑞红，副县长强巴曲桑陪同。

同日 由县委副书记、纪委书记拉巴仓决带队的精准扶贫工作第二督导组一行4人到玛乡督导检查精准扶贫工作。

同日 由自治区司法厅法治宣传处副调研员陈莉带队的全区考评工作领导小组到白朗县检查指导司法行政工作。副县长付宜锋陪同。

31日 白朗县召开县委理论学习中心组会议，传达学习《中国共产党第十八届中央委员会第六次全体会议公报》《中共中央办公厅关于认真学习宣传党的十八届六中全会精神的通知》《中共西藏自治区委员会关于认真学习宣传党的十八届六中全会精神的通知》等文件精神。

同日 市委宣传部副部长米玛一行到者下乡普村、宗村、聂仓村开展结对帮扶慰问。

11 月

1日　白朗县举行党的十八届六中全会精神大宣讲活动启动仪式。仪式由县委常务副书记黄晓广主持，县委书记陈昊出席并讲话。

同日　由县委常委、宣传部部长赵瑞红带队的宣讲团一行到洛江镇洛江村开展党的十八届六中全会精神宣讲活动。

2日　白朗县召开2016年乡村医生培训班开班仪式，全县101名乡村医生参加开班仪式。

同日　白朗县召开生态岗位资金兑现指导意见交流会。会议由政协主席普布次旦主持。

同日　白朗县开展金融精准扶贫和公务礼仪宣讲活动。由副县长强巴曲桑进行宣讲，各乡镇主要负责人和扶贫专干、县直部门主要负责人参加宣讲活动。

3日　白朗县召开“讲学习、讲忠诚、正风纪、转作风、提效能”动员部署大会，会议主要目的是贯彻落实市委部署，号召全县广大党员干部积极行动起来，通过开展“十项措施、百日行动”这一载体，大力整治全县干部作风中存在的纪律松、作风软、效率低、业绩庸等突出问题，努力打造一支忠诚、干净、担当的党员干部队伍，为白朗县大发展、大跨越提供坚强保证。县委书记陈昊出席会议并作讲话，县委常委、县委组织部部长次仁旺堆宣读《中共白朗县委关于开展“讲学习、讲忠诚、正风纪、转作风、提效能”主题活动的实施方案》，会议由县委常务副书记黄晓广主持，在岗县级领导、县直部门党员干部参加会议。

同日　白朗县召开县委理论学习中心组会议，传达学习《关于新形势下党内政治生活的若干准则》《中国共产党党内监督条例》和《关于〈新形势下党内政治生活的若干准则〉和〈中国共产党党内监督条例〉的说明》等文件精神。

同日　白朗县人社局在恰珠编织厂举行第四期精准扶贫转移就业培训开班典礼，全县63名精准扶贫人员参加编织培训。

4日　由自治区安全厅第五总队政委李胜带队的自治区综治考评组一行到白朗县对2016年度全县综治工作、“双联户”工作、流动人口服务管理和平安建设工作进行了考核验收。县委书记陈昊，县委副书记、县长赤列朗杰，县委副书记、人大常委会主任尼玛顿珠，县委常委、政法委书记、公安局局长罗布顿珠陪同。

7日　受日喀则市委副书记、市长刘虎山委托，县委书记陈昊到曲奴乡团结新村开展结对帮扶慰问活动。

同日　白朗县在县完全小学开展应急疏散逃生演练。

同日　白朗县“两学一做”学习教育指导协调组成立3个督导组，对全县“讲学习、讲忠诚、正风纪、转作风、提效能”主题活动进行督导检查。

同日　以中国科学院地理科学与资源研究所武俊喜博士为组长的西藏自治区脱贫攻坚第三方评估组一行10人到白朗县开展脱贫摘帽验收评估工作。

同日　市委组织部副部长达旦到旺丹乡夏麦村对精准扶贫结对帮扶户进行走访慰问。

同日　由县政协主席普布次旦带队的政协委员一行到者下乡考察“4·25”灾后重建工作。

8日　市委副书记、市长刘虎山到曲奴乡团结新村4户结对帮扶点开展精准扶贫结对帮扶慰问活动。县委书记陈昊，县委副书记、县长赤列朗杰陪同。

同日　县委常委、副县长普布次仁到拉日铁路白朗段沿线，实地考察所要建设的附属设施。

10日　自治区副主席多吉顿珠、市委书记张延清一行12人到白朗县检查指导各项惠民政策落实情况，县委书记陈昊陪同。

同日　白朗县协调日喀则市东郊驾校并达成协议，对全县332名精准扶贫人员进行驾驶培训，举办开班典礼。此次培训投入精准扶贫转移就业专项培训资金182.6万元。

11日　结合“两学一做”教育进度安排，县委理论学习中心组围绕“做合格党员”召开集中研讨会。会议由县委书记陈昊主持，在岗县级干部参加集中研讨，各县级干部分别结合学习实际、工作实际、分管部门及包乡包村点做了深刻发言。

13日　由自治区人大常委会办公厅副巡视员达次带队的自治区抗旱调研组及相关单位人员到曲奴乡开展以农田灌溉为主题的抗旱水利设施调研。县委书记陈昊陪同。

同日　由市中院党组副书记、副院长白玛仁增带队的考评组一行到县法院检查指导2016年度《工作目标管理责任书》落实情况。

14日　自治区文化厅党组成员、巡视员阿齐一行到巴扎乡政府、巴扎乡恰仓村、司法局、强堆乡政府、强堆乡吉定村检查指导乡级党建工作、“两学一做”学习教育情况、精准扶贫精准脱贫工作情况、村级基层组织建设情况、党的十八届六中全会精神传达情况及驻村工作队“5+3”任务完成情况；市委组织部副部长、编办主任周海浪，县委副书记、县长赤列朗杰，县委常务副书记黄晓广，县委常委、组织部部长次仁旺堆陪同。

同日　由市委第一巡察组组长多布次仁带队的巡察组一行8人进驻白朗县，并召开市委第一巡察组巡察白朗县农牧局、水利局、林业局工作动员会。市委巡察办负责人、巡察工作领导小组成员刘志远作进驻动员讲话，县委副书记、县长赤列朗杰就如何支持配合好巡察组工作作具体要求，被巡察单位作表态发言，参加会议的有农牧民代表、“两代表一委员”代表、退休干部代表、各乡镇党政负责人、县直部门负责人及副职、被巡察单位全体干部职工等130余人。

15日　白朗县召开党组织换届暨强基惠民、“两学一做”、基层党建重点工作推进会议。会议由县委常委、组织部部长次仁旺堆主持。

16日　西藏颇罗朗建筑工程有限公司负责人巴桑旺堆到者下乡热玛村开展“百企帮百村”送温暖慰问活动，副县长强巴曲桑陪同。

17日　市文化局副局长坚赞一行到白朗县对文化、文物及各乡镇文化站工作开展情况进行督导检查。

同日　由市委组织部部务委员、干部一科科长詹毅带领的工作组一行到曲奴乡督导检查党建、“两学一做”、强基惠民工作。

19日　县委副书记、县长赤列朗杰一行到者下乡检查脱贫攻坚相关工作，随后，到普村搬迁点、乡中心小学检查指导工作。

20日　白朗县嘎东兴旺传统服饰农民专业合作社到玛乡门康村开展结对帮扶工作。

21日　县委书记陈昊一行到巴扎乡看望慰问新到岗的6名基层专招公务员。

同日　白朗县召开项目工作协调会，县委副书记、常务副县长何继文就抓好项目工作作讲话，会议由县委常委、副县长普布次仁主持。

22日　县委书记陈昊到巴扎乡开展自治区第九次党代会精神宣讲。巴扎乡干部职工、13个村“两委”班子成员及各驻村工作队队长等80余人参加宣讲活动。

同日　白朗县召开贯彻学习西藏自治区第九次党代会精神会议。会议由县委书记陈昊主持并作讲话。在岗县级领导、县直部门负责人等70余人参加会议。

同日　白朗县召开全县“先进双联户”创建评选活动表彰大会，会议由县委常务副书记黄晓广主持。在岗县级领导，各乡镇党委书记、乡镇长及综治双联户工作人员、各综治成员单位负责人、各乡镇派出所所长、便民警务站站长及受表彰的“先进双联户”户长、“先进双联户”创建评选工作先进村集体和先进乡镇代表参加会议。

同日　白朗县嘎东镇了罗众生建筑队负责人丹巴一行为杜琼乡差强村25户建档立卡贫困户送去扶贫物资。

同日　县委常委、副县长普布次仁一行到玛乡检查指导精准扶贫工作。

23日　县委常委、副县长普布次仁一行到强堆乡就近期有关同步搬迁、边缘贫困户、产业分红等工作完成情况进行检查。

24日　县委常委、副县长普布次仁一行到东喜乡检查指导精准扶贫、精准脱贫工作。

同日 洛江镇朗下建筑队到东喜乡强日村开展“百企帮百村”帮扶工作。

同日 巴扎乡朗琼建筑队到东喜乡比木村开展“百企帮百村”帮扶工作。

同日 白朗县恰珠编织厂到玛乡果堆村开展“百企帮百村”帮扶工作。县委书记陈昊、县政协主席普布次旦应邀参加。

同日 中国人寿西藏分公司党委书记、总经理马宏一行到白朗县看望在白朗县挂职的副县长强巴曲桑，并召开座谈会。县委书记陈昊、县委常务副书记黄晓广出席。

25日 县委书记陈昊到嘎东镇、曲奴乡看望慰问军烈属。

同日 白朗县召开县委理论学习中心组会议，会议由县委副书记、县长赤列朗杰主持，副县长强巴曲桑作“家文化”和公务礼仪专题讲座。在岗县级领导、县直部门负责人参加会议。

同日 县委书记陈昊到民政局调研指导工作。

同日 日喀则圣雄建筑安装有限公司党支部书记旺拉、董事长旦增到嘎东镇马义村开展“百企帮百村”精准扶贫结对帮扶活动。县委常委、统战部部长扎西顿珠应邀参加活动。

同日 县委书记陈昊到县卫生服务中心调研指导工作。

26日 由日喀则市副市长、市脱贫攻坚指挥部副指挥长罗布松拉带队的督导组一行6人到玛乡督查精准扶贫工作进展情况，县政协主席普布次旦陪同。

27日 日喀则市委常委、秘书长雷进昌一行到者下乡检查指导精准扶贫相关工作。县委书记陈昊，县委常委、副县长普布次仁陪同。

28日 日喀则市委常委、秘书长雷进昌一行到嘎东镇调研产业发展工作。县委书记陈昊，县委常委、副县长普布次仁陪同。

30日 由日喀则市副市长、市委政法委副书记、市公安局局长次仁扎西带队的安全生产工作组一行到白朗县督导检查安全生产工作。

同日 由市委组织部副部长谭朴珍带领的市基层党建工作第三考核组到巴扎乡，对全年基层党建工作进行考核。县委书记陈昊、县委常务副书记黄晓广陪同。

12月

1日 以自治区教育厅副厅长永旦扎巴为组长的自治区精准扶贫考核验收组一行到强堆乡进行精准扶贫考核验收工作。市政府副市长巴桑、县委书记陈昊陪同。

同日 以自治区财政厅副厅长孙金玲为副组长的自治区脱贫攻坚评估考核组（第二小组）一行到曲奴乡对2016年脱贫攻坚工作进行综合评估考核。

2日 白朗县召开2016年度脱贫攻坚评估考核汇报会。自治区脱贫攻坚评估考核组组长、教育厅副厅长永旦扎巴，自治区脱贫攻坚评估考核组副组长、财政厅副厅长孙金玲，自治区水利厅满拉管理局书记赖兆万，自治区卫计委人事处调研员拉巴国杰，自治区教育厅职业教育与成人教育处副处长贺朴珍，自治区人社厅公务员局考核奖励培训处副调研员朱秀英，市政府副市长巴桑，副市长罗布松拉，市教育局局长索旺，市人社局局长旦增加布，市扶贫办副主任普琼，市财政局副局长许上，市水利局副局长邓永彬，市卫计委副主任普次，市扶贫办副调研员王晨旭，县委书记陈昊，县委副书记、县长赤列朗杰，县委副书记、人大常委会主任尼玛顿珠等在岗县级领导出席会议，会议由日喀则市副市长巴桑主持。县脱贫攻坚指挥部11个专项组组长及县脱贫攻坚指挥部成员单位负责人参加会议。

同日 市公安局党委委员、副局长、调研员、交警支队支队长达兴一行3人到白朗县对县公安局2016年度绩效工作进行考核。

3日 由团市委副书记巴桑顿珠带队的阿里团地委一行20余人到白朗县参观交流学习。

5日 白朗县康桑农产品发展有限公司负责人罗布旦增到者下乡普村灾后搬迁点开展“百企帮百村”送温暖慰问活动，副县长强巴曲桑出席活动。

同日　县委副书记、县长赤列朗杰到者下乡小学检查指导工作。

同日　县委副书记、县长赤列朗杰到嘎东镇检查产业发展情况，并就嘎东镇工业园区建设提出意见建议。

同日　县委常委、统战部部长扎西顿珠到洛江镇则嘎村看望慰问归国藏胞。

6日　县交警大队和市交警支队联合成功破获一起重大交通肇事逃逸案件。

同日　县旺达总公司负责人到旺丹乡夏麦村开展“百企帮百村”慰问活动。

同日　白朗县召开2016年度述职述责述廉暨党风廉政建设与反腐败工作表彰大会。会议由县委副书记、县长赤列朗杰主持；在岗县级领导，各乡镇党政负责人、纪委书记，县直部门全体干部职工参加会议。

同日　市委副书记、常务副市长冯继康，市政府副秘书长汲广树，市国家农业科技示范园区管委会常务副主任拉巴扎西，副主任倪洪权，项目管理科科长其美平措一行到白朗县开展珠峰现代农业创意科技博览园选址调研工作。县委书记陈昊，县委副书记、县长赤列朗杰陪同。

8日　由自治区科技厅厅长赤列旺杰带队的调研组一行8人到白朗县检查指导工作。市科技局局长德吉央宗，县委副书记、县长赤列朗杰陪同。

同日　市委组织部副部长仲辉，县委书记陈昊，县委常务副书记黄晓广，县委副书记、人大常委会主任尼玛顿珠，县委常委、组织部部长次仁旺堆等9名县级领导及10名乡镇党委书记、各党总支书记、机关党支部书记、县直部门有关负责人一行65人到强堆乡亚龙村娟姗奶牛养殖基地参观指导工作。

同日　市委巡察组组长多布次仁、副组长格桑梅朵一行到者下乡检查工程及精准扶贫相关政策落实情况。

9日　白朗县召开县委理论学习中心组会议，会议由县委书记陈昊主持。

同日　以市人大工委主任多吉次仁为组长的市委巡察组一行8人到东喜乡实地调研精准扶贫工作。

同日　市委巡察组一行到旺丹乡对精准扶贫工作和财务各项资金兑现情况进行检查指导。

12日　山南团市委考察团一行30余人到白朗县就基层团组织建设、青年创业促就业见习基地建设及特色产业发展情况进行调研考察和交流学习。日喀则团市委副书记巴桑顿珠陪同。

14日　由自治区工商联党组成员、副主席兼秘书长、非公党工委成员刘炳行任组长，拉萨市委组织部副部长杨栋章任副组长的自治区基层党建考核组一行8人到白朗县对基层党建工作进行考核。

15日　市残联党组书记、理事长边巴次仁到县民政局检察指导残联工作开展情况。

同日　白朗县召开2016年度反腐败工作协调小组会议。会议由县委副书记、纪委书记拉巴仓决主持。县反腐败工作协调小组成员、县纪委党风廉政建设工作主要负责人、各乡镇纪委书记、纪检专干参加会议。

16日　白朗县召开“十三五”脱贫攻坚规划修改完善工作部署会。会议由县委副书记、县长赤列朗杰主持，在岗县级领导和成员单位主要负责人共43人参加会议。

18日　自治区扶贫办副主任陆华东，市政府副市长、市脱贫攻坚指挥部指挥长罗布松拉，市扶贫办党组书记马玉凤，市扶贫办主任丹增一行4人到白朗县检查指导脱贫攻坚工作。

19日　副县长强巴曲桑、农行白朗县支行行长仓决一行到巴扎乡7个村对“十三五”产业精准扶贫规划项目进行实地调研。

21—22日　市政协主席普布、市委副秘书长刘吉一行到嘎东镇兴旺传统服饰农民专业合作社、“4·25”灾后重建集中安置点、嘎东镇蔬菜大棚种植基地、嘎东镇色唐荞麦加工农民专业合作社，开展2016年度目标绩效争先进位考核工作，县委书记陈昊，县委副书记、县长赤列朗杰陪同；并于21日召开白朗县考核工作汇报会，会议由县委副书记、县长赤列朗杰主持，在岗县级领导和各部门负责人参加会议。

21日 由林芝团市委学校部部长刘帅带队的考察团一行20余人到白朗县就基层团组织建设、青年创业促就业见习基地建设及特色产业发展情况进行考察交流学习。

22日 聂拉木县民政局局长巴多一行4人到白朗县对最低生活保障工作落实情况进行年终绩效考评，副县长顾群艳陪同。

23日 以市扶贫办副主任郑同超为组长的精准扶贫检查组一行到曲奴乡团结新村对精准扶贫工作开展情况进行检查。

同日 白朗县召开县委理论学习中心组专题学习会议，会议由县委书记陈昊主持，县委理论学习中心组全体成员参加会议，县直部门负责人列席会议，会上观看了反腐类题材影片《反贪风暴II》。

24日 由定日县委副书记、纪委书记普布次旦带队的市目标绩效争先进位党风廉政建设考核组一行到白朗县考核2016年度党风廉政建设责任制工作。县委书记陈昊，县委副书记、人大常委会主任尼玛顿珠陪同。

26日 市委副书记、市长刘虎山参加市委一届五次全会第二组白朗团讨论，一起热议市委一届五次全会报告。

同日 白朗县在农行日喀则分行成功签约“首笔产业项目贷款”，市委宣传部、市农牧局、市扶贫办、市金融办、市人民银行、市珠峰扶贫公司等相关负责人出席会议；县委副书记、县长赤列朗杰，副县长强巴曲桑、县扶贫办、现代藏式服装厂负责人参加会议。

同日 县委常委、副县长普布次仁一行到曲奴乡彭嘎村、思布村，对水塘建设项目选址及水渠走向设计进行调研。

28日 日喀则亚美民族手工业产品有限责任公司到曲奴乡团结新村开展“百企帮百村”结对帮扶工作，县委常委、统战部部长扎西顿珠参加物资发放仪式。

29日 日喀则市国家级农业科技园区管理委员会副主任普布顿珠陪同上海孙桥溢佳农业科技示范园区设计公司负责人葛文一行到白朗县实地考察博览中心选址工作，县人大常委会副主任张军陪同。

30日 西藏恒华生物科技有限公司、市国税局工作人员为曲奴乡385名小学生及贫困群众捐赠580余套棉被、300余件纯棉内衣、300余双冬鞋，折合价值21.6万余元过冬物资。

政 治

中共白朗县委员会

【概况】 2016年，全县上下同心同德、攻坚克难，高标准完成县乡换届、高定位推动产业发展、高质量完成脱贫摘帽，在全市目标绩效综合考核中名列前茅，各项经济指标再创新高，经济社会快速发展，实现了“十三五”良好开局。全县生产总值为8.61亿元，增长10.8%；社会固定资产投资10.12亿元，增长82.3%；社会消费品零售总额1.4亿元，增长19.96%；地方财政收入2006万元，增长32.5%；农村居民人均可支配收入10575.5元，增长10%。

【产业发展】 年内，突破产业发展瓶颈，坚持以市场为导向，全力推动产业转型升级，确定建设高原特色现代农牧产业强县的战略目标，并以集中连片、规模经营的方式，实施了有机枸杞、大棚蔬菜、有机青稞等一批产业化项目，加快民族手工业、农区养殖业等优势产业发展步伐，以示范带动、利益驱动、市场推动的农牧业现代化构架快速形成，实现第一产业突破2.3亿元，同比增长4.5%；第二产业突破2.8亿元，同比增长27%；第三产业突破3.5亿元，同比增长2.9%。全力加快经济发展，重点支持蔬菜产业做大做强，对蔬菜公司进行改造升级，引进企业试点性连片建设高效智能大棚200余亩，试种红景天、独一味等藏药材大棚15座，成功举办“第六届蔬菜采摘节”，为26个蔬菜种植基地提供果蔬幼苗120万株，全年县域蔬菜产量达3990万公斤，果蔬品种达126个，销售收入达1.6亿元，蔬菜种植收入在农牧民人均纯收入中提升到23%。大力推进标准化青稞种植，全县农作物总播种面积12.7万亩，粮经饲比例优化为67：21：12，粮食作物面积达8.55万亩，推广“藏青2000”7.7万亩，向山南、林芝等五地市调运良种612万斤，粮油总产持续突破亿斤大关后再创新高。大力推广优良畜种及标准化、规范化养殖，加快岗巴羊短期育肥，加大萨福克肉羊养殖规模，年末牲畜存栏27.5万头（只、匹），出栏率34.1%，肉、奶产量分别为250万公斤和800万公斤，饲草料产量达0.83亿公斤；培育壮大民营经济，深入开展土地承包经营权确权登记颁证工作，加大农民合作社的扶持力度，全县各类农民专业合作经济组织79家，国家级、区市级示范合作社达11家，覆盖蔬菜种植、奶牛养殖、皮毛加工等16个行业，辐射带动1202户2000余人增收致富。

【精准扶贫】 年内，严格精准识别，对建档立卡1946户9237人进行逐户调查、评估、公示，并进行“四级”建档管理，确保帮扶对象精准；严格精准施策，深入实施“九个一批”工程，组建扶贫开发有限责任公司，实现产业脱贫4047人，异地分红脱贫1066人，兑现分红资金116.96万元；易地搬迁241户1279人，在完成年度97户523人目标的同时，提前实施2017年计划144户756人；医疗救助脱贫463人，建档立卡贫困群众医疗参保率、大病保险覆盖率100%，对基本医疗费用、大病统筹保险报销后自付部分进行全额救助；社保兜底340户935人，按时足额发放最低生活保障金322万元；金融政策扶持1341人，主动协调贷款127.5万元；发展教育脱贫1666人，对109名贫困在校大学生资助55.6万元；生态受益6112人，兑现生态补偿岗位资金1833.6万元；开展农牧民实用技能培训5期，转移就业1107人，转移就业率达193%；同时，调动全县干部职工与所有贫困户结成帮扶对子，调动25家企业投入帮扶资金432.46万元对贫困村进行结对扶持，确保了每一户每一名贫困人口都有一项或多项脱贫措施。严格责任落实，建立“县区抓落实、乡镇专干”和“工作到村、扶贫到户”工作机制，严格落实“县、乡、村”三级目标责任人职责，全体干部、各级部门、社会各界全面参与脱贫攻坚，做到了每项措施落实到人；顺利完成自治区第三方评估、自治区考核验收，全县9237名建档立卡贫困人口达到了脱贫摘帽标准，人均纯收入超出脱贫指标，圆满完成脱贫摘帽任务，为全面建成小康社会打下了坚实的基础。

【项目建设】 年内，项目建设稳步推进，坚持实施项目带动战略，累计完成全社会固定资产投资10.12亿元，实施水利、交通、保障性住房等项目141个，完成年度目标的113%；实施灾后恢复重建项目15个，完成投资1.1亿元，完成年度任务的117.4%，灾后民房重建152户901人，全部竣工并交付使用，公共服务及特色小城镇项目有序推进，有望于2017年8月底全面竣工投入使用；招商引资成果显著，切实把招商作为发展产业、壮大县域经济的强大推力，成立重点产业发展领导小组，建立年雄实业开发有限公司，搭建政府投融资平台，出台招商引资优惠政策规定，建立招商引资项目库，新引进企业4家，达成招商签约项目3个，到位资金2.9亿元，20兆光伏发电项目、设施农业园区建设项目、高原有机枸杞项目加紧实施，首次实现招商项目落地建设大突破；项目建设环境优化，大力推进项目建设领域专项整治，对全县234家施工企业进行突击检查，对年楚河流域47家砂厂、砖厂、预制厂进行摸排登记，重点整治违规开采砂砖厂、打击在项目建设中哄抬物价、暴力垄断等违法犯罪行为，关停整顿砂砖厂2家，搬迁18家，为项目建设创造了良好环境。

【综治工作】 年内，深入开展社会综合治理，全面落实维稳十项措施，成立维稳工作专班，加大社会面管控力度，严密防范非法出境，圆满完成“128”法会安保任务，加强应急处突、反自焚演练，开展邪教人员专项排查，全力消除社会不稳定因素；不断完善群防群治工作，壮大护院队、护村队、护校队、治安联防队队伍，开展“先进双联户”创评，构建县域大防控格局，实现网格覆盖率100%。创新和加强寺庙管理，坚持“三个不增加”，加强寺庙僧尼管控，及时对县域内学经回流人员进行办班教育，严格控制寺庙招收童僧，做好滞留人员的教育劝返和清理整顿。加大民族团结宣传力度，认真开展和谐模范寺庙暨爱国守法先进僧尼评选表彰。加大安全生产监管力度，加强安全生产工作安排部署，层层签订安全生产目标责任书，梳理安全生产监管部门权责清单198项；严管严控油气领域，督促建设企业履行安全生产主体责任，开展餐饮场所专项整治，确保人员密集场所安全无隐患。建立完善应急救援预案和信息报告处置机制，加强应急救援演练，不断提高干部群众安全意识，构筑安全生产坚固防线；妥善处理信访矛盾纠纷，建立每月全面摸底排查工作机制，重点敏感时段专门制订方案，并进行有针对性的排查调处，未出现重复访现象，信访办结率100%。年内，无进京和到自治区越级上访情况。

【惠民富民】 发展教育提素质，坚持优先发展教育战略，加大教育经费投入，在全区率先通过“素质教育”评估验收，小学、初中入学率100%，义务教育巩固率100%；把教育质量作为一把手工程，建立县级领导定点联系制度，定期检查督促教育教学工作；加强教师队伍建设，大力实施薄弱学科攻坚、“强师兴教”工程，专门设立教师奖励资金100万元，办学质量进步明显。狠抓科技助发展，加大高原蔬菜温室大棚土壤处理技术等应用推广，建设好农民科技特派员队伍，成立县、乡农牧民科技特派员之家，全年科技培训农牧民2万余人次，科技对农牧业增收贡献率达到43%。丰富文化树品牌，加快构建现代公共文化服务体系，乡镇文化站作用进一步发挥，公共文化免费开放力度不断加大。切实加强非遗保护，区、市、县级非物质文化遗产项目达到21个。不断加大文化市场监督力度，适时开展文化市场突击检查、联合执法、专项整顿，坚决抵制有害信息和非法出版物流入市场。落实保障惠民生，加强基层卫生服务保障，严格执行农牧区合作医疗制度，完成县医院、疾控中心和9个乡镇卫生院标准化建设，农牧民和僧尼的医疗保障得到加强，孕产妇住院分娩率等指标明显提高。建立完善社会保障体系，强化社会保险基金的征缴与管理，全面落实各项保障政策，引导社会私营企业发起成立“白朗县慈善协会”，每年筹集上百万元善款用于帮扶贫困大学生和特殊困难家庭。

【党建工作】 年内，推进领导班子建设，进一步健全完善县委班子民主议事决策机制和班子成员分工协作机制，搞好班子团结，增强班子合力，充分发挥县委对全县各项事业的领导核心作用；加强领导干部思想政治建设，严守政治纪律和政治规矩，确保全县各级领导干部在思想上、政治上、行动上始终与以习近平同志为核心的党中央、与党的核心保持高度一致，在大是大非面前立场坚定、敢于亮剑，不断提升领导干部引领改革发展稳定的能力。圆满完成县乡领导班子换届，严肃换届纪律，认真落实干部选拔“十不准”“十严防”“四个凡提必”和“六个绝不使用”要求，换出强有力的班子，得到区党委书记吴英杰和中组部、中纪委机关换届风气督导组的肯定；创新基层党组织建设，以“月例会、季督查、半年考核、交流、评比”为抓手，采取“交叉考核、互点互评”“统一量化、集体打分、现场反馈”等方式，层层传导压力，确保各级党组织将党建工作紧紧抓在手上。深化党建“20有”、支部书记互评互谏等六项党建载体，创新开展“党建项目化推进年”、强基惠民活动，切实解决基层党建“不善抓、不会抓、抓不实”的问题；依托县党校建立“市级乡土实用技能人才培训站”，承接“全区发展任务重、情况复杂村（居）干部培训”“全市村党支部第一书记培训”等重要培训任务。在“两学一做”学习教育中，提出“2613”学习载体，在“讲学习、讲忠诚、正风纪、转作风、提效能”主题教育中，开展“十项措施、百日行动”，党员干部作风得到进一步加强。

【党风廉政建设】 年内，切实加强党风廉政建设，认真落实“两个责任”和“一岗双责”，加强党风廉政建设自查考评力度，在全区率先成立县级“巡查办”，主动在全县开展了两轮巡查工作；严格落实中央八项规定等作风建设新要求，坚决正风肃纪、强化监督问责，特别是对干部“走读”问题进行严肃整顿；大力支持纪委开展案件查办，约谈处理干部9名，查办案件3件5人，其中审理结案2件4人，立案调查1件1人；给予党内警告处分3人，党内警告、行政警告1人，处理不合格党员3名，党风政风民风不断向上向善。

（田　鹏）

【领导名录】

县委书记　翟　　军（山东援藏，6月免）
　　　　　陈　　昊（8月任）

县委副书记、县长
　　　　　赤列朗杰（藏族）

县委常务副书记
　　　　　陈 海 英（5月免）
　　　　　陈　　昊（5月任，8月免）
　　　　　黄 晓 广（山东援藏，6月任）

县委副书记、人大常委会主任

尼玛顿珠（藏族）

县委副书记、常务副县长

田 俊 林（山东援藏，6月免）

何 继 文（山东援藏，6月任）

县委副书记、纪委书记

拉巴仓决（女，藏族）

白朗县人民代表大会常务委员会

【概况】 白朗县人大常委会成立于1962年。第十三届人大常委会于2016年9月换届产生，换届后，白朗县辖区共有区、市、县、乡人大代表557名，其中自治区人大代表2名，市人大代表12名，县人大代表113名，乡镇人大代表430名。常委会核定编制数为5人，领导指数5名；主任1名，副主任4名；平均年龄为47岁，学历大专2名、中专2名、本科1名。2016年，共召开常委会议6次，主任会议5次，听取和审议专项工作报告11个，组织代表考察8次，开展专题调研5次，开展执法检查3次，指导联系乡镇人大工作77次，任免国家机关工作人员71名，办理代表意见建议34件，为促进全县经济发展、民生改善、社会和谐做出了积极贡献。

【重大事项决定】 严格法律程序，正确处理县委决策、人大决定和县政府执行的关系，依法对2016年财政预算调整等重大事项做出13项决议，确实把党的主张转换为人民的意志，保证人大工作与县委的决策部署同心、同向、同步。

【人事任免】 人大常委会始终坚持将党管干部和人大依法任免有机统一，严格按法定程序办事，认真行使人事任免权。任免前，严格审查拟提请任免人员的相关材料，认真听取县委人事安排的意见和对拟任干部德、能、勤、绩、廉考察情况的说明并进行任前司法考试，在常委会上进行任免表决。2016年，共计任免国家机关工作人员71人次，所有新任职人员均进行了宪法宣誓，增强了任命干部的宪法意识和公仆意识。

【监督工作】 年内，加强对经济工作的监督，推动县委重大决策部署落实。常委会通过听取和审议国民经济与社会发展执行情况工作报告、2016财政预算执行情况和“十三五”规划纲要，审查2015财政决算报告及2016年财政预算调整报告，督促有关方面认真落实县委关于经济工作的部署，促进经济发展提质增效，提高财政资金使用绩效。加强对依法行政的监督，为经济社会发展营造良好法制环境。常委会听取了旅游法、食品安全、教育法、交通法等贯彻落实情况的汇报，针对法律法规实施中薄弱环节，提出加大宣传力度、完善监管体制、健全责任体系、落实普遍服务等意见建议。常委会还积极配合自治区人大和市人大开展了归侨侨眷权益保护法和公益事业捐赠法、环境保护法、西藏自治区湿地保护条例等多项法律法规执法检查。加强对民生工作的监督，维护群众根本利益。为保障全县精准脱贫工作开展顺利，按时完成脱贫摘帽工作任务，8月份常委会组织15名区、市、县、乡四级代表及发改委、住建局负责人，利用3天的时间，深入者下乡、玛乡等5个乡镇及马义村等6个村居开展了调研，并形成调研报告1份，详细了解了白朗县精准脱贫工作情况，针对调研中发现的问题提出加大宣传力度、进一步完善规划、加强能力培训力度和进一步创新方式等意见建议。同时，深入者下乡整体搬迁项目、灾后重建项目等施工工地，开展了灾后重建和全县重点项目建设专项调研，了解全县灾后重建工作和重点项目建设进展情况，督促有关单位要相互协调，保障安全，保证质量，加快进度，按时完成各项工作。常委会连续两年参与学生食品的竞标、采购、验收全过程，不定期地抽查使用情况，保障让学生吃上安全健康放心的食品。加强对司法工作的监督，维护和促进司法公正。听取和审议了县人民法院工作报告和县人民检察院工作报告，要求切实落实加强司法规范化建设的制度措施，深入推进阳光执法廉洁司法，为全县经济社会发展和长治久安提供有力司法保障。常委会在行使监督职权过程中，始终坚持党的领导、坚持依法履职、坚持问题导向、坚持服务和监督有机结合；紧扣全县中心工作和群众关心的热点、难点问题，以集体监督的方式作为实际问题切入点，不断强化监督职责。通过听取审议报告、调研视察、执法检查等监督形式，较好促进了“一府两院”工作的顺利开展，推动了民生工程的实施进程，确保法律法规的贯彻执行。

【代表工作】 年内，充分发挥人大代表的主体地位，不断提升代表履职能力、完善服务保障机制、创新服务载体，切实加强和改进代表工作，发挥代表的主体地位。常委会坚持人大代表列席县人大常委会会议制度，积极邀请人大代表参加县人大常委会；组织各乡镇人大代表对易地搬迁、灾后重建等项目的建设情况进行交叉考察学习、开展《西藏自治区湿地保护条例》执法检查等活动，全年共邀请40余名县人大代表列席常委会会议，30余名代表参加常委会组织开展的执法检查和专题调研等活动。常委会坚持把办理代表建议、批评和意见作为支持和保障代表依法履职的重要环节，安排专人专班梳理代表议案，及时做好建议、批评和意见的整理和工作，并召开意见建议督办会2次，确保相关建议、批评和意见得到答复和落实。年内，全县人大代表共提出建议意见34件，办理答复率达100%。组织代表学习培训。报经县委同意，常委会组织协调，安排洛江镇、者下乡、东喜乡、杜琼乡等8个乡镇，98名基层代表分别到亚东县、康马县、吉隆县、谢通门县、岗巴县等县区开展考察学习，常委会还选派代表参加区、市人大培训11人次，扩宽了代表视野，增强了代表履职能力；组织新一届农牧民代表学习《宪法》《代表法》《监督法》及《环境保护法》等相关法律知识；通过开展视察培训活动，进一步规范人大代表的工作程序，加强作风建设，提高代表的服务质量和办事能力。

【“人大代表之家”】 以发挥人大代表作用为重点，着力增强代表活动的丰富性和经常性。为不断巩固和拓展“人大代表之家”功能作用，积极为人大代表履职、学习培训、联系群众等搭建平台，人大常委会深入贯彻落实全区“人大代表之家”现场会精神，不断巩固和拓展“人大代表之家”功能建设，积极为人大代表履行职责、学习培训、联系群众等搭建良好的平台。全年共发放学习资料200余册及影像资料，极大地丰富了代表的学习资料。有效地促使“人大代表之家”的作用发挥。

【换届选举】 常委会在市委、县委的严格要求和领导下，认真贯彻落实中央和区党委关于县乡人大换届选举的部署，严格依照法定程序，圆满完成县乡换届工作，换届过程中，共开展换届专项工作培训会2次，发放换届培训资料200多册，宣传资料3000多份。此次换届选举共选举产生县级人大代表113名，乡镇人大代表430名。顺利召开县、乡新一届人民代表大会第一次会议，选举产生了新一届的县人大、政府领导班子和县人民法院院长、县人民检察院检察长以及乡镇人大、政府领导班子。同时，及时整理换届选举和十二届各次会议文字材料和选票，并以会议名称和换届选举分类汇总编号形成档案8册，统一归档。常委会在县委的领导下，坚持发扬民主，坚持依法办事，坚持保障人民选举权和被选举权，坚持对违规违纪违法问题“零容忍”，不断加强对选举工作的监督，确保选举工作风清气正。加强统筹安排。根据区党委、市委相关文件精神，县人大常委会认真调研、提前谋划，从4月份着手筹备，成立专班、拟订方案、开展培训，认真开展县乡人大换届选举准备工作。加强业务指导。常委会安排专人对中央、自治区、市人大关于换届选举工作的指示精神、工作要求、方法步骤等进行系统学习，研究制定《白朗县县乡人大换届选举工作实施方案》，并指导乡镇人大规范工作程序、严肃工作纪律，着力营造风清气正的换届选举氛围。加强舆论宣传。县人大常委会紧扣各阶段工作重点，通过印发资料、制作板报、悬挂横幅、张贴标语、在群众中宣传《宪法》《选举法》《组织法》等法律法规等形式，让广大人民群众更直观了解选举的重要性和必要性。加强程序操作。人大换届选举工作政治性、法律性、政策性和程序性都很强。在选举各个环节，人大及其常委会坚持有法必依，严格执行法律和政策有关规定，确保换届选举规范有序进行。

【党建工作】 全面落实党建工作责任制，把党建工作抓在手里，落到实处。开展"两学一做"教育，并针对每一环节都进行了深刻研讨，写出了自己的心得。同时在县直机关工委的指导下，圆满完成党建"七项重点任务"的落实和指导参与办公室党支部换届工作。

【党风廉政建设】 年内，结合"两学一做"主题教育，开展理想信念和廉洁从政教育，明确廉政要求和相关纪律，组织干部填写《个人情况报告表》6份，党组成员相互监督，不断改进"四风"建设，不断提高干部职工抵御腐败作风的能力。

【联系指导乡镇人大工作】 常委会加大了联系其他县区人大和联系指导乡镇人大工作力度，促进了人大工作交流，进一步规范了乡镇人大工作。全年接待其他县区人大考察学习组5次，联系指导乡镇人大工作77次。

（刘进勇）

【领导名录】

县委副书记、党组书记、主任
尼玛顿珠（藏族）
副主任 丹　增（藏族，3月免）
格　桑（藏族，3月免）
马　兵（3月免）
张　军（9月任）
米玛次仁（藏族）
刘万里（9月任）
边巴顿珠（藏族，9月任）

白朗县人民政府

【概况】 2016年全县生产总值8.61亿元，同比2015年增长10.8%；全社会固定资产投资完成10.12亿元，同比2015年增长82.3%；地方财政一般预算收入2006万元，同比2015年增长32.5%；农村居民人均可支配收入10575.5元，同比2015年增长10%；社会消费品零售总额1.4亿元，同比2015年增长19.96%，圆满完成了全年目标任务。

三产业结构调优为27：32：41。农牧业持续发展，结构不断优化，粮经饲比例调整为67：21：12，农作物播种面积达8518.17公顷，粮油产量达0.52亿公斤，实现连续增产。2016年，白朗县荣获"国家农产品质量安全示范县"和"全区粮食生产先进县"称号。开展人工种草5000亩，筹备防抗灾饲草料345万斤，开展牲畜免疫2次，免疫率达100%，年末牲畜存栏数27.56万头（只、匹），出栏率达28%。蔬菜产量达39900吨，实现年销售收入过亿元，蔬菜收入占农牧民收入的15%以上。机耕、机播、机收占总面积的92%、80%、65%，发放农机补贴1000万元。选派农牧民科技特派员222名，对全县农牧业生产进行科技指导，科技对农牧业发展贡献率达到48%。工业经济稳中有进，工业生产总值达7888.54万元，增长21.8%，规模以上企业发展至18家。旅游服务业提质升级，成功申报者下乡"果孜"斗牛节、农业观光旅游景区等旅游项目，完成1家农家乐旅游宾馆县级"金星"级评定工作；举办白朗县第六届蔬菜采摘节，接待游客4500人次，圆满完成7批次印度香客接待服务工作。

【项目建设】 2016年落地实施项目达127个，投资总额达10.12亿元，比2015年同期增长82.3%，增速跃居全市前列。完成724套乡镇周转房、公租房、廉租房建设；县城供水工程、嘎东垃圾填埋场投入使用。实施了文化广播影视综合服务中心、职工之家、政务中心等援藏项目。成立县重点产业办和招商引资专班，筹建年雄实业开发有限责任公司和年雄扶贫开发有限责任公司，投融资平台日趋完善。成功签约洛江镇洛江村光伏发电等三个招商引资项目，到位资金3.36亿元。大力推进项目建设领域突出问题专项整治行动，对全县建筑重点领域开展摸排整治47次，完成18家砂场砖场关停整顿，进一步规范了全县建材市场管理，制定政府指导价，坚决遏制哄抬建材价格、阻工阻路等现象，有效提升了投资环境。

【城乡建设】 灾后重建快速推进，累计完成投资11026万元，完成年度任务的116.78%。者下乡普村、嘎东镇马义村整村推进民房重建基本完成，195户搬迁群众入住新居，居住条件明显改善。嘎东、洛江特色小城镇建设稳步推进，配套设施逐步完善，城镇品位不断提升。配合上级部门完成市区至和平机场快速通道征地拆迁工作。开工建设S204县城段拓宽改造、工业路延伸工程、规划一路、洛江市政大桥等市政工程，实施团结新村至者下乡、嘎普乡至玛岗村、嘎东镇热旦康萨村至阿亚村等乡村公路；乡镇、村公路通达率100%，通畅率分别为81%、43%。开工建设2015、2016年小农重点县项目，建成应急抗旱机井13眼，实施13个行政村农村安全饮水提升工程。规划完成25个行政村的农村电网改造提升工程。金融服务“三农”作用日益凸显，发放涉农贷款达2.5亿元。通信、邮政发展迅速，覆盖率均达到100%。生态文明建设力度加大，投资2138万元，实施造林8421.8亩，封山育林8000亩，绿化村庄35个，防沙治沙、湿地保护、防护林体系等工程顺利推进，恰仓村顺利通过自治区级生态村验收。严把项目建设环评审批关，积极开展农村环境综合整治和水源地保护工程，环境执法不断加强，生态环境明显改善。

【发展活力不断释放】 圆满完成部门权责清单申报审批，政府职能加快转变、效能明显提升。接好用好总投资1000万元以下项目审批和建设管理权限及总投资2000万元以下的农村公路建设管理权限。市场活力不断增强，全年各类市场主体发展到1680户，注册资本达13.53亿元。“营改增”试点工作平稳运行，税收收入实现2348万元。推进白朗县供销合作社综合改革试点工作，落实家电家具下乡补贴138万元。农村改革顺利推进，全面启动11个乡镇永久性基本农田划定工作，完成全县集体土地确权登记和巴扎、嘎东27个行政村62577.78亩农村土地承包经营权确权登记颁证，全面推进其余71个行政村农村土地承包经营权确权登记工作，发放首批农村土地承包经营权抵押贷款49万元。

【脱贫攻坚】 年内，落实“九个一批”工程，8302人精准脱贫，脱贫人口人均纯收入达到3311元以上，111个贫困村全部退出，全县贫困发生率控制在2%以内，成功实现了脱贫摘帽，脱贫攻坚取得阶段性胜利。完成93户523人的易地扶贫搬迁，提前实施2017年148户756人的易地扶贫搬迁。县年雄扶贫开发有限责任公司融资和转承上级项目资金1.87亿元，带动1462人脱贫增收。认真落实“4321”帮扶行动，区、市、县1573名干部职工与1946户贫困户结成帮扶对子，落实项目资金120余万元。开展“百企帮百村行动”，25家企业投入资金432.46万元开展有效帮扶。对有创业意愿的精准扶贫建档立卡贫困户发放小额贷款723.2万元。积极筹备白朗县慈善协会，募集慈善基金80余万元，用于资助全县建档立卡在校贫困大学生和长期病患人员。

【社会保障】 2016年，完成11个乡镇劳动就业社会保障服务平台建设，转移农牧区富余劳动力27500人次，实现劳务收入6772.9万元。社会保障体系不断完善，五大保险覆盖面逐年提高，城乡居民养老保险参保率达98%。社会救助水平不断提升，发放城乡低保资金583.5万元和临时救助资金27.7万元。完成“五保”集中供养中心供暖工程，有意愿的“五保”老人集中供养率达100%。教育事业优先发展，素质教育顺利通过自治区评估验收；新建巴扎乡扎西村、旺丹乡巴金村等6所村级幼儿园，完成旺丹乡小学教职工宿舍、县双语幼儿园改扩建等4个续建项目；县政府每年安排

100万元教育质量提升奖励资金，有效激发了教师队伍的积极性，中考、小考成绩分别上升到全市第14、10名。文化、广播影视繁荣发展，《魅力后藏——白朗篇》即将出版印刷，开展公益放映1459场次。文物保护有序推进，旺丹卡垫、者下斗牛节、恰珠编织等12个项目列入县级非物质遗产文化名录。卫生事业较快发展，新农合参保人数达45054人，参保率达99.89%。实行门诊开放和家庭账户核销报销制度，不断提高住院费用报销比例。乡镇卫生院藏医药覆盖率达72%，孕产妇住院分娩率达98.78%，婴儿死亡率降至5.5‰，农牧民健康体检46210人次，在编僧尼健康体检完成率达100%。食品药品安全形势稳定向好，监管体制逐步健全。工会、共青团、妇女儿童、老龄和双拥等都取得新成绩。

【社会治理不断深化】 年内，全面落实自治区十项维稳措施，深入推进城镇网格化管理，强化社会治安综合治理，推进驻村驻寺工作和“先进双联户”创建活动。2016年，白朗县获得“全区先进双联户创建活动先进县”荣誉称号。加强和创新管理宗教事务，精心服务“128”活动，圆满完成市委、市政府部署的任务。扎实开展重点领域安全生产综合整治，安全生产形势持续向好。突发事件应急处置能力不断提高，妥善应对了洪涝灾害，保障了人民群众生命财产安全。高度重视信访工作，从源头上预防和化解各类社会矛盾，最大限度减少不和谐因素，确保了社会安定有序、人民安居乐业。

【党建工作】 年内，巩固深化“两学一做”学习教育成果，用习近平总书记系列重要讲话精神武装头脑、指导实践、推动工作。深入学习金融经济、产业发展、城乡规划等知识，不断提升专业素养。积极开展“深化五项教育、增进五个意识”主题教育活动，增强干部群众认同感。强化政府党组学习教育，扎实抓好班子成员理想信念教育，坚定为党服务、为人民服务的宗旨意识。严格落实党建目标责任制，按照领导干部包村联户目标责任制，切实抓好领导干部“6+1”帮扶活动，建立领导干部联系点工作常态机制，有效推动了白朗县精准扶贫、精准脱贫工作。积极支持全县党建工作，投入党建经费600余万元，用于基层党建建设。

【党风廉政建设】 全县政府系统站在树牢“四个意识”、讲政治、讲大局的高度，坚持标本兼治、惩防并举、注重预防的方针，坚持民主集中制原则，严格落实“三重一大”制度，不断强化主体责任，着力抓学习、促改革、建机制、严监管、转政风、惩贪腐，党风廉政建设和反腐败工作取得了新成效，共查处违反中央八项规定精神问题1起，挽回经济损失14.6万元。加强接待审批管理，全县公务接待支出比2015年下降1.7%。通过狠刹“车轮上的腐败”，完成128辆公务用车喷图工作，公开接受社会和群众监督；对全县各单位房租收入管理使用情况、“三公经费”使用情况、财务运行情况及公益性岗位人员在岗情况进行专项治理，共发现坐收坐支、干部管理纪律松弛等问题37个，就地整改25个，限期整改12个。

（廖　雪）

【领导名录】

县委副书记、县长

赤列朗杰（藏族）

县委副书记、常务副县长

田 俊 林（山东援藏，6月免）

何 继 文（山东援藏，6月任）

县委常委、副县长

王 士 强（山东援藏，6月免）

鞠 正 江（山东援藏，6月任）

普布次仁（藏族）

胡 卫 波（7月任）

副县长　扎西次旦（藏族）

索朗顿珠（藏族）

付 宜 锋

强巴顿旦（藏族）

王 瑞 斌（5月免）

顾 群 艳（女，5月任）

强巴曲桑（藏族，8月任）

中国人民政治协商会议白朗县委员会

【概况】 白朗县政协于2012年7月成立，编制7人。2016年1月主席1名，副主席3名，办公室主任1名，科员1名。2016年9月至12月31日，主席1名，副主席4名，办公室主任1名，科员1名，都为党员。政协第二届白朗县委员会委员共102名，共分8个界别：中共党员界，经济界，宗教界，少数民族界，工青妇联界，教育界，文化艺术界，农牧界。

【全体委员会议】 政协第一届白朗县委员会第六次会议于2016年3月21日—24日在白朗县召开，应到65人，实到51人。会议听取并审议了《政协第一届白朗县委员会常务委员会工作报告》《政协第一届白朗县委员会第五次会议以来提案工作情况的报告》；选举1名政协主席；审议通过《政协第一届白朗县委员会第六次会议的政治决议》《常委会工作报告决议》《提案工作报告的决议》《政协第一届白朗县委员会第五次会议提案审查情况的报告》。共收到提案22件，立案15件。

政协第二届白朗县委员会第一次会议于2016年9月2日至9月5日在白朗县召开，应到102名，实到93名。会议听取并审议《政协第二届白朗县委员会常务委员会工作报告》《政协第二届白朗县委员会提案工作情况的报告》；选举产生1名主席，4名副主席；审议通过《政协第二届白朗县委员会第一次会议的政治决议》《政协第一届第一次会议以来常委会工作报告决议》《政协第一届一次会议以来提案工作报告的决议》《政协第二届白朗县委员会第一次会议提案审查情况的报告》。共收到提案24件，立案21件。

【政治理论学习】 年内，常委会深入学习贯彻中共十八大和十八届六中全会和中央第六次西藏工作座谈会、中央统战工作会议精神，深入学习贯彻落实习近平总书记系列重要讲话精神，学习贯彻落实2016年全国“两会”和自治区政协十届四次会议精神、自治区第九次党代会和市委一届五次全委会等一系列重要会议精神，以及县委第九次党代会精神，教育引导广大政协委员增强对中国特色社会主义道路、理论、制度、文化“四个自信”，牢固树立“四个意识”，高举爱国主义和中国特色社会主义旗帜，统一思想，凝聚共识，认清达赖集团分裂本质，坚决维护祖国统一、民族团结和社会稳定，始终在思想上政治上行动上与县委、县政府保持高度一致，自觉维护市委、县委的权威，始终与党同心同向同步同力，进一步增强了做好新形势下政协工作的信心和决心，不断巩固了团结合作的思想政治基础。

【提案办理落实工作】 2016年在政协一届六次和二届一次会议期间共收到委员提案46件，审查立案36件，立案率达到78.3%。提案内容，涵盖了白朗县社会、经济、文化和民生等各个方面，集中反映了各界人士和广大群众的意愿和诉求。2016年，先后对委员以会议代训的方式进行2次培训，大大提升了委员们的提案书写和提案质量，参训率达到98%以上。委员的提案从数量看，呈现逐年增加趋势，从办理结果看，县委、县政府及有关部门对提案办理高度重视，采取有效措施，给予了认真办理，立案提案办复率、满意率均达到98%。

【完成各项专题调研】 年内，协助区、市政协组织就社会稳定、精准扶贫、生态环保等重点工作进行调研，完成《2016年维护社会稳定调研报告》《白朗县精准扶贫工作调研报告》《白朗县关于环境监测和监管执法能力建设专题调研报告》3篇调研报告。

【开展考察活动】 11月7—8日，县政协利用两天时间，先后组织42名委员参观、考察了者下乡普村灾后重建、易地搬迁、精准扶贫及玛乡至者下乡的油路建设及本县优势的民族手工业、粮油加工、高效温室大棚、奶牛基地等，学习取经，提升能力。

【围绕精准脱贫议政建言】 常委会和广大政协委员围绕精准脱贫工作，深入基层察民情、听民声，谋良策、献良计，倾注了为民爱民情怀。围绕“实施精准脱贫战略，提高扶贫措施的有效性”主题，2016年7月11—17日，政协主席带头，常委会成员到9乡2镇，听取各个乡镇精准脱贫工作开展情况和下一步工作措施，并根据各乡镇的基本情况提出了具体工作要求，为白朗县精准脱贫工作献智出力。

【切实履行政治责任】 年内，常委会坚持把维护社会和谐稳定作为第一责任，全面贯彻落实党的治藏方略和区党委“十项”维稳措施、市委、县委维稳决策部署，在重要敏感时段，县政协主席班子成员认真落实县级干部维稳包乡责任制，深入重点乡、学校、寺庙，全程督导维稳工作，并为长期坚守在最基层维护社会和谐稳定的驻村、驻寺干部和爱国守法的寺庙僧人共送去4500元的慰问金。认真学习贯彻中央、全区民族工作会议精神，围绕各民族“共同团结、共同奋斗、共同繁荣”为主题，深入开展“三个离不开”思想教育。进一步加强与少数民族界和宗教界委员的联系，通过走访、慰问、座谈会等活动，认真宣传贯彻党的民族宗教政策，促进了社会和谐稳定。

【开展结对认亲和帮扶活动】 2016年11月，县政协先后组织委员开展精准扶贫结对帮扶活动，分别为旺丹乡、嘎普乡、杜琼乡、洛江镇、玛乡等精准扶贫户及困难党员送去价值4696元慰问品、送去12800元慰问金。县政协经济界委员巴桑旺堆向者下乡日玛村全体扶贫户送去19万元的资金，学生鼓励奖3万元。经济界曲珍委员向玛乡果堆村贫困户送去价值48.9600万元氆氇材料，向恰珠编制厂的贫困职工发放氆氇编织材料价值4万元。

【自身建设】 年内，根据中央、区党委、市委和县委的统一安排部署，县政协党组以开展“两学一做”学习教育和“讲学习、讲忠诚、正风纪、转作风、提效能”主题活动为载体，全面加强委员和政协机关作风建设工作，着力提高政协工作水平。

【党风廉政建设】 常委会明确以支部书记为机关党风廉政建设第一责任人的责任。坚决贯彻执行中央八项规定、区党委“约法十章”“九项要求”和市委、县委的各项规定要求，坚持精文减会，厉行勤俭节约，践行群众路线，简化工作程序，改进工作作风，提高了工作效能。全体干部职工填写了《个人情况报告表》5份，自觉接受广大干部职工和社会各界监督 。

（陈永伟）

【领导名录】

党组书记、主席
　　普布次旦（藏族，3月任）
党组成员、副主席
　　拉巴次仁（藏族，6月免）
　　次仁琼达（女，藏族，9月任）
　　李 应 强（9月任）
政协副主席　旺　　久（藏族）
　　洛桑桑旦（藏族）

中共白朗县纪律检查委员会（监察局）

【概况】 白朗县监察委员会（简称县监委）于1963年10月成立，设书记、副书记各1名，委员3名。“文化大革命”期间，县纪检监察工作由县革委会政工组接替。1979年7月11日，中共日喀则地委组织部决定成立中共白朗县纪律检查委员会（简称县纪检委），县纪检委下设办公室，由1名县委副书记兼任书记，另设1名专职副书记和1名干事。1994年11月，县纪检委与新成立的行政监察局合署办公，县纪检委书记兼任监察局局长。2016年，县纪检机关由纪委、监察局和11个乡镇纪委组成。县纪委、监察局干部队伍由14人组成，其中县纪委书记1名，副书记2名，监察局副局长1名、副科级纪检员1名，工作人员共10名（含监察局）。纪委常委5名、纪委委员13名。乡镇纪检干部队伍由11名专职纪委书记和22名纪检专职干部组成；机构设置：纪委（监察局）内设机构共分为四个科室由纪检监察室、党风政风监督室、综合办公室、组宣部等组成。

【党建工作】 2016年，县纪委监察局在县委的领导下，纪检委党支部以“两学一做”学习教育工作为契机，深入学习贯彻中共十八大精神，扎实推进学习型、服务型、创新型党组织建设，不断拓宽工作领域，提升机关党建科学化水平。

【党建目标责任制落实情况】 推行“一岗双责制度”。实行纪委（监察局）领导班子成员“一岗双责”，要求党支部成员担负党建工作和纪检监察业务工作的双重任务，保证党建目标管理工作有人抓有人管；建立学习培训制度。研究制定2016年党员学习培训计划和学习、培训等制度，结合“两学一做”学习教育，组织本单位党员干部在学好《党章》和系列讲话的基础上，结合自身专业特点，对《中国共产党廉洁自律准则》《中国共产党纪律处分条例》以及党风廉政等业务知识进行了深入学习，通过学习，党员干部的思想素质和业务能力都有了明显的提高；健全考评制度。对党建目标管理工作采取纵横结合的方法，既坚持逐级部署，逐级考评，分工负责，又注意齐抓共管，形成合力。纪委（监察局）党支部把党建工作与量化管理有机结合起来，对党员骨干实行考评管理，形成人人抓落实、求实效的局面，党组织凝聚力不断增强；坚持谈话制度。纪委（监察局）党支部按照“四种形态”要求，实行支部与党员谈话的规定，坚持平等、实事求是和经常及时的原则，组织支部与党员、党员与党员之间广泛深入的交流思想，使党员的思想认识水平有了进一步的提高。

【开展“项目化”推进年活动】 加强党务干部队伍建设。加大教育培训力度，制定党员教育培训计划，积极参与区、市、县组织的各类党务干部培训班，提升写作、讲话、协调等各方面能力，创造条件，加强历练，努力打造一支能力突出、业务精良、素质过硬的干部队伍；创新完善组织建设。及时开展党组织生活，认真落实县委组织部制定的《党建工作目标责任书》各项内容，并根据规划工作实际，找准党建工作和规划工作的结合点，以专题民主生活会、专题组织生活会、集体座谈会等形式，加强党组织对党员干部的教育、监督、管理，不断增强党组织的工作活力，提高党组织服务发展、解决问题的能力；充分发挥党员志愿服务队作用。利用节假日时间，集中组织志愿者服务人员到党如驻村点开展宣传、人居环境建设维护及劝导方面的工作。

【落实全县“4321”精准扶贫结对帮扶】 组织领导到位，确保帮扶规范化。纪委（监察局）领导始终把结对帮扶工作作为年度工作中的一项重要工作，成立以单位“一把手”任组长的结对帮扶工作领导小组，明确一名分管领导主抓此项工作，并要求纪委（监察局）党员领导干部对所扶贫的对象定期联系，责任落实到人。组织党员干部深入帮扶村进行实地走访调查。通过召开座谈会、走访群众等形式，询问他们在生产、生活方面的困难，详细了解村情、民情，理清帮扶思路。在深入调研、统筹协调的基础上，制订结对帮扶“心连心”联系牌、门牌和政策监督包，发放了藏汉双语的相关政策书籍，并将帮扶工作与开展“两学一做”、推动机关作风建设有机结合，通过开展扶贫助困活动，进一步密切了党群、干群关系， 确保了结对帮扶工作有序推进，加强了结对帮扶活动的有效落实；坚持既扶贫，又扶志，积极做好政策宣传与群众思想工作。2016年，纪委（监察局）组织党员干部先后4次深入结对村、结对户中，采取面对面交流等方式，一方面积极宣传党的十八大一系列新观点、新部署；另一方面积极引导群众树立勤劳致富、创业致富，自强自立的意识，增强他们对改革发展的信心，帮助他们提高素质，学会一技之长，增强就业本领和创业能力。

【落实“党建七项重点任务”情况】 搭建党建平台。以“两学一做”学习教育和纪念建党95周年为契机，普遍开设了学习园地和专栏，定期举办理论政策学习。在党员中广泛开展“爱行业、献良策、做贡献”“我是党员我争先”、党员示范岗、党员公开承诺等实践活动；认真抓好党员组织关系、党费收缴核查工作。年内，纪委（监察局）通过查阅党员人事档案，核实党员身份信息，重点核实入党时间、转正时间及党员档案存放情况，及时健全完善支部党员管理台账。同时健全党费工作制度，通过对照支部党员花名册、党费核定表，党员工资表和未交党费情况说明，确保党费收缴不缺不漏、应缴尽缴和按时足额上缴；强化换届监督，执纪问责到位。进一步加强干部日常管理，前移干部监督关口，健全电话、短信、信访、网络“四位一体”监督体系。组成换届风气督查组，对各级换届风气进行巡回督查，采取听取汇报、召开座谈会、个别谈话、查阅资料、受理举报、明察暗访等方式，对各乡镇、各单位执行换届工作方针政策情况，在换届工作中是否有违规违纪问题，以及党员干部和基层群众对换届工作的反映和意见开展巡察，及时梳理各类问题线索，建立健全抓早抓小、快速核查反应机制，对苗头性问题及时纠正，倾向性问题及时问责约谈，违纪性问题坚决查办，始终保持惩治高压态势，切实把纪律和规矩挺在前面。

【党风廉政建设】 2016年，在区、市两级纪委的大力支持和精心指导下，在县委、县府的坚强领导下，白朗县纪委监察局紧紧围绕中心，服务大局，按照全面从严治党要求、聚焦主业主责，以“转职能、转方式、转作风”为抓手，正确把握执纪监督“四种形态”，切实加大监督执纪问责力度，重拳出击惩腐败、持之以恒纠“四风”，全县党风廉政建设和反腐败各项工作取得了新的成效。

【强化责任担当，靠实“两个责任”】 强化组织领导。建立健全了以县委书记、县长为总负责，党政其他领导分工负责的责任机制，明确党政一把手“第一责任人”和分管领导“一岗双责”工作任务，始终坚持“四个亲自”要求，坚持分管工作和党风廉政建设工作“两手抓、两手硬”的原则，确保反腐倡廉责任落到实处；靠实主体责任。坚持早研究、早部署，3月份召开全县党风廉政建设工作专题部署会，与11个乡（镇）和45个县直部门签订了《白朗县2016年党风廉政目标责任书》，明确了工作目标，把党风廉政建设工作层层分解为7项82条，把责任落实到领导班子和成员肩上，建立了“一把手”负总责，一级抓一级，层层抓落实的常态化机制；靠实监督责任。9月22日，纪委（监察局）重点围绕落实党风廉政建设责任目标情况、“一把手”讲党课、“一岗双责”、领导干部个人重大事项报告、廉政档案、改进工作作风、换届风气等27项内容，坚持“归口施策、分类考评”的工作方法，严格按照《白朗县2016年度党风廉政建设责任制考核细则》，认真查找各类责任部门存在的问题梳理归纳出存在的共性和不同问题。针对检查中发现的个别乡镇在落实“主体责任”方面存在的30个问题、落实纪委“监督责任”方面存在的18个问题、县直部门在落实党委主体责任方面97个问题建立了问题台账，下发《白朗县2016年党风廉政建设工作自查考评整改通报》，严格制定整改方案，实施整改销号制，限期进行整改，有效防止了自查考评形式主义，有力推动党风廉政建设工作再上新台阶。

【提高廉洁意识，筑牢反腐防线】 编制编印《准则》《条例》藏汉一本通学习读本。对全县党员干部、各级党组织和农牧区基层党支部中要求开展学习《准则》《条例》活动，并发放学习读本3000册，全县形成以县级干部带头学、各支部组织学、党员干部主动学的良好氛围，把《准则》

《条例》内化于心、外化于行；把党风廉政教育纳入全县综治宣传月活动。三月份组织纪检专干在指定宣传点开展廉政知识宣传，累计发放宣传手册1260余份，进一步拓宽畅通群众监督渠道，遏制隐形腐败现象的滋生，对不正之风形成了有效震慑；组织纪检监察系统业务知识竞赛考试。以上级纪委系列会议精神、《准则》《条例》《白朗县纪检监察实用手册》《党纪政纪速查读本》等为主要考试内容，组织纪检监察系统干部开展知识竞赛考试。通过考试，营造“比、学、赶、帮、超”的浓厚氛围，巩固学习效果、丰富理论知识、提升业务能力，筑牢反腐思想防线，全面提升队伍综合素质；定期组织观看廉政教育片并撰写心得体会。年内，共组织观看《作风建设在西藏》《永远在路上》等廉政教育影片12部，通过观看，让党员干部清楚什么能做、什么不能做，做到顾大局、懂规矩、守纪律，有效筑牢全县党员领导干部拒腐防变、抵制歪风邪气的思想道德底线；坚持在重要节日、重要节点打好“预防针”。通过召开专题会议、提前下发相关纪律要求文件和廉政短信等方式重点强调提醒，做到早提醒、早预防、早监督。

【创建九项机制，强化执纪监督】 创新完善信访举报机制。为畅通信访举报渠道，始终把信访举报工作摆在重要位置，在全县111个行政村、11个乡镇和县城区内设立127个举报箱，建立纪检信息员、领导接访、线索排查等制度，大力开展“三访三化”专项活动，对信件反映的突出问题进行走访调查了解，坚持“快查快办”原则，把信访问题发现在基层、化解在基层。年内，共受理信访举报3件，初核2件，立案1件1人；市纪委信访转办案件1件（已立案）；创建乡镇纪委“一报告两调研三自查”工作机制。对乡镇纪委建立了以党风廉政建设落实情况报告、群众身边“四风”问题调研和基层干部作风建设调研、乡镇“三公经费”使用情况自查、党风廉政建设考评自查、惠农政策落实情况自查的“一报告两调研三自查”工作机制，不断将党风廉政建设工作推向深入；创建县乡纪委片区协作机制。根据白朗县实情，结合纪委工作特点，全县划分4个协作片区，本着“交叉办案、交叉执纪、相互协作、相互交流”的工作理念，建立了县级指导、乡镇专职、村级配合的三级联动机制。对全县人事、财经、重大工程领域等突出问题及各类惠农资金进行互查互纠、互督互办，积极纠正群众身边“四风”腐败等问题，有效破解了“不敢办案、不能办案、不想办案”的现象；创建纪委书记“五看两谈”机制。县纪委持续“三转”不放松，紧扣“四种形态”，坚持实行纪委书记“五看两谈”（即：看信访件、看初核报告、看谈话笔录、看审理报告、看案件卷宗，与处分对象谈话和办案人员谈话），不断创新执纪监督新常态；规范干部履职行为，编牢织密制度笼子。年内，先后出台《中共白朗县纪委关于规范党员领导干部操办婚丧喜庆等事宜的暂行规定（试行）》《中共白朗县纪委关于严禁党政机关工作人员参与赌博的通知》《关于建立健全领导干部谈话制度的实施办法》《中共白朗县领导干部在维护稳定工作中失职渎职行为责任追究办法》等制度，形成按制度用权、用制度管人的长效机制；严肃换届纪律，确保风清气正。结合《准则》《条例》，围绕上级有关文件精神，制定下发《中共白朗县纪委关于进一步严明换届纪律的通知》，组织全县党员干部观看警示记录片《镜鉴》，以案说法，警醒党员干部时刻保持清醒头脑，筑牢思想防线，远离纪律红线，始终做到严守政治规矩和政治纪律。设立换届信访举报专线、举报箱，有效加强了换届舆情的监测，换届期间坚持全程监督、严格把关，确保县乡换届风清气正；创新纪律审查方式，深化专项执纪监督。坚持“治病救人”的原则，创建《案件审查领导机制》和《审查例会制度》，从“务虚”走向“务实”“处罚”转为“拯救”，深化开展执纪监督。年内，县纪委自办案件3件5人，其中审理结案2件4人，党内警告处分3人，党内警告、行政警告1人；立案调查1件1人；市纪委转办初核4件，立案1件；创建纪检监察机关与检察机关工作联系机制。坚持案件办理衔接制度，做到案件信息、案件交接移送、办案过程无缝衔接；坚持信息共享制度，做到信息台共享、案件资源共享、技术资源共享；坚持联席会议制度，对面临的新问题、出现的新情况，及时采取“以会代讨”的方式，及时沟通，综合研判，协调解决，形成优势互补的强劲合力，充分发挥了纪检监察机关和检察机关在查办案件和打击贪污腐败等职务犯罪活动中协调配合、优势互补作用；创建全县纪检系统干部管理新常态。年内，组织干部外出学习培训5次18人，组织跟班、跟案学习4次6人。通过以“干代训”的方式，开展乡镇纪检干部轮训3次，积极探索创新全县纪检系统干部管理新常态，先后出台生活管理、学习轮训、交叉办案、联席会议等方面管理办法12项，全面提升纪检队伍整体素质，强化内部管理，夯实人才基础。

【深化“四种形态”，开展自办巡查】 白朗县主动作为创新开展自办巡查工作。成立以县委书记为组长的巡查工作领导小组，由县乡纪委牵头，协调财政局、检察院等部门骨干人员组建3个巡查小组，研究制定巡查方案，出台“八大纪律和八项注意”工作纪律，强化“三个保障”，扎实开展白朗县2016年度首次巡查工作。各巡查组分设5个专项小组（即财经组、查阅组、谈话组、核查组、文秘组）。巡查期间，紧扣“六大纪律”，紧盯“三个”重点，坚持“一日一汇总、一事一台账”的工作理念，采取“边查边纠、边问边改”的工作方式，直奔问题，切入要害，深入查找履行党风廉政建设“两个责任”和各类涉农政策资金落实不到位等方面存在的突出问题。年内，已完成5个乡镇，37个行政村、2家县直单位的巡查工作。期间，受理来信2件，初核2件；谈话反映问题10个，就地整改8个；发现问题44个（即：党风廉政建设方面15个、财经纪律方面21个、强农惠农政策落实方面6个、乡村两级集体经济方面5个），其中，就地整改27个，纳入问题线索处置17个。及时下发巡查整改通知，各被巡查单位严格按照整改通知要求，深挖问题根源举一反三，深入查找工作漏洞和薄弱环节，认真整改，巡查工作取得初步成效。

（刘世良）

【领导名录】

县委副书记、纪委书记

拉巴仓决（女，藏族）

副书记、监察局局长

尼玛次旺（藏族）

副　书　记　坚　增（藏族）

副主任科员　曲妮措姆（女，藏族）

中共白朗县委办公室

【概况】 白朗县委办公室成立于1959年7月。办公室编制6人，实际人数9人。其中主任1人，副主任1人，科员5人，公益性岗位2人。办公室下设档案室、机要局。2016年，准确把握县委办公室作为协调中心、运转中心和服务中心的定位，坚持原则性与灵活性相结合的定位，注重领导之间的协调，及时向各位领导汇报情况，听取指示，统筹配合领导活动，使各位领导之间的工作保持密切联系；主动加强与人大办、政府办、政协办之间的联系，坚持以理解工作、支持工作、推动工作为目标，及时就“四大班子”重大决策部署和需要协调事项进行协商沟通，确保了全县各项重要工作有力推进；认真做好各乡镇、部门之间的沟通，始终围绕全县中心工作心往一处想，劲往一处使，形成工作合力，确保县委工作高效运转。

【文字材料】 年内，紧跟县委工作节拍，本着科学严谨的态度，吃透上级政策、摸透领导意图，坚持以用词精确、语句精炼、结构精密为导向，对起草的各类文件、领导讲话、工作汇报等认真揣摩、反复斟酌，全年，共起草各类文字材料90余篇，有力地确保县委各项工作扎实开展。

【调研工作】 年内，紧紧围绕全县大局和中心工作，抓住县委决策的重大问题和关键点，积极在党风廉洁建设、产业推动、民生发展等方面进行深入研究，并形成高质量调研报告3篇。

【信息工作】 年内，发挥“上传下达”职能作用，及时收集整理信息并向市委办公室、县委主要领导反馈防洪灌溉、生产发展、维稳舆情等各方面信息，为市委掌握基层动态和县委决策部署提供参考依据，全年累计上报各类信息370余条。

【督查工作】 年内，围绕督促检查职能作用，将县委、县政府的重大决策、领导批示、群众难点作为督查重点，主动对接有关部门抓督促、抓落实、抓反馈，确保领导部署要求有推进、有成效，全年督促落实主要领导批示24件。

【公文管理】 年内，强化文秘工作规范化建设，对文件传阅、公文制作、归档存档等工作定岗定责，不断深化公文处理的实效性、严肃性、规范性，确保各类公文严格按照层级顺序及时办理，并做到“收文有登记、取送有专人、保管有专柜”。

【办文办会】 年内，坚持重大会议及早部署、紧跟进度，小型会议精心安排、经常检查，大到总体安排等面上筹划，小到材料摆放等具体事宜，尽皆做到超前、周密、细致，绝不允许敷衍了事、凑合应付，以优良的服务保证了会务顺利召开。全年办公室共承办各类会议110余场次，未出现疏漏差错。

【素质教育】 年内，积极适应新形势下党委办公室工作需求，持之以恒抓学风建设，针对办公室工作繁忙、工学矛盾突出及部分人员学习上“懒、散、浮、浅”等问题，明确规定每周五下午为集体学习日，并结合“两学一做”学习教育和“讲学习、讲忠诚、正风纪、转作风、提效能”主题活动，根据形势适时确定学习主题，规定重点学习篇目，开展学习交流，办公室学习氛围日益浓厚，全体干部的政治素质、理论水平有了新提高，为做好办公室工作奠定了坚实的基础。

【制度创新】 年内，始终坚持把完善制度、创新机制、强化管理作为激发办公室活力，推进办公室工作规范化、科学化、高效化的有效手段，针对办公室职能和现状，建立完善学习、工作、维稳、请销假等制度20项，进一步明确办公室人员的岗位职责和行为准则，制定《县委办公室工作制度汇编》，以制度管人管事的方式，不断提高办公室工作人员业务水平，确保办公室日常运转更加灵敏、高效、有序。

【人才储备】 年内，针对文秘人员良莠不齐、文秘业务长期薄弱的实际，在办公室内部大兴业务学习之风，采取“走出去培训、请进来指导”及以老带新、扶持新手等方式，狠抓文秘人员技能提升，使文秘人员在参与稿件起草、拟定提纲、讨论修改中得到锻炼提高，为充实办公室文秘人员队伍提供了坚实的人才储备。

【档案工作】 年内，在党委、政府的领导下，紧紧围绕强化档案职能，加快档案工作规范化管理，认真学习贯彻《中华人民共和国档案法》《档案法实施办法》，通过广泛的学习、宣传、落实，进一步增强档案管理员对档案工作的重要性认识，为全县档案管理工作走向规范化，制定较为有效的措施：加强对归档文件材料的保管以及保密力度，由档案人员统一集中管理，任何人不得擅自挪用，凡涉及保密的文件资料，认真做好传阅和保存工作；做到以人为本，努力提高档案管理人员的业务素质，积极参加档案专业技术和业务知识培训。档案工作人员认真做好文件的收发工作，做好档案的收集整理工作，保证归档文件材料完整、准确、系统；对各类档案库存、接收、销毁、利用等进行准确统计，有计划、有步骤地进行档案史料汇编，积极做好档案信息资源的开发利用。

【机要工作】 在西藏维稳任务重，做好新形势下的密码工作，确保党和国家的政令畅通，为县委、县政府提供优质、高效的密码服务，为全县密码工作保驾护航是全体干部义不容辞的责任。年内，以严格按照习近平总书记提出的“五个坚持”“两个确保”“两个必须”的要求，严格贯彻落实区市党委、政府对密码工作提出的要求，在上级业务部门的正确领导下，在县委、县政府的大力支持下以求真务实的精神狠抓密码工作各项规章制度落实，对密码工作实行精细化管理，为白朗县改革发展稳定各项工作提供了绝对安全的社会环境。严格遵循“党管密码”的原则，成立由县委常务副书记任组长，县委办公室主任任副组长，具体工作由机要局密码干部负责的密码工作领导小组。通过明确人员、明确分工、明确职责，形成由下到上，逐级负责的责任机制，切实加强对密码工作的组织领导，把牢了政治方向；密码工作领导小组不定期召开会议，对密码工作中遇到的新情况、新问题进行分析研究，提出解决措施，确保党的密码工作方针政策在全县贯彻更有力，落实更到位。

【党风廉政建设】 年内，由办公室班子带头、以上率下，把握标本兼治、综合治理、惩防并举、注重预防的方式，以“两学一做”学习教育，“讲学习、讲忠诚、正风纪、转作风、提效能”主题活动为契机，狠抓干部思想建设；以牢固树立“四个意识”，深入学习《条例》《准则》，严守政治纪律、组织纪律，狠抓干部纪律建设；创新提出“八小时内外”监管的管理机制，围绕规范“生活圈、朋友圈、社交圈”，狠抓干部作风建设；通过加强党内外监督力度，严格落实“三会一课”、民主集中制等制度，狠抓党内政治生活，营造了良好的政治生态。

【党建工作】 年内，县委办公室以坚定理想信念为核心，扎实开展“两学一做”学习教育，创新开展“讲学习、讲忠诚、正风纪、转作风、提效能”主题活动，激发了党员干部干事创业的精气神；以开展“项目化推进年”活动为抓手，用活党建载体，破解了基层党建“不善抓、不会抓、抓不实”的瓶颈；以驻村工作为契机，着力推进农牧区党组织建设，做到成熟一个、组建一个，建立一个、巩固一个，巩固一个、带动一批；以党建促脱贫攻坚为延伸，大力实施“4321”帮扶措施，广大党员干部勇于担当、扎根一线、冲锋在前，党员先锋模范作用得到有效发挥。

（田　鹏）

【领导名录】

主　任　李　　强（山东援藏，6月免）
　　　　刘　　川（9月任）
副主任　杜　　纯（9月免）
　　　　宁 艳 红（女，8月免）
　　　　边　　次（藏族，10月免）
　　　　王　　潮（10月任）
机要局局长
　　　　巴桑顿珠（藏族）

白朗县人民代表大会常务委员会办公室

【概况】 白朗县人大常委会办公室成立于1962年。办公室核定编制数为3人，实际人数7名，其中办公室主任1名，办公室主任科员1名，科员2名。平均年龄为34岁，学历本科以上5名、大专1名。2016年，白朗县人大常委会办公室牢固建立政治意识和大局意识，自觉把办公室工作放到全县经济社会发展全局和县委重大决策部署去思考、去谋划，紧扣常委会年初确定的工作目标，充分发挥参谋助手作用。

【文秘工作】 年内，常委会办公室高度重视文字服务工作，认真把好文字服务的起草、审核关，努力提高文字的思想性、理论性、政策性和可操纵性，通过文字服务，发挥人大办公室的参谋助手作用。认真起草好常委会年度工作计划，力求使常委会的工作紧扣全县发展大局和全县中心工作，并按月份排好工作，推动了常委会办公室有条不紊地实施，为常委会充分行使监督、决定、任免等各项职权提供服务。认真起草好常委会工作报告，全面客观正确反映常委会过去一年所做的工作及提出今后一年工作思路，为常委会总结工作经验和谋划2017年工作提供有益参考。认真做好常委会举行的各项重要会议、重大活动的文稿起草。在起草进程中，重视早谋划、早安排、早落实，加强学习，深入研究，努力提升文稿起草质量，使文稿更加紧密结合市委和县委重大决策部署，更加符合常委会工作实际，充分发挥了“以文辅政”的重要作用。

【会议服务工作】 为人民代表大会、人大常委会会议和常委会主任会议服务（简称“三会”）是常委会办公室工作的重要职责。年内，共筹备大型会议（人民代表大会）两次，人大常委会议6次，人大常委会党组会议9次，人大常委会主任会议5次。指导联系乡镇人大工作77余次，决定人事任免事项71人次，完成调研报告5篇。在工作中，明确分工、多方协调、主动与各有关单位沟通联系，及时完成各类文件和材料准备，提早做好会场布置，积极改进会务工作，重视抓早、抓实、抓快，对会议的每个环节进行仔细分析、认真安排，依照规定时间逐项抓好落实，认真做好会前预备、会中服务、会后总结等各项工作，进一步完善办会质量，确保各次会议顺利进行。同时扎实做好出席日喀则市人民代表大会白朗县代表团的服务工作。

【督办代表建议】 年内，常委会办公室加强与代表的联系，在常委会分管领导的带领下，深入代表建议重点承办单位，通过走访、座谈、实地查看、重点督办、邀请代表深入承办单位督办、电话催办等多种情势，加大对代表建议督办力度，着力增强代表建议的落实率。年内，召开代表意见建议督办会1次，代表所提的34件建议、批评和意见已全部在规定的时限内办理答复代表，代表们对办理结果比较满意。

【内部管理】 年内，常委会办公室认真组织工作人员进行业务学习，狠抓公文处理，不断加强办文质量。坚持公文处理的规范化，明确公文制发各个环节的责任，保证公文印制的质量和运转效力。对所有来文来电都能及时正确地签收办理，未发生耽搁送阅、影响工作的现象。同时，坚持建立“优质服务、综合保障”理念，办公室的后勤保障功能不断增强，为常委会提供优质高效的后勤保障。

【理论学习】 年内，不断提升理论水平和工作能力。加强理论学习。认真学习党的十八大和十八届三中、四中、五中、六中全会、第六次西藏工作座谈会和习近平总书记一系列重要讲话精神，学习自治区党委、市委和县委出台的相关文件精神实施办法，把思想和行动统一到中央的决策部署上来，切实转变工作作风，不断进步政治理论水平和工作本领。加大人大业务知识的学习。认真组织办公室干部职工学习《宪法》《地方组织法》《监视法》等法律法规，学习自治区党委〔2016〕7、9号文件精神，着力创新办公室干部职工开展人大工作的方式方法，提升履职能力和工作水平。

【“人大代表之家”】 “人大代表之家”是推进基层民主政治建设的一个有效载体。年内利用“人大代表之家”开展的活动有：组织大家开展民主评议活动，充分发扬民主，确立扶贫户，确保真扶贫、扶真贫；通过集中群众与人大代表，共同学习和热议政策，确保扶贫政策宣传到位，保障脱贫工作顺利开展。利用“人大代表之家”开展人大换届知识培训，提升了人大工作者的业务水平和组织能力；以“代表之家”和“代表小组”为活动平台，多次组织人大代表听取乡政府工作汇报，对小城镇建设、产业建设等情况进行视察，通过活动的有序开展，进一步加强了人大代表与群众的联系，更增强了人大代表的责任感和使命感。为不断巩固和拓展“人大代表之家”功能作用，积极为人大代表履职、学习培训、联系群众等搭建平台，办公室制定“人大代表之家”“人大代表小组”学习计划方案，充实“一册八薄”内容，有效地促使了“人大代表之家”的作用发挥。

【开展执法检查】 年内，积极组织人员参加区市人大常委会各类会议，做好会议后勤保障工作。全面协助区市人大对全县的调研、执法监督工作，年内，2016年，常委会办公室共配合区市人大常委会开展执法检查三次，立法调研一次，为更好实施白朗县创建卫生城市打下了良好的基础。在全力配合区市两级人大工作过程中，县人大常委会办公室不断吸取上级部门的先进经验，增强自身工作能力。

【党风廉政教育】 常委会办公室明确了以支部书记为机关党风廉政建设第一责任人的责任。办公室全体干部职工坚决贯彻落实中央八项规定、区党委“约法十章”，明确廉政要求和相关纪律，组织人大办干部填写《个人情况报告表》7 份，自觉接受广大干部职工和社会各界监督 。2016年结合“两学一做”主题教育，深入开展了理想信念和廉洁从政教育，使干部职工明确廉政要求和相关纪律，支部成员相互监督，不断改进“四风”建设，不断提高干部职工抵御腐败作风的能力，不断增强党员干部“为民、务实、清廉”意识，自觉做到勤政廉政、务实为民。

【精神文明创建】 年内，常委会办公室申请了文明创建单位，为使办公室文明创建活动有人管、有落实，促进文明创建活动深入开展，有力地促进办公室工作再上新台阶，及时成立人大办公室文明创建活动领导小组，制定了办公室请假考勤制度、办公室值班制度、办公室卫生管理制度，尤其是严格办公室值班制度，做到24小时人不离岗，急事急办，无事报平安。从未出现脱岗、空岗现象。年内，人大办紧紧围绕全县中心工作，突出社会主义核心价值体系建设这个主题，认真学习县宣传工作会议精神，按照目标责任书要求，保质保量地完成了目标任务。

【社会综合治理】 做到敏感节点维稳有部署、有计划、有总结，各项维稳工作有序推进。强化学习。全面传达学习中央和区市县关于维稳的系列方针政策，毫不放松地坚持开展“团结稳定是福、分裂动乱是祸”“治国先治边、治边先稳藏”“依法治藏，长期建藏”的思想教育，牢牢把握反分裂斗争的主动权。严格执行维稳值班制度，先后派2名干部在亚龙村开展驻村工作。

（刘进勇）

【领导名录】

主　　任　张鸣霄（女）

主任科员　次央卓玛（女，藏族）

白朗县人民政府办公室

【概况】 2016年，白朗县人民政府办公室成立于1961年，内设人民防空办公室、政府法制办公室，办公室行政编制4人，机关事业编制2人；实际人数6人；其中办公室主任1人，办公室副主任2人，科员3人，本科学历3人，大专学历1人，中专1人，高中1人，藏族2人，汉族4人。白朗县政府办公室以“服务领导、服务基层、服务群众”为宗旨，以“强化理论武装、转变工作作风、提高服务水平”为重点，切实履行参谋助手、综合协调、督促检查、信息反馈、后勤保障等职能，深入开展“两学一做”专题学习教育活动，加强自身建设，全面完成了办公室各项工作任务。

【以文辅政】 抓公文审查、起草工作。严把公文拟稿、审核、会签、签发程序关，提高了公文撰写质量，减少了公文差错。2016年，以政府名义共印发文件240多件，以政府办公室名义共印发文件60多件；撰写好会议、领导讲话等各类材料。完成换届政府工作报告、政府经济运行分析会材料、精准扶贫和产业发展等各类大型会议材料100余份；全面推进办文及档案管理。全年共传阅、处理中央、区、市及县级有关文件600余份，为相关领导准确把握上级意图提供了可靠保障；为及时、准确传阅文件，规范文件档案查阅工作，2016年9月对办公室所有文件进行全面清理，进一步规范了文件管理；协助县级领导加大基层调研工作。为准确了解各乡镇脱贫攻坚、灾后重建等重点工作开展情况，办公室协助政府县级领导开展下乡调研，形成调研报告9篇；高度重视并加强政务信息报送。政府办公室向市政府信息科报送涉及经济发展、项目建设、社会保障、社会事业等政务信息360多条（其中市采用150多条），应急信息20多条，年终在18县区排名前列。

【协调督察】 协调相关部门做好会务工作。根据上级部门及县委、县政府的安排，认真搞好会务的统筹协调，全年组织县政府专题会议及县长办公会议25次，政府全体会议2次，政府党组会议10多次，协调办理电视电话会议100多次，协助全县各部门办文办会50多次；科学严谨地办理各项事务。2016年，政府办公室坚持以务实的工作态度办理各项事务，将工作做细、做实、做精，做到忙而不乱、杂而不散、应对自如，配合相关部门开展精准扶贫、灾后重建、产业发展和专项整治等重要工作10多项；强化政务督查促使政府各项工作落实到位。督查工作通过书面督查与实地查看等形式执行，全年共落实目标任务完成情况、项目推进等各项工作50余项。

【政务信息公开】 政府办公室根据《西藏自治区人民政府办公厅关于印发2016年政府信息公开要点的通知》精神，针对白朗县实际情况，协调各乡镇和县直各部门，通过政府网站、广播电视、微信平台、宣传资料等形式公开各种规章制度、重点领域信息和体系建设等信息20160条。

【后勤保障】 政府办公室在做好日常服务的基础上，会同机关后勤服务中心细化了接待服务制度，在筹备和接待工作中，严格按照《白朗县“三公”经费管理办法（试行）》和《白朗县公务用车管理办法》，对领导用餐、车辆安排等相关事宜进行认真部署，基本做到领导放心、客人满意，全年接待工作组、督导组和考察团等700次、共计6000多人次；3月接管济南宾馆以来，在确保顺利完成各项接待工作的同时，实现利润达18万元，增长200%；按照《白朗县政府采购管理办法（试行）》，会同相关部门完成全县各项政府采购工作。

【信访工作】 政府办公室坚持将信访工作作为一项重要工作来抓，针对不同规模、不同原因形式的上访，坚持积极主动、因势利导的原则，认真对待和解决每一起来信来访，并对上访事件逐一登记、转呈批阅，年内，共接待信访群众100多人次，处理信访事项10多件；根据全县有关信访要求，在敏感节点对11乡镇和重点区域开展了信访隐患排查，确保各项工作顺利开展。

【法制工作】 在市法制办的指导下，开展行政复议、行政应诉统计工作；在“六五”普法宣传日、“4·22世界地球日”等节日协助相关部门开展法制宣传教育26次，发放《中华人民共和国环境保护法》《法律援助条例》《公民道德建设实施纲要》等藏汉双语各类宣传资料10700份。

【教育管理】 政府办公室以“两学一做”为载体，不断强化办公室自身建设，为县政府工作高效运转提供保障。在内部管理方面。为提高工作效率、规范内部管理，结合政府办公室工作实际情况，于6月30日对办公室全体工作人员分工进行充实完善，进一步明确各自工作职责，规范内部管理；通过LED显示屏对公务车辆派遣数据进行及时公示，进一步规范驾驶员管理。在制度规范方面。结合办公室工作实际，制定并完善《工作人员行为规范》《值班制度》《接待制度》《信访工作制度》等各项办公室工作制度32项，规范并完善《三会一课》《民主评议党员会议制度》等各项党建工作制度20项，所有工作制度逐一上墙，确保全体工作人员每天及时看到相关标准，时时刻刻提醒自己，严格按照制度要求规范自己；结合党建工作，设立政府及办公室历年来工作荣誉墙，进一步鼓励并激发了干部职工工作的积极性；重新制作并充实“两学一做”“文明创建”“党务工作”“干部职工去向”等各项宣传公示专栏5个，有效促进了各项工作的顺利开展。

【队伍建设】 始终把干部队伍建设放在突出位置，着力打造忠诚守纪、业务精专、协调高效、团结向上、充满活力的一流团队，办公室整体素质和工作能力进一步提高。

【理论学习】 以“两学一做”、精神文明创建、党风廉政建设等工作为载体，制订学习计划，完善学习制度，结合办公室工作实际，开展多种形式的学习活动，引导干部职工改善知识结构，提高办公室工作效率。全年共组织干部职工学习16次，撰写学习心得和观后感100篇。

【业务能力建设】 年内，开展应知应会业务练兵和工作交流讨论，强化组织会议、协调活动、文稿起草、政务督查等办公室日常工作的学习培训，引导广大干部牢固树立大局观念和窗口意识，认真开展争做服务标兵活动，办公室整体服务水平明显提高。

【领导班子建设】 年内，贯彻落实民主集中制，坚持批评和自我批评，进一步促进班子和谐；严格落实分工负责制，明确责任，搞好配合，确保各项工作逐级抓好落实。

【党风廉政建设】 年内，加强党组织建设，健全完善党建制度，定期开展“三会一课”等各类党风廉政建设主题教育和实践活动，加强中国特色社会主义理论体系和党性党风党纪教育，党员干部的党性观念和廉洁自律意识进一步提高；严格落实“一岗双责”制，班子成员带头执行述职述廉、民主生活会、个人有关事项报告等制度，认真履行“廉政承诺”，主动接受党组织和党员群众的监督，自觉抵制各种不正之风的侵袭，广大党员干部的思想政治素质和拒腐防变能力明显提高。

（陈虎龙）

【领导名录】

主　任　尼玛次仁（藏族）

副主任　边　　次（藏族，10月任）

　　　　何　　堃

中国人民政治协商会议白朗县委员会办公室

【概况】 中国人民政治协商会议白朗县委员会办公室成立于2012年，办公室编制人数为2人，实际人数2人，其中办公室主任1人，科员1人；藏族1名，汉族1人。2016年，政协办公室高举中国特色社会主义伟大旗帜，全面贯彻党的十八大和十八届历次全会精神，深入贯彻落实习近平总书记系列重要讲话精神和自治区第九次党代会精神，认真贯彻区党委、市委和县委的重大决策部署，统筹推进“五位一体”总体布局、协调推进“四个全面”战略布局和深入落实新发展理念，坚持团结和民主两大主题，引导动员县政协机关和广大政协委员，履职尽责，扎实工作，为推进全县经济发展、促进社会和谐做出了应有的贡献。

【办好各种例会】 年内，政协办公室围绕政协中心工作，精心组织，周密安排，圆满完成2016年县政协换届工作。通过组织政协一届六次会议和二届一次会议，就白朗县经济社会发展中热点、难点问题进行协商讨论。政协办公室积极配合区、市两级政协完成各项调研任务。

【提案办理落实工作】 2016年，在政协一届六次和二届一次会议期间共收到委员提案46件，审查立案36件，立案率达到78.3%。提案内容，涵盖了白朗县社会、民生、经济、文化和社会生活等各个方面，集中反映了各界人士和广大群众的意愿和诉求。2016年，先后对委员以会议代训的方式进行2次培训，大大提升了委员们提案书写和提案质量，参训率达到95%以上。委员的提案从数量看，呈现逐年增加趋势，从办理结果看，县委、县政府及有关部门对提案办理高度重视，采取有效措施，给予认真办理，立案提案办复率、满意率均达到98%。驻白朗县日喀则市政协委员，在政协第一届日喀则市委员会第四次会议期间共提出提案7份，内容涵盖经济、教育、文化、民生等多个领域。

【完成各项专题调研】 年内，在常委会的领导下，协助区、市政协组织就社会稳定、精准扶贫、生态环保等重点工作进行调研，完成《2016年维护社会稳定调研报告》《白朗县精准扶贫工作调研报告》《白朗县关于环境监测和监管执法能力建设专题调研报告》3篇调研报告。

【民主监督广泛深入】 2016年，共推荐1名委员担任法院的廉政监督员，对执法部门贯彻执行国家法律法规和重要方针政策，事关全局的重大决策贯彻落实情况，事关群众反映强烈的重点难点问题，事关社会公平、司法公正的重要问题，依章程开展民主监督，坦诚提出意见、建议。

【政协委员培训】 9月5日，白朗县政协邀请了市政协秘书长达扎对第二届政协委员进行提案知识培训。培训为期1天，共97人参加培训。培训期间《政协第二届白朗县委员会委员培训教学材料》共印发97份。

【开展“提升委员履职能力”活动】 年内，根据全市政协系统中开展的“提升委员履职能力”“加强基层政协组织建设”活动方案的要求，白朗县政协根据政协工作实际，制定《白朗县政协“提升委员履职能力”“加强基层政协组织建设”活动方案》，12月10日，组织政协委员召开“提升委员履职能力”“加强基层政协组织建设”专题学习会，学习宣传党的十八届六中全会和自治区第九次党代会精神。

【文史资料整理】 2016年9月，县政协办收集、整理编辑完成藏汉双语版《后藏服饰》《后藏民间传统娱乐游戏》两本文史资料书。

【政协工作“三化”建设】 2016年，以政协换届工作和在全市政协系统中开展“提升委员履职能力”“加强基层政协组织建设”活动为载体，在指导实践，推动工作上下功夫，先后制定和完善《岗位责任制度》《政协提案、调研、考察制度》《办公室工作职责》等28项规章制度，为创新开展政协各项工作提供了制度保障。

【自身建设】 年内，开展“两学一做”学习教育和“讲学习、讲忠诚、正风纪、转作风、提效能”主题活动，深入贯彻落实全面从严治党要求。县政协机关以身作则、率先垂范，加强学习，主动参加支部学习、讲党课和各个环节的专题讨论会议，每人撰写心得体会4篇，对照检查材料5篇，在支部民主生活会上，深刻剖析自身存在的问题，明确下一步努力的方向，进一步转变政协机关作风，营造全体党员干部讲学习、讲忠诚、正风纪、转作风、提效能的浓厚氛围。

（陈永伟）

【领导名录】

主　任　次卓嘎（女，藏族）

中共白朗县委组织部（编办）

【概况】 2016年，中共白朗县委组织部干部职工共计22名，负责专项工作的11名（其中档案专项审核4名，强基办5名，“两学一做”办1名）；县级领导干部1名，正科级领导干部2名，副科级领导干部1名，副主任科员1名，驾驶员1名；共设5个办公室：组织部办公室、党建办公室、编办、老干部局、档案室、电子政务中心。县委组织部属县委下辖机构，主要职能有：研究和指导党组织特别是党的基层组织建设，组织开展新时期党的建设理论研究；负责干部宏观管理工作、抓好干部人事制度改革工作、贯彻执行和结合实际研究制定选拔任用干部的标准、程序、抓好干部双重管理工作；提出关于乡镇和县直副科级以上单位以及其他列入县委管理的领导班子调整、配备的意见和建议，并负责县委管理干部的考察及任免；负责干部监督工作的宏观指导，负责组织工作和干部工作的检查督促，同时抓好干部监督制度的落实和历史遗留问题的审查；制订干部教育规划，组织县委管理的干部和一定层次的中青年干部培训；负责县直机关党的建设指导、监督及党员发展、教育与管理工作；培养和建设适应市场经济发展要求的人才队伍。

【从严管党治党】 坚持靠前指挥，全年专题研究部署党建工作21次，深入乡村、学校、寺庙调研93次，约谈干部45人；积极参与“两学一做”学习教育，牢固树立“四个意识”，坚决拥戴核心、信赖核心、忠诚核心、捍卫核心。带头讲党课、做研讨、学党章、守纪律，查找整改个人问题5项；认真学习执行“准则”“条例”，专题研究部署党风廉洁建设15次，在全区率先成立县级“巡查办”，主动在全县开展了两轮巡查工作。

【坚持三个下沉，推动脱贫攻坚】 力量下沉，深化“4321”帮扶机制，形成帮扶对子1238个，走访慰问2万余人次；选派村党支部“第一书记”111名，依托县委党校开展实用技能培训25期，全年技能脱贫1107人。重心下沉，把困难群众紧紧聚在产业链上，探索推行“党支部+合作社+党员+农户”的产业发展模式，组建产业党组织12个，设立功能型党小组15个，带动贫困群众1850人。资金下沉，设立村级集体经济发展扶持资金150万元，实施项目25个，吸纳贫困群众235人；创新成立“白朗县慈善协会”，筹集慈善基金100多万元，对贫困大学生和特殊困难家庭予以帮扶。

【开展“项目化建设年”活动】 年内，为解决基层党建“不善抓、不会抓、抓不实”及党务工作者“单打独斗”的问题，将党建具体工作划分为20个项目单元，统筹人员力量，“一人分包一块，三人分包一项、十人分担一组”，形成“人人有任务、层层有压力”的良好格局。

【创新党建交流平台】 年内，创新实施了党建“月例会，季度督查，半年考核评比”机制，上半年抽调11个乡镇党委副书记交叉互评，下半年由乡镇党委书记直接参与交叉互评，起到“查找问题、交流学习、增加压力、释放动力、推动工作”的良好作用。

【成立“市级乡土实用技能培训站”】 年内，承接“全区发展任务重情况复杂村（居）干部培训”“全市村党支部第一书记培训”等重要培训任务，县委党校建设处于全市领先水平。

【夯实基层基础】 年内，圆满完成县乡领导班子换届，得到区党委书记吴英杰和中组部、中纪委机关督导组的肯定；高质量完成辖区机关、学校、企事业党组织按期换届；投入资金500万元，新建嘎东镇马义村组织活动场所；全面排查3725名党员的党组织关系和党费收缴情况；开展“党员志愿服务”；集中整顿升级11个软弱涣散基层组织；兑现村干部考核激励资金345万元；对12名违法违纪党员给予相应处分；处置不合格党员3名，其中村干部2名；抓实“讲学习、讲忠诚、正风纪、转作风、提效能”主题活动，集中通报各类作风问题18项，直接点名批评8人，干部“走读”、作风松散等问题得到根本好转。

【县乡领导班子换届】 年内，坚决贯彻党中央、区党委、市委、县委决策部署，紧紧围绕“绘出好蓝图、选出好干部、配出好班子、换出好面貌、营造好风气”的要求，高标准、高质量圆满完成县乡领导班子换届工作，得到了中组部换届风气监督检查组给予的“有声势、有力度、有特色、有效果”高度评价。坚持把关从严。严把政治关、廉洁关、身份关、监督关，做到“四个凡提必”；坚持视野从宽。班子建设更加注重基层经历、工作实绩、递进培养、岗位历练，注重熟悉党建工作的程度和抓党建的成效；坚持搭配从实，坚持老中青相结合，做到“六个注重”“六个搭配”，2016年共交流提拔干部128名，从年龄结构上看，平均年龄比上一届下降6.71岁；从学历层次上看，大学及以上学历占到班子成员总数的62%，比上届提高4个百分点；从性别比例上看，女干部所占比例比上届高出3个百分点。特别是知识结构更加合理，农牧、经济和管理方面的人数明显增多，新班子的活力和整体功能进一步增强，执政能力得到明显提高；坚持纪律从紧。严格执行“九个严禁、九个一律”换届纪律，干部签定“遵守换届纪律承诺书”，保证全县换届风清气正。9月5日，顺利召开县、乡两级各项选举会议，选举产生了结构合理、思想创新、综合素质高、驾驭能力强的新一届县乡领导班子。

【强基惠民工作】 年内，坚持把驻村工作作为治边稳藏、长期建藏的基础性工作来抓，以常态化思维推动驻村工作，精准选派444名优秀干部深入111个行政村，于2015年12月底全面完成第五、六批驻村工作队轮换、总结表彰和第六批队员的培训工作；紧紧围绕“十项要求”“百项任务”，进一步规范了驻村工作队管理、驻村经费使用等工作；开展精准扶贫摸排调研，做到不漏一户、不落一人，为全县精准脱贫工作打下坚基础。各乡镇和派驻单位重视到位、指导到位、监督到位、保障到位。广大驻村干部坚持奋战在基层一线，在维护社会稳定，开展精准扶贫，推动灾后重建，服务和改善民生等大局工作中发挥了重要作用。

【党建工作】 年内，坚持重心下沉、突出基层导向，以抓实基层党建“七项重点任务”为切入点，以项目化建设年为抓手，坚持抓基层打基础，基层党建科学化水平不断提升。以选派村支部第一书记为抓手，“软弱涣散基层组织”得到有效整治，处置不合格党员2名；以《白朗县年度素质提升行动暨3+4人才分类培训》为总纲，共开展3次党务工作者培训，切实提高了党务工作者队伍的整体素质；投入资金992万元，完善11个乡镇“便民服务大厅”，设立111个“党员活动室”，基层阵地不断健全；以脱贫攻坚为切入点，深入开展“4321”结对帮扶工作，形成帮扶对子1946个，引导干部在深入基层、服务群众中转变作风、砥砺品质、增长才干；以县委党校为主阵地，大力开展“乡土实用技能培训”，共举办基层党建、蔬菜种植等8期培训；以落实村干部考核激励办法为载体，不断激发广大村干部干事创业热情，村集体经济不断壮大。

【党风廉政建设】 年内，深入开展“三严三实”“两学一做”和“讲学习、讲忠诚、正风纪、转作风、提效能”等活动的学习教育为契机，强化措施，扎实加强党风廉政教育工作，着力推动形成组工干部对党忠诚，对事业赤诚，以同志真诚，对干部平等，对家庭负责的廉洁工作环境。突出问题导向。组工干部自觉参加专题教育理论学习，着力提高政治理论水平，提高自我警醒能力，认真履行党风廉政建设各项规定，深入持久地反对“四风”；坚持理论学习。坚持把学习教育贯穿工作始终，把党风廉政建设作为一项重要科目列入学习内容，组织全体组工干部认真学习党风廉政建设相关规定及与自身业务相关联的《中国共产党党员领导干部廉洁从政若干准则》《关于落实党风廉政建设主体责任的规定》等相关文件精神，强化组工干部廉洁自律意识；利用典型引导。充分利用每周五下午学习例会，组织观看《焦裕禄》《高德荣》等先进典型，用先进的力量引导组工干部筑牢理想信念，为民服务、勤政务实、敢于担当、清正廉洁的好干部。截至年底，共组织学习20余次390余人次。

【推进机构改革】 按照“三上三下”的工作程序对全县政府部门权责事项进行了认真审核，共梳理清单职权5481项，有效推动了政府职能转变。针对新录用干部、调入调出、退休、辞职等情况，及时填写人员编制信息卡片、人员变动表、人员信息采集表和收集人员信息材料，及时到市编办变更编制卡片，录入编制实名制管理系统，对全县1315名干部职工的动态掌握和管理。

【服务老干部工作】 年内，完成全县7个离退休党支部换届选举，开展离退休党支部书记谈心谈话27次；召开2次老干部工作座谈会，通报全县工作，并开展慰问活动，有效落实了老干部的“两项待遇”。

（普布旦增）

【领导名录】

部　　长　次仁旺堆（藏族）
副 部 长　简　　浩
　　　　　扎西平措（藏族）
编办主任　旦增罗白（藏族，6月免）
编办副主任
　　　　　德吉卓嘎（女，藏族）
老干部局局长
　　　　　次仁曲宗（女，藏族）

中共白朗县委宣传部

【概况】 2016年，白朗县委宣传部内设办公室、文明办、网信办（网评中心）、文化执法大队。工作人员9名，其中常委部长1名、副部长1名、科员2名（即文化执法大队2名）、事业2名（包括副科级1名）、工人2名、公益性1名。白朗县委宣传部始终坚持围绕中心、服务大局，牢牢把握“两个巩固”的根本任务，着力抓好理论武装、舆论引导、主题教育、文化发展、阵地管理等工作，为全县经济社会发展和长治久安提供了强大的精神动力、舆论引导和思想保证。

【理论学习】 年内，坚持把深化习近平总书记系列重要讲话精神的学习教育作为全县思想理论建设的首要任务，作为理论武装的重中之重。以县委理论学习中心组成员为重点，制定全年学习计划，精心组织理论学习，深入系统学习习近平总书记系列重要讲话和《习近平谈治国理政》《习近平关于严明党的纪律和规矩论述摘编》等著作，不断深化对习近平总书记系列重要讲话精神实质的理解把握，切实做到学而信、学而用、学而行。共组织县委理论学习中心组集体学习10次。同时，结合“两学一做”学习教育，集中组织开展“两学一做”专题研讨会，并组织领导干部带头讲党课，在全县营造了领导干部带头学、上台讲的学习浓郁氛围。

【理论教育】 年内，以县委理论学习中心组学习为龙头，以各乡镇党委、机关各党支部学习为重点，建立健全理论学习的长效机制，确保有制度、有计划、有人员、有活动、有保障、有成效。通过邀请上级部门讲师讲、组织县委党校老师讲、联合驻村工作队讲等形式，组织开展习近平总书记“七一”重要讲话精神宣讲报告会，深入宣传宣讲习近平总书记在庆祝中国共产党成立95周年大会上的讲话精神。建立联动宣讲机制，统筹利用各级宣讲人才、农牧民宣讲员等力量，充分发挥驻村工作队作用，采取专家学者讲理论、领导干部讲政策、百姓讲身边事等方式，实现群众性理论宣讲活动全覆盖。同时，结合“两学一做”学习教育“周五讲堂”和“流动党校”，在全县范围内开展巡回宣讲活动，进一步深化理论教育。

【“两学一做”学习教育】 年内，为强化思想认识，确保学习教育入心化行，要求全体党员干部“学”要入心入脑，“做”要身体力行，把开展学习教育作为加强党组织建设、加强党员队伍管理的重要举措，并坚持学思结合、知行统一、学用相长，不断创新学习形式，丰富学习内容，确保学习取得更好效果。县委宣传部开展“两学一做”专题研讨4次，党员干部撰写专题研讨材料20余篇，心得体会40余篇；组织集中学习25次；观看教育影片5次，撰写观后感20余篇；为更好地查摆问题，县委宣传部采取召开座谈会、领导谈话等形式，通过自己找、同时提、领导点等方法，认真查摆本单位及个人存在的问题和不足，并形成整改清单，明确整改重点，确定整改时限，落实整改责任；县委宣传部作为全县宣传报道窗口，充分利用白朗政府网站、微信公众平台、党建云平台、微博、头条号等网络宣传平台，设立“两学一做”学习专栏，加大宣传力度。及时转载发布中央、区、市、县“两学一做”学习教育相关文件要求及学习动态。对全县各单位学习情况进行及时宣传报道。

【党风廉政建设】 年内，组织干部职工进行廉政约谈，并对约谈情况进行记录，形成廉政约谈记录台账；在日常生活中，从干部职工日常工作、生活作风、学习内容，进一步丰富谈话内容，从方方面面了解掌握干部职工工作生活及思想动态，确保干部职工无违法、违纪情况发生；建立个人防控风险点监督落实制度，从制度层面加以管控，确保干部职工作风清廉。

【新闻宣传主题】 年内，始终坚持新闻宣传工作为县委、县政府中心工作大局服务，为经济建设服务的指导思想，紧紧围绕全县经济工作的发展新思路和新举措，加大新闻工作宣传力度。充分发挥县自办栏目的宣传功能，大力宣传白朗县经济建设和各项社会事业发展成果。共向市级新闻媒体报送各类新闻204条，报送选题17条，被市级媒体采用95条，被区级媒体采用8条左右。《白朗新闻》共播发新闻198条，平均新闻播出时长达10分钟以上，基本完成全年的目标任务，有力地宣传推介了白朗县。

【展示白朗良好形象】 年内，紧紧围绕全县中心工作，着力拓展外宣渠道，加大“请进来、走出去”力度，统筹对内宣传和对外宣传、中央媒体与区内媒体、传统媒体与新兴媒体，以白朗县第六届蔬菜采摘节为重点，围绕正面宣传全县经济社会发展成就和深入开展脱贫攻坚工作两大任务，进一步提升舆论引导水平，进一步加强外宣基础建设，为全面展示白朗县对外形象营造良好的舆论氛围。同时，积极协调相关部门，加大对第七批援藏工作的宣传力度，进一步做好对外宣传，使社会各界更加了解、更加关心、更加支持援藏工作，支持白朗县经济建设。

【宣传教育】 年内，深入贯彻落实《关于培育和践行社会主义核心价值观的意见》，从细微处入手，下足功夫，用实招、求实效。加强社会主义核心价值观“24字”宣传阐释，加强内容设计、创新话语表达，增进农牧民群众对核心价值观的理解和认知。充分运用各种宣传载体，深入宣传展示社会主义核心价值观“24字”内涵，使社会主义核心价值观家喻户晓、深入人心，形成社会共识。深入推进典型宣传，弘扬最美精神，引导广大群众见贤思齐，自觉践行和弘扬社会主义核心价值观，推动良好道德风尚形成。积极组织开展“向雷锋同志学习”宣传服务活动。重点围绕“3·5”学雷锋纪念日、“3·8”妇女节、“3·12”植树节、“3·15”消费者权益日等重要节点，扎实组织开展内容丰富、形式多样的学习教育和志愿服务活动。

【传承优秀传统文化】 年内，建立健全传统文化保护和传承机制，深入推进文物、“非遗”、古籍保护工程，加强对优秀传统文化的深入挖掘。积极开展对符合相关要求的文化产业项目申报工作，2016年白朗县共申报了三个自治区级文化产业项目（即现代服饰、恰珠编织、唐卡）。同时，切实做好诚信经营示范企业和诚信经营示范店的推荐上报工作。

【文化阵地建设】 年内，切实抓好县综合文化活动中心、乡镇综合文化站、农家书屋、寺庙书屋管理工作，探索建立公共文化设施管理和服务制度。充分发挥农家书屋、图书馆、综合文化活动中心的作用，利用“世界读书日”、寒假、藏历年等节点，广泛宣传，鼓励农牧民群众、中小学生多读书、读好书，切实丰富基层群众精神文化生活。

【发展文化产业】 年内，坚持社会效益第一、社会效益和经济效益相统一的原则，积极稳妥推进文化体制改革，重点培育文化产业市场主体，实施龙头企业带动、重点项目拉动，充分发挥嘎东镇兴旺传统服饰农民专业合作社、旺丹卡垫、糌粑加工等文化产业项目带动作用，依托白朗县旅游广场建设，重点打造集演艺、文化、旅游、休闲为一体的文化产业，推出一批白朗文化品牌，繁荣和引导文化消费市场。

【群众文化生活】 年内，以活跃群众文化为依托，以重大节日为契机，开展形式多样的群众文化活动。组织开展“庆七一”文体活动、文艺晚会、体育竞技比赛、送温暖活动等各类庆祝活动，不仅推动了单位群众文化的发展和繁荣，丰富了干部职工的文化生活，也得到广大党员干部的一致好评。深入开展文化科技卫生法律和爱国爱教宣传服务“五下乡”活动，努力营造欢乐、喜庆、祥和的社会氛围。主动对接群众文化需求，以庆祝“3·28”“七一”等重要节日为契机，充分发挥县民间艺术团的作用，开展常态化的文艺活动。在全县范围内组织开展文艺演出活动近63场次，观众达16000余人次；放映电影1400余场次，观影人数达11万余人次，其中，为干部职工播放爱国主义教育影片12场次，电影进寺庙播放6场次。

【意识形态领域】 年内，坚持党管宣传、党管舆论、党管媒体，健全制度、落实责任，把各类宣传文化阵地的领导权管理权主动权牢牢抓在忠于党、忠于人民的人手中。建好管好“舆论、文化、网络、艺术”四个阵地，加强新闻报道、广播影视、文化市场监管，严格各类知识讲座、报告会研讨会、歌舞演艺活动管理，加大对非法出版物、非法歌曲等的治理力度。共开展突击检查24次，联合执法行动6次，组织专项行动4次，累计出动执法车辆23余次，出动执法人员85余人次；检查文化经营场所822家次（县城437家次，乡镇385家次），检查各种车辆387辆；收缴各类涉黄、涉暴违法光碟34张（非文化经营单位）；坚持管得住是硬道理、正能量是总要求。做好网上正面舆论引导，围绕全县重大事件和重要活动，组织网评员通过网络平台，加大对白朗的宣传力度，切实讲好白朗故事，推进网络宣传阵地建设，利用网络平台做好新闻传播，做大做强“两微一端”等新媒体、自媒体，及时发出正面声音，积极壮大网上主流舆论，切实让党和政府的主张成为网络空间最强音。确保管理规范，重大新闻及时发布。白朗县门户网站上传信息2389条，官方微博转载、评论转载重大新闻102条，发布新闻1502条，微信公众号转载、发布新闻1087条，今日头条转载、发布新闻1270条；提高网络监管水平，拓展网络违法与不良信息举报受理渠道，建立健全舆情研判机制，推进网络舆情联动处置，牢牢掌握网络舆论斗争的主动权、话语权。提高网络法制化水平，坚持依法管网、依法办网、依法上网，倡导理性和平、文明有序、积极向上的网络文明新风尚，努力规范网络传播秩序，使互联网真正成为人们共建共享的共同精神家园；坚持空中压制、地面查缴、网络封堵“三位一体”，构筑封堵境外敌对势力和分裂势力渗透的铜墙铁壁。持续做好非法机顶盒、非法卫星地面接收设施查处工作，全面遏制空中渗透。切实加强对网络新兴媒体的管理，及时删除封堵境外敌对势力和十四世达赖集团的反动言论，严密防范网络渗透。大力实施“扫黄打非”专项行动，深入开展形式多样的反分裂宣传教育活动，切实加强对宣传文化阵地传播内容的审查审读审听审看，维护意识形态领域绝对安全。

（尼玛曲扎）

【领导名录】

部　长　赵瑞红（女，6月任）
副部长　张学芹（女）
网评中心主任
　　仁增曲培（藏族）

中共白朗县委统战部

【概况】 2016年，县委统战部有副县级1名，正科级9名，副科20名。设有9个管委会（1个副县级机构）、4个特派员机构。编制片区整合后干部编制61名，现派干部54名，公安民警15名。统战爱国人士有241名，其中，县人大代表12名，乡人大代表69名，自治区佛协理事4名，自治区政协委员4名，地区佛协理事4名，地区政协委员8名，其他爱国人士2名，县政协委员60名，享受生活补助的41名，党外政协副主席2名，寺管会僧尼成员72名，其中56名的补助由宗教办发放，党外后备干部7名。滞留藏胞2名，统战部进行多次慰问、解决了低保。

【指导思想】 年内，统战部坚持以邓小平理论和“三个代表”重要思想为指导，深入贯彻落实科学发展观，根据中央、区、市统战工作会议精神，紧紧围绕年初与县委、县政府和市委统战部签订的目标责任书内容，牢牢把握“大团结、大联合”主题，团结调动一切积极因素，以“五抓、五促、五推进”的统一战线工作思路，即抓教育，促学习，推进自身建设；抓和谐，促稳定，推进创新寺庙管理工作；抓团结，促友谊，推进统战人士工作；抓政策，促引导，推进工商联工作；抓项目，促发展，推进基础设施建设。以“创新管理、愉悦服务、诚信教育”的工作理念全面推进涉宗工作。

【创新寺庙管理】 2016年10月，白朗县迎接市委统战部组织寺管会僧尼成员观摩交流，参观长美坚寺、参卓林寺、格培林寺，促进了寺庙和谐稳定；县党政主要领导高度重视宗教领域工作，积极落实寺庙属地管理责任制，把统战工作列入县委的重要议事当中，明确县委书记为统战第一责任人，县委副书记、人大常委会主任为统战工作的县委分管领导，落实县“四大班子”领导干部联系寺庙制度，及时为寺庙解决实际困难；及时开展了寺庙“一创建”活动，顺利完成区、市、县三级和谐模范寺庙暨爱国守法先进僧尼评选表彰活动，全年共评选表彰县级和谐寺庙14座，县级爱国守法先进僧尼333人，表彰14个县级先进寺庙管理委员会，20名县级优秀驻寺干部和6名县级优秀涉宗干部，推荐市级和谐模范寺庙4座，市级爱国守法先进僧尼133人，4个市级先进寺庙管理委员会，6名市级优秀驻寺干部，2名市级优秀涉宗干部，推荐自治区级和谐模范寺庙3座，区级爱国守法先进僧尼63名，区级先进寺庙管理委员会3个，10名区级优秀驻寺干部和1名区级优秀涉宗干部。从“六建”入手抓管理，建立完善9个管委会、4个特派机构，成立4个党支部和9个党小组，配齐了领导班子，配强了驻寺干部队伍，开展党员驻寺干部“两学一做”活动，完善驻寺笔记、日志及各类台账。根据《2016年今冬明春火灾防控工作方案》部署和县一线指挥部的指示要求，县委统战部、民宗局联合县公安局、消防、安监等部门对白朗县辖区宗教活动场所进行火灾隐患监督检查5次，对存在的安全隐患提出了整改意见，确保白朗县宗教活动场所不发生任何灾情事故。统战部、宗教办和民宗局进一步规范白朗县佛学院和寺庙传统学经班学习和管理制度，严格按照《自治区学经班管理办法》和《自治区外来学经人员管理办法》对白朗县在编学经人员及时进行考察审核和对“四省藏区”学经回流人员进行办班教育；为进一步规范白朗县各寺庙管理委员会（特派机构）的车辆使用，县委统战部、民宗局、宗教办高度重视，进一步完善并下发了规范车辆使用的相关文件，并于5月对白朗县13个寺庙管理委员会（特派机构）16辆公用车辆统一进行了维修和上保险，确保白朗县涉宗领域车辆使用规范安全。

【落实利寺惠僧政策】 2016年上半年，白朗县涉宗部门进一步加大利寺惠僧政策落实力度。在进一步巩固全县持证僧尼医保、养老保险、低保全覆盖。在2016年“三大节日”来临之际，由县党政主要领导带队到县各寺庙认真开展走访慰问活动，并向全县22座寺庙发放慰问金23500元，同时认真倾听僧尼的意见和要求，了解他们的生活现状和迫切需要解决的问题，让他们感受到党和政府的温暖。4月25日至5月3日期间集中组织全县僧尼开展免费健康体检活动，驻寺干部全程陪同。进一步落实寺庙“九有”工程，完成各寺庙饮水后续工程，同时对寺庙通水、通路工程进行进一步完善，更换领袖像、更新国旗等；在严格执行寺庙“三不增加”政策基础上，全县各驻寺机构深入开展“六个一”活动，还充分利用政府投入的办实事经费26万元，为寺庙僧尼办了实实在在的好事，将有限的资金用在刀刃上，同时驻寺干部积极协调争取各方资金498.6万元，主要用于寺庙建设；在各方努力支持下，白朗县9个驻寺干部综合业务用房项目资金已得到落实，共投资640万元，其中国家投资485万元，县人民政府配套155万元。德瓦坚寺和曲果寺挡墙维修，县人民政府解决资金80万元。

【与各界统战人士沟通联系】 年内，重视加强党外人士队伍建设，积极与县组织人社部门协调联系，重新归档了全县党外人士名册和党外干部人才库。及时召开全县党外人士座谈会，将收集整理好的意见建议及时向相关部门予以反馈，为各级党委政府科学决策部署提供依据，定期发放党外人士补助，上半年发放13万元。加强与各级政协委员的联络，鼓励他们履职尽责，充分发挥好人民政协在政治和社会发展中的积极作用，2016年统战部认真落实完成提名考察推荐工作，共完成提名考察推荐各级各界党外代表委员共计141名。加强对归国藏胞联络交流，先后进行走访慰问3次，投入资金4000余元；及时了解他们的思想动态，积极向他们宣讲党中央对西藏的好政策和新西藏发生的翻天巨变，帮助他们巩固坚信党的领导，反对分裂的思想。

【开展寺庙法治宣传活动】 年内，按照上级党委、政府的统一部署，精心组织开展“爱国爱教、遵规守法、弃恶扬善、崇尚和谐、祈求和平”主题教育活动和“两守两尽”为主题的寺庙法律宣传活动以及党的十八届历次全会精神宣讲活动，同时结合“六五”“七五”普法，“法律进寺庙”“民族团结进寺庙”“藏汉双语互帮互学”活动，每周定期或不定期开设法律知识、宗教知识等课堂，从法律法规、教义教规角度大力宣传党的民族宗教政策、惠僧惠寺政策、国家的法律法规等内容，通过讲座、座谈、讨论、以案释法等形式多样的教育和讲解，使广大僧人的爱国守法意识和民族团结意识得到了明显的提高。利用“三大节日”“3·28”百万农奴解放纪念日、“民族团结月”等节点，认真开展寺庙法制宣传教育和爱国主义教育，参与市、县两级组织的“五下乡”等活动，增强了寺庙僧尼的民族意识、国家意识、公民意识和法治意识。

【做好非公有制经济领域工作】 白朗县率先组建县工商业联合会及非公党工委，14家非公企业成立党支部，共产党员74人。全县共有个体工商户841家，从业人员1682人，注册资本5068.58万元。非公有企业176户，工商联会员企业74家，占非公有制经济企业的12%，规模以上企业5家，会员企业员工1628人，注册资金3069万元。工商联已授予全国“五好”县级工商联建设示范点称号。广泛联系，积极引导，推动非公经济健康发展。贯彻“充分尊重、广泛联系、加强团结、热情帮助、积极引导”的方针，推动非公经济工作上新台阶、上水平。充分发挥工商联的桥梁和纽带作用及政府管理非公有制经济的助手作用，截至年底，共有会员企业74家。2016年，全区工商联领导及各县（区）工商联主席到白朗县学习县工商联建设及非公经济党组织建设。“五好”县级工商联创建及非公党工委组织建设受到了上级领导的充分肯定；指导工商联增强为非公有制经济人士解疑释惑、排忧解难的主动性。协调有关部门，落实各级政府有关促进非公有制经济发展的政策，反映和协调解决非公有制经济企业在发展中遇到的困难和问题，组织工商联、发改委等相关部门开展非公有制经济调研工作，提出有力的对策和措施，助推非公经济发展；及时推荐了政协白朗县委员会第二届委员名单12名，选举中国共产党白朗县第九次代表大会代表4名，发挥工商联和非公企业应有的作用。

（肖 瑶）

【领导名录】

部 长 扎西顿珠（藏族，5月任）

副部长 多吉顿珠（藏族，10月任）

工商联主席

普布普尺（藏族）

宗教办主任

王 起 龙（10月免）

肖 瑶（女，10月任）

中共白朗县委政法委员会

【概况】 2016年，县委政法委编制9人，实有11人，人员结构为男性8人，女性3人，藏族9人，汉族2人；党员11人，平均年龄31岁，其中大学本科学历9人，大专学历2人。内设政法委办公室（含防范和处理邪教问题办、国安办、执法督查室、法学会）、综治办（含“先进双联户”创评办、平安创建办）、护路办，护路办下设嘎东护路大队。紧紧围绕县委总体工作思路，按照“规定动作不走样，自选动作有特色”的标准，进一步加大社会治理创新和平安创建力度，不断深化“双联户”服务管理工作，进一步深化基层综治规范化建设经验，不断夯实“平安白朗”根基，做精政法、做大综治、做强维稳、做深双联、做实护路，扎实有效完成了全年政法综治双联维稳任务。

【综治工作】 严打整治斗争成效显著。严厉打击严重暴力和多发性侵财案，全年受理刑事案件10起、破获7起，破案率70%，成功破获“10·6”妨碍公务和“11·27”者下乡故意伤害致人死亡案，做到守一方百姓、保一方平安。重点地区整治成效显著。开展排查整治行动15次，下达安全隐患整改通知42份，全年共查处治安案件50起人，查处率达100%，发案数同比下降28%；矛纠排查调处成效显著。使出“人民、行政、司法”三大调解组合拳，分季度开展矛盾纠纷集中排处活动3次，共调解各类矛盾纠纷39件。特殊人群管理成效显著。对辖区476名外来常住流动人员纳入“流动人口应用管理平台”，指纹居住证办理率100%，对暂住人员利用“旅业信息系统”，实行“以房管人、以证管人”；协调职能部门对33名特殊人员和在册5名社区矫正人员建立档案、动态管理，确保补漏失控。两新组织服务成效显著。对登记在册的70余家非公有制经济组织中14家已成立党团组织，4个新社会组织已全部组建了党（团）支部，两新组织综治服务延伸到了95%。公共安全管理成效显著。开展防火灭火演练8次和清剿火患行动5次，全年发生火灾事故2起，未造成人员伤亡，开展“扫黄打非”行动5次，均未发现非法出版物，全年开展三超一限、酒驾、无证、农用车辆专项整治行动17次，县交警大队迅速破获“12·2”交通肇事逃逸案，切实提升了党委政府的公信力，重塑了政法机关的良好形象。综治宣传成效显著。深入开展综治宣传月、周、日和法律“七进”活动，通过开办普法宣传专栏等多种形式，开展各类宣传59场，发放宣传材料18万份，播放光碟53张，讲解典型案例展板45个，解答群众咨询350人次。社会面管控成效显著。将县城划分为五个防控责任片区和五大重点守护目标，由政法五部门分片包干巡逻防控措施，充分发挥驻寺驻村、村第一支部书记、双联户长三大队伍的作用，确保点、线、面全面兼顾，不留空白。

【“双联户”工作】 建强组织领导。成立县委书记亲自挂帅的领导小组，在县综治办设办公室，层层建立“一把手”负责的专班，签订县与乡、乡与村、村与户长、户长与联户家庭的四级责任书，制定领导干部县级包乡、科级包村、村级包单位、户长包户、户主包人的“五包”责任制；为每个乡镇配备2名县级督导员和平安创建、基层党建、矛盾纠纷排调、司法助理、治安民警、预防犯罪、消防安全、文化教育宣传、扶贫增收、环境整治、特殊人群管理、宗教事务管理12个指导员组成的“包乡14员”。制订实施方案。根据白朗实际情况，围绕“联户平安、联户增收”的“七项基础工作”“十联任务”和“四防举措”，召开专题会议，研究制订下发了翔实可行的工作方案。合理调整单位划分。牢牢把握10户左右为宜、特殊情况特殊处理、就近毗邻和便于联络、尊重群众意愿、特殊人群分散唯一“五条原则”，对全县8740户741个联户单位进行了调整和补充。考核户长评定等次。村党支部推荐、群众投票、乡镇审批、双联办备案的程序，创新制定户长星级评定考核等次办法，对进入“村两委”班子的部分户长进行了重新推选和调整，对全体741名户长进行统一考核评定等次，并及时足额兑现每人每年2000元的户长补助共148.2万元，其中县财政承担29.64万元；同时为激励广大户长的工作积极性，落实以奖代补的奖惩措施，从741名户长中按照20%的标准评定了145名优秀户长，由县政府按每人600元的标准奖励8.7万元。机制台账规范健全。层层并制作上墙《联户单位分布示意图》《网格平面示意图》《流程图》《双联户长星级评定栏》《成效分析栏》《十条公约》“六个图”，统一制作公约、职责、民情日记本2万余份，各驻村工作队制作“双联户”宣传栏111个，规范建立各类台账，文字资料齐全，建立包括“九册九簿”在内的台账2196余册。双联成效惠及到民。组织户长开展治安巡逻近800余次、排查安全隐患26处、户长走访慰问和服务特殊人群156次、11名户长调解15起各类小纠纷、开展环境整治活动240次，举行各类文艺活动541场，达到了社会风尚明显向上、氛围明显优化、关系明显和谐、人们之间沟通明显加强、安全感明显提升的“五个明显”效果。嘎东镇马义村作为全区最大的行政村和过去治安案件最多发的村，2016年未发生任何刑事案件和严重治安案件，并成功评选为2016年度自治区级“先进双联户”创评活动先进村集体；创评先进稳步实施。细化十项任务出台“星级评定”细则和打分表，对联户单位进行排名，按照五级联创、分级表彰的原则，从全县741个联户单位中共评选152个村级“先进双联户”1408户，30个乡级“先进双联户”295户，12个县级“先进双联户”121户，乡级、县级先进村集体各34个、11个；县级先进乡镇3个，县政府承担拨付县、乡两级先进集体表彰奖励资金6.25万元。推荐4个市级“先进双联户”41户，3个先进村集体，1个乡镇集体，其中2个联户21户被授予自治区级“先进双联户”，每户获得先进奖励7600元，巴扎乡和者下乡普村被评选为自治区级先进集体，分别获得了各级奖金合计7万元、4.25万元。在2016年全县范围内5名“先进双联户”子女学生享受加分政策后顺利考上大学和公务员，“先进双联户”创建评选工作工作取得了比较明显的成效。

【铁路护路联防工作】 年内，严格按照上级统一部署，强化保障措施、严格管理队伍、科学规范执勤，确保沿线铁路安全畅通和大局稳定。在全年范围内，白朗县护路队员积极参与各种社和治理，努力协助沿线群众办实事、解难事，赢得沿线群众的一致认可。同时，为保证拴心留人，紧紧围绕改善队员生活，大力开展“以劳养护”项目，通过聘请专业技术人员组织开展种植技能培训，为保证项目效益，改善队员待遇实现良好开局。

【政法工作】 年内，白朗县全面贯彻落实中央、区党委政法工作精神，筑牢工作根基。严格落实各项从严治党、从严治警的纪律条令，进一步严明和规范政法队伍执法司法行为，制定公检法司政一把手接访制度，深入推进新晋法官、检察官入额遴选，大力提升公安队伍岗位技能培训，进一步延伸司法行政工作触角，锻造了忠于党、忠于国家、忠于人民、忠于宪法法律的政法队伍。公安机关受理刑事案件2起，破获2起；发案数同比下降60%；查处治安案件5起7人，发生交通事故3起，破获肇事逃逸案1起；审判机关受理刑事案件5件5人，民商事案件6件；检察机关提请批准逮捕1人1人，依法提起公诉1件1人；司法行政机关开展法律体检2次，书写法律文书7分，提供法律援助1件；政法委建立政法书记、公安局长、两院两长、司法局长“周五接待日”制度，防止冤、假、错案的发生；同时按照区市两级统一规定，严格政法领导干部请销假制度。

【党建工作】 年内，政法委党建工作本着认真履行职责，强化支部组织原则。严格按照党章规定，认真履行职责，结合单位人事变动调动情况，认真开展支部成员改选工作，明确书记抓、抓书记的工作要求，制订《县委政法委2016年党建工作方案》，对本单位党建工作作了明确分工和细致安排。进一步严格制定干警签到、外出报批和请销假制度，建立党员学习、卫生、考勤等各项制度，加强支部民主议事规则，干部财产公示制度。认真学习教育，强化党员素质。严格按照活动办的要求，结合全县“2613”载体，制订本单位实施方案计划并成立领导机构，制订学习计划，深入开展“两学一做”学习教育，扎实开展专题学习交流会，要求全体干警党员做好学习笔记、撰写心得体会，实施“手抄党章100天”活动，认真做好每个党员的学习笔记。结合“讲学习、讲忠诚、正风气、转作风、提效能”活动，深入查找存在问题，形成问题台账和个人整改清单并进行公示。2016年，共主持召开专题学习会16次，专题研讨会4次，认真落实支部“三会一课”和每周五下午集中学习制度，通过正反两个角度，组织干警深入学习张飚等全国优秀政法干警先进事迹、观看周永康等政法干警违法违纪典型案例教育警示片，规范建立学习笔记和心得体会，确保党员干警时时充电，随时补脑，以确保党员干警真正达到“内强素质、外树形象”的目标。认真走访慰问，强化扶贫帮困。按照县委统一部署，领导班子在2016年分别在“三大”节日、“七一”“开耕仪式”等节点，深入嘎东镇帮康村2户贫困党员家庭，送去价值800元的砖茶、大米和1000元慰问金。开展“精准扶贫”活动，与玛乡的结对共建和走访慰问、扶贫济困、奉献爱心等活动，2016年，结对认亲扶持一批为14个贫困户已完成两次帮扶慰问，真正与群众同在、同吃、同过节，切实让基层党支部感受到党的关怀、让困难党员和贫困户感受到组织的关怀。

【党风廉政建设】 年内，政法委党风廉政建设工作严格落实上级党风廉政建设责任制，强化责任意识。将党风廉政建设工作列入党支部重要议事日程，实行“党支部统一领导、党政齐抓共管、依靠干部职工支持和参与，一把手负总责，各科室负其责”的反腐倡廉工作体制，认真落实“一岗双责”，政法委党支部成员在抓好本职所分管业务工作的同时抓好自己职责范围内的反腐倡廉建设，加强对分管工作范围内的党员干部廉政教育、管理和监督。按照县纪委2016年党风廉政建设反腐败工作会议精神，结合政法委实际，制订《白朗县委政法委党风廉政建设工作实施方案》，进一步落实政法委领导在党风廉政建设中的责任，明确凡涉及本系统内党风廉政建设和反腐败工作，由主要领导亲自部署、亲自过问、亲自协调、亲自督办，形成了主要领导负总责，分管领导具体抓，一级抓一级，一级对一级负责的工作格委。通过采取有力措施，全委人员遵守纪律、行为规范，未发生一起违法乱纪事件和不廉政现象。不断加强党风党纪和廉洁自律教育，强化纪律观念。认真组织党风党纪和廉洁自律学习教育，把反腐倡廉教育融入党的生活和各项业务工作中，深入学习《中国共产党党内监督条例》《中国共产党纪律处分条例》，党的十八大、十八届三中、四中、五中全会和习近平总书记一系列重要讲话精神，以及中央改进工作作风、密切联系群众的八项规定，认真做好警示教育走廊工作，进一步加大预防职务犯罪工作力度，提高广大职工预防职务犯罪的“免疫力”。通过各方面的学习，增强了全委干部职工纪律意识和法制观念，自觉做到依法行政和廉洁从政，通过警示教育，以案明纪，引以为戒，增强拒腐防变的防疫力，牢固树立正确的权力观、地位观和利益观，进一步密切党同人民群众的联系。

（索朗拉珍）

【领导名录】

书 记 罗布顿珠（藏族）

副书记、综治办主任

巴桑普尺（女，藏族，10月免）

江　村（藏族，10月任）

护路办主任

巴桑次仁（藏族，10月任）

综治办副主任

边巴拉姆（女，藏族）

主任科员、维稳办负责人

桑　尼（女，藏族）

副主任科员

高红斌

白朗县总工会

【概况】 2016年，白朗县总工会行政编制3人，其中：1名主席、1名副主席、1名副主任科员，大专学历2人，本科学历1人，男性1人，女性2人。全县共建有各类工会组织总数为45个，工会会员达4893名，其中，县直部门工会组织5个，国有企业工会组织1个，乡镇工会委员会11个，基层农牧民工工会委员会11个，农民工会员达3083人，非公企业工会组织17个，（会员人数达560人）。白朗县总工会会员中有劳模8人（国家级劳模2人，自治区级劳模4人，市级劳模2人），困难职工33户（建档立卡13户，大病救助4户，边远贫困16户）。

【政治理论学习】 认真贯彻落实中共十大八、十八届三中、四中、五中、六中全会和中央第六次西藏工作座谈会精神，深入贯彻落实习近平总书记系列重要讲话精神和治国理政新理念新思想新战略，特别是治边稳藏重要战略思想，贯彻落实全国总工会第六届四次执委会精神和区、市、县党的群团工作会议精神、自治区第九次党代会的部署要求以及自治区总工会九届六次扩大会议精神等。紧密结合“两学一做”和“讲学习、讲忠诚、正风纪、转作风、提效能”专题教育实践活动不断加强基层工会组织建设，进一步制定完善并执行学习制度，确定每周五下午为工会学习时间，采取集中学习与自学相结合的方式，深入学习中央、区、市、县有关的重要会议、文件精神及方针政策，学习习近平总书记在党的群团工作会议上的讲话精神。2016年，共组织学习45次，整理心得体会6份，养成了时刻保持努力学习的良好生活习惯，更好地统一了干部的思想，提升了政治理论水平，提高了与群众打交道的能力和综合业务素质。

【党风廉政建设】 年内，为把党风廉政建设和反腐败工作落到实处，结合工作实际制订《2016年白朗县总工会党风廉政建设工作计划》，充实完善党风廉政建设工作领导小组，对党风廉政建设责任制任务进行分解，明确工会主席是党风廉政建设的第一责任人，对单位的党风廉政建设负总责，副主席对党风廉政建设负直接领导责任，成员在班子的统一领导下，各负其责，分工合作，协助班子抓具体工作。为深入开展反腐倡廉教育，进一步抓好干部廉洁自律工作，白朗县委与白朗县工会主席签订《白朗县党风廉政建设责任书》，将党风廉政建设任务层层分解，落实到个人，把党风廉政建设工作与单位工作紧密结合，同部署、同落实、同检查。2016年，白朗县总工会坚持干部职工个人自学与党支部组织学习和周五单位学习日制度相结合，自觉加强对党的理论、路线、方针和政策的学习，强化党风廉政建设教育，提升班子和队伍整体素质，把党风廉政建设纳入重要议事日程，做到年初有计划和方案，年末有总结和汇报材料。认真学习《中共中央国务院关于实行党风廉政建设责任制的规定》《中国共产党党员领导干部廉洁从政若干准则（试行）实施办法》《中国共产党党内监督条例》《中国共产党纪律处分条例》以及县纪委下发的文件；认真学习上级党风廉政工作电视电话会议精神；认真学习杨善洲、孔繁森、焦裕禄等典型人物的先进事迹，学习他们恪守信念、清正廉洁、一心为民、忘我工作的优秀品质。始终坚守共产党员的精神家园，保持共产党员的高尚情操；始终把党和群众的利益放在个人利益前面，自觉践行执政为民的根本宗旨。在干部职工中开展警示教育，观看学习了警示教育宣传片，做到时刻“自律、自警、自醒”。结合“两学一做”活动，健全完善了相关规章制度，坚持民主集中制，严格遵守组织人事纪律，对涉及单位的重大事项，坚持集体讨论决定，规范了领导干部的行为，进一步提高了干部职工的政治敏锐力、政治鉴别力和理论水平，增强贯彻落实党的方针、政策的自觉性和坚定性，夯实自身的思想政治基础，筑牢拒腐防变思想防线，增强抵御各种腐朽思想侵蚀的免疫力。严格执行财务支出和经费管理规定，认真执行财经纪律，管好用好每一分钱，做到每张发票都有正当支出理由，财务审核把关、领导签字后方可报销。严格审计监督，定期对单位财务进行审计，发现问题及时整改。

【“两学一做”专题活动】 在贯彻落实“三严三实”的基础上，从一而终落实好“两学一做”。开展“两学一做”学习教育，基础在学，关键在做。把党的思想建设放在首位，引导广大党员干部认真学习《准则》和《条例》等，学习党的历史、革命先辈和先进典型，以习近平总书记的系列重要讲话为指导，促使党员干部内化于心，外化于形，争做合格党员。践行“两学一做”，通过制定专题学习方案，利用“三会一课”，为基层群众上好“两学一做”这堂党课，把群众的思想行动统一到党中央的高度上来。开展“我是谁、为了谁、依靠谁”主题大讨论，利用讲好创业致富故事、孝道文化故事、诚信故事等等，帮助广大基层党员干部树牢正确的权力、地位、利益观；克服消极、浮躁、投机、悲观等不良心态。

【开展“送温暖”活动】 2016年是白朗县脱贫攻坚摘帽的关键一年，白朗县总工会投入资金总计113000元。开展“三大节日”慰问活动，切实把党的温暖送到困难职工、困难劳模及困难农牧民群众心坎上，投入资金28500元，走访慰问困难职工和困难农牧民群众34户，其中，困难群众11户，困难职工21户，企业贫困职工2户；及时兑现各类帮扶资金，为16名在档困难职工发放帮扶资金共计32000元；12月，慰问6名困难职工，兑现帮扶资金共计20000元；3名党员干部积极开展精准扶贫结对帮扶活动，已帮助6户困难农牧民群众，帮扶资金和物品累计达4500元；兑现2015年度符合“金秋助学”条件的7名大学生的帮扶资金，共计28000元。按照日喀则市总工会的通知要求，将6名符合条件的大学生，纳入“金秋助学”覆盖范围，其中2名学生被区外重点大学录取，4名被区内高等院校录取，6名学生中，困难职工子女2名，农牧民子女3名，临时救助1名。大力开展慰问活动，为白朗县困难职工排忧解难，切实做到把党和政府的温暖、工会组织的关心送到职工群众手中，当好职工群众信赖的“娘家人”。

【组织建设】 白朗县根据区总工会《关于开展“农民工入会集中行动”实施方案》文件精神，重点围绕县级工会“六有”，乡镇工会“八有”建设，实施工会组织标准化、规范化建设，通过政策宣传、入会引导、统计核准等措施。2016年，发展2个乡镇（嘎东镇、强堆乡），达到乡镇“八有”目标，有705名农牧民工加入乡镇工会组织，加上2015年发展的洛江镇、杜琼乡、旺丹乡3个乡镇，共有5个乡镇达到乡镇“八有”目标，达标补助为每个乡镇20000元，以更好地为广大干部职工和农牧民群众服务，及时兑现了补助资金。

【财务管理】 按照区、市两级有关文件要求，2015年度补交工会会费共计104770元。2015年白朗县总工会在白朗县财政局提取工会经费共计1884447元，按照相关文件要求，2015年度工会经费共352000元已经上缴。2016年在白朗县财政局提取工会经费共计2041489元，工会经费共352000元已经上缴。除正常开支外，剩余资金将按照中央“八项规定”、自治区“约法十章”和“九项要求”严格管理使用。

【岗位技能培训】 在日喀则市总工会大力支持和帮助下，2016年，白朗县总工会选派2名农民工参加为期一个月的农机培训，现已结业，并颁发从业资格证；选派2名困难群众进行汽车驾驶培训；选派1名乡镇工会干部到上海培训；安排1名基层干部去海南疗养。

【“白朗县职工之家”项目】 2016年10月底完工的“白朗县职工之家”，项目协调总投资462万元，其中济南市总工会援助资金162万元，安排济南市第七批援藏项目资金300万元。项目在县城中心沿街地段，占地面积600平方米，建筑面积1800平方米，设计为三层框架结构，包括电影院、餐厅和职工群众活动中心等，2017年正式投入使用，极大方便和丰富了白朗县广大干部职工的学习和生活。

【法律宣传】 维护职工的合法权益是工会的基本职责，白朗县总工会为做好2016年“3·28”“安全生产月”“综治宣传月”等活动，在白朗县城悬挂宣传横幅、张贴宣传标语并发放宣传单页，大力宣传《中华人民共和国工会法》《劳动法》《劳动合同法》《职业病防治法》《女职工维权法》《农民工援助服务手册》（藏汉双语）《农民工进城务工知识问答》（藏文版）等法律法规，积极开展法制、综治、平安建设等宣传教育工作，发放藏汉双语宣传资料共计1300余份，切实提高了广大职工群众的自我保护意识和法制意识。

【自身建设】 以开展“两学一做”学习教育活动为契机，大力加强工会干部队伍自身建设。结合“两学一做”学习教育活动，全面提高干部职工的整体素质，着力加强干部队伍的自身建设，为进一步开创工会工作的新局面打下坚实的基础。组织干部职工深入学习贯彻党的十八大、十八届历次全会精神，学习习近平总书记在中共中央党的群团工作会议中的讲话精神以及自治区总工会八届六次全委会、自治区总工会九届三次全委（扩大）会议精神，学习《中国共产党廉政自律准则》《中国共产党纪律处分条例》《习近平总书记系列重要讲话读本》等材料，积极开展手抄党章活动。通过“两学一做”学习教育活动，工会干部职工进一步增强政治意识、大局意识、核心意识、看齐意识，提高党性党悟，坚定理想信念，严守政治纪律和政治规矩，强化宗旨观念，在工作中勇于担当作为，团结动员各族干部职工群众为建设更加美丽和谐幸福社会主义新西藏做出新的更大贡献！

（徐孝祥）

【领导名录】

主　席　国　杰（藏族）

副主席　王　荣（5月免）

　　　　次　仁（女，藏族，9月任）

副主任科员

　　　　格　央（女，藏族）

共青团白朗县委员会

【概况】 2016年，白朗县28岁以下青年3767人，团员人数1638名，团青比例43.4%，设有133个团组织（1个机关团委、6个机关团支部；11个乡镇团委、111个村团支部；1个学校团委、8个新经济组织团支部），10家青年文明号单位，法制副校长12名，少先队辅导员11人。荣获全区五四红旗团（总）支部奖项。

【基层组织建设】 切实做好发展团员和推优入党工作。2016年，全县11个乡镇和各支部共吸收126名团员，进一步发展和壮大了基层团组织力量；推优入党39名，进一步壮大党员队伍，为党组织输送新鲜血液；进一步健全和完善共青团组织建设。为进一步加强基层团组织（支部）建设，团县委在嘎东镇玛强攒吉民族合作社以及则嘎达卓翻林传统精制藏靴加工厂、西藏诺尔林手工艺品有限公司等8家企业、公司或合作社先后成立了团支部，吸收青年114人，其中团员青年37人，培养青年致富带头人5人。切实加强团干部思想政治教育。团县委以“两学一做”学习教育为契机，累计组织25余人次开展集中学习活动；学习党章党规和习总书记系列讲话精神，撰写个人心得体会12余篇，读书笔记10000字以上，开展专题组织研讨5次。发挥西部计划志愿者临时团支部作用。为充分发挥西部计划志愿者的志愿服务和奉献敬业精神，增强白朗县西部计划志愿者的凝聚力、影响力，有效地推动全县志愿者服务活动工作再上新台阶，全年由团县委主办，西部计划志愿者团支部承办的召开座谈会3次，开展志愿服务活动5次，送行服务期满离岗人员4人，组织集中学习3次，参与人数45余人次。截至年底，正在白朗服务的西部计划大学生志愿者共有16人（其中2016年新分配9人），14名共青团员，2名党员。

【党建带团工作】 年内，结合全县实际情况，注意把握党建带团建工作的重点，通过完善工作机制，切实把团的思想建设、组织建设、班子建设、队伍建设统一纳入党的基层组织建设总体目标，形成党建带团建、党团同发展的良好格局。2016年，团县委按照党建带团建工作的原则，建立健全了全县的团支部，截至年底，全县共有11个乡镇团委及基层团支部111个，其中团总支1个、机关团支部6个。截至年底，18—28岁青年共3767名，团员1638人，以及10个青年文明号单位。

【学习型团组织建设】 健全完善党团共同学习制度。机关、乡镇、村委各组织党团共同学习制度。机关党团支部安排为每周星期五下午为学习时间，参加学习人员除本支部党员和团员以外，本支部的35岁以下青年也要参加该支部学习；中学团总支组织全校团员每个月至少学习两次；村团支部要按每月一次学习制度，参加学习的人员为本村党员和团员。各级党组织在安排部署、组织落实中央和全区各类主题学习教育实践活动时，对团组织和团员青年提出任务、明确要求、同步考核。对共青团系统独立开展的集中主题学习教育实践活动给予指导和必要支持，实现党团组织学习教育实践活动同部署、同开展、同推进。各级党组织指导、帮助和支持团组织以爱国主义、民族团结和反分裂斗争教育为重点，开展各类青少年喜闻乐见的主题教育活动，编译适合不同青少年群体的学习教育通俗读物，引导广大青少年坚定永远跟党走有中国特色、西藏特点发展路子的信念，坚定揭批达赖、反对分裂、维护祖国统一、加强民族团结的政治立场。

【团干部选拔配备】 坚持党管干部原则，坚持德才兼备、以德为先的标准和“专兼职相结合”的方式，各乡镇党委召开党委会议已经选好配强了乡镇团干部，团委书记由乡镇党委副书记或乡镇党政班子成员兼任，团委副书记由相对固定人员担任，具体负责团的工作；村团支部书记由村“两委”班子成员兼任，已经配强了村团支部负责人和支部委员会。

强化传统领域团组织设置。着眼于扩大团的基层组织覆盖、强化团的工作活力，深入抓好中学、机关事业单位等领域团的基层组织建设。团员人数在3人以上的，都要建立团组织；团员人数少于3人但青年人数较多的，建立青年工作委员会的要求在中学建立团总支和年级团支部2个；企业团支部1个；机关事业单位团支部16个。

【规范基层团组织换届选举】 各级党组织要指导团组织按照团章规定进行换届选举。在县、乡、村党组织换届选举的同时，统筹安排县、乡、村团组织换届选举工作。

【青年人才培养】 把团干部教育培训纳入党的干部教育培训总体规划，建立分层教育培训制度，加强团干部特别是团组织书记培训。县委组织部和团委每年至少举办1期乡镇团委和村团组织负责人培训班。坚持理论武装、党性锻炼与技能培训并重，着力提高团干部服务跨越式发展和长治久安、保障和改善民生、加强和创新社会管理、应对突发事件、宣传动员群众和做好青年工作等能力。

【“推优入党”工作】各级党组织要指导团组织进一步强化推优意识，规范推优程序，在教育、培养、考察、推荐等环节做好衔接工作，提高“推优”的质量和数量，为党源源不断的输送新鲜血液。加强与各党支部沟通衔接，28周岁以下青年入党原则上应从该团支部团员中发展，发展团员入党应征求团组织意见。深化拓展推广“三个培养”，指导团组织把各类青年能人培养成青年党团员，把青年党团员培养成青年能人，把党团员青年能人培养成基层党团组织干部，充分发挥基层团组织的战斗堡垒作用和团员青年的模范带头作用。

【创先争优同深化】以党组织和党员深化创先争优带动团组织和团员青年创先争优。指导团组织把广大团员青年创先争优的积极性凝聚到做好本职工作、完成中心任务、服务人民群众上来，争科学发展之先、创社会和谐之优，以一流的态度、一流的作风、一流的工作，创造一流的业绩、树立一流的形象。支持团组织深化创先争优强基础惠民生活动，开展基层组织建设年，帮助解决实际困难，着力为团组织帮助青年做好事、办实事、解难事创造条件。

【树立先进个人典型】在创先争优强基础惠民生和“五四”表彰等一系列的评优活动中，评选出政治素质好、组织观念强、模范作用大、本职工作好、工作作风好的先进团员青年作为广大团员青年的表率，树立典型氛围，更好地促进共青团工作取得成效。

【党建带团建长效机制】年内，建立健全党建带团建工作领导机制，党组织书记和领导班子要树立抓党建必须抓团建，切实加强对基层党建带团建工作的领导，全县组建党建带团建领导小组，定期研究共青团工作，每年至少专题听取一次共青团工作汇报机制，及时帮助解决存在的困难和问题。各党组织负责人要加强对团的重要工作的指导，参加团的重要会议和活动。要建立领导干部党建带团建工作联系点制度，定期深入联系点指导检查工作，帮助总结推广经验，分析查找存在的困难和问题，协调有关部门采取有效措施切实帮助解决。

【党建带团建工作目标责任制度】年内，各级党组织要按照“五个衔接”（即党的思想教育工作与团的思想教育工作相衔接、党员队伍建设与团员队伍建设相衔接、党的干部队伍建设与团的干部队伍建设相衔接、基层党组织阵地建设与基层团组织阵地建设相衔接、党建与团建目标管理体系相衔接）的要求，将党建带团建工作职责任务和目标要求纳入党委领导班子党建工作目标考核体系，做到党团建设同研究、同部署、同推进、同考核。考核结果作为评定领导班子工作实绩的重要依据。团建不合格，党建不评优的工作方式跟各乡镇团委、各团支部签订目标责任书。

【党建带团建工作保障制度】年内，落实县及县以下团组织书记列席同级党的领导班子会议制度，让团组织书记参与有关决策，更好地了解大局、服务大局。加大对共青团工作和活动的物质支持与经费保障力度。按照文件要求县财政按照全县7~35周岁青少年人数，按人均不低于1元的标准，在年度预算中安排团组织工作经费；各级党组织要将留存党费的3~5%用于基层团建工作，进一步改善团的工作环境和条件，对共青团工作和活动提供必要的经费保障。上级党委组织部门和团组织要加强对下一级党建带团建工作的督促检查，注意宣传选树表彰党建带团建工作先进典型，总结推广先进经验，形成良好的工作导向和社会氛围。

【党风廉政建设】2016年，团委党风廉政建设工作在县委、县纪委正确领导下，坚持以邓小平理论、“三个代表”重要思想、科学发展观为指导，深入贯彻落实习近平总书记系列重要讲话精神，全面履行党章赋予的职责，坚持标本兼治、综合治理、惩防并举、注重预防的方针，结合工作实际，着力加强领导作风建设，不断提高班子成员的思想水平、政策水平、领导水平和廉政建设水平。

【做到“三个有”】 对党组班子严要求，班子人员严格执行领导干部廉洁自律的有关规定，公正、廉洁，做到“三个有”，即有宽阔的胸怀、有实干的精神、有清廉的形象，严格落实重大事项报告制度，狠抓干部的廉洁自律；领导干部做到讲党性、讲原则、守纪律，自觉作廉洁勤政的表率、遵纪守法的模范；要求全体干部职工做到“三要三不要”，即要学习、要敬业、要廉洁，不要伸手、不要计较、不要攀比；分解、细化责任，强化党风廉政建设工作责任性。明确谁主管、谁负责，谁承担责任的党风廉政建设责任机制，坚持党组统一领导，纪检监察组织协调，集体领导与个人分工负责相结合、一级抓一级、层层抓落实，形成“一岗双责”的工作机制，把党风廉政责任制工作与宣传部工作同研究、同部署、同落实、同检查、同考核。

【深刻认识，认真自查】 在党风廉政教育上，团委做到反腐钟常敲，倡廉雨常下，通过积极探索建立科学有效的党风廉政教育机制，把党风廉政教育纳入干部职工教育培训计划之中，做到全局和局部相结合、长期计划和短期安排相结合，并将党风廉政教育充分融入团委工作中。通过组织开展各种形式的党纪政纪、法律法规和警示教育活动，进一步增强广大干部职工特别是领导干部廉洁从政和接受监督的意识，使党风廉政教育更为系统性，更具实效性，切实加强了对各种腐败现象的预防工作。

加强党员干部廉政建设和反腐败工作的宣传教育，引导干部职工将反腐倡廉与提高自身素质有机地结合起来，不断强化党员的党性意识、政治意识、责任意识和纪律意识，有效防范和减少违纪违规问题的发生；将反腐倡廉工作与创新社会管理结合起来，在共驻共建活动中坚持不断地创新、出新、更新、求新，探索一条走创新化之路，建资源型的共驻共建新模式。

【行风建设】 加强领导干部作风建设是适应新形势新任务的迫切要求。团委上下开展作风建设活动，明确目标、理清思路、结合实际，针对当前宣传部队伍在作风方面存在的突出问题和薄弱环节狠抓落实，书记分别下基层蹲点调研，走进矛盾、破解难题，切实解决单位内部存在的问题，使作风建设促进机关行风效能的提高、推进团委工作上新台阶，努力打造一支形象好、业务精、素质高、政府放心、人民满意的队伍；开展创建“青年群众满意基层办事窗口”活动，大力提升团委行风建设水平。规范政务公开制度，严格依法行政。进一步深化政务公开工作，按照“依法公开，真实公正，注重实效，有利监督”的原则，坚持把群众普遍关注和涉及群众切身利益的问题作为政务公开的重点内容。杜绝执法、办事不公，滥用职权等损害群众利益的行为。

【制度建设】 年内，进一步加强制度建设，注重形成长效机制，增强落实制度、遵守制度的自觉性和主动性，有效地防止权利失控、决策失误和行为失范，使党员干部不犯错误或少犯错误；严格执行约谈制、追究制等，坚持依纪、依法、依规惩治腐败，切实发挥惩戒功能和治本功能；不断建立和健全党内外监督机制，强化领导集体内部的监督作用及舆论监督作用，把权力的运行置于有效的监督之下，从源头上筑起防腐防线，杜绝和防止腐败现象的滋生。

【作风建设】 年内，加强对各部门履行职责、执行制度、改进作风、办事效率等方面的效能督查，有力杜绝工作纪律涣散、作风粗暴等情形，形成行为规范、运转协调、廉洁高效的工作体制；牢固树立敬业勤业精神，创造性地开展工作，真正运用好手中的权力，切实为群众办实事、办好事；以勤俭节约为原则，防止“四风”问题反弹，狠刹奢侈享乐、铺张浪费歪风，有效禁止各种奢侈。

【实行“三负责”】 进一步完善制度建设，切实做到反腐倡廉程序化，活动内容规范化，以健全的制度保证党风廉政建设工作规范运作。同时，认真实行“三负责”，即真抓实干、常抓不懈，对党的事业负责；加强监督，防微杜渐，对班子成员负责；严管重教，关口前移，对全体党员干部负责。确保党风廉政建设工作做到党员干部认识到位、领导干部责任到位、机关科室落实到位。坚持领导干部述职述廉制度、个人收入和重大事项报告制度，认真落实中央八项规定。

【基层团建经费工作】 共青团白朗县委员会制定《白朗县基层团建经费使用管理办法》（试行），进一步明确经费的使用情况，严格经费审批程序，加大监督力度。深入基层检查及指导乡镇基层团建工作开展情况，同时发放七乡一镇团建经费共80000元。

【青少年维权】 深入开展预防青少年违法犯罪法制宣传和自救活动。2016年，团县委以“3・28”等各类法制宣传日为契机，积极与司法、法院、消防及乡镇派出所等相关单位沟通协调，组织专门力量，深入乡镇、学校开展了法制宣传活动和学生自救演练活动，并与中学团支部联合组织学生一同参观了白朗县看守所（青少年教育警示基地），使学生们对青少年犯罪有了更深的了解，有效促进了全县青年学生健康成长。全年共开展法制宣传活动7余次，张贴标语30余张，悬挂横幅7余幅，发放宣传资料500余册，参与人数20余人次。

【青年创业就业成果】 2016年，由嘎东镇兴旺民族服饰农民专业合作社等5家非公企业及合作社产品顺利参加团区委承办的全区青少年创新、创业、创优成果展，展品的创新性和市场前景方面得到了区、市两级团委主要领导的充分肯可；团县委积极动员和筹备，先后由来自11个乡镇推荐的8家青年创业代表参赛报名，通过精心筛选，最终由旺达食品有限公司等6家企业、合作社代表白朗县参加日喀则市首届青年创业大赛。创业大赛决赛中白朗县参赛项目以优异的成绩综合排名全市名列前茅，其中在投融资项目签约仪式上西藏白朗县青稞产业专业合作社与上海农业信息有限公司成功签订合作意向书，青稞深加工产品和藏语写字板创新产品得到市委、市政府相关领导充分肯定，为全县青年创业促就业奠定了良好的基础，不断扩大全县青年创业就业影响力。

【青年致富带头人外出学习考察】 2016年，按照团区委、团市委的大力支持下，团县委积极沟通和协调，1名团县委书记参加全国新任县（区）团委书记培训；3名中学团干部、5名乡小学少先队辅导员先后参加在井冈山、拉萨、日喀则举办的业务学习培训；组织3名青年致富带头人到吉林参观考察和交流学习；组织县乡两级3名团干部，先后在北京、成都参加业务培训；动员和组织13名青年致富带头人参加区、市两级创业大赛并获得优异成绩。

【爱心物资捐赠活动】 开展“做青年志愿者树服务新风”爱心物资捐赠活动为进一步体现党和政府对条件艰苦地区群众的关心和关爱，团县委积极组织干部、志愿者对社会爱心人士和爱心团体捐赠的物资进行拆包整理出68袋儿童的衣物，共计1100余件，并于2016年5月在东喜乡小学组织开展“捐衣物、送温暖、献爱心”为主题的捐赠活动，为全校69名牧民学生送去了团组织的关心和关爱。

【开展慰问活动】 开展“牵手夕阳红・温暖老人心”慰问活动。5月，组织县中学40名团员学生和10余名大学生志愿者，在县敬老院开展打扫房间、洗脚等慰问孤寡老人和文艺演出活动，为孤寡老人献上丰富多彩的文化大餐。

【开展“爱心捐书”活动】 年内，团县委利用志愿者活动经费购买英藏汉对照词典、新华字典、藏汉字帖各96册，价值1万余元，为全校96名农牧民子女送去学习工具用书。

【西藏优秀青年事迹分享会在白朗县举行】 在团

市委和县委、县政府的大力支持下，团县委积极与上级部门沟通协调，于2016年5月，在白朗县大礼堂成功举办“我的中国梦——奋斗的青春最美丽”西藏优秀青年事迹分享会。通过全区5位优秀青年讲述自己的青春故事、分享人生感悟，引导广大青少年勤奋学习、扎实工作，形成“奋斗的青春最美丽”的鲜明导向。全县各部门、驻军部队、中学生等各行业青年代表240余人参加此次分享会。

【举办体育竞技活动】 年内，成功举办“建党95周年、建团94周年”体育竞技活动。以足球、篮球为主，团县委成功举办“建党95周年、建团94周年”体育竞技活动，充分展现出白朗县新时代党员、团员、青年的青春活力与激情。

【开展“减轻压力·笑迎中考”减压活动】 在一年一度的中考即将来临之际，团县委积极争取资金，与中学团支部联合开展了以“减轻压力，笑迎中考”为主题的中考减压活动，切实鼓励迎考同学释放紧张心理压力，轻松备战中考，减压活动成效显著，收到广大师生一致好评。

（罗时梅）

【领导名录】

书　记　次仁扎西（藏族）

副书记　次仁玉珍（女，藏族）

白朗县妇女联合会

【概况】 白朗县妇女联合会（简称县妇联）成立于1963年3月。2016年，县妇联编制人数2人，实际人数3名，其中妇联主席1名，正科级协调员1名，科员1名。白朗县妇联以中共十八大精神、十八届四中、五中全会和全县经济工作会议精神为指导，认真贯彻落实习近平总书记关于新时期妇女工作的重要指示精神，认真贯彻落实中央、区、市、县关于加强和改进党的群团工作的决策部署，紧紧围绕全县中心工作，以“三严三实”和“两学一做”专题教育为契机，按照“急党政所急、办妇女所需、干妇联所能”的原则，以建设“坚强阵地”和“温暖之家”为目标，丰富活动内容，创新工作方式，提升服务水平，切实为广大妇女办实事、解难事，充分发挥党联系广大妇女的桥梁和纽带作用，团结引领广大妇女投身到白朗县经济发展各项事业中发挥了半边天的作用。

【党建带妇建】 年内，按照“党建带妇建”的原则，开展思想建设、组织建设、队伍建设、阵地建设、作风建设、严格按照《中国共产党党和国家机关基层组织工作条例》和“两学一做”活动要求。年初制订支部工作学习计划、活动安排，发展党员工作规范；提升素质，开展“两学一做”学习讨论落实活动。按照县委关于“两学一做”学习讨论落实活动的安排部署，认真开展学习讨论落实活动。一方面加强学习，组织全县妇女干部职工学习中央、区党委两级党的群团工作会议精神。在广大妇女群众中广泛深入开展中共十八大、十八届四中、五中全会，中央第六次西藏工作座谈会精神，习近平总书记系列重要讲话和全国两会精神，及时学习传达贯彻落实中央、区党委和全国妇联、区妇联、市妇联重要文件和会议精神。认真记录学习笔记、撰写心得体会。一把手带头为妇联全体党员讲党课，全面提升妇联工作整体水平。另一方面深刻开展反思剖析，紧密联系妇联工作实际和每位党员自身实际，全体党员之间开展思想交流，查找本单位存在的突出问题，查找自身存在的问题，认真剖析原因，制定切实可行的整改措施。通过学习讨论落实活动，全体同志在思想理论上有了明显提高，增强了妇联工作必须深入妇女群众的理念和意识；加强干部队伍建设，建立联系点，深入基层调研，撰写报告2篇。村妇代会主任在本村组织学习、活动、调解、入户2次，发挥好妇代会主任作用；发展女党员，建立女干部、女党员、妇联干部信息库。加大村妇代会主任培训工作力度，提高基层妇女工作者素质。在县党校举办村妇代会主任培训班1期，培训人数109名。

【建设示范“妇女之家”】 全县111个行政村全部建立“妇女之家”，各类“妇女之家”每年开展活动2次，每次参加数15人以上，主要在每年的“三八”妇女节和藏历新年开展文体活动。做好“两新”组织建设，在白朗县嘎东镇妇女卓玛传统民族服饰编织厂建立了“妇女之家”活动室。尝试在尼姑寺建立妇女组织，延伸妇联工作手臂，妇联在符合条件的尼姑寺中建立妇女组织2家。

【开展法制宣传活动】 在“三八”期间向群众发放藏汉宣传单，宣传《妇女权益保障法》《未成年人保护法》《婚姻法》《反家庭暴力法》等法律法规知识，进入乡村宣讲《农村妇女小额信贷财政贴息》政策；组织开展“三八维权周”“6·26”禁毒宣传和“12·4”法制宣传日等法制宣传活动，开展3月综治宣传月宣传教育活动，开展活动4次，发放宣传资料1500份。开展男女平等基本国策和儿童优先原则及“两规”宣传活动。

【农村妇女技能培训】 妇联把“巾帼建功、双学双比”活动作为抓手，充分利用传统民族手工业优势，开展农牧区妇女传统编织技能培训，努力提升农牧区妇女的科技素质，引领农村妇女积极参与社会经济发展，实现增收致富。针对农牧区妇女“就业难”的问题，以培训为抓手，以促进就业为基点。2016年共举办两期培训班，举办“阿里地区妇联组织农牧区妇女到日喀则市白朗县洛江镇则嘎村学习编织技术培训班（培训时间20天，培训人数30人）；举办日喀则市东部县贫困妇女培训班（培训时间30天，培训人数30人）。市妇联确立白朗县洛江镇则嘎村精美民族手工编织厂为市级妇女编织培训基地并挂牌。

【推动妇女儿童发展规划实施】 突出重点，解决难题，以项目建设为抓手，以改善生活环境为目标，实施了妇女系列工程。争取民生项目。以“大地之爱·母亲水窖”项目为契机，2016年争取母亲水窖资金47万元，在白朗县强堆乡洁白村新建，水窖建成后将解决该村75户，517人，1319头牲畜（只、匹）吃水困难问题，告别多年吃水靠人背的历史（注：此项工程于2017年开工）；实施“三八绿色工程”。2016年，争取国家投资10万元，在白朗县巴扎乡查吾冲村，实施“三八绿色工程”，项目主要内容为：栽植30亩沙棘。于2016年5月底全部完成了栽植任务。通过县妇联动员广大妇女群众积极参与，增强全社会“保护生态环境、共建绿色家园”的环保意识；创办巾帼示范基地。2016年获批国家级巾帼科技示范基地项目一个，在白朗县巴扎乡彭仓村，项目总投资额5万元，主要用于组织村妇女蔬菜种植技术培训及贫困户盖温室大棚购买材料，已经开展培训3期，参与培训妇女32人；开展爱心捐助。7月12日，自治区妇联主席江措拉姆到白朗县对农牧区贫困妇女现状及妇联组织在助推扶贫工作中发挥作用进行调研。区妇联慰问了嘎普乡嘎普村孜林编织合作社发放慰问金5100元，慰问1名贫困妇女发放慰问金1000元，母亲邮包1件，慰问嘎普乡嘎普村“妇女之家”发放慰问金500元，给嘎普乡妇联5000元，用于村级妇女组织开展培训工作经费。9月，干部职工走访慰问了解自己的结对帮扶困难对象的基本情况，为他们共送去三袋大米、三袋面粉、三条砖茶，并敬献哈达。

【区妇联发展部部长李作梅到白朗县调研】 考评组到巴扎乡彭仓村实地察看“妇女之家”和“蔬菜大棚”，听取工作汇报。深入嘎东镇妇女卓玛民族服饰编织厂、色唐荞麦糌粑专业合作社实地查看，了解妇女合作社规模，带动妇女增收情况，主要经营项目、经济效益。考评组对2016年度目标管理责任制中的内容进行了逐项查阅资料、并对相关业务工作方面的内容提问，得到了考评组一致好评。

【党风廉政建设】 年内，认真落实党风廉政建设有关规定、中央“八项规定”和区党委“约法十章”及实施细则各项要求，无违纪违法现象，认真撰写党风廉政建设主体责任制落实情况汇报。

（黎芙蓉）

【领导名录】

主 席 德 庆（女，藏族）

中共白朗县委党校

【概况】 中共白朗县委党校成立于1983年，编制人数3人，实际人数6名，其中行政编制为1人，事业编制2名，公益性岗位3人。2016年，白朗县委党校认真贯彻落实中央、区党委、市委一系列会议、文件及指示精神，认真贯彻《中国共产党党校工作条例》，贯彻落实全国、全区党校工作会议精神，始终坚持党校信党的基本原则，以改革创新为动力，根据中央、自治区、市委《关于新形势下加强和改进党校工作实施意见》的要求，积极主动开展干部培训、圆满完成了各项培训任务，同时紧紧围绕县委、县政府中心工作和决策部署，团结带领全校干部职工，凝心聚力、积极作为，扎实开展教育培训、抓党建促脱贫、基层党校建设发展等各项工作，较好发挥了党校熔炉阵地和智库作用。年内，共举办培训班37期，参训人数10150余人次。其中，主体班次14期，培训学员1564人次。深入开展“流动党校”送教上门。选派骨干教师深入县直部门、深入基层、深入群众宣讲“三严三实”“两学一做”、党的十八届六中全会、西藏自治区第九次党代会精神等内容，截止年底，共宣讲11场次，受教育党员干部及群众7500人次，为白朗县实施“1234”载体，“瞄准一个目标、突出两大任务、做好三篇文章、实施四大工程”建设提供了理论保障和智力支持。截至年底，县委党校共有干部职工9人，其中行政编制1人，事业编制3人（高级讲师1人、讲师1人、助理讲师1人），公益性岗位5人。2016年，县委党校内设机构有：办公室、教研室、学员后勤服务室。2016年，党校走廊文化两个阵地（新旧对比阵地、红色教育阵地）建成。

【主体班培训按计划开展】 2016年，县委党校围绕十八届三中、四中、五中、六中全会，第六次西藏工作座谈会精神，习近平总书记系列重要讲话精神和西藏自治区第九次党代会精神，紧扣市委、市政府、县委、县政府中心工作，举办系列会议精神培训及新分配干部岗前培训。同时，开展周五大讲堂，文秘班和夜校双语班及全区村（居）组织负责人、村党支部第一书记、村党支部书记、村主任、村妇代会主任、村“两委”其他班子、乡镇文化专技人员、农村乡土使用技能人员、预备党员和入党积极分子理论培训班。各主体班次中还增加了党章、党建知识、党史、党规党纪、《准则》《条例》、反分裂斗争政策措施等内容，丰富了课堂内容，为党校开展菜单式教学提供了坚强保障。

【联合办班】 2016年，县委党校进一步加大联合办班力度，联合县委组织部举办抓党建、促脱贫专题培训班，联合县妇联举办妇代会主任保护妇女法培训班、联合县人社局举办乡镇专技人员提升素质能力培训班，联合县农牧局举办农村乡土实用人才培训班、联合县司法局举办农牧民法律法规知识培训班等12期，培训学员750人次。与护路队、扶贫办、教育局等单位达成干部培训、宣讲服务协议，提升了县委党校对外的影响力。

【“流动党校”宣讲形成常态】 年内，围绕中共十八届三中、四中、五中、六中全会精神等内容，精选“十八届五中全会精神、十八届六中全会精神、第六次西藏工作座谈会精神、习近平总书记系列重要讲话精神、西藏自治区第九次党代会精神、精准扶贫方案解读和《条例》《准则》解读、新旧西藏对比”等精品专题，组织党校教师进寺庙、进乡镇做专题宣讲。

【特色亮点】 加强和改进新形势下白朗县党校工作是协调推进“四个全面”战略布局的迫切需

要，是落实全面从严治党的内在要求，县委党校紧紧围绕县委、县政府中心工作，认真贯彻落实全区党校工作会议精神，立足实际建成两个阵地。打造文化长廊，建设红色教育基地、制作新旧对比展板。录制“如何当好新时期村党支部书记”、围绕“两学一做”做好群众工作方式方法等党课内容光盘。

【培训工作】 针对2016年7月31日自治区党委组织部干部教育培训调研工作汇报会上边巴扎西部长提出的问题，校委会进行了认真反思，积极向县委领导汇报，争取县委对党校扩建工作的支持。县委主要领导高度重视并积极为党校改扩建工作出谋划策，亲自过问和督办党校建设，关切党校发展，研究推进党校改革发展的落实。

【领导班子自身建设】 年内，县委党校班子成员带头落实党校姓党的基本原则，坚定正确办学方向，党校综合培训能力进一步提升；班子成员积极参加县委理论学习中心组9次；校委会坚持民主集中制，积极推进党务、政务公开，主动听取意见、接受监督，促进科学决策民主决策依法决策。党支部带头守纪律、讲规矩，落实“三会一课”制度，党组织生活严格规范，班子凝聚力战斗力进一步增强。

【党风廉政建设】 年内，认真贯彻执行中央八项规定和自治区、市委、县委各项要求，坚持厉行节约、反对浪费，规范公务接待行为。认真做好党务校务公开工作，接受社会各界的监督；认真落实党风廉政建设责任制，接受党员群众的监督，从主要领导做起，从班子成员做起，从党员干部做起，时时处处从严要求，率先垂范，促使党风廉政建设迈向制度化、规范化轨道。

【“两学一做”学习教育】 年内，按照县委、县政府的统一安排部署，结合每个专题的要求，每一名党员干部撰写心得体会5篇，学习讨论交流会3次，通过四个专题学习教育研讨，提升了党员队伍思想政治素质，用科学理论武装头脑，指导实践，推动工作，在立足本职工作的同时，充分发挥好党员的先锋模范作用，确保“两学一做”能够落到实处，为党校党建工作奠定了坚实的基础。在活动中，主要采取以下措施：校委会高度重视，精心部署周密安排；扎实搞好学习调研，奠定活动基础；有效开展分析检查，找出制约发展的突出问题；统筹兼顾，努力解决制约党校事业发展的突出问题；进一步建立健全规章制度，促进党校事业科学发展；坚持“两手抓、两不误”，边学边改、边查边改、边整边改，突出实效性。“两学一做”学习教育的对象覆盖全体党员。全面从严治党的“全面”就是管全党、治全党，面向8800多万党员、440多万个党组织，覆盖党的建设各个领域、各个方面、各个部门。“两学一做”学习教育有利于推动解决全面从严治党的重点和难点问题。全面从严治党的重点在基层，难点也在基层。基础不牢，地动山摇。只有将全面从严治党的各项要求不折不扣地落实到基层组织、落实到每一个党员头上，才能为全面从严治党奠定坚实基础，从而不断巩固党的执政基础和执政地位。“两学一做”学习教育，基础在学，关键在做，即做讲政治、有信念，讲规矩、有纪律，讲道德、有品行，讲奉献、有作为的合格党员。党员是党这个肌体的细胞。每一个党员都合格了，全面从严治党向基层延伸就有了坚实的基础，全面从严治党的重点和难点问题也就能得到有效的解决。开展“两学一做”学习教育，就是为继续添把火、加把劲，进一步延展和深化已经取得的成果，抓反复、反复抓，出成果、见成效。

【干部职工队伍建设】 在队伍建设上，1名教师评定为助理讲师职称，1名教师评定为讲师职称，推荐1名正科级干部，先后选派4名教职员工到济南市委党校，西藏自治区委党校、日喀则市委党校等地学习交流。

【培养教学能手】 年内，组织教师开展集体备课、青年教师试讲试练等活动，促使教师互相学习、共同提高。

【党校内部管理】 年内，严明政治纪律政治规矩，坚持用纪律束人、用规矩管事。严格按照上级党委政府要求，严把财务关、作风建设关，2016年，修订完善党校机关七项制度，并狠抓落实，机关不定期查岗，督办，从源头上防范“四风”问题发生。

【教学和学风建设】 年内，按照讲纪律、守规矩要求，探索制定教师授课规则。为了提高教学科研水平和培训质效果，建立专兼职教师课件、讲义把关制度，推行教师校外授课报批制度，同时完善学风、学纪和学员管理制度。

【驻村工作】 年内，共选派驻村工作队员4名，驻村工作队在驻村期间按照强基办的要求，逐一落实各项任务，顺利完成各项工作。在强基惠民“5+3”工作开展中，完善各项规章制度，制定学习计划，并译成藏文版，完成驻村百项工作任务，帮助健全村规民约1条，党务、政务以及各类宣传更新3条，立足村的实际困难，积极与上级部门沟通协调，争取铁丝、网围栏、铅丝龙、化肥、水泥柱子等物资，折合人民币共45000元。扎实开展精准扶贫结对帮扶工作，累计结对帮扶资金2000余元。

（巴桑次仁）

【领导名录】

县委常务副书记、校长

黄 晓 广（山东援藏，9月任）

党支部书记、副校长（正科级）

巴桑次仁（藏族）

武 装

白朗县人民武装部

【概况】 白朗县人民武装部（简称县人武部）成立于1965年12月，下设军事科、政工科、后勤科。2016年，白朗县人民武装部坚持以强军目标总要求为指导，深入贯彻落实中共十八大及各全会精神，坚决贯彻习近平总书记系列重要指示，开展“两学一做”“学习践行强军目标，做新一代革命军人”主题为主线的思想政治教育专项活动，始终坚持安全发展理念，狠抓安全稳定工作不放松，保持单位高度持续安全稳定。做好军事斗争准备工作，紧紧围绕白朗县后备力量和国防动员建设，注重以民兵军事训练为中心，以维护辖区社会稳定为重点，努力提升民兵分队处置突发事件的能力水平，圆满完成年度各项任务，有力推动人武部全面建设上新台阶。

【政治工作】 2016年，白朗县人武部始终把党委班子建设当成首要任务来抓，深入贯彻落实中共十八大精神及全会精神，认真学习贯彻习近平总书记关于国防和军事建设的重要讲话精神，大力开展军队改革强军主题教育、“两学一做”、保密、安全专项教育等活动，进一步转变官兵思想，打牢官兵跟党走的思想根基。严格落实每季度党委中心组及机关理论学习制度，严格落实党管武装工作制度，定期召开军地联席会议，始终把握人武部及国防后备力量建设的正确方向。大力开展全民国防教育活动，提高全民国防观念和促进民族团结。部党委以能力建设为主线，以中央“八项规定”为标准，不断加强党组织的思想、纪律、作风、制度和反腐倡廉建设，按照“十六字”方针原则，充分发挥党委抓大事、议大事的作用。突出干部队伍这个重点，建立干部学习制度长效机制，促进干部理论素养和业务技能的进一步提升，不断提高干部综合能力。

【军事工作】 认真贯彻落实征兵工作政策规定，精心组织，密切协作，组织下乡广播宣传征兵政策410人次，发放征兵海报、手册、传单、手提袋等2500余份，完成兵役登记，经过严格的体格检查和政治考核，出色完成年度征兵工作。坚决贯彻习近平主席“能打仗、打胜仗”总要求，严格落实依法治军、从严治军，严密组织按纲施训，按纲抓建，不断完善联合指挥体系机制，紧紧扭住民兵队伍建设这个重点，全面加强军事能力建设，深化推进军事训练转变，狠抓民兵训练“四落实”。年内，分4个批次组织 4 个基干民兵连 4 个分队，进行专业科目和共同科目训练，重点对应急民兵拉动、抢险救灾、维稳处突等进行演练，注重在遂行多样化军事任务中摔打磨炼，先后组织民兵治安联防分队8批参加县城重要目标巡逻和重要部位及敏感时节维稳执勤任务，针对“4·25”抗震救灾，对应急民兵连进行有效的拉动，做到收得拢、拉得出的目的，有效提升民兵应急出动能力，圆满完成年度维稳任务。

【后装工作】 年内，坚决落实后勤、装备管理条例，大力开展装备和财务大清查工作，后装管理水平得到提升。2016年，在县政府、县领导的大力支持下，完成武装部屋面彩钢、营区铁门和大棚温室的改造维修工作，进一步完善单位正规化建设配套设施，改善官兵生活条件；坚持党委议装议管制度，研判辖区安全形势，解决民兵训练中存在的实际问题。扎实开展民兵仓库专项清理整治工作，严格落实“六个三”制度及武器弹药规章制度、干部和武器保管员住库制度，进一步规范武器装备日常管理；严格落实车辆派遣制度，自觉遵守车辆安全规定，实现安全行车1万余公里；始终坚持党委理财制度，严格落实集体办公制度，加强经费监管，杜绝铺张浪费和不合理开支；加大农副业生产力度，不断提高伙食质量，全年共自产肉食100余公斤，蔬菜5000余公斤。

【安全工作】 年内，认真学习贯彻安全工作条例和两级军区及分区关于安全管理工作一系列指示精神，重点突出抓好“两会”及重要节日、敏感日辖区社会稳定工作，建立健全安全预案，定期开展安全形势分析和经常性的安全大检查。加强社情研究和重要目标的警戒警卫工作，组织应急民兵分队展开针对性的演练，提高民兵应急力量处置突发事件的能力。严格落实“六个管好”制度，广泛开展“三互”“三责”活动，实现人人签订安全责任书，人人身上有责任，人人身上有指标，确保了单位年度安全无事故。

【党建工作】 2016年，认真学习贯彻党的十八届五中、六中全会精神，以创先争优活动为载体，开展“学习型党组织”活动，紧密结合“两学一做”专题教育，积极开展党性教育；加强党支部建设，充分发挥支部战斗堡垒作用，强化理念学习，不断提高党员干部队伍能力水平；严格规范党内组织生活，坚持完善组织制度，严明党的纪律，狠抓官兵作风建设和倾向性问题的纠治，不断开创武装部党建工作新局面。

【党风廉政建设】 年内，武装部党委认真学习贯彻《中国共产党党内监督条例》和《中国共产党纪律处分条例》，全面落实党中央“八项规定”和中央军委“十项规定”，紧密结合单位实际和任务特点，狠抓党风廉政建设，从改进调查研究、精简会议文件、加强督促检查等方面，制定“六要八不准”的具体措施，切实做到有硬性约束、有责任制度、有监督检查、有惩戒措施，有效形成风清气正的环境，进一步推进党风廉政建设发展。

（陈 珂）

【领导名录】

部 长 严新民

政 委 董明亮

副部长 袁朝葵

白朗县公安消防大队

【概况】 2016年，白朗县公安消防大队认真贯彻落实公安部构筑社会消防安全“防火墙”要求，加快推进社会单位消防安全“四个能力”建设进程，以“打造高原消防铁军”建设为奋斗目标，以“正规化、精细化”建设为工作思路，大队全体官兵认真做好执勤备战、执法监督工作，严格落实消防目标责任制，充分发挥消防监督工作服务社会、服务经济建设的作用，有力的推进社会消防安全管理创新，为构建和谐白朗、平安白朗创造良好消防安全环境，实现全县消防工作和部队建设的新突破、新发展。

【部队管理】 年内，大队根据部队管理的新要求和实际情况，不断完善并落实各项制度，做到以制度管理，做好队伍管理工作，大队定期召开军人大会和安全形势分析会，分析当前队伍管理中存在的问题，采取有效措施进行解决。同时，大队严格贯彻执行“五条禁令”和“六个严禁”，坚持从严治警，不断加强安全教育、健全安全组织、落实安全责任、执行安全制度，切实把人员管住、把车辆管死、把内部目标管牢，确保部队“四个秩序”正规，无亡人责任事故、无刑事案件、无自杀事件、无严重违纪的发生。

【消防保卫】 年内，大队完成“春节”“藏历新年”“元宵节”“劳动节”“国庆节”等重大节日以及小考、中考安全保卫、参卓林寺佛事活动等一系列消防安全保卫任务。年内，白朗县公安消防大队共出动消防车100余台次，为保持白朗县消防安全形势稳定起到了积极作用。

【火灾防控】 大队针对当前消防安全形势，会同公安、商务、安监、工商等部门多次对辖区内宾馆、超市、加油加气站、建筑工地、学校、网吧等开展专项消防安全大检查，有效遏止了火灾事故苗头，为全县的消防安全稳定提供强有力的保障。年内，大队共检查单位431家次，发现火灾隐患234处，督促整改234处，下发责令整改通知书206次，行政处罚一次，出动消防安全监督检查人员863人次。其次，严格行政许可制度，从源头上消除火灾隐患。2016年，大队办理消防设计备案抽查4起。今冬明春火灾防控专项工作期间，大队深入22座寺庙检查，其中发现存在火灾隐患寺庙6座，重大火灾隐患1座。

【宣传教育】 年内，大队以消防宣传“五进”工作为载体，结合群众生产生活实际，采取灵活多样的形式，大力宣传消防安全常识，努力提升社会群众的消防安全意识。截至年底，共悬挂横幅37条，散发宣传资料3000余份，张贴宣传画100余件，确保每个单位有一至两名消防安全“四个能力”建设的“明白人”和责任人。组织各部门、企事业单位、学校、幼儿园、社会福利单位、饭店等开展消防疏散演练60多次，组织公安派出所民警的业务培训1次，对单位的消防安全管理人、专兼职消防管理人员进行专门培训1次，社会单位基本具备了检查消除火灾隐患能力，扑救初起火灾能力，组织疏散逃生能力，消防宣传教育能力。

【后勤建设】 大队官兵以对消防工作高度负责的工作责任心，县政府对消防工作高度重视，进一步加大消防经费投入，有力地推动社会消防工作又好又快发展。消防业务预算经费增至90万元，创下历史新高；消防队（站）建设取得重大进展。大队破除“等、靠、要”的观念，积极主动向县委、县政府请示报告，争取地方党政和有关部门的支持和理解，密切与地方财政部门联系，通过努力，争取到建设用地13亩、建设经费300万元，预计2017年8月1日前投入使用。

【党风廉政建设】 年内，在支队党委的领导下，大队党委非常重视理论学习，始终把加强理论学习作为加强班子建设的首要工作，坚持用科学的理论武装头脑，采取集中学习、分组讨论、个人学习、观看录像、专家辅导等方法，认真学习马列主义、毛泽东思想、邓小平理论和“三个代表”重要思想等内容，做到年度有计划、月份有安排、笔记有调阅、情况有汇报。都能够把“讲学习”与“讲政治”有机结合起来，坚持用正确的理论武装头脑，不断提高政策理论水平，使部队建设始终沿着正确的轨道发展。大队党委班子能够认真贯彻“十六字”方针，不断加强民主集中制建设，注重强化集体领导观念，努力创造团结和谐的气氛，有效地提高了党委班子建设水平。大队党委能够认真学习民主集中理论观念、制度和原则，学习党的领导关于民主集中制的论述及上级的有关指示精神。

（赵　健）

【领导名录】

教导员　龙　襲
参　谋　赵　健
防火参谋　贵桑多吉
司令部参谋
　　顿　旦

武警白朗县中队

【概况】 2016年，武警白朗县中队坚持以习近平总书记系列重要讲话精神为指导，认真学习贯彻总部、总队和支队三级党委扩大会议精神，紧紧围绕建设现代化武警目标，按照新《纲要》建设部队，依据条令管理部队，坚持抓经常，着力抓干部士官，注重抓落实，切实改进作风，努力推动中队建设科学安全发展，高标准实现“两个确保”。2016年，干部以身作则，责任心强；骨干作用明显，带头表率；官兵思想稳定，士气高昂；各项秩序正规，中心任务完成圆满；部队管理严格，正规化建设成效明显；后勤工作重视，综合保障能力不断提升。

【支部工作】 抓好支部建设，战斗堡垒作用明显。中队党支部是部队建设的“主心骨”，在工作中注重抓好支部自身建设，发挥班子的战斗堡垒作用、干部的模范带头作用和广大党员的先锋表率作用。抓好学习增强素质。年内，按照年初制订的干部理论学习计划，严格落实学习制度，及时传达学习上级的指示要求，认真领会上级的意图，采取自学和集中学习相结合的方法，督促党员干部加强理论学习和业务研究，不断提高支部“一班人”的理论水平和带兵能力；强化责任做表率。支部委员进一步明确责任，加强学习和锻炼，用工作责任心来弥补能力和经验的不足。特别是正规化建设以来，支部一班人能克服自身困难，带领大家从自身做起，从小事做起，注重点滴养成，给大家做好表率；严格制度抓落实。主要依据《党支部工作条例》和上级下发的党支部工作规范，严格落实组织生活制度，开展好每周五的组织生活，加强党员的学习和管理教育，坚持每月按纲建队形势分析，定期组织党员汇报思想，每月组织干部骨干民主测评，以此激发广大党员争当先锋模范。同时加大对两个群众性组织的工作指导，进一步规范两大组织的工作；公正处事树正气。中队支部在处理问题时坚持重大问题集体研究决定，把握原则，公平公正处事，注重发扬民主，倾听战士的意见建议，不收受钱物，不侵占士兵利益。

【政治工作】 注重教育引导，思想政治工作扎实有效。在抓教育和思想工作的过程中始终坚持思想领先，积极主动做工作，主要做到“四个突出”：突出主题教育的实践性融合性。年内，主要围绕改革强军主题教育为主线，坚持与岗位融合、向实践延伸；突出经常性思想教育的针对性及时性。重点抓好了人生价值观、法纪、心理健康、安全、内部关系、职能使命、管装爱装等经常性教育，着眼纠正“角色转换综合症”，在老兵退伍后至新兵下连前，开展“尊干爱兵”“赏识新战友、适应新环境”系列教育；着眼暑期特点，开展安全常识、季节性防事故教育；结合不同的时期开展了条例法规、密切内部关系教育整顿、士官队伍教育整顿、学习新《武警部队士官管理规定》等系列教育整顿活动。着眼老兵退伍前工作特点，适时组织开展“四个珍惜”老兵退伍以及老兵法纪系列教育。认真抓好每月一课、形势任务等教育，组织官兵学习《条例》、新《纲要》《士官管理规定》等法规的学习；突出“个别人”帮教的主动性有效性。建立思想骨干队伍，搞好培训，开展心理常识教育，搞好心理疏导；大力开展谈心活动，充分运用“三互”“双四一”等载体，及时掌握官兵思想情况，有针对性做好思想工作，全面掌握官兵的思想情况，牢固建立“个别人”每月排查制度，落实“三帮一”等措施，中队官兵思想稳定，无个别人重点人；突出警营文化建设的时代性群众性。坚持“三个半小时”活动，每周教唱一首歌，每月推荐1~2本好书，鼓励大家多读书，多撰写体会文章。依托两大组织开展好文体活动，丰富节日生活，浓厚文化氛围。

【执勤工作】 严格勤务管理，中心任务圆满完成。年内，中队认真贯彻落实上级关于做好中心工作的重要指示精神，始终坚持中心居中，做到全员关注、全力以赴、抓中心保安全，结合形势任务工作实际，加强了勤务管控，狠抓制度落实，确保勤务正规、安全托底。警示教育增忧患。为全面落实习主席提出“治国必治边，治边先稳藏”的重要指示精神以及“努力实现西藏持续稳定、长期稳定、全面稳定”的重要原则，重点抓好战备教育。进一步增强了战备意识，并围绕“执勤隐患排查整治”活动，开展经常性执勤教育，学习典型执勤案例教育官兵，提高思想认识，克服麻痹思想，着力强化官兵“哨位就是战场、执勤就是战斗”的忧患意识、责任意识、防范意识，结合任务抓训练。针对2016年新安装的执勤设施及用品，着重对执勤设施器材使用相对应的展开训练。结合各时期勤务训练活动，中队加强专勤专训、专哨专训、三人应急小组协同处置训练以及方案演练。针对营区自卫、和“七防”两大重点进行了专项的演练，有效提高哨兵执勤能力、自我防范能力和中队应急处置能力。加强对执勤设施器材使用的操作训练，规范执勤动作，严格勤务要求，不断提高执勤能力和哨兵的形象；完善设施促安全。为落实防袭击措施，营门自卫哨增配或更换了应急棍、阻燃毯等执勤设施；同时配备了防弹衣，警棍、对讲机各类器材。结合执勤工作“三个一遍”活动，着重围绕执勤软、硬件设施进行深入排查，查找隐患，有效解决了执勤中存在的安全隐患；严格制度正秩序。中队严格落实查哨制度。在查哨过程中，坚持依照“六查两问”（查在位、查思想、查能力、查枪弹、查设施；问职责理论、问执勤情况）的方法，坚持实地查与网络查，普遍查与重点查相结合，并重点突出回头网络查。有效克服了哨兵摸索查勤规律、放松警惕、降低标准和其他违规违纪等问题发生。定期分析执勤形势，促进中队正规化执勤水平不断提高，确保中心任务圆满完成。

【军事工作】 2016年，以支队军事工作指示为指导，围绕“六种组训模式”“八落实”“十种能力”全面打牢部队基础，着眼有效履行职能使命，以能打胜仗的战斗力标准，全面贯彻按纲施训，区分层次，突出重点，打牢基础，进一步提升了中队军事整体水平。突出抓好干部训练。按照理论学习、战例研究、编组作业、指挥演练“四步法”，突出抓好理论学习、技能训练和指挥训练和战法研究，搞好岗位练兵，全面提高组织指挥和组织训练能力；突出抓好教练员队务，坚持教学“三个一遍”（即对教学前示范一遍，对训中出现的问题纠治一遍，对训后达到的目标警示一遍），进一步提高了任救能力，确保了训练质量；突出抓好应急班这个拳头。严格按照“精兵、精装、精训”的要求，强化大难度、大强度反恐基础训练；借用支队每季度“魔鬼周”极限训练这个训练平台，坚持人才支撑，突出抓好“五种战术”训练，重点加强了遂行城市、山地反恐任务战法研练，进一步强化处突实战能力培养；突出抓好训风的转变。加强训练作风建设，严格按照新《大纲》抓好试训工作，不断加强“八落实”标准的执行力，加大实战化训练的难度强度，下大力纠治了实战化训练不真、不难、不严、不实的现象。

【“六共”活动】 高效务实，有力推进“六共”活动。为深入贯彻自治区维稳群众工作“六共”活动推进座谈暨表彰会精神和《武警日喀则支队广泛开展维护社会稳定群众工作“六共”活动方案》，进一步把维稳群众工作“六共”活动做实、做深、做长。担负白朗县护路队员培训任务，为在短时间内提高白朗县铁路护路人员的身体素质和相应的军事技能，中队支部研究制定培训方案，科学制订培训计划，精选得力骨干，并建立考核机制，确保任务圆满完成；开展亲民活动，中队利用春节、藏历新年、“五一”国际劳动节、“十一”国庆节之际，到白朗县养老院看望孤寡老人，并给他们送去大米、面粉、奶粉、衣物等物品，帮助他们整理房间、清理卫生、理发、谈心等，同时开展了警民联谊活动，为老人们献上精彩的节目演出；开展育学兴教活动，深入白朗县中学开展国防教育、爱国主义教育，协助学校进行军训，对白朗县中学贫困生帮扶对象进行资助，捐助衣物、书包、书籍、等生活学习用品，并确定中队2名学历层次较高的战士作为校外辅导员，对帮扶对象进行学习辅导，到学生家中了解情况，解决生活学习中的实际困难；开展文娱活动。组织学校师生打篮球，与县城机关单位进行球类友谊赛，友谊第一、比赛第二，进一步增强双方友谊，与共建单位开展警民联欢会，积极参与各种小游戏，达到共娱乐的目的，进一步增强了警民之间的情谊，树立了“警民一家亲”的思想。

【后勤工作】 重视后勤建设，综合保障能力不断提高。中队支部始终牢固树立“向管理要效益”的思想，注重建管并举，狠抓后勤综合保障能力提高，重点抓好五个方面的工作：配强后勤人员，提高人员素质。不断提高后勤保障能力，严格后勤人员管理，落实好各项制度，不断交任务，明要求，防止“灯下黑”，不断提高服务保障的质量。加强了伙食的管理，及时定好食谱，调剂伙食，丰富菜的数量和种类。后勤人员整体素质较好，官兵对中队伙食满意度较高；结合形势任务，提高应急处置能力。中队根据任务需要，按照支队要求，及时完善了应急预案，坚持谋划在先，准备在先，使部队始终保持良好的战备状态；加强请示汇报，争取地方领导支持。利用“八一”节日，积极走访友邻和共建单位，汇报中队全面建设情况；发挥小能人作用，节约建设经费。中队能根据每位同志入伍前的经历，充分发挥小能人的作用，及时检修各类电器，更换灯泡、粉刷墙壁、油漆等，为中队节省了不少经费，同时中队能加强营产营具维修管理，力求达到各项设施功能完善，使用正常。

（阮 明）

【领导名录】

队　　长 阮 明
指 导 员 刘 鑫
副指导员 晏成鹏

法 治

白朗县公安局

【概况】 2016年，白朗县公安局设有13个内设机构和11个派出所，3个警务站。2016年，白朗县公安局1次荣获集体嘉奖，15人立功受奖，同时涌现出许多先进个人和优秀民警。

【信息搜集】 年内，县公安局紧紧围绕十八届五中全会和全国“两会”、重要节点安保工作，牢固树立信息是维稳工作的灵魂这一理念，切实将信息工作的触角延伸至接触不到的角落，拓宽情报信息渠道，建立起反应灵敏、触角广泛，能够覆盖社会面的各个层次信息网络。

【案件侦办】 年内，县公安局精心组织、周密部署，开展社会治安整治，打击整治“两抢一盗”等专项行动。进一步强化案件侦防工作，继续坚持有案必破方向，严格落实以一长双责制，将打击锋芒对准危害公共安全犯罪、涉枪涉爆犯罪和“两抢一盗”等群众反映强烈的犯罪活动。2016年立刑事案件15起，其中故意杀人案1起、盗窃案6起、故意伤害案6起、交通肇事包庇案1起、妨碍公务案1起，破案11起，破案率73%。同时，坚持“发案少、秩序好、社会良好、群众满意”工作目标，加强推进社会治安管理、提升服务群众能力水平，全面深化“打四黑除四害”“护校安园”等专项行动，深入农牧区、治安复杂区域、流动人员聚集区开展治安清查和乱象整治，2016年处理治安案件21起，其中，殴打他人案件20起，冒用他人身份证件案件1起，治安拘留2人，罚款20人。

【禁毒工作】 年内，始终以创建无毒县为总体目标，紧紧围绕禁毒人民战争的总体规划，深入开展禁毒大检查等专项行动和宣传教育工作，全年开展禁毒大检查4次，在检查中未发现有人吸毒和携带毒品，刑侦及派出所共开展禁毒宣传15场次，发放宣传资料3000余份，参与群众5000余人。

【人口管理】 年内，认真贯彻落实西藏自治区人民政府《关于进一步推进户籍制度改革的实施意见》的通知，办理身份证2950份，录入指纹信息2950人次，入户1163人，迁出256人，重户和无人注销2183人，为方便群众办理临时身份证215份。

【交通、消防安全管理】 有效整合派出所警力参与道路交通管理，避免出现道路交通管理盲点，开展全面排查整改道路交通安全隐患，集中开展“百日交通大整治”“百日扫雷”等专项整治行动，严厉查处交通违法行为，开展交通安全宣传等活动收到良好效果。2016年，处理交通违法行为349起（主要违法行为是超长、超速、超高和未系安全带），破获交通肇事逃逸案1起，破案率100%；相比2015年处理交通违法行为412起下降15%；治安联合消防部门加强宣传和检查力度，组织开展清剿火患行动，火患防控成效明显，年内，全县未发生火灾案（事）件，在开展消防安全检查整治的同时，妥善处理正常生产生活用油与非正常生产生活用油、现场加油与桶装加油、整装加油与零散加油的关系，继续严格执行实名制加油等级制度，联合工商、安监、消防等部门全面清查整顿收缴散装汽油柴油加大对县城加油点的监督管理。

【治安防控体系建设】 深入推进平安白朗建设，在全县各乡镇共建立12支护校队、111支治安联防队。同时，对县城主要路口、重点部位及复杂场所的安装高清摄像头37个进行维护。构筑起点、线、面互动，巡卡堵查并举，打防管控一体的社会治安防控体系。投资30万元开展城市道路交通建设，安装红绿灯、监控摄像头及标识标牌等。创新洛江镇派出所、交警大队、3个警务站三位一体精确化设防、动态化巡防、网格化布警的防控模式。截至年底，城区已实现全方位、立体式防控网络格局。

【抢险救援】 在“6·20”灾害中，县公安局视灾情为命令，全警动员、全力以赴，迅速启动重大自然灾害应急处置预案，奋力开展抢险救援防汛维稳工作，先后出动警力210余人次，排查排除安全隐患4处，圆满完成清理泄洪沟和清淤工作，保障了群众生命财产安全，并取得在自然灾害过程中“六个未发生”的明显工作成效（即未发生一起刑事案件、未发生一起治安案件、未发生一起交通事故、未发生一起火灾事故、未发生一起次生灾害引发的安全事故、未发生一起较大负面舆情），切实维护了全县社会大局稳定。

【警力下沉】 认真贯彻落实年初公安工作会议做出的构建“三大防控体系”的战略部署，紧紧围绕构建缜密细致的网络化管理体系，持续提高现有警力资源的利用率和现有工作措施的覆盖率，调整充实11个乡镇派出所和便民警务站警力下沉80%，公安基础工作得到不断夯实。

【白朗段铁路动脉安全畅通】 2016年，县公安局加大对护路工作人、财、物的投入力度，确保打防控措施落到实处。每逢敏感节点县公安局均组织民警前往拉日铁路白朗段联合护路联防小分队进行巡查看护。在广泛巡逻的基础上，县公安局对易发案及群众法制意识淡薄的重点村、无人看守道口等重点部位开展重点巡逻，发现问题，及时反馈，掌握治安信息，并制定集中整治。通过调查和摸底，共出动警力1200人次、警车400台次，开展治安清查164起、宣传教育10起，清理“三无”人员9名，对3名劣迹人员逐人落实帮教措施，有效维护了铁路安全。

【队伍正规化建设】 年内，紧紧围绕“两学一做”“讲学习、讲忠诚、正风纪、转作风、提效能”活动，用党员标准严格要求民警，以铁的决心、铁的纪律、铁的措施强化问责问效问纪，使“懒、庸、散”现象得到有效治理，民警在言行规范、着装规范、精神风貌等方面取得明显进步。

【构建和谐警民关系】 强化民意主导警务理念，在执法上尊重群众，在感情上贴近群众，在生活中帮助群众，用真情感召群众，年内，结合精准扶贫组织开展走进贫困户活动，征集意见和建议30余条，了解群众的所需、所求、所急、所盼，及时解决群众遇到的困难，促进社会和谐稳定。访城镇社区居民家庭30余户、走访农村村民家庭220户、走访企事业单位15家、走访学校13所、走访人数3500余人次。多次组织民警到扶贫点开展慰问、走访工作，送去慰问品价值33000元。

【严格值班备勤】 年内，严格按照既定的值班带班制度落实24小时值班带班制度，坚守岗位，做到人不离岗、岗不离人、昼夜值班，确保关键岗位始终有人、通信联络随时畅通、上传下达及时高效、并严格落实安全保卫工作零报告制度，做到有事报事，无事报平安；围绕党政机关驻地、通信机构、金融机构、学校、重要民生设施、城乡结合部、边境一线的安全保卫工作，加强对陌生出入人员和车辆的管理，严格出入认证、登记检查、登记询问制度。把重点目标、要害部位的安全防范工作做细、做扎实，做到滴水不漏，万无一失；组织局警务督察大队，以明察暗访的方式，对局属各部门、驻村、驻寺民警在岗在位、维稳工作措施落实等情况进行督导检查，对发现的隐患和漏洞及时责令整改，确保万无一失。

【党建、党风廉政建设】 年内，白朗县公安局经常性组织全体（辅）民警深入学习贯彻落实党的十八届三中、四中、五中全会、习近平总书记系列讲话精神和全区公安处局长会议精神，全面深化公安改革、深入推进党建及党风廉政建设，以党建工作和党风廉政建设为契机，以建设廉洁公安队伍为目标，以管住人、用好权，管好帐、用好钱为抓手，认真抓好廉政建设。围绕执法重点领域和关键环节，以执法活动的重点环节、重点场所、重点单位为切入点，抓好廉洁执法建设。围绕重点岗位、落实一岗双责为切入点，制定完善公安局巡查检查制度，认真组织全局民警签订廉洁从警、执法责任书。

（冯华东）

【领导名录】

县委常委、政法委书记、公安局局长、督察长

罗布顿珠（藏族）

政　委　普　琼（藏族）

副局长　白　贵（藏族）

王　琳

党委委员、办公室主任

顿珠玉杰（藏族）

白朗县人民检察院

【概况】 2016年，白朗县人民检察院设有6个内设机构，分别为办公室、侦查监督科、公诉科、民事行政检察科、反贪污贿赂局、反渎职侵权局。全院人员编制16名，实有干警15名，汉族干部1名，检察长1名、副检察长3名，本科学历12人、专科学历3人，男干警10人、女干警5人，藏族14人、汉族1人，院党组成员5人（藏族4人、汉族1人）、支部党员11人、干警平均年龄31岁，首批检察官入额人员5人。2016年，检察院紧紧围绕跨越式发展和长治久安这个中心，以创建产业强县为目标，以扎实开展“两学一做”活动为重点，全面深化检察改革，立足新起点，把握新要求，顺应新形势，努力提高法律监督能力，积极履行法律监督职能，各项检察工作取得了新实效，实现了新进展，为推进白朗经济社会和谐发展提供了坚实的法治保障。全年共提请批准逮捕案件7件10人，批捕5件7人，不捕2件2人，审查起诉9件9人，提起公诉5件8人，做出不起诉1件1人，2016年办理了首批入室盗窃案、妨害公务案、强制医疗案、非法传销案。

【法律监督】 年内，检察院坚持以促进公正廉洁执法为目标，积极探索实行多部门协调配合的办案制度，自侦部门通过审查案件、提前介入、受理举报等方式、做好立案监督、侦查监督以及执法监督。全年共受理线索4起，自行审查澄清事实2件2人，移交纪检部门2件2人，建立与纪检部门工作联系制度，联合纪检部门调查核实4起案件线索，发出检察建议2件，审查法院民事裁判80件；受理来信来访信访案件2件2人。

【廉政建设】 年内，检察院继续加大对职务犯罪的预防力度，结合“两学一做”和“讲学习、讲忠诚、正风纪、转作风”主题教育实践活动，与11个乡镇、24个有关单位签订预防职务犯罪工作联系机制，并投入8万元资金建立五个乡镇廉政走廊和大预防体系。

【作风建设】 年内，检察院为深入开展“学党章党规、学系列讲话，做合格党员”的“两学一

做”学习教育，认真贯彻落实“党要管党、从严治党”及党章关于加强党员教育管理的要求，坚持党支部为基本单位，以“三会一课”等党的组织生活为基本形式，落实民主评议等党员日常教育管理制度，针对领导、党员干部、普通干部的不同情况做出安排，提出不同要求。组织干警学习习近平总书记系列重要讲话精神，学习党章、《中国共产党廉洁自律准则》《中国共产党纪律处分条例》等党内法规，开展县城卫生大扫除，到驻村点、扶贫联系点结对帮扶；开展关爱弱势群体活动，引导党员以高度的政治自觉投身志愿服务；开展形式多样的藏汉“双语”学习教育；开展党组织关系集中排查活动、党费收缴集中清理整治工作；开展“五查五看”和“三亮三比”活动，每位党员认真做好笔记，撰写了学习党章、学习习近平总书记系列讲话心得体会、观看专题教育篇心得体会。通过此次主题活动学习达到“工作作风明显提升”“纪律观念明显提升”“工作效能明显提升”“服务意识明显提升”的“四个明显”的目标。

【法制宣传】 年内，检察院在以不断创新的方式开展法制宣传及检察职能宣传工作。与有关部门积极配合，采取设置咨询点、摆放宣传展板、发放宣传单、悬挂横幅、张贴标语、发放宣传资料等形式积极开展“五下乡”宣传活动、“3·10”“3·14”“3·28”等综治宣传活动、“4·15”国家安全教育日宣传活动，开展青少年预防犯罪和应对的法制宣传活动。法制宣传11次，发放宣传材料15000余份，进一步增强了群众“学法、知法、守法、护法”的意识，引导群众树立“分裂是祸、团结是福”的民族大团结意识和感党恩、听党话、跟党走的民族团结意识、进一步打牢了各族干部群众团结奋斗的共同思想基础。

【开展结对帮扶活动】 年内，检察院按照县委统一要求，认真开展“两学一做”主题教育活动，建立健全党建各项学习制度，党建帮扶对象和精准扶贫对口户共扶持资金25000余元，成立白朗县检察院党员志愿服务队，并先后多次到敬老院、扶贫点、扶持户开展献爱心活动，使该院党建工作从落后提升为先进典型单位。

【强基惠民工作】 年内，检察院先后选派7名驻村队员，深入开展驻村工作。深入开展调研工作，摸清底细、了解村基本情况，与人民群众同吃、同住、同劳动，并协助村委会建立党建制度、完善村委各项规章制度。自驻村以来，驻村干警积极为群众切身利益着想、积极开拓经济来源，为群众解难事办实事，驻村扶持户解决资金3万元并对其无偿提供作业场所及减免附加费用，累计捐款捐物48000余元，积极调解邻里纠纷8起，开办村级学前班受教育儿童达16人，得到了乡党委和群众一致好评。

【基础设施建设】 2016年1月，白朗县检察院新办公楼投入使用并投资42万元更新办公设施，县检察院现有职工周转房42套，业务车辆5台，在此基础上，经上级检察机关争取资金，检察院使用21万元维修及更新干警食堂，使用22万元新建电视电话会议室，使用44万元，进一步充实与更新办案设备，争取5万元修建8个简易车库，投资3万元扩建维稳值班室，使得有效改善该院工作环境条件。

【队伍建设】 年内，积极协调县委，把2名干警担任正科级领导岗位，1名干警调整副检察长岗位，向组织部门反复协调将3名乡镇优秀应届大学毕业生调入检察队伍，同时向县人大常委会申请，增补3名白朗县检察委员会委员，向县委申请并充实了白朗县检察院党组成员，从而促使检察院各项工作趋于规范化、正规化。

【能力建设】 年内，组织干警参加检察业务、双语培训、司法考试培训、内地实践、岗位学习等先后选派16人，制定《每周二、五下午干警学习制度》《工作交流制度》《业务技能竞赛制度》《理论中心学习制度》来提升干警的学习积极性。在干部管理上检察院始终推行宽严相济的理性原则，在干部培养上践行以德为先的用人导向，时刻教育干部加强学习，引导干警清白做人。通过多种形式的教育培训，队伍素质建设有了全面的提升，队伍执法水平有了很大的提高。

（巴 宗）

【领导名录】

党组书记、检察长

格桑次仁（藏族，3月免）

扎西次仁（藏族，6月任）

党组副书记、常务副检察长

拉 琼（藏族，6月免）

王晓杰（藏族，10月任）

党组成员、副检察长

达娃顿珠（藏族，10月任）

赵 琨（10月任）

公诉科科长（正科）

平措旺堆（藏族，10月任）

白朗县人民法院

【概况】 白朗县人民法院组建于1974年，下辖3个派出法庭（玛乡派出法庭、杜琼乡派出法庭、嘎东镇派出法庭），现实行轮流住庭开展工作。下有六个内设机构，分别为立案庭、刑事审判庭、民事审判庭、审监庭、执行局、办公室、现有19人，编制20人，其中男干警7人，女干警12人，具有审判资格8人，执行员2人、法警2人、书记员7人，班子成员一正两副，院党组4人，审委会5人，党组下设2个党支部，共有党员16人。

【队伍建设】 年内，白朗县法院深入贯彻落实中共十八大，十八届三中、四中、五中六中全会，中央第六次西藏工作座谈会，区党委八届五次、六次、七次全委会和习近平总书记系列重要讲话精神，坚持“依法治藏、富民兴藏、长期建藏、凝聚人心、夯实基础”西藏工作重要原则，以落实依法治国、依法治藏要求为引领，紧紧围绕“努力让人民群众在每个司法案件中感受到公平正义”这个目标，牢牢把握司法为民公正司法这条主线，审判执行、队伍建设，以优异的成绩完成2016年度各项工作。

【履行审判职能】 年内，法院突出抓好审判执行第一要务，依法惩治刑事犯罪，努力化解社会矛盾，维护社会大局稳定，促进社会公平正义。全年共受理各类案件101件，结案100件，未结1件，结案率99%。

【刑事审判】 年内，始终坚持惩罚犯罪与教育改造相结合的审判工作理念，坚持罪刑法定和罪刑相适应原则，充分发挥刑事审判职能作用，依法严厉打击各类刑事犯罪。年内，共受理传销罪、妨碍公务罪等刑事案件8件11人，已审结8件11人，结案率100%。

【民商事审判】 年内，坚持“调解优先、调判结合”的原则，以案结事了为目的，切实加大调解力度，努力减少不稳定、不和谐因素，避免矛盾激化，产生不稳定因素；增强矛盾纠纷的排查、化解工作的主动性，尽可能地做到早准备、早发现、早处理，切实将矛盾化解在萌芽状态。年内，共受理各类民（商）事案件81件，审结80件，结案率达98.7%，诉讼标的达302万余元。

【执行工作】 执行工作是司法公正的最终体现，2016年作为全国法院执行工作攻坚之年，严格按照《执行案件目标责任书》的相关要求，紧紧围绕最高院有关执行工作的安排部署，依靠党委领导、人大监督、政府支持，依托区内、区外兄弟法院，克服执行工作中的种种困难，完善执行机制成立19家部门组成的执行联动机制和强有力的执行办案小组，执结米某诉索某拖欠民工工资案等一批执行硬骨头案件，加大执行力度，提高执行效率，努力让胜诉的当事人及时实现合法权益。年内，共受理执行案件12件，执结12件，执结标的达84万余元，自动履行4件，执结率达100%。

【完善窗口建设】 年内，全力推进立案登记制改革工作。2016年，法院共登记立案101件，其中民事81件，刑事8件，无现行不予受理或驳回起诉案件，当场立案率达到100%。

【以法律“七进”推进民族团结】 年内，通过巡回宣传等形式，共开展“巡回法庭月”活动4次，开展法制宣传23场次，接受法律咨询195人次，发放宣传资料18500余份（册），受教育人数达12500余人次。

【提高司法服务水平】 年内，白朗县法院始终把加强自身建设作为事关人民法院事业兴衰成败的关键问题来抓，努力提升法院司法服务能力，牢固树立司法为民的理念，始终围绕人民群众关注的热点，重点问题，不断完善司法便民利民措施，努力满足人民群众日益增长的司法需求。

【专题教育活动】 年内，开展“两学一做”学习教育、“讲学习、讲忠诚、正风纪、转作风、提效能”主题教育活动及“深化五项教育，增强五个意识”主题活动，要求认真学习领会习近平总书记系列重要讲话精神，不断增强“政治意识、大局意识、核心意识、看齐意识”，特别是“核心意识及看齐意识”，积极贯彻落实党中央、区党委、市委、县委的决策部署，使全院干警进一步坚定政治立场和法治信仰，牢固树立社会主义法治理念，准确把握法院工作面临的新形势，确保法院工作的正确方向。

【党建工作】 年内，开展“两学一做”学习教育活动、“深化五项教育，增强五个意识”主题活动，切实提高党员干部党性修养，坚定理性信念，强化宗旨意识，进一步转变司法作风，真正实现“以党建带队建，以队建促审判”。年内，党组理论中心组每季度学习4次，全院干警坚持每周星期二学习审判业务知识、星期五党组理论中心组学习，全院干警每人学习笔记超过1万字、心得体会至少4篇。

【葆廉洁促公正】 年内，牢固树立“不抓党风廉政建设是严重失职”的意识，严格落实党风廉政建设领导责任制和“一岗双责”制度，坚持开展警示教育和主动接受外界监督并举，杜绝“六难三案”等问题滋生，着力维护法院队伍的纯洁性、先进性。

【重教育强素质】 年内，法院要求遵守各项政治纪律，做到政治理论学习有计划、有安排，坚持和完善党组理论中心组学习制度和支部学习制度。党组理论中心组每季度学习4次，全院干警坚持每周星期二、四院会议室学习，全院干警每人学习笔记超过1万字、心得体会至少2篇。

【党风廉政建设】 年内，加强党风廉政建设和反腐败工作，以“零容忍”为原则，以“零违纪”为目标，严格落实党风廉政建设领导责任制和“一岗双责”制度，县法院党组年初分别与各庭室签订《党风廉政建设目标责任书》，层层防范，处处把关，积极配合上级加强审务督察工作，确保干警依法履行职责，正确行使职权；筑牢当事人为监督主体的防线；教育督促干警管好自己“生活圈”“社交圈”“娱乐圈”，坚持守住修身、处事、用权、做人等底线；大力开展廉政文化建设，以读书思廉、宣誓诺廉、警示促廉、服务践廉的方式，形成廉洁奉公的良好氛围。

（片 珍）

【领导名录】

党组书记、院长

达 娃（藏族）

党组成员、副院长

格 桑（藏族）

次仁拉姆（女，藏族）

党组成员、立案庭庭长

边巴普赤（女，藏族）

民事审判庭庭长

扎 西（女，藏族）

刑事审判庭庭长

拉巴普赤（女，藏族）

执行局局长 贵桑旺姆（女，藏族）
旺丹法庭庭长
格桑卓嘎（女，藏族）
办公室主任 次仁多吉（藏族）

白朗县司法局

【概况】 2016年，白朗县司法局核定政法编制为12个（含乡镇司法助理员编制5个）。局机关实有在职人员7人，其中正科级2人，一般干警4人，驾驶员1人（公益性）；平均年龄25岁。下属设有5个科室，法律援助办、矫正管理办、普法办、基层办（安置帮教办）、局办公室。

【普法依法治理】 2016年是“七五”普法启动之年，为确保“七五普法”工作顺利启动，白朗县普法办制定《“七五”普法规划（初稿）》以及《“七五”普法实施方案（初稿）》，充实调整了普法领导小组，拟定以县委副书记、县长赤列朗杰为组长的“七五”普法领导领导小组。等市相关文件下发后，县普法办将进一步完善《规划》与《方案》，全面启动“七五”普法工作。2016年5月，县司法局补充完善《白朗县普法工作考核评估细则》，把考核结果作为年度考核的重要依据。

2016年，县普法办进一步推进法律“七进”活动的开展，及时调整充实各领导小组名单，并对相关学法制度进一步完善。其中，主要通过“周五大讲堂”的形式加强对领导干部的学法用法力度。2016年，县普法办组织普法各成员单位参与综治宣传月、宣传周、“三八”国际妇女节、“3·28”百万农奴解放纪念日、“3·15”消费者权益保护日、“6·26”世界禁毒日、“9·16”平安宣传日、以《劳动法》《合同法》《婚姻法》《未成年人保护法》《妇女权益保护法》《法律援助条例》、破坏社会主义市场经济罪等法律法规为内容，进行普法宣传。同时以“五下乡”活动为契机，县普法办成立2016年“五下乡”工作领导小组，制订《五下乡活动实施方案》，以普法办牵头，组织法院、科技局、文广局、卫生局、司法局、教育局、民宗局、团县委等相关单位部门深入基层进行法律文化卫生科技爱国爱教宣传服务“五下乡”活动，并且普法依法治理工作已纳入综治考核内容。截至年底，共发放宣传资料80000余份。

【安置帮教】 2016年，白朗县共有在册刑满释放安置帮教人员34名，重点帮教对象6名。帮教率、安置率达到98%，未出现重新犯罪的现象。

成立以县委常委、政法委书记、公安局局长罗布顿珠为组长，副县长付宜锋、司法局局长白玛为副组长的安置帮教领导小组，并做到及时调整、充实；建立出监必接必送机制，及时登记造册，在第一时间和刑满释放人员及其家属见面交流对接，确定帮教人员，建立健全个人档案，将刑满释放人员回归社会危险性评估纳入到个人档案中，并针对危险评估指数对其进行帮教，做到“底数清、情况明、服务好、控得住、管得严、不出事”；及时进行家访，进行法制宣传教育，全面核实刑释解较人员本人及家庭实际情况，及时掌握其思想动态；敏感期间加强管控。在特殊敏感时期，县司法局工作人员对县内安置帮教人员一一进行走访，了解情况，做好思想工作，对在县外打工的安置帮教人员进行电话通知有关事项，同时与其签订敏感时期安置帮教稳控责任书。2016年，在敏感期间共走访排查安置帮教人员240次；加强刑满释放人员的社会保障和社会救助力度，按照实际情况给予帮助并解决实际存在的问题；县司法局按照自治区司法厅的要求，在异地长期打工的刑满释放人员委托当地相关部门进行帮教。

2016年，为切实解决“三无人员”就业难的问题，县司法局通过调研专门撰写一份《关于解决白朗县刑满释放人员技能、就业等问题的报告》上报县政府，希望政府部门对于司法局解决“三无人员”就业问题给予帮助。在安置帮教方面，县司法局走访慰问安置帮教人员米某，为他送去500元慰问金；陪同安置帮教人员普某一起到市平安驾校报名，并为其解决全部报名费用4000元整并与住建局协调、沟通，为其争取到每年3060元的住房补贴；为安置帮教人员普某患白血病的女儿解决了部分医药费；通过与劳动局协商，帮助另一名安置帮教人员巴某在日喀则进行为期两个月的挖掘机培训。

2016年5月，县司法局一名工作人员到山东进行为期半个月的关于安置帮教、社区矫正、人民调解等业务方面的培训。10月，2名工作人员到拉萨参加司法厅组织的基层业务培训，详细学习安置帮教管理信息系统的具体操作，进一步提升了业务水平。

【社区矫正】 2016年，白朗县共有社区矫正人员9名，解矫2名，未出现脱管漏管、重新违法犯罪现象。为加强组织领导，夯实矫正工作基础，建立以政法委书记为组长的社区矫正领导小组工作机制，并做到及时调整充实。

做好社区矫正管理环节。建立档案，规范信息资料。根据矫正对象的犯罪原因、刑种、年龄、个性特点的不同，制定矫正方案。坚持对每名矫正对象实行一人两档，详细记载了矫正方案、社区矫正帮教协议书、社区矫正监督协议书、电话汇报等方面的资料，形成一套完整、规范的基础性台账；实施动态管理。要求矫正人员每月进行一次思想汇报；要求矫正小组定期不定期前往其所在乡村了解其生活、思想等情况，加强对社区矫正人员监控。同时实行严格的社区矫正人员报告制度和请销假制度，尤其在敏感节点，要求社区矫正人员每天下午五点之前向司法局“有事报事、无事报平安”；要求无特殊情况不得请假外出，如有特殊情况，必须向司法局请假，司法局上报备案，核实无误批假后才准许离开。截至年底，在各敏感节点、节假日共走访排查社区矫正人员336次；集中学习教育和公益性劳动。针对矫正对象的刑罚种类不同，选择性针对强的法律知识，实行专题化教育。在制定公益劳动计划时，利用重大节日和传统佳节开展一些公益性的活动，使其感受今天生活的来之不易，要好好珍惜，积极矫正。2016年，白朗县以县司法局和村委为主要阵地共组织社区矫正人员参加公益劳动64次，集体学习教育3次；解矫抓好教育工作。对解除矫正的社区服刑人员进行教育，增强他们的自律意识，巩固教育矫正的成果。同时摸清矫正对象情况，加强管控，促进矫正与安置帮扶无缝对接。

2016年，县司法局与民政部门、财政部门等相关部门协调，为矫正人员罗某争取1000元生活补助、并为其正在上大学的女儿解决了一部分生活费，勉励他们振奋精神、自强不息、脱贫致富。2016年，县司法局4名工作人员先后参加市局组织的社区矫正工作培训；2016年11月，一名工作人员到山东进行为期一个月的社区矫正工作培训。

【成立调解委员会领导小组】 年内，县司法局组织人民调解委员会进行自查自纠、整改整顿，现已初步见成效。同时成立白朗县行业性、专业性人民调解委员会领导小组、白朗县道路交通事故损害赔偿纠纷调解委员会、白朗县医患纠纷调解委员会、白朗县劳资纠纷调解委员会等，切实贯彻落实了人民调解委员会行业性、专业性建设。

【完善各项调解工作制度】 根据相关文件精神要求，县司法局及时对各级调解委员会调解员进行调整充实。截至年底，白朗县共有基层调解组织125个，其中111个为村级调委会，11个为乡（镇）级调委会，3个为企事业调委会，建成率100%。调解委员共计940人，其中村级调解员为806人。乡（镇）级调解员为96人，专业行业性调解委员为38人。

【培训学习】 2016年，县司法局4名工作人员先后到拉萨、日喀则进行人民调解相关工作的培训，进一步提升业务水平，不断提高服务大局和履行职能的能力和水平。7月3日至13日，在白朗县党校举办本年度第一批全区村居干部培训，也是人民调解员培训，共150人参加了此次培训。

【矛盾纠纷定期排查调处】 2016年，县司法局以人民内部矛盾排查化解为重点，按照上级部门工作要求，组织工作人员、各级人民调解员以每月不少于一次的工作力度，走进乡镇、村户大力开展婚姻家庭、邻里关系、抚养赡养、损失赔偿等经常性矛盾纠纷排查调处工作，并形成矛盾纠纷排查台账。同时县司法局注重在全国、自治区各敏感节点、大型宗教活动期间加强矛盾纠纷排查力度，及时有效处理矛盾纠纷。要求白朗各乡（镇）人民调解委员会每月20日前，将调解情况、矛盾纠纷排查结果报至县司法局，县司法局根据要求及时上报季度矛盾纠纷排查明细和调解案件，确保白朗县的稳定。

2016年，白朗县调处各种矛盾纠纷24件，其中包括婚姻家庭纠纷16件、邻里纠纷2件、拖欠民工工资4件、劳动争议纠纷2件。共调处成功24件，调处成功率达100%。发放办案补助5950元，发放务工补助11100元。

【法律援助】 由于白朗县缺乏专业的法律服务人员，法律援助工作和政府法律顾问主要依靠“1+1”志愿律师进行。2016年，白朗县迎来第四批“1+1”法律援助志愿者律师，在县法律援助领导小组的指导和志愿者的协助下，法律援助档案管理和办案程序更加规范。同时县法律援助工作坚持以化解社会矛盾纠纷为切入点，以维护人民群众合法权益为出发点，以进一步实现社会公平正义为立足点，热情接待前来咨询法律问题的人员，耐心为其解答问题，有效实现了扶助贫弱、保障社会弱势群体合法权益。

8月中旬，县“1+1”法律援助志愿律师肖祚竹在县大礼堂为全县领导干部职工详细讲解《刑法修正案八》的主要内容以及就《妇女权益保护法》《反家暴法》等内容进行讲解；10月26日，“1+1”肖律师受邀前往县党校为第一村党支部书记上了一堂生动的法制培训课。111个行政村的第一党支部书记参加了此次培训会；11月22日，肖律师与县司法局工作人员到白朗县康桑农产品发展有限公司、珠峰农机公司等白朗县重点企业，免费为企业进行法律体检，帮助白朗县企业长久健康发展。同时，肖律师作为县政府法律顾问，积极为政府法律问题解难答疑。

2016年，肖律师共参加2次政府办公会议，1次专项整治会议，修改合同6份，提出法律意见10次。2016年，司法局共代写文书23份，接待咨询人员530人次，办理法律援助案件4起，包括3起劳资纠纷案件和1起邻里纠纷案件。

【基础设施建设】 “十二五”建设项目司法局业务用房，总投资124万元，现已完成建设，政府解决了所有办公设备，尽快投入使用。“十三五”建设项目主要包括11个乡镇司法所的建设，前期工作已完成。2016年已批准建设洛江镇司法所，总投资159万，项目前期工作已完成，现在等资金批复。

【党风廉政建设】 年内，县司法局始终坚持把政治理论学习作为重要任务来抓，坚持集体学习和自学方式相结合，强化自我教育，加强党性修养，增强了政治敏锐性和鉴别力。加强“八项规定”“约法十章”“单位领导第一责任制”等相关规定的学习，拒绝腐败，保持廉洁。2016年，县司法局召开11次专项检查工作座谈会，开展学习《廉洁从政》及《实施办法》各项措施落实情况。

【“两学一做”教育实践活动】 2016年，以“两学一做”活动为契机，制订党员学习计划，深入对四个专题进行学习讨论，准备研讨材料，召开专题研讨会，加强对《中国共产党章程》、习近平总书记系列讲话精神的学习。通过开展“讲学习、讲忠诚、正风纪、转作风、提效能”主题活动，深入查摆存在的问题，形成问题台账和个人整改清单并进行公示。2016年，共召开专题学习会29次，专题研讨会5次，讲党课6次，其中深入局驻村点讲党课2次，要求全体党员做好学习笔记、撰写学习心得，并且每周学习笔记由局领导审核并签署意见，确保学习计划高质量完成。

【开展党员帮扶贫困户】 年内，局全体党员积极开展结对帮扶活动。在春节、藏历新年来临之际，县司法局工作人员和驻村工作队走访慰问了武日村央吉等3名贫困户与残疾儿童，为其送去春节慰问金、大米、面粉和棉衣等慰问品和节日的祝福；为武日村的5户牧民贫困户带去水果等慰问品，折合人民币2000元。同时县司法局与相关部门协调，为局驻村点一名无家可归并有天生语言障碍、先天弱视的儿童送到了边雄乡的盲人学校，为她今后能更好地在社会立足提供了良好的教育环境。

2016年上半年，局全体党员干部开展了党员捐款活动，共计捐款5000元，捐款结束后，按照党员结对帮扶的要求，立刻将5000元现金送到贫困户手中，以解决他们的燃眉之急。11月15日，司法局召开党支部委员会，通过关于成立司法局党员爱心基金的方案，按照自愿原则，每位党员每月捐献50~100元用于救助生活困难的驻村点群众以及社区矫正和安置帮教人员。基金由局出纳统一管理。

【提高日常工作水平】 2016年，建立和完善岗位责任制，积极开展“两学一做”专题教育活动，不断提高司法干警的工作作风和业务素质。同时，进一步加强文字信息工作的报送。

（高婷婷）

【领导名录】

局　长　白　玛（女，藏族）

副局长　马　宁（1月任）

经济管理

白朗县发展和改革委员会

【概况】 2016年，实有人数20人，行政编制10人，事业编制4人，机关工人1人，机关公益性4人，机关合同工1人。白朗县发展和改革委员会（简称县发改委）属政府系统正科级国家机关，下设工信局、粮食局、物价局、统计局，主要负责经济综合管理工作。粮食局负责粮食流通统计工作及粮油市场监督检查工作。物价局主要负责市场价格监督管理工作及主要商品价格监测工作。工信局主要负责企业备案工作及相关数据收集、材料汇报工作。统计局负责国民经济统计工作，承担着为县委、县政府及有关部门制定促进经济发展和社会进步的决策提供准确、翔实数据的重大任务等。

【发挥参谋作用】 发展改革委作为经济综合管理、政府参谋部门，出战略、出思路是其职责所在，也是发挥经济综合管理作用的重要渠道。县级发展改革委参谋作用发挥得如何，直接关系到县委、县政府重大经济决策的水平和经济运行状况的好坏，也关系到发展改革委在县域经济发展中的作用和地位。要善于“抓大事、议大事、谋大事”，成为县委、县政府政策智囊。当前，县域经济发展中存在许多迫切需要解决的问题，县级发改委充分发挥政府智囊作用。把握全县宏观经济运行动态，做好监测工作，及时对经济运行进行调控；围绕县委、县政府中心工作，敏锐抓住县域经济发展中出现的热点、难点问题，深入企业、乡村调研，掌握第一手资料，认真分析，寻找规律，及时拿出有价值、有份量、能解决实际问题的对策措施和建议。

【发挥协调作用】 发展改革部门是推进经济体制改革，促进经济社会协调发展的部门，具有协调各部门之间关系的职责，尤其是部门职责分工、任务分解、各项工作分别推进的条件下，发改委做好各部门间综合协调工作更是责无旁贷。县级发改委适应职能转变的要求，创新协调方式，积极探索并建立统筹协调的工作机制，重视发改委协调作用的发挥。县级发改委在全县宏观经济运行和经济体制改革的重点、难点问题的协调工作中，不断总结，不断创新，探索行之有效的协调方式，并积极争取当地党委、政府以及相关部门的支持，将发改委协调职责和协调范围以政府文件的形式明确下来，形成制度，建立长效协调机制。

【全县项目总体建设情况】 2016年，白朗县全社会开（复）工固定资产投资项目127个，其中续建项目28个，新建项目99个；全社会固定资产完成投资10.12亿元，对比年度计划目标任务完成率达到125%。

【对在建项目建设管理情况】 白朗县发展和改革委员会严格按照基本建设程序和条例，从工程质量、资金控制、安全监督、资料汇总、预防“拖欠”和后期交接等方面加强了管理力度。不断完善和补充项目建设资金审批表制度，规范拨款程序，严格按照施工进度拨款；拨款时附民工工资兑现表和使用单位意见证明，杜绝了拖欠民工工资现象的出现；在各部门实施项目过程中，白朗县发展和改革委员会始终积极与各部门协调沟通，保证白朗整体项目进展顺利；为保证县委、县政府主要领导及时掌握项目进展情况，提供有效的决策依据，白朗县发展和改革委员会每月开展一次项目进展情况统计。

【项目前期工作开展情况】 2016年，白朗县发展和改革委员会充分利用县政府年初安排的项目前期经费，重点开展市政基础设施项目的前期工作。年内，重点完成白朗县县城道路、县城排水供水等重点项目及白朗县嘎东镇特色小城镇建设项目、白朗县洛江镇特色小城镇建设项目等2个灾后重建项目的前期工作，并已全部开工建设。

【项目储备情况】 白朗县发展和改革委员会全面负责全县项目的前期沟通、协调、推进和申报工作，督促开展项目前期工作，增加项目储备，搞好项目库建设，优化项目结构，广开渠道筹措项目资金。2016年，白朗县发展和改革委员会全面梳理了白朗县已完成前期工作，计划在2017年实施的项目以及正在开展前期工作的储备项目基础上，并积极向上级行业部门申报了前期工作完成及正在开展前期工作的储备项目。

【灾后重建】 白朗县灾后恢复重建工作主要围绕实施城镇建设、产业发展、整村推进等项目开展。白朗县灾后恢复重建工作推进扎实有效，批准实施的灾后恢复重建项目共19个，目标任务为9441万元，累计完成投资11026.04万元，完成年度目标任务的116.78%。其中白朗县发展和改革委员会负责开展白朗县白朗镇特色小城镇等2个项目的实施。

【易地扶贫搬迁】 白朗县2016年易地扶贫搬迁方面已完成241户、1279人搬迁房屋建设任务，共计19个安置点（者下乡2016年实施130户742人，东喜乡12户51人，旺丹乡99户486人）建档立卡贫困人口识别精准，搬迁安置方式合理有效，其中集中安置51户、284人，分散安置190户、995人，累计完成投资5145万元，累计拨付资金3035.74万元，占工程款的70%左右；严格对照区、市“九个一批”的脱贫措施，实现8302人精准脱贫，脱贫人口人均纯收入达到3311元以上，111个贫困村全部退出，全县贫困发生率控制在2%，达到脱贫摘帽标准，脱贫攻坚取得阶段性胜利。

【招商引资】 白朗县加大招商引资工作力度，扩宽招商引资渠道，努力改善招商引资环境，制定和完善招商引资优惠政策措施和奖励机制，实现招商引资新突破。实现招商引资项目落地3个，累计投资14003万元。其中：白朗县洛江镇洛江村光伏发电项目，总投资25000万元，累计完成投资8750万元；白朗县有机设施农业园区建设项目，总投资3959.2万元，累计完成投资1440万元，白朗县嘎东镇高原有机枸杞种植示范基地项目总投资103000万元，累计完成投资1700万元。

【专项整治】 年内，成立以县委书记担任组长的专项整治行动工作领导小组，制定具有可操作性的工作方案、制定联席会议制度，及时研究和安排整治工作，做到了整治工作有安排、有检查、有督促、有落实、有成效；大力推进白朗县项目工程领域突出问题专项整治行动，对全县建筑重点领域开展摸排整治47次，完成18家砂场砖场关停整顿，合理分配采挖河床段，全面完成搬迁工作，砂场旧址恢复工作积极推进。

【物价局工作】 年内，为切实维护消费者的利益，针对食品是否过期，是否卫生，餐饮行业的餐具是否卫生，是否办理卫生许可证等情况。根据白朗县市场发展情况，多次深入对全县药品、食品、蔬菜等商品进行物价专项检查，专门打击囤积居奇、哄抬物价等不法商业行为，切实保护消费者的合法权益。尤其是节假日、敏感时期，发改委加强对市场商品价格监测，并及时上报市物价局，全力保障全县市场秩序的稳定。

【粮食局工作】 年内，进一步加强白朗县粮食流通监督检查工作，规范粮食流通秩序，维护生产者、经营者、消费者的权益，落实国家粮食收购政策及市场调控政策，稳步推进粮食流通监督检查行政执法工作。

下发《关于做好2016年旺季粮食收购工作的通知》文件，2016年全县共收购粮食1500万斤，其中：非国有企业收购1200万斤，国有企业收购300万斤；2016年青稞价格由2015年的每公斤3.7元，有望增至每公斤3.8元，青稞种子价格为3.2元/斤。

【工信局工作】 2016年，工信局按时上报白朗县大小企业的各种专业报表，年内，完成17个企业的投资备案工作，及时处理市工信局下达的数据收集、材料汇报等工作，督促了白朗县农村信息服务站的有效运行。

【经济综合管理】 白朗县统计局在县委、县政府主要领导的安排部署下，完成主要经济指标的计划和分解工作，进一步做好了国家投资项目和援藏项目的衔接工作，及时反馈经济发展方面的信息数据，反馈全县固定资产投资信息。

【国民经济统计工作】 统计工作是一项严肃而认真地工作，承担着为县委、县政府及有关部门制定促进经济发展和社会进步的决策提供准确、详实数据的重大任务。

完成2016年白朗县国民经济统计工作的各项指标；按照县组织部的要求，完成白朗县发改委以及下设机构的权责清单事项；结合白朗县实际，根据县委政府需要，开展统计调查工作，不折不扣、保质保量、按时完成生产总值核算统计工作任务，未出现一例漏报、瞒报、虚报问题；不断提高统计数据质量，坚持质量评估制度、检查制度、审核制度和报批制度；加强基层统计人员培训，增强统计人员业务能力，提高基层统计队伍素质；切实加强对经济运行情况的监测和分析，按季度形成经济运行报告，总结经验和不足，提出合理化意见和建议，为领导决策提供了依据。2016年，发改委组织统计人员，开展“2016年日喀则市1%人口抽样调查工作”，深入乡镇村庄，调查白朗县人口在数量、素质、结构、分布、居住等方面的变化情况。开展第三次全国农业普查摸底工作，为年底全面开展第三次农业普查工作奠定基础。

【党建工作】 扎实开展党支部换届工作，采取等额选举办法，确定了5名优秀人员为党支部委员会候选人。并制定了发改委党支部换届方案，切实保障了发改委党支部换届的顺利开展。不断完善党支部建设。建立健全党员花名册、党费收缴台账、党建工作制度、生活制度、学习制度等，这些制度的完善，极大地提高了委党支部的战斗堡垒作用。委党支部积极支持和参与党务公开，参加党组织的各项活动。深入开展“两学一做”学习教育、党风廉政建设、机关文明创建、“讲学习、讲忠诚、正风纪、转作风、提效能”学习教育等活动。发改委全年共组织干部职工学习50余次，学习内容达20多项，人均自学72小时左右，集体讨论8次、县级领导讲党课3次。2016年，发改委新制定5项新的规章制度，形成了以制度规范人、约束人、推动作风建设的长效机制；同时，设立了“党风廉政”教育专栏和“两学一做”学习教育专栏。

【党风廉政建设】 2016年，组织党员干部职工学习《中国共产党廉洁自律准则》《中国共产党纪律处分条例》《中央八项规定》《自治区约法十章》等，不断加强勤政廉政教育，始终把反腐倡廉教育贯穿于干部职工的培养、选拔、管理、使用等各个方面。同时，发改委始终坚持把党风廉政建设与政治思想教育相结合，与项目建设工作相结合，把党风廉政建设贯穿到各项工作当中。单位经费开支经集体研究决定，然后报分管领导审批同意后实施，杜绝了腐败等现象的发生。

【启动全国第三次农业普查】 2016年底启动全国第三次农业普查；2016年底统计局权责清单工作全面完成；2016年底全国第三次农业普查前期工作内容：农业普查是白朗县在全面建成小康社会进入决胜阶段进行的一项重大调查，为确保白朗县第三次全国农业普查各项工作任务落到实处，1月7日，召集19个乡（镇）的专职普查人员开展动员部署大会。

白朗县统计局及时关注第三次农业普查相关动态，及时成立以县委常务副县长普布次仁为组长的白朗县农业普查领导小组，并利用一天的时间讲解此次普查的内容（农业普查表、农业经营单位普查表、规模户普查表、行政村普查表和乡镇普查表）同时认真学习上级文件精神，切实把握文件精神实质，做到心中有数，切实做好辖区内的农业普查组织实施工作，确保白朗县农业普查工作顺利开展。

白朗县统计局采取宣传标语、横幅、宣传栏、一封信等形式，向广大群众宣传农业普查的目的、意义、方法、内容、义务和责任等，促使农业普查家喻户晓，深入人心，切实为开展农业普查工作营造良好的社会氛围。

（谈世珠）

【领导名录】

主　　任	旦增罗白（藏族，7月任）
副 主 任	张　　铎（山东援藏，7月任）
	次旦年扎（藏族）
主任科员	白玛央吉（女，藏族）
副主任科员	顿珠平措（藏族）
	晋美旦增（藏族）

白朗县财政局

【概况】 白朗县财政局是政府的经济综合部门，主要负责全县的经济工作人员，编制4人，（正科级1人，副科级3人），现有干部职工及公益性工作人员15人；男女比例4：11；本科8名，大专5名。

【政务公开】 年内，推行政务公开制度。在规范管理的同时，公开机关办事程序，公开领领导班子成员分工职责，公开开各项管理制度；公开政府预算、决算，并在财政预决算公开工作上进行积极探索，积极主动通过政府门户网站的方式，公开经本级人大审议批准的政府收支预算和安排明细，统一格式、细化内容（除公检法等涉密单位），真实反映了县本级财政收支情况。

【深化财政改革，推进财政管理】 贯彻实施财政政策，整体推进国库集中支付改革工作，全面推行部门预算改革，强化绩效预算意识，严格预算编制程序，改革预算编制方法，细化预算编制，进一步公平预算分配；进一步扩大政府采购范围，健全政府采购机制，实行财政业务网上大平台办公；全面加强国有资产清理清查和会计核算工作，建立健全国有资产软件登录和台账制度，防止国有资产流失；在现有基础上不断完善后勤服务中心改革，按照统筹兼顾、突出重点、有保有压的原则，大力压缩“人、车、会、话、电费”等一般性开支，确保维护稳定、社会保障、教科文卫、改善民生等重点支出需要；加强财政各项基础性工作，不断提高财政管理水平，规范和加强乡村财务管理，大力推行乡村财务公开制度，确保财政资金安全、合规、高效运行，不断提高财政管理质量和水平。

【经济运行情况】 2016年，白朗县总财力为95461万元，一般公共财政预算收入完成2006万元，比2015年同期增加491万元，增长32.4%。完成白朗县目标任务1818万元的110.34%，完成打入预算盘子1742万元的115.15%。税收完成1449万元，占一般公共财政预算收入总额的72.23%，非税收入完成557万元，占一般公共财政预算收入总额的27.77%，地方财政收入突破2000万元大关。财政总支出完成95461万元。其中：一般公共财政预算支出94188万元，政府性基金支出1273万元，在应保尽保的前提下，实现了收支平衡。

【“三农”投入】“三农”工作始终是财政支持的重中之重。2016年，全县财政预算内涉农支出达到25825万元，同比2015年增加5519万元，增长0.2%。本级财政安排支农资金660.8万元，增长34.85%。2016年，县财政局紧紧围绕精准扶贫及4.25灾后重建两项重点工作，加大资金投入力度，本级投入精准扶贫专项资金403万元的基础上，统筹整合资金597万元，共计1000万元用于扶贫产业发展，以一卡通形式兑现生态补偿脱贫岗位补助资金1833.6万元及建档立卡贫困大学生资助资金60.2万元；兑现农牧民群众粮食直接补贴、农资综合补贴、农村公共服务资金、草原生态奖励补助资金、现代农业示范资金、科技转化与推广、农机具补贴、农村税费改革、森林生态效益补偿金、防纱治沙、野生动物肇事补偿金和农作物畜牧良种补贴等补贴资金4276.03万元，按照相关指导方针政策，继续加大对农牧业的投入，扎实推进社会主义新农村建设。

【完善维稳经费保障机制】年内，为维护白朗县社会秩序、保障公共安全，保护公民人身、财产安全，促进经济社会和谐发展，落实本级公共安全资金5704万元，增长17.22%，本级财政对社会稳定投入达到592.97万元，增加51.18万元，增长9%。为保障社会局势稳定提供了资金支持。

【灾害重建工作】年内，财政大力支持灾害重建工作，依照县委的有关规定，及时足额拨付灾害重建资金，同时加强“4·25”灾后重建、脱贫攻坚资金全程跟踪检查，采取定期不定期对白朗县灾后重建、脱贫攻坚资金进行4次以上专项检查，在资金使用上坚决做到专款专用，确保了两项重点项目资金的安全运作。

【坚持改革创新、依法科学理财】年内，在全力支持经济社会加快发展的同时，不断加快自身改革，努力提高工作效率。严格执行《中华人民共和国会计法》《中华人民共和国预算法》等法律法规，深入推进部门预算、国库集中支付、预算绩效管理、预决算公开管理等改革，进一步规范会计电算化，全面启用“大平台”软件和财政系统办公自动化、工资统发系统、直接支付系统。强化基本支出和项目支出管理，建立国库集中支付体系。加大财务人员的在职培训力度，大力开展财经法律法规的普法教育，财政干部依法理财、科学理财的水平显著提高。同时加大存量资金盘活力度和往来账清理工作，全年盘活各类资金2400余万元；联合县纪委清理借款，重点对长期借用公款不冲账问题进行催缴，全县往来账规模明显减少。

【党风廉政建设】年内，在严格执行党风廉政建设工作中，县财政局局认真抓好干部职工廉洁自律有关规定的落实，进一步完善各项规章制度，凡涉及重要决策、以及大额度资金使用等重大问题，必须经局领导班子或局全体干部职工集体研究做出决定，努力形成用制度管权、制度办事、制度管人的有效机制。党支部将党风廉政建设工作列入重要议事日程，在抓好本职工作的同时抓好党风廉政建设和反腐败工作，按照组织分工，明确各自职责，实行“支部统一领导，党政齐抓共管，纪检组织协调，科室各负其责，全体参与反腐”的领导体制和工作机制，将全年党建工作任务分解到了各个科室，切实做到该项工作有部署、有落实、有检查、有考核；坚持科学决策、民主决策、依法决策、效率决策的原则，对重大决策、重大项目安排和大额资金使用事项，全体干部职工参与决策，对事项执行的过程和结果实行有效监督；要求全体干部职工人人参与，在对各项廉洁从政制度的学习领会和违纪案例的深化认识中，坚决反对特权思想、特权现象，对照检查，认真反思，吸取教训，拟订《重大事项议事规则》《经费管理制度》，使公务接待、差旅费支出、车辆维修费支出等方面有章可循，为防止腐败行为的发生起到了有效的防范作用。

（李小会）

【领导名录】

局　长　旦增杰布

副局长　松　　姆（女，藏族）

　　　　刘 亚 妮（女）

　　　　次仁卓玛（女，藏族）

白朗县国土资源局

【概况】 2016年，白朗县国土资源局现有工作人员8人，4名党员，其中正科级1人，副科1人，科员4人，事业编制2人。国土局主要负责白朗县土地管理，矿产资源管理等工作。

【土地管理】 加强管理，切实保护耕地，确保日喀则市下发的不低19.542万亩的耕地保有量，基本农田面积不少于17.0454万亩，基本农田保护率为87.22%，均完成2014年下达的目标任务，达到“耕地总量不减少，质量有提高”的目标要求。主要做法是：县委、县政府高度重视，成立由分管副县长为组长的耕地保护领导小组，加大宣传耕地保护力度，努力提高全民节约集约和耕地保护意识，利用“3月综治宣传日”“4・22世界地球日”“5・12防灾减灾日”“6・25全国土地日”，以及白朗县村党支部第一书记培训为契机，对各村第一书记进行国土法律法规及相关知识宣传，通过多种形式宣传耕地保护的重要性和必要性；落实责任，严格检查执法，白朗县人民政府每年层层签订《耕地保护目标责任书》，做到面积、制度、责任、标志“四落实”。

【土地开发与耕地占补平衡情况】 从严控制用地规模，保障经济建设用地需求，在建设项目占用耕地方面，严格落实耕地“先补后占”和“占一补一”政策，有效保护了白朗县耕地。同时，国土资源局加大投入和项目争取力度，积极向上级部门争取土地开发整治项目及已开垦土地的验收备案工作，国土资源局开发土地整治项目共2个，白朗县杜琼乡东普村土地整治项目600亩；洛江镇康萨村土地整治项目275亩，用于建设项目的占补，既确保了白朗县项目有地可落、有地可补，也确保实现了耕地上的占补平衡。

【编制完成土地利用总体规划】《白朗县土地利用总体规划》（2006—2020）已由四川蜀都地质勘察院编制完成。《规划》主要阐明规划期内全县土地利用目标，优化土地利用结构和布局，划定土地用途区和建设用地空间管制分区，调控（乡）镇土地利用，落实重点建设项目用地，协调土地利用与生态环境保护，提出规划实施的保障措施，为落实土地宏观调控和土地用途管制制度等各项土地利用活动提供法律依据。

【做好用地报批工作】 严格执行报批程序，确保服务与管理并重。根据全县发展规划和项目建设安排，按照“项目未动、报批先行”的思路，狠抓了建设项目组建报批工作。2016年，完成112个项目的用地预审和初审工作，确保项目前置手续顺利完成，并对即将开工项目组建报件。2016年白朗县项目建设用地已组建报件进行上报审批，全年共上报用地报件5个批次，涉及项目11个项目。总占地面积共310.76亩，其中耕地面积71.25亩，草地面积232.82亩，全都通过自治区审批，确保了白朗县用地的合法性。

【维护权益，保障民生】 稳定优先，做好土地清查工作。对于私下买卖房屋未办证、有政府批地依据未办证等历史遗留问题，国土资源局进行了全方位的调查，48户作为土地清查对象，现已清查工作全部完成，调处解决了4宗土地权属争议，老百姓居住有了“证”的保障。在征地补偿等方面根据土地法对白朗县耕地补偿进行了产值增加，由原来的770增加到现在的1718，受到老百姓一致认可。

【土地、矿产卫片执法】 做好土地卫片执法工作，2016年7月，完成土地卫片执法检查信息系统数据的录入。根据下达的矿产执法卫片数据为34个矿产卫片，112个土地卫片数据。国土资源局立即组织人员对图斑进行了实地核查，立即根据实地核查涉及乡镇下发通知并已采取措施进行了整改，无历史遗留卫片问题。

【地质灾害防治】 为切实做好白朗县2016年地质灾害防治工作，保障人民群众生命财产安全，维护社会稳定，促进县域经济社会发展，按照上级业务部门文件精神。结合白朗县实际，制订《白朗县2016年地质灾害防治方案》《地质灾害应急预案》，划定了地质灾害危险区和易发区，对全县地质灾害危险地段适时进行了监测。严格落实24小时值班制度和地质灾害巡查、速报、月报、年报制度，确保信息畅通，进一步完善了县、乡（镇）、村三级地质灾害群测群防，确定了各点群测群防人员，落实了工作责任，进一步提高了地质灾害防治能力和水平；按“属地管理、行业管理”的原则，各司其职，协同防灾，完善防灾联动机制。“4·25”地质灾害排查工作基础上，全面排查，逐点复查，认真落实各项防灾措施，上级业务部门专门下派专业队伍完成11个乡（镇）2016年度地灾详查工作，排查隐患点161处，确定2017年治理项目3个，需实施的2个应急排危项目和1个治理项目；发放群防群测人员补助，共84人21万元；加强沟通协调，强化宣传培训，提高基层防灾能力，特别是要提高基层监测员的业务能力及工作责任心，要强化预警，完善监测预防工作机制，及时做好了汛期地质灾害气象预警预报。

【基本农田划定与集体土地确权】 10月11日，开展永久性基本农田动员大会，对11个乡（镇）111个行政村实地核实工作完成，各单位报送近五年利用耕地情况进行调整并开展内业工作。基本农田划定工作方面：国土专干做好“三员”。外业调查由各乡镇国土专干全程陪同，对各自辖区的图斑逐一核实，做好该项工作的宣传员、专业队伍的翻译员、县与乡的联络员，发挥基层工作人员不怕苦不怕累的精神风貌；专业队伍做好技术工作。针对外业核实图斑工作，形成以乡镇为单位的初步任务面积与实地划出的各类用地统计表，制作了遥感影像与初步基本农田数据的叠加图，具体表明了初步任务的基本农田分布情况及在基本农田上已建设的农宅等其他用地情况；同时形成初步外业调查工作小结，国土资源局做好跟踪工作。国土资源局作为此项工作的牵头单位，对专业队伍及时跟踪他们的工作开展情况，全程参与督促和检查专业队的工作，做到稳步推进白朗县永久性基本农田划定工作。

7月6日，由自治区国土资源厅副厅长布琼带领的全区74个县（区）国土资源局分管领导及国土资源局局长等共计150人。在白朗县参加了自治区国土资源厅组织的区农村集体土地所有权确权登记发证工作现场培训会。为使短暂的现场培训让参会人员学习更深刻更有实际作用，展现了日喀则市白朗县农村集体土地确权登记发证工作图片展及成果资料展，与会人员在讲解员的陪同下就确权工作形成的成果资料分批次进行了参观学习。

【灾后恢复重建与精准扶贫工作】 上下联动，做好精准扶贫工作。首先从精准扶贫项目的用地方面着手，以“三优先一无偿”原则：即优先选址、优先规划、优先组建报件，无偿供地；杜绝因用地原因而项目未落地现象。2016年，共有211户灾后重建、471户易地搬迁全部落地，从根本上解决贫困户住有所需问题。其次做好精准扶贫结对帮扶工作方面，期初是思想扶贫，使得扶贫户更好地明白党的惠民政策，之后开展慰问活动，每户一袋大米、一袋面粉、一块砖茶，送衣物，共计价值2000元。再次做好生态岗位对接工作方面，针对467名地质灾害群防群测人员，结合白朗县实际，制定生态岗位地质灾害群防群测人员管理暂行办法，签订岗位协议书，制作岗位人员花名册并汇编了基本情况及管理暂行办法、巡逻笔记等为一体的白朗县生态岗位地质灾害群防群测人员工作手册，藏汉双语，生态岗位工作人员人手一册。便于及时记录，更好地掌握该领域地灾情况。

【党建、党风廉政建设】 根据年初党建工作目标责任书逐一做好党建工作，扎实推进“两学一做”及“项目化”推进年活动，全面落实从严治党和“党建七项重点任务”情况。为进一步提高干部职工的政策理论水平和业务能力，认真落实党风廉政工作，首先对党员领导干部进行党风党纪教育，以干部自学为主，集中学习为辅，充分利用每周五集中学习时间，进行了系统学习；把《廉政准则》及《党章》作为重要内容进行讲解学习，从思想上筑牢干部防腐败倡廉思想。其次加强领导，及时调整了党风廉政建设领导小组，由国土资源局党支部书记、局长担任组长，局党员干部为成员，并进行了领导分工，明确了责任范围。最后结合“两学一做”学习内容，国土资源局日常业务工作进行分析，提出要求全面增强国土党员干部的党性意识和责任意识，以学促做、学用结合，更好推进国土资源局下一步工作。

（扎西次宗）

【领导名录】

局　长　多吉卓玛（女，藏族，6月免）
　　　　次仁罗布（藏族，6月任）
副局长　白玛卓嘎（女，藏族，5月任）

白朗县商务局

【概况】 白朗县商务局为县行政管理部门，行政编制3人，其中正科级1人，副科级1人，工作人员1人，下属副科级事业单位白朗县供销合作联合社核定事业编制2名，其中副科级领导职数1名，工作人员1名（未到位）。具体职能为推进商贸流通业、商贸服务业发展，拟订开拓市场、促进消费的政策措施；组织实施重要商品市场调控和流通管理；负责城乡商贸统筹发展工作，拟订商贸流通发展中长期规划、商品市场规划和城乡商业网点规划，承担城乡统筹商贸网络体系建设工作，推进城乡市场体系建设；牵头协调整顿和规范市场经济秩序；负责商贸流通业监督管理；承办县政府交办的其他事项。

【建立健全加油站档案】 严格执行《白朗县零散成品油销售管理办法》，严格审批程序，杜绝无证加油、一卡两用加油，严禁违规携带汽油，严禁用塑料桶装零散成品油，杜绝非法改装油罐车加油，并对加油站提出具体要求，严禁超量违规加油。白朗县商务局工作人员实行加油站执勤轮班制，保证周末、节假日、敏感时期坚守岗位，保证加油站值班不空岗、不缺岗、不漏岗。2016年3月，白朗县商务局按照上级要求认真审核，完成对中油日喀则分公司白朗加油站的年检（初验）工作，并按照一站一档的要求，对加油站登记造册，建立加油站档案，各项资料整理完善。

【商贸领域安全监管】 年内，把安全监管工作摆在重要的议事日程，抓好工作方案落实。实行不定期不打招呼直插现场的方式对加油站、农贸市场、超市等商贸领域进行安全检查，确保商贸领域安全。按照相关要求，着重对加油站《西藏自治区零散成品油管理办法》落实情况、相关证照手续、实名登记执行情况、驻站民警在岗情况等九项内容进行检查。2016年共进行各类安全检查30次，将安全隐患基本扼杀在萌芽状态，排查出的安全隐患也完成整改；重大节假日期间，白朗县商务局组成检查组进入超市、批发部、农贸市场等物资集散地检查市场商品供应情况，确保存货充足，保证节日期间市场供应保质保量，保障食品安全；制定自然灾害应急预案，以建立完善指挥、救助体系，处置应对突发安全事故，进一步完善安全应急体系建设。

【碘盐推广】 年内，为实现“普及碘盐，消除碘缺乏病”的目标，继续加大碘盐推广力度，按每人每年5.5公斤，每公斤0.5元的标准，共向全县11个乡镇111个行政村7105户48183名农牧民群众配送碘盐265吨，实现100%推广率，完成年度配送任务的100%，食用率和覆盖率达到100%。

【促流通，稳物价】 努力提升城乡居民消费能力，培育消费热点，引导大众消费；加强“万村千乡市场工程”项目申报，经上级业务部门审批后，共为白朗县分配9个农家店、2个乡镇服务中心指标；加强对农家店存活情况盘查，了解商品配送率，以及有无销售假冒伪劣商品和过期食品等不良行为，确保农家店商品质量合格；联合县发改委进行市场调研，对市场各类商品价格进行统计汇总，进一步加强市场价格预警监管，尤其是确保重大节假日期间市场价格秩序基本稳定，居民消费价格指数涨幅稳控在3%以内。

【家电家具补贴】 白朗县商务局全力开展家电家具补贴的工作。2016年，白朗县家电家具销售额为424.4453万元，实际补贴额为138.046万元，其中家具为426套/件，销售额为2732226.5元、补贴额额为926792.05元，家电为769台/件，销售额为1512226.5元、补贴额为453667.95元。

【结对帮扶】 于6月、9月对精准扶贫结对帮扶对象白朗县者下乡聂仓村村民普布、尼旦、仁增、石平、果杰、占多进行帮扶慰问，为这些贫困家庭带来大米、面粉、糌粑、砖茶等生活必需品，了解到贫困主要原因是家庭人口多，劳动力比较少，无一技之长等，并为贫困人员出谋划策，受到帮扶对象的感谢以及肯定。

【质监工作】 顺利完成西藏自治区质量工作领导小组、日喀则市质量兴县工作领导小组迎检工作，各级领导均对白朗县质量工作表示肯定。

【电子商务进农村综合示范项目立项】 白朗县商务局紧紧围绕自治区商务厅及市商务局的决策部署，经过认真筹备，白朗县于2016年5月荣获2016年国家电子商务进农村示范县项目立项。全市十八县（区），只有白朗县荣获此试点。

【获批供销社改革试点县】 白朗县作为全区供销合作社改革八大试点县之一，积极配合自治区联合调查组，2016年5月已完成前期历史遗留问题清查工作，于2016年6月经上级批准为供销合作联合社试点（全市仅有白朗县、江孜县两个县获此殊荣）。白朗县供销合作社为白朗县商务局管理的副科级事业单位，核定事业编制2名，其中副科级领导职数1名，工作人员1名（未到位）。

【党建工作】 年内，白朗县商务局、旅游局支部委员会坚持以邓小平理论和“三个代表”重要思想为指导，深入落实科学发展观，在认真学习、宣传、贯彻中共十八大精神的基础上，认真践行党的群众路线教育实践活动，加强党的执政能力建设和先进性建设，促进党建工作科学化、制度化和规范化，不断增强党组织的创造力、凝聚力和战斗力。荣获2015—2016年度白朗县先进基层党组织及2016年上半年白朗县党建工作第三名的好成绩。

【党风廉政建设】 按照年初的安排部署，白朗县商务局紧紧围绕白朗县党风廉政责任制，健全“一把手负总责，党员干部各负其责，班子成员齐抓共管、纪委协调督查”的领导体制和工作机制，突出工作重点，加大工作力度，抓好白朗县商务局各项工作任务的落实，不断推进反腐倡廉工作的深入开展，不断加强县商务局党员干部的党风廉政学习，始终保持清醒的头脑，与时俱进，恪尽职守，廉政自律，确保党风廉政建设工作的落实。

（刘年东）

【领导名录】

局　长　索朗平措（藏族，1月任）

副局长　徐　　洁（女，藏族，10月免）

　　　　吉　　巴（女，藏族，10月任）

白朗县安全生产监督管理局

【概况】 2016年，白朗县安全生产监督管理局编制3人，实有5人，其中领导职数2名，科员3名，藏族3名，汉族2名。结合白朗县实际，目标责任落实、安全生产大检查、事故隐患排查整改，安全生产宣传教育，职业健康培训以及安全专项整治等方面开展大量的工作，实际监督监察生产经营单位108次，出动执法车辆100台次、人员281人次，下发现场检查记录104份，2份责令限期整改指令书，2份整改复查意见书，顺利完成全年各项工作任务。

【安全生产宣传教育】 年内，加大学习宣传力度，推动安全生产工作。加大宣传教育培训力度。利用电视台、乡村广播、短信平台等宣传工具，发挥开大会、驻村工作队、“双联户户长”等方面作用，广泛深入宣传《中华人民共和国安全生产法》《生产安全事故报告调查处理条例》和“公共安全和安全生产知识”，努力提高全民安全意识和安全文化水平，营造人人参与安全生产的良好氛围，使安全生产工作成为人人关心，共同参与的社会系统工程；制定“安全生产月”工作方案。利用“安全生产月”牵头组织县工会，妇联、信访、药监、教育、交通、交警、人社、商务、环保、科技、宣传等20多家安委会成员单位，在县城主要街道集中举办“6·16”安全生产宣传咨询日活动，深入9乡2镇开展安全生产流动宣传，将“安全生产月”宣传活动引向深入，做到家喻户晓、人人皆知。在安全生产宣传教育活动中各单位利用宣传画册，展板、宣传单等各类宣传载体和现场讲解等方式，面向社会公众宣传安全生产红线意识、法律法规知识和安全常识。各单位共出动宣传工作人员173人次，悬挂安全生产横幅27条，摆放展板55幅次，发放各类宣传资料25000余份，解答难题110余个，发送安全生产宣传短信5000条。

【危险化学品】 根据季节特点，重点强化危险化学品储存、经营、运输安全监管，积极联合公安、商务、消防等部门，以危化经营场所为主线，以生产经营单位“三违”“三证”登记制度及安全隐患排查为重点，加大安全监管力度，始终坚持定期、不定期检查，检查中未发现重大安全隐患。

【开展烟花爆竹销售专项行动】 年内，白朗县烟花爆竹零售点共1个，由县安监局牵头，联合县公安局、工商局、消防及各乡（镇）、各职能部门配合，针对烟花爆竹经营、销售、贮存、运输等经营活动，严格按照《烟花爆竹安全管理条例》和相关要求，认真抓好烟花爆竹销售领域的专项活动，打击非法经营。充分发挥乡镇派出所、乡（镇）、村安委会等组织的监管作用，完善日常排查、举报奖励和责任追究制度。加强部门间协调联动、密切配合，着力打击非法经营烟花爆竹行为。截至年底，在全县范围内未出现超许可范围经营，未出现非法违法经营（零售）商户。

【建筑工地监督检查】 年内，由安监局、住建局、发改委等部门组成检查组，结合安全生产工作实际，对易地搬迁和“4·25”灾后民房重建项目以及其他已开工的建筑施工进行现场监督检查，全面排查治理各类安全隐患，切实解决安全生产工作中存在的突出问题，切实消除安全隐患，有效防范和遏制了重特大事故的发生。

【道路交通】 年内，由安监局、公安局、交通局等部门联合，狠抓路面监管力度，结合安全生产“打非治违”专项行动、“道路交通百日大整治行动”“道路交通平安年”、隐患大排查大整治工作，在全县范围内开展道路交通排查整治工作，结合各季节天气变化的规律特点，开展危险路段的排查治理，加大道路交通安全的稽查工作和客运临时站点的安全检查，严防各类车辆“带病”上路，把隐患消灭在源头。继续深化“文明交通行动计划”，组织法制校长、民警、安全监管执法人员进入辖区中小学校，把交通安全知识走进课堂，上好了安全第一堂课和最后一堂课。

【安全培训】 年内，加大对企事业单位负责人和管理人员安全生产知识力度，进一步夯实白朗县企业安全生产基础，邀请国家级安全生产专家索朗罗布，在县委党校开展“白朗县2016年安全生产法律法规知识培训班”。联合县人社局开展工伤专题培训班，重点讲解2014版《中华人民共和国安全生产法》和职业卫生相关知识。

【安全隐患排查治理】 年内，对建筑工地、危险化学品、烟花爆竹和人员密集场所（藏餐、寺庙、朗玛厅、学校）进行安全隐患排查治理。截至年底，实际监督监察生产经营单位108次，出动执法车辆100台次、人员281人次，下发现场检查记录104份，2份责令限期整改指令书，2份整改复查意见书。

【安全生产责任落实情况】 针对2016年工作实际，进一步调整完善安全生产目标管理责任书，并于年初同县安委会相关成员单位和11个乡（镇）签订目标责任书，签订率均达100%；由安委会统一制作向全县111个行政村发放《村安全生产工作领导小组职责》《村安委会办公室职责》《村安全生产领导小组“一岗双责”责任制》等制度栏，形成逐级落实工作责任，责任层层分解，工作有人管，责任有人负，层层抓落实的工作格局，健全了“横向到边、纵向到底”的安全生产责任体系。

【指标控制情况】 2016年，全县范围内非煤矿山领域无事故发生；危险化学品和烟花爆竹领域无事故发生；建筑领域无事故发生；消防火灾领域无事故发生；道路交通领域事故1起，死亡人数1人，受伤3人，为非生产经营性道路交通事故；特种设备无事故发生。

（常　森）

【领导名录】

局　长　达　　普（女，藏族）

副局长　拉巴旦塔（藏族，10月任）

白朗县国家税务局

【概况】 白朗县国家税务局于1994年正式挂牌成立，2016年实有干部7人，其中，汉族2人，藏族5人；党组书记、局长1人，副局长和纪检组长各1人，科员4人；党员4人；男性3人，女性4人；干部学历均为本科，平均年龄29.5岁。白朗县国家税务局真抓实干，创新创造，成果颇丰，各项工作走在前列。与全区一道营改增、资源税改革推行工作在该局实施，全局上下团结协作，步步为营，做改革发展的促进派和实干家。2016年度税收收入首次突破2000万元大关，创历史新高，同比2015年增长25.3%，增收594万元。

【税收征管】 增值税全年完成1266万元，较2015年同期增收1050万元，同比增长81%；营业税完成367万元，较2015年同期减收564万元，同比减少61%；企业所得税完成218万元，较2015年同期减收115万元，同比减少34%；个人所得税完成97万元，较2015年同期增收43万元，同比增长44%；印花税完成39万元，较2015年同期增收39万元，同比增长13%。

【组织领导】 国税局2016年被西藏自治区国税局授予“西藏自治区法治税务示范基地”头衔，真正为日喀则税务系统依法行政、依法治税做出表率，全面提升依法治税能力。成立白朗县国家税务局单独党支部和成立党组事宜相继获得批准，进一步加强该局基层党组织建设、领导班子建设和干部队伍建设创造了新的条件，为党建规范化建设工作奠定了良好的基础。把纪律和规矩意识挺在前面，把忠诚和敬业放在心里，把责任和压力扛在肩上，确保各项工作快速有效推进、从紧从严落实。把团队精神、拼搏精神、创新精神、争先进位精神融入平时工作中，立足本职岗位，打造过硬作风，争创一流团队，提升部门凝聚力和战斗力。

【优化服务提品质】 依托信息化手段，持续努力开拓创新，把税收征管和纳税服务工作搭上“互联网+”的顺风车，积极构建征纳关系空中桥梁。深入开展“两学一做”学习教育，便民办税春风行动持续给力，2016年该局纳税人主动到办税服务厅赠送锦旗两起，把“学”的成果转化为“做”的行动，对接服务纳税人“最后一公里”，用税务人的“辛苦指数”换取纳税人的“幸福指数”。

【税源管理】 牢牢把握组织收入原则，做好新形势下的税收收入分析，加强税收分析，强化税源分析力度，税源管控力度，分析增长点，找准发力点，提高税收收入质量，确保组织收入工作科学有序推进，完成好税收收入目标任务；以第25个全国税收宣传月为契机，深入开展“聚焦营改增试点，助力供给侧改革”为主题的宣传；通过积极沟通协调，建立“政府领导、税务主管、部门配合、司法保障、信息支撑、社会参与”的社会综合治税机制，推动政府部门信息互联互通、强化税源管控、积极探索以大数据提升税收治理能力。

【提高征管水平】 以创建“法治税务示范基地”为动力，以业务目标绩效考核为抓手，提高税收征管水平，提升依法治税能力。为深入贯彻落实国务院《全面推进依法行政实施纲要》和税务总局“坚持依法治税为核心，建章立制，强化执法监督，完善纳税服务，全面推进依法行政，做到依法征税、依法管理、依法服务、依法带队”的工作要求，更好地发挥先进典型的示范引领作用，进一步推动法治税务示范基地建设活动深入开展，自治区国家税务局决定，命名日喀则市白朗县国家税务局等7家单位为第一批“西藏国税系统法治税务示范基地”。白朗县国税局2016年被西藏自治区国税局授予“西藏自治区法治税务示范基地”头衔，在全市20个征收单位中先声夺人，真正为日喀则税务系统依法行政、依法治税做出表率。

【全面助力“营改增”】 为确保5月1日全面推开“营改增”试点工作顺利实施，白朗县国家税务局运筹帷幄，未雨绸缪，争分夺秒，努力做到强化组织保障，细化工作方案，加强沟通协调，落实工作责任，平稳有序推进各项工作安排。全面开启“五加二”“白加黑”工作模式，夜以继日连续加班，紧锣密鼓，争分夺秒，苦干实干，通过有效战略，布局营改增“攻坚战”。从4月底顺利发售发票到5月1日顺利开具发票，再到6月1日成功完成首笔申报，三个关键节点的顺畅运行标志着白朗县国家税务局“营改增”试点工作平稳顺利运行。为白朗县与全国同步全面推广营业税改征增值税改革试点工作做出了应有的贡献。9月26日《日喀则报》专门用一个版面宣传了“营改增”工作的先进事迹。

【税收政策】 严格进行减免税管理，设立减免税台账，对申请减免税的企业严格执行减免税审批程序。对符合农牧区相关税收优惠政策的，严格按照相关规定予以落实。2016年，国税局根据财税〔2014〕71号、国家税务总局公告（2014年第57号）、财税〔2015〕96号及财税〔2014〕122号的有关规定，2016年享受小微企业优惠政策增值税减免金额337万元，覆盖面达100%。

【党风廉政建设】 落实从严治党责任情况，白朗县国家税务局党组认真履行“党建工作第一责任人”的职责，抓自身建设、抓队伍建设，抓组织建设。主动参加各种学习，精心准备，有讲稿，有笔记，带动全局党员干部学习风气。严明党的政治纪律，认真履行党风廉政建设主体责任。在干部管理上，严管善待，始终把制度建设，作风建设作为重要内容常抓不懈，对现有制度进行梳理，经实践检验行之有效的，要长期坚持抓好落实；对不适应新形势新任务要求的，抓紧修订完善，做到各项制度奖惩分明，文化务实，激励体系健全。

（次仁帕珠）

【领导名录】

局　　长　次仁帕珠（藏族）

副局长 张　璇（女，7月任）
纪检组长 次仁卓嘎（女，藏族，7月任）

白朗县工商行政管理局

【概况】 2016年，白朗县工商行政管理局现有5名干部，党员2人，其中本科学历3人，大专1人，高中1人，平均年龄29.4岁。截至年底，全县市场主体发展到1680户，注册资本135354.8万元，从业人员17811人，其中：企业706户，注册资本126117.56万元，雇工人数12187人；个体工商户860户，从业人员1966人，注册资金3105.28万元；农民专业合作社114户，成员总数3758人，出资总额6131.96万元。2016年新增企业304户，从业人员5911人，注册资本82841.5万元；个体工商户124户，从业人员229人，资金数额1657.55万元；新登记农民专业合作社17户，成员数206人，出资总额951.1万元。与2015年底相比市场主体户数增长36%，注册资本增长171.2%，从业人员增长54%。；农牧民经纪人15人；经济业务量350万元。

【规范市场秩序】 年内，县工商局根据市局统一安排部署，开展了“三大节日”“两会”期间食品安全检查、红盾护农、人力资源市场、危化品和烟花爆竹专项整治等专项检查。截至年底，县工商局共出动执法人员35人（次），执法车辆18台（次），检查各类经营户326户（次）。继续加大对《商标法》宣传力度和对“傍名牌”商标侵权等违法行为的打击力度。组织安排全体干部职工对新《广告法》进行学习，重点检查医疗、药品、食品、保健品广告中是否含有虚假违法行为，严厉打击利用广告欺诈和误导消费者的违法行为，共出动执法人员14人次。2016年，共查处各类违法案件2件，案值60元，罚款600元。

【消费维权】 利用“3·15”等法制宣传日重点宣传《消费者权益保护法》《商标法》《产品质量法》《反不正当竞争法》、打击传销规范直销、商事登记制度改革、企业年报公示等法律法规和工商相关业务知识，为广大农牧民消费者树立正确的消费维权观念引导正确消费。活动期间，县工商局共出动执法人员18人（次），执法车辆3台（次），检查市场主体户200余户，发放宣传资料600余份，电视媒体宣传1次，悬挂宣传横幅10条。2016年县工商局未接到消费者投诉。认真落实《侵害消费者权益行为处罚办法》，推进“诉转案”工作机制，充分发挥“12315”消费者投诉举报网络的作用，认真受理和处理消费者的投诉和举报，为消费者提供高效、便捷、热情、周到的维权服务，截至年底，全县共健19个12315维权联络站点。

【打击传销】 年内，协同公安、乡镇等部门开展对县城出租房等容易滋生传销的地方排查摸底工作，加强对常住人口、外来人口、出租屋主的宣传教育工作。对白朗县2名涉传人员进行走访调查和询问，做到一人一档，及时与涉传人员所在镇政府负责人沟通，通过政府加强对涉传人员管控。传销活动是经济毒瘤，县工商局在加大打击力度的同时，利用各宣传日在辖区内开展声势浩大的打击传销宣传活动，向过往群众发放传销知识法律读本，并现场接受群众咨询与举报，向群众介绍传销组织、传销人员的欺骗手法、操作方式及受骗群众心理，揭露传销坑人害人的诈骗本质，努力营造人人得而斥之的社会氛围，让传销在县辖区内失去生存的土壤。截至年底，出动执法人员16余人次，车辆5台次。

【商标注册和招商引资】 为更好地服务当地经济发展，加大对招商引资企业的扶持力度，全年为3户招商引资企业的注册登记提供全程服务。为进一步加快白朗县辖区内商标品牌战略发展步伐，促进企业持续发展，推动经济增长方式转变，实现地方经济又好又快发展，县工商局对辖区一定规模企业进行充分调研，对符合条件注册商标的企业发放商标行政指导书2份，发放著名商标续展通知书1份，并深入企业指导其续展商标相关事宜。积极引导已注册商标企业争创著名、驰名商标。截至年底，全县注册商标数量共18件，其中有效商标16件，2件全区著名商标，注册成功2件，受理3件，3件商标正在申请全区著名商标。

【工商登记制度改革】 年内，白朗县工商局深入落实“一条例、五规章”，高效率地完成了企业年报信息公示工作。通过主动提早介入年报工作，通知企业在网上申报，为年报公示工作提前打下基础；针对个别企业、个体户及农专不懂汉语或电脑的情况，工作人员分时、分段上门通知到工商局申报年报；针对无法取得联系的商户，工作人员联系当地乡政府或村委会通知商户完成年报。在克服人员少、任务重的情况下，同步完成数据清理、换发新版营业执照以及年报公示工作。2016年白朗县企业年报率为96.1%，个体年报率达到100%，该项成绩得到市局领导的高度赞扬及肯定。2016年12月1日，注册发放第一张个体工商户“两证合一”营业执照。为今后更好地完成年报信息公示工作，通过各种渠道加大对“年报公示”及企业“五证合一”个体工商户“两证合一”等制度政策的宣传力度，为今后更好地开展各种工作打下良好的基础。

【个体非公有制经济组织党建工作】 立足工商职能，充分发挥基层工商贴近、了解个私经济组织的优势，县工商局加大力度宣传非公党建工作，对各类市场主体中的党员情况进行摸底、登记和统计。指定政治素质过硬的党员干部为非公党建的指导员和培养联系人，坚持每月向单建党支部赠送工商报、西藏日报及工商半月刊等，定期组织市场主体中的党员对党章等进行学习，为发展个体非公有制经济党组织奠定了坚实基础。截至年底，白朗县辖区共建立非公党组织4个，党员31人。2016年，6名积极分子转为预备党员，发展积极分子8名。

【开展“两学一做”学习教育活动】 按照市局和县委、县政府要求，白朗县工商局高度重视，组织开展“两学一做”学习教育活动，先后组织全体党员干部开展手抄党章100天及撰写心得体会活动；结合“两学一做”主体教育活动，为进一步加强党群干群关系以及贯彻落实关于精准扶贫、结对认亲等相关文件精神，白朗县工商局积极开展结对认亲工作，2016全年共向帮扶对象捐赠各种生活用品价值1800余元。

【党风廉政建设】 年内，认真开展党风廉政拒腐防变每月一课学习活动，要求班子成员讲政治，顾大局，把思想和行动统一到上级决策部署上，能带头干事、干成事，为白朗的局势稳定、经济发展、民族团结做出自己应有的贡献。按照“两学一做”活动要求组织干部职工学习党章、《准则》《条例》党的十八大、十八届三、四、五中全会、中央第六次西藏工作座谈会精神，并坚持抄写党章，开展专题讨论和撰写心得体会，7月20日，由局长普琼讲党章专题党课，围绕党章的起源与发展、党章的主要内容以及如何学习贯彻党章等方面，系统阐述党章的地位和作用，并就如何学好党章党规谈了自身理解和体会，给支部全体党员上了一堂生动的党课。

（龙　甫）

【领导名录】

局　长　旦　增（藏族，6月免）
　　　　普　琼（藏族，6月任）
副局长　龙　甫

白朗县旅游局

【概况】 白朗县旅游局为县行政管理部门，于2010年10月成立。2016年，行政编制3人，其中正科级1人，副科级1人，科员1人。事业编制2人，为初级工。具体职能为负责白朗县辖区的旅游规划、管理和监督工作。2016年，白朗县共接待游客74510人次，旅游收入175万元。

【“两学一做”学习活动】 2016年，旅游局坚持以习近平总书记重要讲话精神为指导，贯彻落实中央第六次西藏工作会议精神，学习中共十八大、十八大六中全会精神和各项文件、会议精神，利用集体学习和个人自学相结合的方式，开展党务、政务公开、廉政建设“两学一做”和“党章党规”主题知识学习活动。加强党员领导干部的执政能力，严格执行中央“八项规定”和自治区出台的“约法十章”，切实贯彻落实党风廉政责任制，做到党务工作和业务工作的有机结合。根据县委对政治学习的总体部署，结合实际确定学习内容和方法，制订学习计划，规定周三、周四为学习日，领导班子成员坚持每月学习一次廉政建设理论和党的方针，每月组织一次全局人员进行思想政治教育，严格遵守学习制度；班子成员都建立读书笔记，定期组织交流和检查，从根本上提高学习的自觉性和积极性。通过狠抓学习，对党的路线、方针、政策有了更深刻的理解，在政治思想上有了更进一步的认识；坚持每月每季度做好旅游的信息和数据统计工作。

【举办第六届蔬菜采摘节】 为充分发挥日喀则市“后藏粮仓”的作用。2016年5月28日，白朗县举办第六届蔬菜采摘节活动，通过蔬菜采摘节活动带动了白朗县旅游市场的新开始，打造、创新一个白朗县独具文化、特色的节庆品牌。

【旅游项目建设】 白朗县旅游发展刚刚起步，旅游产品以观光旅游产品为主，同时休闲体验旅游产品有所发展。以瓜果蔬菜采摘为主的乡村休闲体验旅游产品以及者下斗牛文化体验产品均受到周边居民的欢迎，极具发展潜力，但是还未形成比较完善的旅游产品体系。在援藏的投资、县委、县政府的大力支持和旅游局积极配合下，旅游局深入景点资源地收集、了解、景点文化底蕴、历史背景，并申报强堆乡色热珠德寺、嘎东镇参卓林寺基础设施建设、康桑村格培水磨景点改造、康桑村湿地公园建设、文化旅游广场垂钓园建设、党如村腾瀑泉眼开发、者下乡“果孜”斗牛节项目、郡王颇罗鼐文化遗址保护、白朗县农业观光旅游景区、县城4座旅游厕所改造等项目。旅游基础设施建设正在强力进行，为给游客提供方便的衣食住行条件在上级旅游部门的大力支持下白朗县建设了旅游环保厕所1座，停车场1座，停车位60个。家庭旅馆、宾馆、餐饮事业发展趋势良好，各项服务条件正在逐步完善。

【整体营销】 2016年，白朗县兴起旅游产品行业3家，截至年底，白朗县旅游接待人数已达到74510人次，旅游总收入达到175万元。

【行业管理】 年内，组织各行业部门进行联合执法检查，规范旅游市场经营秩序，强化行业凝聚力，旅游服务技能和水平明显提升，旅游服务质量和安全管理逐步规范。

【争资争项培育主题】 年内，为壮大白朗县旅游产业主题，推进长远发展，加强与上级旅游部门及发改部门的联系，了解产业发展新政策和新动态，争取项目进笼子。2016年，申请旅游基础设施环保厕所1座、旅游服务中心配套硬件服务设备1套。

【党建工作】 中共白朗县商务、旅游支部委员会，始终把党员队伍建设和单位党建工作作为重要工作常抓不懈，荣获2016年上半年白朗县党建工作第三名的好成绩。

（贾文瑞）

【领导名录】

局　长　尼玛次旺（藏族，5月免）
　　　　米玛次仁（藏族，6月任）
副局长　彭 瑞 雪（女，11月任）

社会事业

白朗县民政局

【概况】白朗县民政局属于正科级单位，核定行政编制5人，领导职数4人。2016年有干部职工16人，其中正科级干部3人，副科级1人，科员2人，事业人员3人，西部志愿者1人、公益性岗位6人（五保集中供养中心公益性岗位6人）。县民政局负责全县城乡低保、城乡医疗救助、临时救助、五保户、老龄和孤儿管理工作，双拥优抚安置、残疾人事业、救灾救济、婚姻登记管理、基层政权建设、勘界、区域地名管理、慈善协会等工作。

【党风廉政建设】2016年，县民政局党风廉政建设工作在县委县政府的领导下，在县纪委指导下，深入贯彻落实中共十八大、十八届三中、四中、五中、六中全会以及习近平系列讲话精神，坚持标本兼治、综合治理、惩防并举、注重预防的方针，坚持围绕中心、服务大局，强化纪律建设和作风建设，认真履行党章赋予的职责，切实维护党的纪律，充分发挥职能作用，推进惩治和预防腐败体系建设，规范民政权力运行，推进全县民政事业科学发展，党风廉政建设和反腐败工作取得明显成效。

【城乡低保】全县共有城镇低保21户25人；农村低保1110户3779人，占全县农牧民人口的8%。为进一步规范白朗县城乡低保工作，县民政局做到坚持动态管理，分类复核，从2016年5月中旬起结合全县精准扶贫工作和自治区关于践行“两学一做”规范最低生活保障落实工作，针对群众反映强烈的“人情保”“错保”“漏保”“轮流坐庄”“保人不保户”“关系保”等进行清退，做到“应保尽保、应退尽退”，同时，还专门派人对11个乡镇的城乡低保人员进行30%的抽查，均未发现有上述现象的发生，较好的保障了弱势群体的基本权益，完善救助机制；在完成各类救助对象的复核后，进一步完善归类档案资料，根据复核工作新确定的纳保人数，及时更新保障对象基本情况，细化保障类别，推进分类施保；加强公开力度，将各类保障政策、保障程序、保障对象、保障资金及保障标准进行公开，并将发放资金表上墙公示，增强了城乡社会救助的透明度。2016年，共兑现低保金5835352.5元。

【城乡医疗救助】年内，加大县级财政投入力度，进一步加大医疗救助补助配套资金的力度，由县财政将根据预算的资金需求和上级财政补助资金情况，足额安排本级财政医疗救助资金；扩大医疗救助对象范围，从重点救助对象（低保对象、残疾人、退伍军人）扩大至所有建档立卡贫困人口；经民政局与扶贫办协商，针对精准扶贫建档立卡贫困户（包括社保兜底）的住院医疗费用，经新农合的基本医疗费用报销、大病统筹保险报销后的自付部分，拟按100%全额予以救助。2016年底累计支出城（乡）医疗救助金达到174.7万元，受益人数402人次。

【临时救助】 确保不发生因突发性困难致贫返贫现象，通过及时了解、掌握、核实白朗县辖区内群众遭遇突发事件、意外事故、重病等特殊情况，做到早发现、早救助、早干预。畅通社会兜底“最后一公里”，让困难群众“求助有门，受助及时”。2016年，发放生活困难临时救助款224人次27.71万元。

【残疾人福利事业】 白朗县共有残疾人员810人（其中视力残疾84人、听力残疾61人、言语残疾59人、肢体残疾448人、智力残疾35人、精神残疾33人、多重残疾90人）。2016年，白朗县加大与市残联的沟通和协调，积极开展残疾人综合服务中心项目建设，残疾人综合服务中心于2016年6月开始施工，项目总投入为384万元，于11月完工，现只等设备到位后便可投入使用。2016年，共发放残疾人困难残疾人生活、重度残疾人护理两项补贴704人79.92万元，有效改善残疾人家庭的生活质量。

【高龄老人服务工作】 建立健全老龄工作，2016年全县80岁及以上寿星老人共有335人，其中，80~89岁310人，90~99岁24人，100岁以上老人1人，分别每人每年落实以300元、500元和800元为标准的寿星老人健康补贴，2016年落实寿星老人健康补贴计105800元。

截至年底，白朗县“五保户”共计51人，其中集中供养40人，分散供养11人（其中2个视力残疾、2个精神残疾、7个肢体残疾），2016年元旦、春节、藏历新年“三大节日”共兑现三大节日慰问金11.56万元。2016年人均年供养标准由2015年的4440元提高至现在的4740元，已发放供养金237000元。

【社会组织】 为满足社会各界热心慈善事业的人士、企事业单位、慈善组织和有关团体的要求，县民政局积极申请创办了白朗县慈善协会，并争取到启动资金70万元。并于11月28日收到日喀则市人民政府的同意批复，市民政局正按照正常申报程序向自治区人民政府和民政厅审批工作。

【村务监督组织建设】 为全面落实中央关于加强和创新社会管理的要求和区、市关于建立村务监督委员会工作部署会议精神，深入贯彻《中华人民共和国村民委员会组织法》，进一步加强村级民主监督工作，从而在全县111个行政村推选出村务监督委员主任111名，委员279名。各村建立健全了村务监督委员会工作程序、工作制度、工作内容、工作职责等相关制度，同时，为村务监督委员完善了办公条件，做到了有人员、有门牌、有印章、有工作制度、有履职记录。

【双拥优抚安置】 拥军优属、拥政爱民是中国共产党和人民解放军的优良传统，为争创“双拥模范县城”，2016年，在县双拥工作领导小组的指导下做好“三大节日”老兵退伍返乡走访慰问、“八一”慰问等活动。其中落实“八一”慰问资金39300元。2016年共支付优抚资金288620元，其中包括“三属”及伤残人员抚恤金284320元，因公牺牲家属定期定量补助4300元。2016年11月，由县委书记陈昊带队，看望慰问县烈属家庭，发放慰问金4000元。

【防灾救灾体系】 建立健全救灾应急预案，结合近几年各种灾害经验教训，全面推进县、乡、村三级救灾应急预案的修订和完善，加强救灾部门联动工作机制和抗灾救灾协调工作，落实应急响应规程，确保灾害发生后24小时转移安置和救助措施基本到位；认真开展受灾困难群众冬春生活救助工作。县民政局把冬春困难群众生活安排作为最现实最紧迫的民生工作抓紧抓好，群众生活得到切实保障；按照“突出重点、分类指导、统筹安排、分步实施”的原则，进一步强化措施，严格救灾款物发放程序。坚持公开、公平、公正的原则，接受群众和社会舆论监督，确保灾民的基本生活得到保障，2016年兑现冬春救助资金共44.92万余元；认真做好防灾减灾宣传工作，结合“防灾减灾日”，紧扣“城镇化与减灾”主题，召集宣传部、交通局、卫生局、消防支队等相关部门，精心安排和部署了“防灾减灾日”各项工作，在县城主要路段发放《防灾减灾知识手册》《中华人民共和国道路交通安全法》《食品安全知识》等宣传册共计200余册，同时，邀请消防大队在县中学、小学以及五保供养中心进行应急疏散演练，深受群众欢迎；及时上报灾情数据。由于暴雨、泥石流、雪灾等恶劣天气，导致白朗县11个乡镇不同程度受灾，发生灾情后县民政局于第一时间下乡调查核实，并及时在灾情网上上报。

【婚姻登记】 严格按照《中华人民共和国婚姻法》和《婚姻登记办理变通规定》办理，设立专人专岗办理婚姻登记。截至年底，共计办理结婚登记415对，离婚登记25对，补办婚姻登记34对，未办理过一例违反婚姻法的婚姻登记。

（王起龙）

【领导名录】

局　　长　郑　　应（10月免）
　　　　　巴桑普尺（女，藏族，10月任）
副 局 长　王 起 龙（10月任）
　　　　　格桑卓嘎（女，藏族）
主任科员　玉　　珍（女，藏族）

白朗县人力资源和社会保障局

【概况】 白朗县人力资源和社会保障局成立于2010年，由白朗县人事局和白朗县劳动保障局整合而成，为白朗县人民政府职能部门。白朗县人力资源和社会保障局有行政编制5名，事业编制2名，参公2人。2016年全局干部职工共17人，其中正科级3人，副科级2人，科员4人，专技人员5人，合同工1人，驾驶员1人，公益性岗位1人，共产党员11人。

【基本数据库动态管理】 2016年，动态管理白朗县就业困难人员、零就业家庭、高校毕业生、农牧民富余劳动力、农牧民就业意愿及高校毕业生基本信息。2016年，全县范围内共计劳动力人数25303人，外出务工10901人，剩余劳动力14132人，女性剩余劳动力6996人。全县精准扶贫1946户，共计9237人，在剩余劳动力中属于精准扶贫的有3606人，其中精准扶贫劳动力剩余女性1804人。2016年，白朗县高校毕业生人数为148人，其中7名已自主择业。白朗县人力资源和社会保障局结合白朗县政法委护路办招录人员相关要求，通知各乡（镇）高校毕业生未就业人员报名后，有24人到白朗县人力资源和社会保障局进行报名，经与政法委协商后，护路办决定择优录用以上人员；与白朗县移动公司协商后，同意为高校未就业人员解决岗位一个。

【业务知识学习】 年内，为更好地开展各项工作，白朗县人力资源和社会保障局进一步加强业务知识的学习，并积极参加区、市组织的各种业务知识培训，深入开展社会保障业务知识相关法律、法规及规章制度学习，加强对就业再就业政策措施、专业技术人员管理、机关事业单位社会养老保险等业务知识的学习，加强对兄弟单位先进经验的学习，不断提高全局干部职工的业务素质；为加强白朗县乡镇公共文化服务水平，提高乡镇综合文化站工作人员的思想素质和业务能力，白朗县人力资源和社会保障局与县委党校、白朗县文广局协作，组织各乡镇文化站工作人员63人集中在县委党校进行集中培训，投入培训资金12.9万元；为更好地宣传《工伤保险条例》，加深白朗县干部职工对工伤的了解，白朗县人力资源和社会保障局邀请日喀则市人社相关工作人员为白朗县各单位干部职工开展宣传讲座一次，提升干部职工理论水平，加强干部职工工伤保险意识；组织白朗县11个乡镇基层社保经办人员及人社专干进行社保业务培训一次，确保全年社保工作有序开展。

【劳务输出】 年内，通过各部门、各乡镇、各驻村工作队走村入户以及短信平台、网络平台等形式，全方位地宣传就业及再就业相关政策措施，做到家喻户晓，人尽皆知。2016年有效组织劳务输出，27500人/次，同比增长6.29%。实现总收入6772.92万元，同比增长27.57%。

【精准扶贫实用技能培训】 2016年，精准扶贫转移就业培训工作作为白朗县人力资源和社会保障局重点工作之一，紧紧围绕县委、县政府工作要求，紧抓精准扶贫转移就业培训工作。全县精准扶贫1946户、9237人中纳入白朗县人力资源和社会保障局，精准扶贫转移就业培训的有573人，上级业务部门下达的目标任务有613人，总体任务较重，为充分做好精准扶贫转移就业培训工作白朗县人力资源和社会保障局积极与上级业务部门协调，争取到就业培训资金299万元。白朗县人力资源和社会保障局分类安排开展精准扶贫技能培训班五期，共安排精准扶贫人员665人先后进行了厨师、挖掘机、驾驶员、手工业、唐卡等实用技能培训，投入资金292.5万元，圆满且超额完成2016年初所制定的目标任务。同时为真正实现脱贫摘帽，白朗县人力资源和社会保障局积极与县直相关单位、县乡行政管辖内的各施工队、各大企业及各合作社沟通，取得就业岗位，将培训完毕学员及精准扶贫富余劳动力安置就业。2016年，安置就业及自主择业共计1107人（安置就业“两后生”111人），其中稳定就业665人，灵活就业442人。就业人员工资待遇：月工资1500元以下的有593人，1500~3000元的有419人，3000元以上的有95人。

【社会保险】 年内，严格贯彻落实国家社保惠民政策，全方位组织宣传，加强白朗县城乡居民社会养老保险基金管理，促进社保事业的健康发展，白朗县人力资源和社会保障局干部职工深入111个行政村，养老保险领取人员信息进行一对一认证，查处不能领取养老金待遇人员122名，停发养老待遇金32760元，将资金全部退还至市人社局养老保险收入账中。此次核查后录入的数据、迁移等信息准确率达到100%，杜绝冒领待遇金的情况发生。

2016年，全县城乡居民养老保险待遇金领取人3974人，发放60岁以上城乡居民养老保险待遇金597.82万元，参保率达到98%；全县企业职工养老保险：全年参保人数315人，征缴金额447.78万元；城乡居民养老保险：全年参保人数22786人，征缴金额229.665万元；全县职工医疗保险，在职参保人数为1728人，退休参保人数284人，全年征缴1750.29万元；工伤保险：全年工伤保险参保人数达1664人，征缴金额达35.81万元；生育保险：全年生育保险参保人数达1526人，征缴金额106.54万元；失业保险：全年失业保险参保人数达929人，征缴金额150万元。

【劳动保障监察】 2016年，主动检查各类用人单位16家，涉及劳动者178余人，开展劳动用工执法宣传活动3次，共计发放宣传材料100份，涉及劳动者百余人。2016年共发生民工工资拖欠上访18起，涉及金额约78万元，所有拖欠问题均在一周内得到了妥善解决，保证了农民工利益不受侵犯。

【基金管理】 年内，为确保白朗县人力资源和社会保障局各项资金使用安全，白朗县单独设立财务机构，并严格执行社保基金监督管理的法律法规，加强内部控制制度，使社保基金核定、征缴、支付、管理和存储等各环节有法可依、有章可循；坚持每季度社保经办机构、银行、财政部门三方对账机制，及时掌握社保基金运行状况，妥善处置基金运营过程中存在的问题。管理账目需要有会计、出纳，收款收据、现金缴款单、转账支票、现金支票、入账单等相关凭证必须一致，并在单位一把手审阅同意后方能进行账目往来，不能私自一人直接接触大额资金，以达到账与账相平，各账目之间相平。

【人事人才工作】 年内，做好全县干部职务与职级并行摸底工作，并将符合条件的人员按照职务晋升形式进行民主测评，最后将民主测评选出的11名干部职工信息上报到市人社局；进一步做好干部职工工资理顺工作，确保每个干部职工的基本权益。2016年，对9名县级领导、7名援藏干部进行工资理顺工作。公务员科员以下5年浮动、级别变动、正常晋升等工资变动总人数159人。20年固定正科级8人、事业初级职称1人；事业科员以下五年浮动、正常晋升等工资变动总人数145人；机关事业工人40年固定、正常晋升等变动总人数99人。公务员副科级5年浮动变动人数25人。学历固定公务员正科级10人、副科6人，事业副科1人、中级职称2人、初级1人、员级1人。职务变动人数公务员29人、类区变动9人、取得学历2人，事业职务变动23人，事业工人4人；做好政府系统公务员信息更新及维护工作，做到与个人档案一致；拟晋升4名中级专业技术干部，进行民主测评、个别谈话。对1名专技人员进行考核，并确定评为初级职称。从而强化白朗县事业专技干部队伍；做好全县干部职工工资调标工作，维护好干部职工的基本权益。

【完善基层社保平台建设】 年内，为能够更好地服务基层群众，及时掌握各乡镇劳动就业情况，白朗县人力资源和社会保障局在各乡镇成立乡镇劳动就业社会保障所并挂牌，同时为11个乡镇劳动就业社会保障公共服务平台建设采购了相关办公设备，共计237600元。各乡镇指派专人负责相关工作，并且每个村安排1名劳动保障协理员，村劳动保障协理员待遇按照每人每年2000元标准计发。

【贯彻落实工资保证金制度】 年内，加强与工资保证金监督管理委员会成员单位间的沟通与协调，同时做好白朗县区域内开工建设项目的统计工作，确保各建设项目都准时、足额缴存民工工资保证金；工资保证金收取、退还情况。白朗县人力资源和社会保障局根据日喀则市统一要求设立农牧民工工资保证金专户，贯彻落实工资保证金制度，在人员和制度上严格按照规定履职尽责。建立缴存、退还明细账目，保证每一笔保证金都收缴、退还都有账可查，心中有数。截至年底，共征缴13家工程承建企业民工工资保证金额489万元，共退还6家已竣工工程民工工资保证金243万元。

【党风廉政建设和“两学一做”活动】 年内，在党风廉政建设工作上做到整个领导班子团结，制定了学习计划，每周五为集中学习，传达近期区、市、县委和上级业务部门的指示精神，引导职工积极向上，做到人人有学习记录。其次在“两学一做”活动上，组织全局党员干部，进行集体学习，做好手抄党章、观看优秀党员电影、传达习近平总书记在红军长征胜利80周年大会上的重要讲话等活动，组织干部职工认真学习各项党风廉政纲领性文件和反腐工作决策部署，让每个干部职工都熟记廉政警句格言，不断严肃政治、组织纪律和经济工作纪律，做到按制度管权，按制度办事，靠制度管人，从源头上抵制腐败。通过一年来的努力，白朗县人力资源和社会保障局干部职工在思想上有了进一步提高，作风上有了进一步转变，纪律规矩上有了进一步加强。

【窗口服务】 始终坚持以“民生为本、人才优先”的工作主线，作为服务窗口的单位，承载着全县创业就业、社会保险保障、和谐劳动关系、人事人才、工资分配等方方面面，涉及群众的切身利益。通过设立征求意见等方式广泛征求意见建议，进一步提高服务质量及办事效率，简化劳动者维权投诉手续，及时化解劳动纠纷，切实地将便民承诺落到了实处。

（旦　增）

【领导名录】

局　　长　格桑吉拉（女，藏族）

副局长、主任科员

　　次旦卓嘎（女，藏族）

副 局 长　高　　博（10月任）

主任科员　次旦卓嘎（女，藏族）

副主任科员

　　次　　央（女，藏族，10月任）

白朗县民族宗教事务局

【概况】 2016年，白朗县民宗局设局长1名、副局长1名（正科），副主任科员1名，科员1名，志愿者1名，文化程度大专1人，本科4人，藏族3人，党员4人，平均年龄30岁。2016年，白朗县民宗局按照中央、自治区、市民族宗教工作会议总体要求和具体部署，紧紧围绕县委、县政府的中心工作，牢牢把握各民族共同团结奋斗、共同繁荣发展的民族工作主题，认真贯彻落实党和国家民族、宗教工作基本路线、方针和政策，努力维护民族宗教领域的和谐稳定，理清思路、找准定位、真抓实干、务求实效，认真完成了各项工作任务。

【党建工作】 2016年，以换届选举为契机，白朗县民宗局党支部通过“公推选”，选优配强党支部成员，截至年底，共有党支部1个，党员4个；狠抓党员理论学习力度，按照“五好”的要求，进一步加强支部建设，不断增强教育管理功能，加大理论学习，采取集中学习和个人自学等方式。深入学习中共十八大、十八届三中、四中、五中、六中全会精神，学习习近平总书记系列重要讲话精神、学习党章党规，共学习15场次；始终坚持和完善“三会一课”、党员教育、民主生活会、组织生活会，深入开展党员民主评议工作，切实抓好党员队伍建设；结合民宗宗教工作实际，围绕“服务发展、服务群众、服务社会”等形式深入调研，积极倡导文明餐桌行为，不断加强党员自身建设作风建设。

【党风廉政建设】 加强党风廉政建设，注重理论业务学习，民宗局队伍的政策水平、工作能力、廉洁意识明显增强。根据中央、区、市、县安排部署，民宗局精心组织、周密部署，及早行动，开展“两学一做”学习活动。首先及时制订活动方案，成立领导小组，在自治区、市的总体要求和县委、县政府的具体部署下，民宗局结合民族宗教工作实际，深入推进“两学一做”学习活动，做到活动与工作两不误、双丰收。狠抓宗教管理、力求寺庙和谐取得新突破。继续深入实施“六个一”“九有”等利寺惠僧政策措施；狠抓政策落实，力求服务水平取得新突破。通过开展“两学一做”为契机，教育引导涉宗干部坚持深入基层进寺入舍，倾听广大僧尼、驻寺干部、党外爱国人士的民意、解决突出问题、化解基层矛盾，在职责范围内切实做好为广大群众服务和管理工作，树立为民务实清廉的良好形象；狠抓全面从严治党的精神、力求转变作风取得突破。通过让涉宗干部学习理论知识、观看爱国教育影片等来查找自身突出问题等形式，教育引导白朗县涉宗干部，敢于担当、勇于负责、揭丑亮短；狠抓队伍建设，力求能力素质取得新突破。民宗局通过认真学党章、党规、准则、条例等来进一步建立一个有纪律、有素质、有责任、有文平的涉宗干部队伍和民族宗教工作政策性强、敏感度高，必然就要求有一支政治、业务素质过硬的干部队伍；狠抓政策宣传，力求民族团结取得新突破。开展“党的十八届三中、四、五、六中全会和习近平总书记系列重要讲话精神、利寺惠僧、强基惠民政策等，进寺庙、进单位、进村庄”宣讲活动，宣传党的惠农政策和惠寺惠僧政策，同时牢固树立“三个离不开”的思想，努力推进广大党员干部在推动发展、维护稳定、促进团结、服务群众、惠及民生等方面的实际成效和工作成果。

【民族工作】 年内，认真学习贯彻中央领导关于民族宗教工作的重要指示精神以及中央、自治区、市三级民族宗教工作会议精神，进一步认清当前民族宗教工作面临的新形势、新任务，坚定不移地以科学发展观统领民族宗教工作全局，推动民族宗教工作稳步向前发展。

在“三大节日”及中共十八届六中全会、西藏自治区第九次党代会期间民宗局不定期的深入到全县各驻寺管委会（特派机构）和寺庙，进行宗教领域维稳工作督导检查，上级文件精神及时通知和传阅到各寺庙管委会（特派员机构），按照上级通知要求严格控制驻寺干部和僧尼外出请销假制度，认真贯彻落实敏感时段上级召开的各项文件及会议精神，并再次安排部署敏感时期的宗教领域维稳工作，确保白朗县各宗教领域各项维稳工作措施和责任落实到实处，确保实现长期稳定、全面稳定、持续稳定。

【严格申报审批制度】 按照上级要求，结合白朗县各寺庙实际，进一步完善充实各寺庙佛事活动的方案、预案、风险评估、安保等相关材料，以“三不增加”原则，严格执行申报、审批、备案管理制度，安全稳妥地举办了跳神、展佛、立经杆、讲经、念经等传统宗教活动，使白朗县2016年各项宗教佛事活动“三不出”问题，“三个稳定”下有序进行。

【开展“三防”隐患督查】 为深入贯彻落实区、市维稳部署会议精神，切实做好白朗县各寺庙“三防”隐患排查工作，并根据《白朗县2016年今冬明春火灾防控工作方案》部署和县一线指挥部的指示要求，2016年民宗局联合县公安、消防、安监、统战部门，2016年2月，不定期地对白朗县所辖的寺庙进行“三防”（防火、防水、防盗）的隐患监督检查共7次，从而进一步确保白朗县宗教活动场所不发生任何火灾、水灾、盗窃事故。

【走访慰问寺庙僧尼】 在“三大节日”之际，由民宗局分管副县长带队到白朗县各寺庙认真开展走访慰问活动，共向全县寺庙发放慰问金，让广大僧尼切实感受到党和政府的温暖，促使他们积极投身到社会事业上，共同促进和谐白朗的建设中，为节日期间白朗县宗教领域局势稳定奠定了基础，同时还认真倾听僧尼的意见，呼声和要求，了解他们的生活状况和迫切需要解决的问题，并向广大宗教界人士宣传相关法律法规和各项惠民政策，另外也督促检查了节日期间的寺庙“三防”工作和各项惠民政策落实情况。

【开展僧尼健康体检】 为进一步落实在编僧尼免费健康体检政策，白朗县涉宗部门高度重视，组织专人负责此项工作，积极协调县政府办、卫生服务中心、各寺庙管委会（特派员）相关单位，组织僧尼接送及安全保障和协调工作，自4月25日—5月3日期间，利用7天时间集中组织僧尼开展免费健康体检活动，全县僧尼参加了健康体检。广大僧尼自觉遵守秩序，积极配合检查，做到了医生尽责、僧尼满意、秩序井然，同时完善了僧尼个人健康档案，提高了僧尼健康水平，使广大僧尼切身感受到党和政府的关心和爱护。

【寺庙维修申报项目】 白朗县涉宗部门工作人员深入有关寺庙对寺庙经堂、殿堂伙房、僧舍为重点进行安全隐患大排查。通过深入实地排查最终确定5座寺庙列入“十三五”三年滚动寺庙维修项目中，申报资金达630万元。

【“4·25”灾后重建宗教活动场所维修】 白朗县“4·25”地震灾后重建项目国家总投资为3516186元。截至年底，已支付寺庙维修补助资金为271.4万元。白朗县5个寺庙“4·25”地震灾后重建宗教活动场所主要维修各寺庙主殿、拉康、僧舍、接待室、壁画、佛塔、阿嘎等维修，其中除了1个寺庙主殿维修以外其他都已完成100%。

【争取少数民族发展资金项目】 积极争取少数民族发展资金项目，把帮助扶持少数民族地区经济发展作为民族工作的出发点和落脚点，大力促进民族区域社会、经济的持续发展。2016年，实施的主要项目有2015年第二批少数民族发展资金项目，国家总投资409万元，其中：基础设施建设项目投资186万元、已拨付资金161.44万元、占86.8%，产业项目投资123万元、已拨付资金111.43万元、占90.6%，民族特色村寨建设投资100万元。项目具体实施完成基础设施建设、产业类和民族特色村寨建设。其中：小型基础设施建设主要有2个防洪坝、1个水渠及附属工程、1个人畜饮水（无塔供水）工程已完成100%；产业类项目4个主要新建厂房建设和购置设备已完成100%；嘎东镇马义村特色村寨建设项目，该项目整合投入到县发改2016年计划实施嘎东镇城市应急避难广场项目中，广场总用地面积7710平方米，总铺装面积4826平方米、总绿化面积2578米，投资计划广场内主要实施马义村特色产品展厅建设。

【开展民族团结创建活动】 紧紧围绕民族团结根本任务，创新工作方法、丰富工作手段，严格按照评选办法，采取自上而下、逐级推荐、好中选优、综合平衡的办法评选模范集体和个人。2016年，县委、县政府表彰的模范集体11个和模范个人15名，共发放表彰奖金15万元，并推荐自治区级模范集体1个、模范个人1名，市级模范集体1个、模范个人1名。

（玉　珍）

【领导名录】

局　长　巴桑琼达（藏族，4月任）

副局长　央　珍（女，藏族，5月免）

副局长、主任科员

玉　珍（女，藏族，5月任）

白朗县卫生局

【概况】 2016年，白朗县共有1所县医院，1所疾控中心，11所乡镇卫生院，100个村卫生室。现有医务人员353名，卫生服务中心编制人数46名（包括藏医和疾控中心在编人数），各乡镇卫生院人数77人其中，在编人员21人，其中公益性岗位56人。中级职称5名，初级职称4名。现有村医205名，实现1个村2名村医的医改目标。县卫生服务中心现有床位45张，乡镇卫生院44张。县卫生局现有工作人员5名，1名局长，1名副局长，3名主任科员，负责协调全县的卫生综合工作。

【农牧区合作医疗】 自农牧区合作医疗制度实施以来，白朗县农牧民群众参合人数逐年提高，2016年参合人数达到45054人，参合率达到99.8%。农牧区医疗补助标准提高到435元，个人筹资每人20元，基金划分比例为大病统筹65%、门诊统筹5%、家庭账户30%。缴纳个人筹资患者在乡、县和市及以上医疗机构住院报销比例分别为90%、85%和75%，未缴纳个人筹资部分的报销比例在上述报销基础上下降20%。白朗县在市级卫生医疗机构、县卫生服务中心、乡镇卫生院实施了即时结算制度，实施大病补充医疗保险赔付，有效解决老百姓看病报销难的问题。白朗县外出务工人员可凭收据和相关证明材料在合作医疗基金中报销。

为进一步提高农牧区医疗保障水平，防止“因病致贫、因病返贫”的现象发生，杜绝医疗资金透支，结合白朗县自身财力，根据《日喀则市农牧区医疗管理领导小组关于进一步农牧区资金投入工作的通知》（日卫办发〔2016〕198号）文件要求，白朗县第十三届人民政府第四次常务会议决定农牧民医疗县级配套资金由原来2元/人/年提高到5元/人/年，从2017年开始列入财政预算，并实施。

【提高医疗服务水平】 各卫生院负责对村医进行业务指导和考核，年初与村医签订目标责任书，落实好《乡村服务一体化管理办法》，强化乡镇卫生院对村卫生室的管理，加大对村医的考核力度，加强业务指导，不断提升村医的服务水平。村医报酬提高到每月1000元。2016年对全县100名村医在各乡镇卫生院进行轮训，进一步提高白朗县村医的素质、操作技能、管理技能和计划免疫工作水平，村卫生室的服务能力得到进一步加强。

【巩固县级医院建设成果】 在通过一级甲等的基础上，继续巩固现有建设成果，完善科室布局，强化服务能管理，优质服务，文明行医。注重规章制度的建立健全，加强对医院职工的管理、规范职工文明行医，进一步提高员工的自身素质和整体形象。在医疗质量方面，抓好医师查房、典型疑难病例讨论、术前术后病例讨论等基本制度的落实，确保安全行医。白朗县卫生服务中心全面实施国家基本药物制度，取消基本药物和非基本药物的加成，全部实行“零差率”销售，减轻了群众看病负担。县医院实施新技术准入制度，医务人员从满足患者需求出发，深钻业务知识，现可以开展钢板取出术、DR影像学诊断等业务。

【人才队伍建设】 年内，结合白朗县实际，组织开展基本公共卫生服务培训、免疫规划培训、村医培训、重点传染病（鼠疫、包虫病、艾滋病、布病）防治知识、卫生监督、妇幼技术人员、麻醉师、助产士、心内科等方面培训，配合上级业务培训。2016年年初安排到自治区和市级参加基本公共卫生服务培训、食源性疾病监测、饮用水监测、艾滋病监测、脊灰转换、包虫病、布病、精神病、结核病、村医藏医技能提升等培训，参训人员20名。

【建立疫苗接种日】 为保证疫苗的质量，提高疫苗免疫接种效果，确定每月的23—24日为县免疫规划接种日，23—28日为乡镇免疫规划接种日，根据各乡（镇）接种时间定期负责发送疫苗，及时通知进行免疫规划接种。2016年常规免疫接种1354人，接种率98%。强化免疫应种人数1236人，实种1228人。9月开展入托入学查验工作，共查验710名入托儿童和1044名入学儿童、有效预防学校传染病发病率。加大传染病防治宣传力度，利用“3·24”“4·25”“12·1”等传染病防治宣传日，在全县开展防治宣传活动，重点加强青少年学生及高危人群宣传教育，让广大农牧民群众认识传染病的发病起因、传播途径，并进行有效的防范，2016年深入各乡镇和农牧区向群众讲解相关知识11次。发放艾滋病问卷调查20份，对县城内公共场所免费发放安全套500份，高危人群干预320人次，营造了传染病防治的良好局面。

【鼠疫防控和监测】 以路线法调查旱獭密度，调查面积为42公顷，堵洞包括主洞、废弃洞，总共堵洞数85主洞投药510粒，平均海拔3800米，发放宣传单1420张，采集狗血清40份，绵羊血清50份，旱獭标本10份送检。

【包虫病筛查】 白朗县包虫病筛查工作2016年8月份开展，在山东省济南市援藏医疗队的帮助下，组织县疾控中心专业人员深入两个乡镇各抽两个行政村筛查工作基本情况如下：调查户数80户、防治知识问卷调查230人、犬粪采集80份、B超检查人数841人、其中发现包虫病患病人数14人患病率1.66%、囊型患病人数13人、囊型患病率1.55%、泡型患病1人、泡型患病率0.12%、个案调查17人、疑似病例血样采集6份、宣传人数共达1500多人。

【卫生监督检查】 年内，多次深入中小学校进行卫生监督检查，讲解卫生、饮用水安全管理方面的法律知识和案例，要求做好传染病防控工作、校内环境卫生等工作。对全县宾馆经营单位进行严格的卫生审查，统一对从业人员健康体检。公共场所办理卫生许可证9家，新发卫生许可证2家，注销卫生许可证1家，从业人员健康体检253人，发放健康证253本，水质监测工作，丰水期送样46份，枯水期46份，无不合格。

【开展精神病障碍患者筛查】 2016年8月，山东精神卫生中心专家组到白朗县开展严重精神障碍患者筛查诊断及复核工作，共筛查患者43名，为推进白朗县重性精神疾病患者医疗救治和管理服务工作，提供了技术支持，为今后精神卫生工作的开展建立了良好的基础。

【医疗救助脱贫工作】 年内，贯彻落实区党委、政府、市委、市政府、县委、县政府及市卫计委关于打赢脱贫攻坚战的决策部署，把脱贫攻坚作为“十三五”期间的第一民生工程来抓，紧紧围绕“12569”扶贫工作思路，2016年筛查建档立卡贫困户，并确定因病致贫建档立卡贫困户463人。为更好地了解救助户病情，对医疗救助对象进行免费体检，体检费达65万元。建档立卡贫困患者医疗救助123434元、新农合报销654456元。

【妇幼计生工作】 年内，在宣传上下功夫，开展计生服务下村活动，深入到农牧区为广大的妇女和儿童送上优质的妇幼保健服务，大力宣传农牧区“一孩双女”困难家庭和特殊扶助制度政策、流动人口管理制度等法律法规及计划生育、优生优育、生殖健康知识，努力推进妇幼卫生工作有效开展；做好免费孕前检查工作，圆满完成100对夫妻孕前检查目标任务，并建立检查档案，实行一对一检查结果反馈；贯彻落实好计生惠民政策，兑现2016年计划生育三项扶助人员补贴449人，兑现扶助资金722400元。落实住院分娩补贴政策奖励资金895290多万元，是实现513人住院分娩，住院分娩率达到98.78%。认真做好生育证和出生医学证明办证工作，按照出生医学证明颁发职责，确定首发和补发单位，制作出生医学证明办证流程，继续加强流动人口服务与管理，定期排查辖区内流动人口婚育证持证情况，共排查出跨省流动育龄妇女26人，其中持有婚育证41人，全员人口信息纠错率达到100%；深入基层开展优生优育技术服务工作，深入到8个乡镇，为乡镇卫生院解答技术操作上的问题，为农牧民群众提供优生优育技术服务，共为26名育龄妇女实施节育手术，开展上取环术95人。

【卫生惠民政策落实】 2016年，完成对全县1263名儿童的先心病筛查，发现疑似病例35人。对全县253名僧尼的实行健康体检，完成居民健康体检46210人，体检率97.16%。发放各类宣传资料7000多份。

【“十三五”卫生项目】 卫生局在县发改委、项目办协调，“十三五”期间巴扎乡卫生院、县疾控中心建设项目、妇幼保健藏医院、10个卫生院、100个村卫生室项目的前期工作完成。

【争取援藏资金】 2016年，济南市第八批援藏对县医院投入40万解决了医疗设备。

【党风廉政建设】 党风廉政建设工作既是一项长期工作，又是一项系统工程，对于从源头上预防和治理腐败都具有十分重要的意义，因此，县卫生局始终坚持把落实党风廉政建设责任制作为党支部的重点工作来抓，纳入重要议事日程，与业务工作同安排、同部署、同检查、同落实。县卫生局坚持以党的十八大、十八届三中、四中、五中、六中全会精神为指导，以践行两学一做教育实践活动，转变机关作风为动力，认真学习贯彻落实中央、区、市、县党风廉政建设和反腐败工作会议精神，狠抓干部廉洁自律，注重纠正不正之风，重视党性、党风、党纪教育和各项制度的建设，进一步加大监督检查力度，并取得了良好成效。

【党建工作】 白朗县卫生事业正处于一个十分重要的发展机遇期，从全区、全市、全县卫生事业发展的形势来看，都为卫生事业发展带来了大好机遇，同时也提出新的更高的要求；深化卫生体制改革，强化医疗服务管理，积极完成白朗县卫生服务中心二级评审，落实医院核心管理制度，狠抓绩效考核等重点环节管理，持续开展“三好一满意活动”，提升医院管理水平和医疗服务能力。

（旦增伦珠）

【领导名录】

局　长　崔玉红（5月免）

副局长　普　珍（女，藏族）

疾控中心主任

次　旺（藏族）

新农合办公室主任

多布杰（藏族）

白朗县人民医院

【概况】 白朗县卫生服务中心前身是县人民医院建于1959年，1997年上级业务部门评审核准为“一级甲等医院”，2013年12月顺利通过复审“一级甲等医院”，2003年更名为县卫生服务中心。医院占地面积为17000平方米、业务用房面积为5970平方米（门诊综合楼1350平方米、住院综合楼2700平方米、藏医部及行政后勤楼1550平方米、急救中心130平方米）、职工周转房及附属用房4900平方米、其他6200平方米。医院设有内科、外科、儿科、妇产科、五官科、急诊科、护理部、藏医部、网络管理科九大科室，辅助科室设有药剂、检验、CT室、DR室、B超、心电图等。医院设床位43张，实际开放床位45张。全院职工有62名，卫生技术人员有52名，其中副主任医师1名、主治医师5名、执业医师11名、医士31名、无职称3名、行政后勤7名。本科学历12名、大专学历27名、中专学历6名、初中学历7名。医院正式干部有42名、合同工有6名、公益性有11名、临时工有4名。2016年，县医院未发生任何医疗事故，急诊的应急能力及抢救危重病人的能力明显提高，收治的疑难危重病人越来越多，院内会诊、院内病案讨论增多，收治病种前广泛，来诊病人扩展到周边县，医院呈现出蓬勃发展的良好势头。

【“两学一做”学习教育】 2016年，县医院积极开展党的群众路线教育实践活动及“三严三实”“两学一做”学教活动，广大干部职工切实改进工作作风，提升服务能力，认真学习马列主义、毛泽东思想、邓小平理论和“三个代表”重要思想，学习党的十八大四中、五中、六中全会以及中央第六次西藏座谈会精神。

【行风建设】 年内，加强法律法规知识学习，并组织县医院精干医务人员和援藏医生一起到白朗县偏远乡村进行义诊活动、送医送药到家中、访贫问苦，深入村庄每家每户调研了解他们生活等情况。2个村委会实际存在的困难医院每年收入中支出2万元左右帮助各户改造塑料大棚，防洪堤维修、村委会维修及制作党建宣传栏等，搞好党员帮扶工作春节及“七一”组织党员慰问困难党员、医院利用自身优势经常性尤其是农忙季节组织医务人员大型免费义诊，每年价值约一万五千元的常用药品免费提供。截至年底，医院医务人员驻村点未出现空岗缺岗等违纪违规现象。

【医疗质量】 医疗质量是医院各项管理工作的核心内容，是医院的生命线，也是管理成效的关键所在。为此，根据自治区卫生厅和日喀则市卫生局有关医疗质量管理规定制定了医疗质量管理的原则：以病人为中心，以医疗质量为核心。将提高医疗质量建在“三基三严”基础上，对全院医务人员进行了基础理论、基本知识、基本技能的考核和测评，并记入其个人技术档案。全年进行医学“三基“知识考试1次，参加应急演练2次，有效地促使医务人员在临床中严格执行基本规章制度和各项技术操作规程，更加熟悉了自身医学理论知识和各项技术操作规程，增强县医院医务人员的业务技能和突发事件的医疗应急处置能力。通过“送出去”的方式，利用日客则市的医疗资源优势。年内，县医院选派业务骨干人员6名（内科、妇产科、外科、放射科、B超等专业各1名）到日客则人民医院进行为期半年至一年的业务学习。

【新增业务开展情况】 手术完成近百例，在原有手术种类的基础上新增各种手术种类，填补了手术种类的各项空白，包括胆囊切除术、肝包囊虫手术、体外肿瘤、阑尾手术、四肢外固定术，结育术、剖腹产术、附件囊肿切除术及子宫复旧理疗等。2015年开始在县医院进行结扎手术使用腰麻及硬膜外麻醉，病人疼痛小、风险低、手术安全、手术质量提高。CT室建成：2016年12月开始安装CT正式投入使用后解决了43例患者的诊断及解决检查，大大地提高对疾病特别颅内外伤诊断的准确性，赢得了广大患者的一致好评。

【设备更新】 年内，随着社会的发展及患者就医的需求，国家及上级业务部门大力投入设备，如CT机业务部门电子阴道镜、心电图2台，妇产科电子产床、外科电子手术床、手提B超等，从此，改变了县医院无CT、无电子阴道镜的历史，新开展了耳鼻喉科及口腔科疾病，获得了老百姓的好评。

【指标完成情况】 年内，医务人员“三基”考核率98.5%；医疗器械设备完好率100%，使用率92%；门诊总人次24361人次，其中藏医门诊6547人次；住院病人数636人次；出院病人数636人次；治愈人数628人次；治愈率98.74%；病床使用率86.7%；出院病人平均住院日8.7日；病床周转率34次；门诊处方合格率92%；门诊病历书写合格率92%；住院病历书写合格率93%；入出院诊断符合率98%；危重病人抢救成功率95.3%；无菌手术切口感染率0；护理指标：护理技术操作合格率88%；基础护理合格率87%；一级护理合格率100%；常规器械消毒合格率100%；五种护理书写合格率85%；一人一针一管执行率100%；院内感染率“0”；急救用品完好率97%；藏医指标：藏医部门诊就诊人数6547人次，住院人数28人，藏医特色疗法及其他1359人次。妇产科及计划生育门诊指标：上环6人次、取环47人次；皮下埋置缓释避孕药11人次；取皮埋137人次；行人工流产手术8例；行药物流产手术28例；发放避孕药具320余人次；检验科指标：血常规13352人次；尿常规12586人次；大便常规726人次；生化全套5782人次；肝功能2686人次；乙肝两对半6583人次；血型6083人次；乙肝表面抗原7923人次；电解质125人次；白带常规300人次；梅毒检测368人次；沙眼、淋球菌检查300人次；B超室指标：彩超6753人次，其中检查阳性6010人次，阳性率89.9%；放射科指标：拍片1023人次，透视405人次，CT43人次。手术操作方面具体如下：胆囊切除术15台、阑尾切除术9台，大隐静脉剥脱术1台、疝修补术3台、肛周脓肿合并肛瘘4台、女性绝育术54台、背部脂肪肉瘤切除术1台、静脉全麻12人次、插管全麻15人次、腰硬麻醉32人次。

【县级公立医院改革】 年内，根据日喀则市关于县级公立医院改革和医院等级评审工作的统一部署，县医院也正式启动此项工作，成立相关的领导小组，严格落实目标管理责任制注重班子团结，加强班子成员间沟通协调。为进一步加强医院干部队伍建设，推进县医院科学发展，进一步完善了绩效改革分配方案，提高了全院职工的平均绩效水平，并在绩效分配上尽量向临床一线医务人员倾斜，稳定医务人员队伍、提高工作积极性。为使院科两级目标管理考核更科学，医院修订了科室目标管理责任书，确保医院管理上组织领导到位、工作落实到位、监督检查到位、责任追究到位。

【药政工作】 年内，根据日喀则市食品药品监督管理局的有关精神，进一步加强药品监督管理，规范药品生产，经营使用秩序，保证药品质量，保障人民用药安全，维护人民健康和用药的合法权益。县医院严格从日喀则市卫生局和日喀则市卫计委的中标公司进药，严把药品的购入关，并结合县医院的实际情况，组织人员对院药房进行清理、清查，在清库中未发现过期药品，未使用过期药品，并及时弥补急需药品的供应，严格执行药品零差价工作。

【援藏医生工作开展情况】 第七批援藏为医院投入100多万元医院信息网络建设，购置一台DR数字影像机子，改善了医院基础设施建设、完善了医院管理水平、提高了医院技术操作知识。

（贡嘎卓玛）

【领导名录】

党支部书记、院长
　　多吉次仁（藏族）
党支部副书记、副院长
　　索　罗（藏族）
副院长　琼　达（藏族）
　　陈建新（山东援藏）

白朗县文化广播电影电视局

【概况】 2016年，白朗县文化广播电影电视局共有干部职工51人，其中行政编制3人；专业技术人员44人；工勤人员3人；临时工1人。2016年，按照上级部门指示精神，全县9乡2镇完成直播卫星录入工作。截至年底，广播电视基本全覆盖；完成500场电影放映任务，观众人数达21850人；白朗自办频道播出新闻300多条，上传日喀则台200左右条，采用54条。

【文化基础设施建设】 年内，为充分发挥白朗县文化活动中心其功能作用，对以前县文化活动中心进行扩建，以丰富群众精神文化生活，加强思想道德建设。

【文物挖掘和保护工作】 年内，为更好地保护县级文物，文广局深入9乡2镇，对县级文物进行摸底调查，对实施文物保护管理提供法律和理论依据。

【文化市场管理】 年内，白朗县秉着“高效联动，齐抓共管”有效净化县域文化市场的机制。按照白朗县“扫黄打非”行动方案，开展“扫黄打非”专项行动，深化查堵境外敌对势力和分裂势力反动出版物及宣传品、非法宗教宣传品及有害信息；“净网”行动，深化打击网络涉藏违禁和淫秽色情有害信息。“秋风”专项行动，深化打击涉藏非法报刊和假媒体假记者站假记者；“护苗”专项行动，深化打击有害和非法少儿出版物及信息。年内，白朗县联合文化执法大队、公安、工商等部门扎实开展文化市场“扫黄打非”专项治理整顿13次，加强辖区内文化娱乐场所的检查力度，重点查处“网吧”违规接纳未成年人行为，在加强对网吧日常巡查的基础上，积极开展突击检查，加大学校“双休日”“节假日”等非正常工作时间检查力度，同时积极配合消防部门抓好对朗玛厅、歌舞厅等娱乐场所的安全检查工作。检查规范娱乐场所外来演出人员的资格、节目内容的合法性和演出场所的安全，并把演出人员的相关信息进行登记，确保白朗县文化市场平安健康。

【管理使用文化活动中心】 截至8月，共接纳4000多人次、开展集体学习座谈讨论3余场、举办“双语”培训1场，经常性开展乒乓球、台球、棋牌等比赛活动。

【民间艺术团】 年内，县民间艺术团排练场所的建成极大地改善了练舞环境，“春节”“藏历新年”两大节日期间到全县9乡2镇进行慰问演出，积极参加元旦、“3·28”“七一”等活动，开展“文化遗产日”系列宣传活动，举行非物质文化遗产会演，丰富农牧民群众和广大干部职工的精神文化生活。

【发挥农家书屋作用】 年内，组织农牧民群众学习先进的科学技术知识，提高农牧民依靠科技增收致富的能力，同时有效利用农家书屋这一文化阵地，在“3·28”百万农奴解放纪念日组织农牧民群众观看学习新旧西藏对比展，使广大群众进一步深刻认识旧西藏的黑暗和新西藏的美好。

【党建工作】 采取多种形式，加强机关党员干部思想政治教育。结合开展的学习实践科学发展观活动，以创建“学习型”“服务型”“效能型”“节约型”“文明型”“和谐型”机关等为载体，以完成重点工作为目标，促进机关党员干部各方面素质的整体提高，形成团结协作、运行良好、廉洁高效、富有活力的机关党员干部队伍；及时制定本年度理论学习工作计划，按科学发展观学教活动的内容制定计划，安排加强学习完成任务，并将周一、周四定为学习日，每月最后一周的周三定为中心理论组学习日，把学习贯彻党章、十七大、中央、区市县重大会议和领导讲话精神作为全年理论学习的重点，作好安排，采取集中、分组和个人自学相结合，撰写读书笔记、心得体会和调研文章，召开座谈讨论和专题培训等方式，掀起了全员学习的新高潮。建立健全党组织负责人与干部群众谈话制度，上半年共谈话5人次，充分发挥了思想政治工作预防在前、教育帮助在前的先导作用；以岗位练兵、技能培训等形式，调动了职工的积极性和创造性，发挥了主人翁作用，提高了“争先创优”的意识，着力提升党员的综合素质。

【基层组织建设】 年内，文广局党总支以“抓基层、打基础”为重点，加强基层组织建设，强化目标责任管理，加强考核监督，进一步加强了机关党组织的规范化建设。健全组织，打牢基础；落实责任，明确要求。按照年初签订的目标责任书，将工作任务细化，层层分解，并结合半年考核，兑现奖惩；加强队伍建设，及时需转正的预备党员和入党积极分子，再次进行了谈话、考察，对系统入党积极分子和预备党员进行了培训，进一步提高他们的政治素质；建立党组织负责人联系制度。以支部为单位，收集党建、组工方面的信息并及时上报，做到上情下达、信息畅通，为加强党支部与各支部之间的协调管理做了充分准备；加强对党员干部的管理和监督。总支通过到各支部督导检查，半年考核等形式，督促基层党组织认真落实“三会一课”制度，党员定性分析、民主评议党员、评议优秀党支部、督促党员认真履行职责，积极缴纳党费，参加组织生活和党组织举办的各项活动中来。

【文化建设】 年内，开展落实科学发展观、创建文明单位活动，以人为本，全面协调可持续发展，以“搞活动、促和谐”为根本，活跃机关文化生活，教育和引导机关党员干部职工树立健康向上的文化意识。文化活动形式多样。开展庆元旦、春节、“三八”“五一”“五四”“六一”等节庆文化系列活动；开展了设施园艺节；党建月活动内容丰富多彩。开展了电影下乡、广场放映天天有、“党员培训”“立足岗位做贡献”演讲活动，“重温入党誓词”、扶贫帮困结对帮扶活动，活跃了政治文化生活，增强了机关党组织的凝聚力和向心力。

（罗　布）

【领导名录】

局　长　平措次仁（藏族）

副局长　德吉旺姆（女，藏族）

白朗县农牧局

【概况】 2016年，白朗县农牧局共有干部职工42名，其中行政干部8名（局长1名、副局长3名、副主任科员3名、科员1名），事业管理人员2名（主任1名、副主任1名）专业技术人员25名（初级职称5名、技术人员20名），工人7名。2016年，县农牧局全面贯彻落实十八届三中、四中、五中、六中全会和区党委九次党代会精神，紧紧围绕全县“12345”发展思路，以“两学一做”学习教育活动为指导，按照全县农牧业“四个最大”的发展目标，多措并举、狠抓落实，充分发挥部门职能作用，全力推动各项工作，较好地完成了全年各项工作任务，全县农牧业保持平稳增长态势。

【抓党建、促发展】 以“党建20有”为载体，完善巩固党组织建设；开展干部职工廉政警示教育工作，签订履行“一岗双责”和履行工作职责承诺书30人；落实“三会一课”制度，全年召开支部大会4次，开展党支部活动5次；新发展党员2名；开展专题研讨3次，撰写心得体会40余篇、发言材料4余篇。落实党课制度；推进党务、政务公开。努力建立行为规范、运转协调、公正透明、廉洁高效的管理体制，重新设立“三公开”公示栏，并建立了党务政务公开制度。

【党风廉政建设】 贯彻落实党风廉政建设责任制，把党风廉政建设和反腐败工作列入重要议事日程，经常研究分析党风廉政工作，结合实际制定工作计划并认真组织实施；层层签订责任书，分解责任，监督检查，年终进行量化考核，推进政务公开，增强工作的透明度，自觉接受人民群众的监督。

【开展“两学一做”学习活动】 年内，严格按照中央、区党委、市委和县委的部署，在科级领导干部中认真开展深入学习“三严三实”活动及两学一做学习。通过学习，使全体干部职工的思想有力进一步的提高，极大的推动干部职工的责任感和使命感，有效地推动各项工作的开展。

【结对帮扶】 深入一线了解帮扶对象情况，掌握第一手资料，认真落实1+1、1+2帮扶工作，切实解决生产生活中的难点。同时，加强与联系点的沟通、指导，深入干部所包乡村开展慰问活动1次，为贫困户送去生产生活急需品，切实解决了群众的生产生活的燃眉之急。

【精准扶贫】 2016年，县农牧局干部职工对结对帮扶对象采取座谈、走访、入户等多种形式深入群众，心系群众，了解群众之苦，了解群众之需，为奋力夺取扶贫攻坚的全面胜利而不断努力，扎实推进精准扶贫工作再上新台阶。继续做好灾后重建工作，农牧局主要涉及的灾后重建项目共1个，“4·25”灾后重建岗巴羊标准化养殖建设项目，新建羊舍1048.32平方米、产羔室305.76平方米、隔离羊舍204.96平方米、兽医（消毒、配种）室102.48平方米、饲草料库房及饲草料加工车间266.96平方米、业务管理用房150.47平方米、值班室16.38平方米及附属设施，项目总投资600万元。项目将于2017年完成，并投入使用。

【农业发展】 2016年，全县农作物播种面积12.74万亩，其中粮食作物8.55万亩，经济作物2.67万亩（油料作物1.5万亩，蔬菜1.17万亩）、饲草料作物1.52万亩。粮、经、饲三元种植比例为67：21：12。2016年全县推广良种“藏青2000”7.7万亩，“山冬7号”0.28万亩，农业在优化结构中稳步增长。良种繁育基地“藏青2000”一级种子田0.2万亩，二级种子田1万亩，冬小麦“山冬7号”一级种子田0.008万亩，二级种子田0.08万亩。白朗县高产创建示范面积为8万亩，测土配方9万亩。通过狠抓各项增产稳产保产措施的落实，2016年粮油总产量达到10300.3万斤，相比2015年增加20.03万斤。粮食作物产量9833.91万斤，同比2015年增加20.84万斤；油菜产量466.39万斤，同比2015年减少0.81万斤；蔬菜产量7980万斤，同比2015年增加172万斤；饲草料作物产量16510万斤，同比2015年增加1673.24万斤，粮油产量再创历史新高，实现了连续增产。2016年农业生产投入化肥2758吨，其中二胺535吨，尿素824吨，复混肥1175吨，氯化钾224吨。发放农药55吨，其中杀虫剂21.5吨，杀菌剂6吨，除草剂27.5吨。

【畜牧业生产】 2016年，牲畜存栏数为28万头（只、匹），出栏数为9.8万头（只、匹），适龄母畜存栏13.89万头（只、匹），成畜死亡率1.1%；幼畜成活9.9617万头（只、匹），总增率为34.7%，养殖企业蓬勃发展。全县培育发展有畜牧养殖合作社20户、规模养殖户3户，重点培养圣雄奶牛养殖基地，旺达奶牛养殖基地和萨福克肉羊规模养殖场。疾病防控保障有力，全面推行了动物疾病防控工作制度，探索实施防疫示范点挂牌管理制度，全年开展牲畜免疫2次（春秋两季）、免疫各类畜禽483512头（只、匹、羽），禽流感免疫密度为96%，牲畜W病、蓝耳病免疫密度达到100%。加大对外来牲畜的防控力度。防抗灾工作准备充分，进一步修订完善了今冬明春防抗灾应急预案，成立工作领导小组着力抓好畜牧业防抗灾基础设施建设，筹备防抗灾饲草约400吨。

【标准化生产进一步普及】 2016年，县农牧局大力推广普及5428座蔬菜大棚和10000万亩露天蔬菜的标准化生产技术，重点维护建设25个标准化示范基地。成功举办“白朗县第六届蔬菜采摘节”接待游客4500人次，举办蔬菜科技培训10期，培训种植蔬菜农牧民和技术人员大6800余人；进行高效日光温室培育并向农牧民免费提供新品种果蔬机制幼苗70余万株。

【农机化工作】 年内，完成2015年农机购置补贴指标1000万元，兑现国家农机购置补贴803万元，农机具3816台（套），项目覆盖11个乡镇2家合作组织。农区农机化进程加快；全年机耕11.7万亩、机播10.2万亩、机收8.3万亩，分别占总播种面积的92%、80%、65%，农机三项作业水平更进一步，农机安全生产形势好于往年，全年无重特大事故。

【强农、惠农政策落到实处】 草原生态保护补助奖励机制工作自开展以来，在上级部门的关心和指导及各部门的鼎力相助下，于2016年5月顺利通过2015年草原生态保护补助奖励机制工作区级终验。享受2015年草原生态保护补助奖励资金的农牧户6653户，享受牧草良种补贴的农牧户4500户，享受草原监督员资金补贴96人。截至年底，白朗县2015年草原生态保护补助奖励资金757.86万元已全部兑现给群众，其中草畜平衡奖励资金665.12万元、草原监督员资金补贴51.84万元、牧民生产资料综合补贴23.9万元、牧草良种补贴17万元。

【项目建设】 2016年共开复工项目10个，总投资5976.99万元，其中国家投资5431.95万元，地方配套100万元，群众自筹445.04万元。白朗县2012年秸秆综合利用工程项目，总投资282万元，其中国家投资226万元，群众自筹56万元，该项目已全部完工；白朗县2014年国家现代农业娟姗牛养殖小区项目，总投资130万元，其中国家投资100万元，地方配套30万元，该项目已全部完工；白朗县2014年现代农业青稞生产基地（第二批）项目，总投资2103.59万元，其中国家投资1912.35万元，群众自筹191.24万元，该项目已全部完工；白朗县2015年农区黄牛配种点建设项目，总投资200万元，全部由国家投资，该项目已全部完工；白朗县2015年高寒牧区牲畜棚圈建设项目，总投资500.4万元，其中国家投资333.6万元，群众自筹166.8万元，该项目已全部完工；白朗县2015年人工饲草基地建设项目，总投资450万元，全部由国家投资，该项目已全完工；白朗县2015年旺达奶牛养殖基地大型沼气工程，总投资341万元，其中国家投资310万元，群众自筹31万元，该项目已全部完工；西藏白朗县2015年财政支持第三批现代农业青稞生产基地建设项目，总投1200万元，全部由国家投资，该项目已全部完工；2015年白朗县蔬菜标准化生产基地建设项目，总投资470万元，其中国家投资400万元，地方配套70万元，该项目已全部完工；2015年草奖人工种草项目，总投资300万元，全部由国家投资，该项目已全部完工。

【农牧民科技培训】 围绕提高农牧民科技技术水平，促进农牧民增收致富的原则，通过新型职业农民培育示范，构建教育培训、认定管理、政策扶持“三位一体”的培育制度体系；以专业大户、家庭农场主、农民合作社负责人、农机手等为主的新型经营主体发育逐步成熟，为使职业农民的示范带动作用明显增强，自我发展能力得到有效提高，群众参与培育的主动性显著提高；以农牧民需要为导向的教育培训内容、方式更加丰富和完善，网络化，信息化等现代化培训手段得到有效应用，采取“分段式、重实训、参与式”的培训体系，培养适应现代化农牧业生产要求的新型职业农牧民。组织科技人员携带相关的培训教材及学习工具以及培训材料走村入户开展生产经营型培训，受训人数130人，参加培训15天；在拉萨集中举办专业技能型和社会服务型培训，参训人数80名，参加培训30天。另结合白朗县实际情况，邀请自治区农科院及市农科所畜牧站专家，开展“藏青2000”高产创建栽培技术、测土配方施肥技术、良种繁育相关技术、新农药使用技术，春耕备耕种子精选包衣技术、村级防疫员培训以及农村实用人才等科技培训。

【白朗青椒】 白朗青椒为大果型螺丝椒，果长28—36厘米，粗4.5厘米左右，嫩果绿亮，皮色绿，皮薄肉脆，螺丝美观，辣味香浓，脆香无渣，口感好，品质很好。

白朗青椒中含有丰富的维生素A、B、C，糖类，纤维质，维他命C和E，钾，钙，磷，铁等营养素含量高，尤其是在成熟期，果实中的营养成分除维生素C含量未增加外，其他营养成分均增加4—5倍。食用白朗青椒可以预防心血管疾病，促进新陈代谢和抗老化。

【白朗西瓜】白朗西瓜果实有圆球、卵形、椭圆球、圆筒形等。果面平滑或具棱沟，表皮绿白、绿、深绿、墨绿、黑色，间有细网纹或条带。果肉乳白、淡黄、深黄、淡红、大红等色。白朗西瓜无论果型和皮色外观均漂亮，皮薄坚韧，果肉晶黄，松脆多汁，单瓜重1.5—2.5公斤，含糖12度。

白朗西瓜肉中含有极高量的维生素A、维生素B和维生素C、糖、盐、酸等物质，有治疗肾炎和降血压的作用。另外，其西瓜汁含瓜氨酸、丙氨酸、谷氨酸、精氨酸、苹果酸、磷酸等多种具有皮肤生理活性的氨基酸，尚含腺嘌呤等重要代谢成分，糖类、维生素、矿物质等营养物质，最容易被皮肤吸收，益于滋润面部皮肤、防晒、增白。

【白朗芹菜】白朗芹菜根群主要分布在地表下10—20厘米的土层，横向分布30厘米左右，叶柄较宽，厚而扁，纤维少，多实心。正常情况下由8—13片叶片构成。

白朗芹菜含钙、磷量较高，还含有芹菜碱、佛手柑内酯、甘露醇、环已六醇、有机酸等成分。白朗芹菜的根、茎、叶和种子都可以药用，性味甘、凉、无毒，有调经、消炎、降压、镇痛、清热止咳、健胃、利尿等作用，能解除烦热，下淤血。用白朗芹菜煮粥吃，能去热利肠，捣汁服用，能解毒。常吃白朗芹菜，尤其是吃芹菜叶，对高血压、动脉硬化都有良好的保健作用。

【白朗西红柿】白朗西红柿属无限生长型，单果重120—150克，色泽鲜红，果形扁圆，大小均匀，果肉厚实。货架期长（室温20℃可存15—20天），耐低温能力强。适宜秋延迟、越冬及早春保护地栽培，抗病能力强。

白朗西红柿含有多种维生素和营养成分，味道清甜爽口、经专家测定白朗西红柿的糖分达到了11.4。无论热吃、冷吃，皆口感极佳，百吃不厌，食后回味无穷，酸甜适宜，风味鲜脆独特。可用于热病烦躁，或胃热口渴、舌干、肝阴不足、牙龈出血等症，亦可用于高血压病食疗。

【白朗香瓜】白朗香瓜果实球型，外形美观，单果重约800—1000克，肉厚3.5厘米左右，果肉脆爽，细腻多汁，香气浓郁，香浓可口，最高含糖可达18度，果肉有黄、白等。

白朗香瓜中含有维生素A、C及钾，具有很好的利尿及皮肤美容作用。含大量碳水化合物及柠檬酸等，且水分充沛，可消暑清热、生津解渴，白朗香瓜含热量25.7千卡、膳食纤维0.42克、蛋白质0.45克、脂肪0.20克、碳水化合物6.45克。

【白朗豇豆】白朗豇豆耐寒性强，嫩荚深绿色，荚果线形，下垂，长而像管状，质脆而身软，长45—50厘米，每荚含种子16—22粒，口感脆嫩。

白朗豇豆性味甘平，健胃补肾，富含易于消化吸收的蛋白质，还含有多种维生素和微量元素等，品质佳，具有理中益气、健胃补肾、和五脏、调颜养身、生精髓、止消渴、吐逆泄痢、解毒的功效。

【白朗西葫芦】白朗西葫芦为瓜类蔬菜中较耐寒而不耐高温的种类，喜湿润，不耐干旱，特别是在结瓜期土壤应保持湿润。白朗西葫芦单果重1.3斤左右，产量高，果实椭圆形，果皮皮色醒目外形美观，细嫩无渣，果皮薄，品质佳。 白朗西葫芦含有较多维生素C、葡萄糖等其他营养物质，尤其是钙的含量极高。每100克白朗西葫芦可食部分（鲜重）含蛋白质0.5—0.9克，脂肪0.2—0.3克，纤维素0.8—0.9克，糖类3.0—3.3克，胡萝卜素22—40微克，维生素C 3.5—9毫克，钙25—30毫克，西葫芦中的水分含量充足，具有调理身体、增强免疫、润泽肌肤的作用。

【白朗黄瓜】白朗黄瓜瓜条顺直，皮色深绿、光泽度好，刺密、无棱、瘤小，腰瓜长34厘米左右，易座瓜，畸形瓜率低。单瓜重200克—600克左右，果肉淡绿色，肉质甜脆。白朗黄瓜可食部分达92%，富含蛋白质、纤维素维生素C等营养素，每百克白朗黄瓜含能量63千克、水分96.5克、蛋白质0.8克、脂肪0.4克，膳食纤维0.7克。白朗黄瓜有清热、解渴、利水、消肿之功效，肉质脆嫩，汁多味甘，生食生津解渴。

【白朗花椰菜】 白朗花椰菜高55—70厘米，茎直立，粗壮，有分枝。品质鲜嫩，营养丰富，风味鲜美。含有蛋白质、钙、磷、铁等矿物质，可促进食欲，有帮助消化和生津止渴的作用。每100克白朗花椰菜含热量22.00千卡，蛋白质2.3克，膳食纤维1.5克，维生素A 5.0微克，维生素C 61.0毫克，胡萝卜素30.0微克。

【白朗莴笋】 白朗莴笋长6—15厘米，宽1.5—6.5厘米，顶端急尖、短渐尖或圆形。白朗莴笋主要食用肉质嫩茎，可生食、凉拌、炒食、干制或腌渍，嫩叶也可食用，味道清新且略带苦味，可刺激消化酶分泌，增进食欲。白朗莴笋含有多种维生素和矿物质，具有调节神经系统功能的作用。

【白朗茄子】 白朗茄子果实为长直棒状，弯果少，果长28—35厘米，横径5—6厘米。单果重300—400克，果色红绿相间，无阴阳面，果肉淡绿色，特别柔然、细腻，抗氧化性好，略甜，口感好。

白朗茄子的营养比较丰富，含有蛋白质、脂肪、碳水化合物、维生素以及钙、磷、铁等多种营养成分，维生素P的含量很高，每100克白朗茄子含维生素P750毫克，能增强人体细胞间的黏着力，增强毛细血管的弹性，减低脆性及渗透性，防止微血管破裂出血。白朗茄子的吃法很多，荤素皆宜，既可炒、烧、蒸、煮，也可油炸、凉拌、做汤，切忌生吃，以免中毒。

【白朗大白菜】 中国种植大白菜已有6000多年历史，春秋战国时期已有栽培，《本草纲目》也记载了一些白菜的药用价值。白朗大白菜在秋季播种，初冬收获，产量大，管理容易。叶浅绿色，有皱，叶球抱合紧密，圆柱状，高约45公分左右，其不仅含有B族维生素、维生素C、钙、铁、磷，而且微量元素锌的含量也非常高。白朗大白菜味美清爽，开胃健脾，含有大量的粗纤维，可促进肠壁蠕动，帮助消化，促进排便，稀释肠道毒素，既能治疗便秘，又有助于营养吸收。含有蛋白质、脂肪、多种维生素及钙、磷、铁等矿物质，常食有助于增强机体免疫功能，对减肥健美也具有意义。

【白朗菜豆】 白朗菜豆荚果带形，稍弯曲，长10—15厘米，宽1—1.5厘米，略肿胀，颜色有白色、褐色、紫色。白朗菜豆含蛋白质、脂肪、碳水化合物、钙及丰富的B族维生素，鲜豆还含丰富的维生素C，嫩荚约含蛋白质6%，纤维10%，糖1～3%，干豆粒约含蛋白质23.5%，淀粉54.6%。每100克带皮白朗菜豆含钙达323毫克，是黄豆的近两倍，被誉为补钙冠军。白朗菜豆还含有皂苷、尿毒酶和多种球蛋白等独特成分，具有提高人体自身免疫能力，增强抗病能力的功效。

【白朗樱桃番茄】 白朗樱桃番茄即为小番茄、无限生长型，生产期长、产量高、耐热耐湿性强。植株最高时能长到2米。白朗樱桃番茄果实以圆球型为主，单果重25克左右、成熟果颜色有红色、黄色、绿色及深紫红色，口感特别好、酸甜可口。樱桃番茄较普通大番茄营养高，含有丰富的维生素C，果皮中还含有路丁（Rutin），可降血压，预防动脉硬化、脑溢血，具有生津止渴、健胃消食、清热解毒、凉血平肝，补血养血和增进食欲的功效。

【白朗黑苦荞】 黑苦荞香味淡、略有苦味，苦荞麦含有丰富的蛋白质、叶绿素、脂肪、碳水化合物、粗纤维、矿物质及微量元素，同时还含有18种天然氨基酸，总含量达到11.82%，并含有9种脂肪酸和其他粮食作物中没有的芦丁（VP）及硒元素（Se）并且不含糖和胆固醇。其营养成份更是远远优于大米、小麦、玉米、大豆和肉类等普通食物，属纯天然珍贵营养食品。白朗黑苦荞麦喜凉爽、耐瘠薄，生长在海拔3600米以上的河谷地带，无害虫侵蚀，不使用化肥、农药，远离污染，纯天然生长，其籽粒可供食用、亩产量不高。苦荞麦性味苦、平、寒，有益气力，续精神，利耳目，有降气宽肠健胃的作用。现代临床医学观察表明，苦荞麦粉及其制品具有降血糖、降血脂，增强人体免疫力的作用，对糖尿病、高血压、高血脂、冠心病、中风等病人都有辅助治疗作用。

（巴桑普赤）

【领导名录】

局　长　尼玛旺拉（藏族）

副局长　冯文军（山东援藏，8月任）

副局长、主任科员

名　米（藏族）

嘎热多吉（藏族）

副主任科员

徐　飞

德　庆（女，藏族）

巴桑普赤（女，藏族）

农牧综合服务中心主任

旦增欧珠（藏族，10月任）

农牧综合服务中心副主任

旦　增（藏族）

白朗县扶贫开发领导小组办公室

【概况】 2016年，白朗县扶贫开发领导小组办公室实有干部6人（在编6人），脱贫攻坚指挥部实有干部6人（抽调4人、志愿者2人）。2016年，县委、县政府认真贯彻落实区市委、市政府关于打赢脱贫攻坚战的决策部署，把脱贫攻坚作为“十三五”头等大事和第一民生工程来抓，精心谋划，狠抓落实，脱贫攻坚工作成效明显，净脱贫8302人，完成市委下达指标的100%，111个贫困村实现退出。

【完成脱贫摘帽】 2016年，白朗县共计完成8302人的脱贫任务，脱贫率达到100%，脱贫户基本实现“三有”“三不愁”“三保障”。

【完成贫困村退出程序】 年内，全县111个贫困村，通过全方位考核，贫困发生率降至3%以下，达到贫困村退出相应要求，符合退出相关程序，完成贫困村整体退出任务。全县贫困发生率降至3%以内，达到贫困县摘帽标准。

【易地搬迁】 2016年，白朗县有241户、1279人易地搬迁任务，在易地扶贫搬迁实施过程中结合县灾后重建、小城镇建设，确定搬迁安置点和户型设计，241户民房已全部开工，开工率达到100%，共拨付资金792万元。2017年6月30前完全入住。同时，针对易地搬迁户制定短期育肥、人工种草、大棚温室温室、有机枸杞种植、藏药材种植等一系列产业项目，确保搬迁户搬得出、稳得住、有事做、能致富。

【产业项目有序推进】 完成产业项目的编制及前期工作，部分产业项目率先开工建设。完成2016—2020年的总投资6.806亿元的54个产业项目论证工作，其中9个项目已开工建设，1个项目已成功申请扶贫产业贷款，共300万元；整合资金实施规模化的产业项目，为脱贫攻坚奠定坚实基础。2016年白朗县共整合行业项目4个，总投资23900万元，分别为：白朗县高原有机枸杞基地建设项目、白朗县高效温室建设项目、白朗县现代藏式服装厂扩建项目、嘎东镇兴旺传统服饰农民专业合作社扩建项目，各项目已于2016年开工，预计2017年6月可全部竣工。按照精准对接建档立卡贫困户的原则，项目所得效益将按照投资比例扶持建档立卡内贫困户，帮扶贫困户1524户、4047人，年人均增收1100元以上；为改善贫困群众生产生活条件，经过与项目经营单位及效益覆盖乡镇协商，白朗县从扶贫产业项目的利润中专项分红116.96万元，1462人实现人均增收800元。2016年投资600万元，在者下乡普村灾后重建搬迁点实施了岗巴羊短期育肥基地建设项目。

【各项脱贫措施有序开展】 2016年，白朗县实施转移就业培训5期，655人参加培训，并转移建档立卡贫困群众1107人，超额完成转移就业指标，转移就业率达193%，就业人员月平均工资在2000元以上。2016年将1666名符合条件的在校学生和659名建档立卡“两后生”全部纳入到发展教育脱贫规划中，对1557名中小学生发放三包经费等各类补助501余万元，资助全县109名贫困在校大学生55.6万元（区内每年每人4000元、区外每年每人6000元）；同时动员27名建档立卡贫困户“两后生”到拉萨、山南、日喀则、那曲等地的职业技术学校就学。2016年根据全县生态保护需求，将6399名贫困群众就地转化为护林员、湿地保护区管护员，兑现生态补偿岗位资金1919.7万元。2016年，大力开展医疗救助，对全县建档立卡贫困户进行一一健康筛查，最终确定因病致贫返贫463人，制定“一户一档、一人一卡”的救助措施，共兑现建档立卡门诊补偿资金18.35万元、住院补偿金额48.68万元；按照“应保尽保”的原则，将建档立卡中贫困人口符合条件340户935人全部纳入到社保兜底（其中分散供养五保户12人12户），孤残儿童集中供养和有意愿“五保老人”集中供养率达到100%，并按照自治区城乡居民低保政策按时足额发放最低生活保障金，有效发挥社会保障兜底“保基本、兜底线、惠民生”的作用。

【信贷扶持】 年内，对166户有创业意愿贫困户提供贷款，总计发放贷款723.2万元，切实解决了建档立卡贫困户缺资金、贷款难、利率高的问题；成立白朗县慈善协会，广泛吸纳社会力量参与脱贫攻坚，引导社会各方资源不断聚集，募集慈善基金80余万元。截至年底，慈善协会机构和体制机制在逐步完善当中，随着会员的逐年增加和更多爱心人士加入，慈善基金将逐年增加，所得基金将全部用资助在校贫困大学生、长期病患群众的医疗救助，以及对贫困乡村儿童、残疾人等特殊群体进行帮扶。

【结对帮扶】 年内，落实日喀则市委、市政府关于“4321”帮扶行动，结合维稳、党建、教育、产业等实际工作，白朗县制定县级领导“1+6”包乡联村（即1名县级领导包1个乡镇、1个贫困村、1所学校、1座寺庙、1名贫困党员、3户特困户）、科级干部帮扶2户相对贫困户、科办员专技干部帮扶1户一般贫困户，区市县1573名干部职工与1946户贫困户结成帮扶对子，为贫困户传技术、跑项目、找资金，落实项目资金120余万元，形成不脱贫不脱钩的长期帮扶机制；在市级确定的6家“百企帮百村行动”的基础上，增加19家帮扶企业，25家企业根据各自生产经营实际，投入帮扶资金432.46万元，以产业扶贫、商贸扶贫、就业扶贫、捐赠扶贫、智力扶贫等方式开展帮扶工作。

【党风廉政建设】 强化组织领导，推进党风廉政建设责任制建设。始终把加强党风廉政建设作为工作的重中之重，积极主动作为，通过完善领导架构，明确具体责任，研究部署工作任务，切实解决工作中遇到的问题。强化学习教育，筑牢党员干部思想道德防线。为更好地落实党风廉政建设工作，扶贫办精心组织开展了学习教育活动，形成在时间上保障，内容上保质，形式上多元的学习局面。通过各项学习教育活动，不断强化全办干部的党风廉政意识；强化建章立制，确保反腐败工作落到实处。为更加有针对性地开展纪检监察工作，加强扶贫办党员干部廉政风险意识，结合工会实际，进一步对现有的规章制度进行梳理和修改，对现有的规章制度进行“瘦身”和“健身”，对尚不完善、不明确的制度进行反复整改，确保工会每一项工作都有据可循，有法可依。

【“两学一做”活动】 年内，在“两学一做”活动上，组织扶贫办党员干部，针对“两学一做”活动进行集体学习，做好手抄党章、观看优秀党员电影、传达习近平总书记在红军长征胜利80周年大会上的重要讲话等活动，组织干部职工认真学习各项党风廉政纲领性文件和反腐工作决策部署，让每个干部职工都熟记廉政警句格言，不断严肃政治、组织纪律和经济工作纪律，做到按制度管权，按制度办事，靠制度管人，从源头上抵制腐败。

【产业项目效益发挥缓慢】 虽然白朗县大多数产业项目都具有一定基础和规模，且发展潜力较大，但短时间内难以实现产业化发展，效益发挥较慢。

【基础设施有待进一步完善和提升】 由于白朗县乡（镇）和建制行政村数量多、区域面广、点多，特别是南部三个乡镇自然条件差，山高坡陡、沟壑纵横，基础设施建设成本高，导致基础设施条件相对比其他乡镇差，一定程度上制约了乡村经济发展。

【贫困人口素质偏低】 白朗县广大农牧民群众受教育程度总体偏低，特别是贫困人口文化素质相对较差，对新鲜事物的理解和认知能力不足，思想相对保守，开拓创新精神不足，不同程度仍存在“等、靠、要”思想。

（格桑扎西）

【领导名录】

主　任　格桑扎西（藏族）

副主任　云旦加措（藏族）

白朗县重点产业发展领导小组办公室

【概况】 白朗县重点产业发展领导小组办公室成立于2016年9月，现有工作人员9名，其中：主任1名，常务副主任1名（负责投资促进科），副主任2名（1名副主任负责办公室综合科，1名副主任负责产业项目科），办公室专职工作人员5名。2016年，圆满完成全县重点产业发展以及招商引资工作，为推进全县产业发展奠定坚实的基础，为全县招商引资工作翻开了新的篇章。

【发展思路】 白朗县重点产业发展领导小组办公室自成立以来，坚持贯彻落实日喀则市、白朗县产业发展大会和县委第九次党代会精神，结合白朗县“实施四大工程，推动四个建设”五年发展规划总体工作思路，以“五位一体”总体布局和“四个全面”战略布局为统领，以建设高原现代特色农牧产业强县为工作核心，紧紧围绕以产业兴县为目标，通过发展青稞、蔬菜、畜牧、民族手工业及清洁能源、文化旅游、商贸物流等重点产业，突出招商引资、大项目建设两项重点工作，扎实推进白朗县重点产业、招商引资工作发展，积极推进产业融合、产城融合、城乡融合发展。

【签约项目】 2016年，实际签约项目2个，分别为白朗中农圣域农牧科技有限公司与白朗县年雄扶贫开发有限责任公司合作实施的生态农业园项目（一期）、白朗国光发光伏发电有限公司独资实施的洛江镇洛江村20MW光伏发电项目。

【招商引资实现新突破】 截至年底，白朗县招商引资工作领导小组办公室共接待洽谈项目13个，与10个投资合作商座谈接洽，实现2016年新注册公司3家，注册资金4000万元，投资规模2.6亿元，顺利完成年度招商引资工作指标，实现白朗县招商引资工作新突破。

【高起点规划编制】 结合白朗县实际情况，积极组织编制和规划全县现代农业发展总体规划（2016—2025年）、核心示范园区控制性建设详细规划以及出台《白朗县招商引资若干规定（试行）》等，并协助日喀则市做好产业规划调研，系统化确定白朗县今后一段时间整体发展方向，为全县产业发展营造良好的政策环境。

【组织策划储备项目】 结合全县产业发展实际情况，立足自身特点和产业优势，对高原有机农牧产业、休闲农业与特色文化旅游产业、光伏能源产业、民族手工业、商贸物流与电子商务发展五大产业24个重点项目进行储备，编制《白朗县2017年重点产业发展项目库》和《白朗县2017年招商引资项目库》。

【创新招商引资方式】 结合日喀则市“桑—白一体化”发展战略，通过组织专题招商活动、重点项目对接等形式，广泛采用产业链招商、参会招商、文化招商、敲门招商、以商引商、网络招商等方式，不断创新招商引资方式，提升白朗县知名度，形成全县产业发展整体形象宣传策划，为全县经济持续健康发展增添新活力。

（李　明）

【领导名录】

主　　任　鞠正江
常务副主任　胡卫波
副 主 任　张　军
　　　　　强巴曲桑（藏族）
执行主任　嘎热多吉（藏族）
　　　　　徐　洁（女）

白朗县林业局

【概况】 白朗县林业局成立于2010年。编制人数3人，实际人数13人，其中行政编制为6人，事业编制为3人，工人1人，公益性3人。2016年，白朗县林业局贯彻落实区、市、县林业有关会议精神，围绕白朗县2016年林业工作目标任务，开展植树造林工作，生态安全屏障防沙治沙工程项目、林业直补资金落实情况、林地资源及野生动物保护情况等各项林业工作，通过全县各级党委、政府和林业工作者的共同努力下，林业各项工作取得了显著成效，为建设“醉美后藏花园”的建设打下了坚实的基础。

【拉萨周边造林项目】 年内，完成拉萨周边植树造林面积300亩；封育任务8000亩。共种植江孜沙棘178403株，树立警示牌4块、宣传牌2块。截至年底，长势良好，成活率达95%以上。

【防沙治沙工作】 年内，采取就地取土、降低沙丘高度、客土压沙，乔、灌、草混植的方式治沙，完成260.8亩的防沙治沙任务。撒播沙生槐、披肩草、沙蒿种子共750千克、种植江孜沙棘19769株。截至年底，所种植的苗木、草种成活率均达98%以上。

【防护林体系建设】 白朗县2016年安全屏障防护林体系建设工程共投资1519.88万元，造林面积3721亩，共种植苗木312199株，苗木成活率达90%。

【补植补造工作】 为巩固造林成果，投资240000元，完成2013年重点区域生态公益林建设工程补植补造180亩，种植江孜沙棘15000株；完成2014年拉萨周边防护林建设工程补植补造260亩，种植江孜沙棘25000株。补植成效明显，成活率达95%以上。

【湿地公园建设】 年内，严格按照《西藏白朗年楚河国家湿地公园总体规划》《西藏白朗年楚河国家湿地公园湿地保护补助资金建设项目实施方案》和《国家湿地公园试点验收办法（试行）》，围绕生态建设核心，以项目建设为载体，湿地保护保育为重点，完成界碑3个，界桩180个，标识牌6块，宣传牌9块，警示牌6块。2016年7月，对湿地内的界碑、界桩、标示牌、宣传牌、警示牌进行更新，同时在主要出入口设立宣传栏4块、指示牌4块、发放宣传手册1000余本，对公园内的垃圾进行全面清理，在公园内设置垃圾箱11个，建设3座生态厕所。在洛江镇、巴扎乡、嘎东镇湿地的科普宣教区、生态保育区建设湿地科普宣教走廊3个、制作宣传栏82块。确实把湿地宣传融入群众的日常生活生产中。

【精准扶贫】 年内，按照全县林业现状及各乡镇林业生态脱贫岗位需求已完成2013个林业生态补偿脱贫岗位的分配，已全部确定到户、到人。同时制定《白朗县生态脱贫岗位管护人员实施细则》《白朗县生态脱贫兼职管护人员管理办法》《白朗县生态脱贫专职管护人员管理办法》，明确每名林业生态脱贫人员的年管护时间、管护范围、月管护次数。分别与11个乡（镇）、2013名林业生态管护人员签订协议，并发放出勤记录本2013本，做到人员信息一人一表，专档专柜。于2016年底兑现生态脱贫管护人员工资570万元。

【惠民资金发放情况】 为提高群众保护野生动物的意识，县林业局工作人员于2016年6月14日至15日到全县11个乡（镇），对2016年的野生动物肇事损失补偿资金310800元进行了发放。

【“两学一做”专题教育活动】 年内，在党员干部中大力宣传开展“两学一做”学习教育的重要意义，充分利用党支部会议等形式，认真学习传达上级要求，不断营造氛围，提高认识；积极对本单位开展调研，找出党员干部中存在的问题，结合党员组织关系集中排查工作，对全体党员进行摸底分析，为加强分类指导、提高学习教育的针对性奠定基础；及时成立“两学一做”领导小组，积极抓好实施方案的起草工作，局主要负责人审定实施方案、召开协调会议进行部署。同时，完善学习教育措施，为确保党员学有目标、做有榜样奠定了基础。

【党建工作】 强化领导责任，把党建工作摆在十分突出的位置，列入重要议事日程，并将党建工作与业务工作紧密结合，促使党建工作和其他工作均收到明显成效。加强班子自身建设，认真贯彻执行民主集中制原则，对重大事项等各项工作的贯彻实施坚持集体讨论决定。加大党建工作经费投入，从单位办公经费中及时支出资金制作“两学一做”学习教育图板1块，为支部全体党员统一配发“两学一做”个人自学学习笔记本、中芯笔各1套，为学习提供了有利保证。加强学习，始终把理论武装工作作为加强党的思想政治建设的首要任务，将党建工作纳入林业局工作重要日程，采取集中领学、开展讨论、个人自学、座谈交流、党课辅导等方式，坚持不懈地强化学习。

【党风廉政建设】 年内，坚持预防为主、教育先行，在党员干部中深入开展廉政教育，切实加强对党员领导干部的监督，确保权力正确运行，并系统安排学习党的最新理论政策和重要会议、领导讲话精神。通过学习不断提升党员干部的廉政意识、责任意识和规矩意识。以廉政风险防控为抓手，推进预防腐败工作，进一步加强自律和他律，形成“用制度管权、按制度办事、靠制度管理人”的工作格局。强化责任落实，深化领导机制和工作机制，认真落实“一岗双责”明确规定责任目标和工作要求。以廉政林业建设为载体，深化反腐倡廉教育，完善廉政教育制度，不断提高教育的科学性、规范性、有效性。加强对中央八项规定、区党委“约法十章”“九项要求”的学习贯彻执行力度，严格按照相关规定约束干部职工的日常工作行为。做好廉政谈话，对本单位职工定期不定期进行廉政谈话，强化责任意识，提出限期整改要求。

【信访工作】 年内，县林业局高度重视信访工作，认真宣传贯彻执行《信访条例》，做好信访接待、处理工作，设立举报箱，制定信访工作制定、信访接待台账。每月及重点时段对信访工作进行一次排查，变被动为主动，全年林业局无上访和重大曝光事件发生。

【民族团结】 年内，县林业局严格落实有关民族团结的会议、文件精神，认真开展民族团结教育工作，于2016年3月、6月召开专题会议研究民族团结创建工作，把民族团结创建工作列入重要日程，同时以悬挂横幅、制作宣传板报的形式在县城主要道路进行民族团结方面的宣传，全体干部职工自觉做到不利于民族团结的话不说，不利于民族团结的不做。

（张海超）

【领导名录】

局　长　余　明

白朗县水利局

【概况】 2016年，白朗县水利局内设科室7个，分别为局办公室、水利队、灌区管理办、农村人饮办、党员活动室、水政办和普查办。白朗县水利局共有行政编制5名，核定领导职数4名，实有4人（1名正局长、3名副局长）。所辖水利队设事业编制4人，现有编制人员12人。全局共有干部职工24名（其中：局机关5人、技术人员9人、工人2人、公益性岗位2人、志愿者1人、企业合同工4人、临时工1人），其中：藏族干部20名、汉族干部3名、回族干部1名；全局共有正式党员11人，入党积极分子3人。2016年，白朗县水利局水利工程项目共开工建设17个，其中重点县项目8个，公益性项目工程9个，截至年底，共完成14个项目，剩余3个项目年底完成60%，由于天气寒冷及确保工程的质量，未完成3个项目处于停工现状，待2017年开春后复工续建。通过项目的建成有效解决6248人的吃水困难，改善项目区2.97万亩耕地灌溉用水问题，同时有效改善了险工险段处的安全隐患问题。

【重点工程项目】 白朗县洛江灌区节水改造与配套工程：总投资784万元，项目建设内容为取水口两座（截潜流），引水管道总长4.45公里，其中1#引水管道长2.20公里，2#引水管道长2.25公里。新建水塘1座、结构为干砌石土石坝、坝高5米、周长为620米、已于9月底完成收尾全部工作，待上级相关部门进行终验，已完成验收工作。白朗县“6·29”暴雨水毁设施修复项目：建设内容为新建防洪堤总长4140米，总投资180.4万元，已完成自验工作。白朗县强堆乡扎西普村色热珠德寺防洪堤项目：建设内容为新建防洪堤总长300米，总投资28万元，已完成自验工作。白朗县洛江镇奴林水渠防渗处理工程：建设内容为新建钢筋混凝土渠道总长940米，总投资46.44万元，已完成自验工作。

【公益性项目】 新建玛乡则麦村钢筋砼渠道800米、防洪堤5352米，总投资143万元，已完成自验工作。曲奴乡桑林村公共财政预算防汛补助项目防洪堤工程，总投资47万元，新建防洪堤1208米，已完成自验工作。曲奴乡彭嘎村公共财政预算防汛补助项目防洪堤工程，总投资46万元，已完成自验工作。巴扎乡觉杰村山洪治理工程，总投资45万元，已完成自验工作。满拉灌区仁钦岗干渠维修工程，总投资53.57万元，截至年底，项目已完成95%，预计2017年4月完工，并进行自验。强堆乡扎西普水渠维修工程，总投资50.57万元，已完成自验工作。巴扎乡久美嘎萨水渠工程工程总投资128.05万元，项目已完成85%，预计2017年4月完工，并进行自验。完成曲奴乡、玛乡、杜琼乡等抗旱应急机井项目，累计总投资208.55万元，新建机井5座，已完成自验工作。

【灾后重建项目】 白朗县水利口子“4·25”灾后重建项目有两个，供水项目新建机井4座，为者下普村1眼、嘎东马义村2眼、巴扎乡冲堆村1眼及相关配套设施，工程投资为233.89万元，该工程于6月中旬开工建设，已全部完工。灾后重建项目白朗县者下普村防洪堤工程，新建堤防长1820米，结构为铅丝石笼，防洪标准10年一遇，总投资为162.31万元。该工程于7月中旬开工建设，现已全部完工。

【小型农田水利专项建设项目】 2015年小农重点县建设项目：项目总投资1400万元，工程主要建设内容为取水口4处、引水渠道27条、配套相应渠系建筑物共465座，（敷设输水管2.47公里、简易农桥101座、闸阀井14座，渡槽20座）；改扩建水塘13座、护岸工程201米。现项目已完成合同完工验收，已拨付资金1190万元（85%）；2016年小型农田水利重点县建设项目：项目总投资2421万元，工程主要建设内容为实施22个项目点、新建取水口3座、引水渠道22条、总长度45.46公里，、铺设输水管道3.4公里，渠系建筑物共320座（其中分水口218座、渡槽15座、农桥79座、闸阀井8座）；改扩建水塘7座、总库容11650立方米；护岸工程90米。项目于2016年10月初招标，共分12个标段，截至年底，已拨付资金847.35万元（35%）。项目建成后可有效改善白朗县杜琼乡、曲奴乡、强堆乡3乡共22个行政村17222亩耕地的灌溉问题，项目已完成50%，预计2017年7月份完工。

【防汛工作】 县水利局始终立足于防大汛、抢大险、抗大灾，在思想上、组织上、措施上、物资上及早做好了各项准备工作，确保抗旱防汛工作顺利推进。坚决贯彻上级部门的安排部署。县水利局始终按照县防汛抗旱指挥部工作部署和要求，扎实开展防汛工作；完善预案，筑牢防汛基础。按照市防办的要求，结合白朗县实际，抓紧完善《白朗县防汛抗旱应急预案》，并与乡（镇）层层签订目标责任书，完善应急预案，明确了责任、细化了任务；统筹兼顾，加大防汛物资储备。实行“分级负担、分级储备、分级使用、分级管理、统筹调度”的原则，对物资品种、规格、数量、存放地点、管理人员等登记造册。2016年白朗县共储备铁丝12吨，铁丝笼17980平方米、编织袋25万条，备石7.5立方米；科学调度，合理分配资源。始终坚持“先生活，后生产；先地表，后地下”的原则，不断加强水资源管理，提前科学制定了全县用水调度计划。年内，投入资金35万元，分别对楚松水库、杜琼水库、玛乡水库进行维修加固；疏浚水渠76千米，清淤加固水塘78座，蓄水率达到85%以上；维修泵站2座，确保白朗县农牧业生产灌溉用水；强化宣传，科学引导群众。广泛发动群众，认真抓好防汛宣传，安排专人在各乡镇宣讲山洪灾害避险等相关知识，以提高群众防灾减灾意识。

【水政执法】 加大水政执法力度，定期开展河道整治。为保障白朗县河道的行洪安全，切实有效地规范河道采砂管理工作，合理有序地利用河道砂石资源，县水利局联合县有关部门，按照市委建筑领域专项整治工作要求，结合《日喀则市河道采砂管理办法》，及时对白朗县境内河道违规采砂现象进行多次整顿，并采取一系列措施强化对河道采砂活动的监督检查，并责令违规采砂企业限时整改搬迁。2016年，河道乱采乱挖现象得到有效遏制，白朗县采砂行业整体趋于规范；集中开展河道垃圾清理，不断改善河道生态环境。县水利局联合住建局、环保局等相关部门，针对“河道的疏浚整治；河道、河坡、河岸的卫生保洁；河道的违章搭建清理”等方面的问题，定期、分段展开集中整治、清理。经过近一个月整治和清理，2016年，白朗县各河流垃圾乱堆乱放现象得到有效遏制，河流区域生态环境得到明显改善；加强河道监管力度，结合白朗县实际制定河道管理方案，正积极探索河道综合治理长效管理机制。

【党建工作】 认真学习理论知识，强化班子管理。始终坚持党要管党，党管一切的方针，加强班子管理。另外注重党员干部的政治思想理论学习，用理论知识武装头脑，坚持做到有学习制度、有资料、有计划、有考勤、有记录、有体会的开展学习活动。通过创建学习型党支部和“三严三实”专题教育学习为契机加强党员的教育，充分利用工作之余认真开展自学，并认真撰写读书笔记，心得体会，平均每人3篇以上，个人学习笔记均达到20篇以上。观看专题教育片3次、共撰写观后感3篇，水利局支部集中学习会议14次，达到10学时以上。县水利局通过多样的学习教育形式增强党员开展日常性思想教育活动的自觉性，提高党员的认识，强化党性观念，提高党员的思想觉悟，教育党员通过自己的行动践行为水利旨；开展谈心活动。县水利局党支部经常开展谈心活动，这对帮助大家开阔思想，消除矛盾，相互照镜子，融洽感情，增进团结，促进工作发挥了较好的作用，也能够较好地解决党员思想认识上存在的一些问题；提高党员的组织纪律性，增强法制观念。通过积极学习相关的普法教育资料，促使党员珍惜和维护自己的荣誉，增强党性观念。

【组织建设】 抓领导力度，实施“一把手”工程。领导重视与否是检验一个单位整体工作是否到位的关键所在。为此，局领导班子把党建工作和民族宗教工作放在同等重要的地位来抓，真正纳入议事日程，层层落实党建工作责任制。实行并形成了“一把手”负总责、副局长负责“一条线”、设专人负责党建工作，真正形成，一级抓一级，层层抓落实的工作机制；组织机构健全，班子成员严于律己。县水利局支部坚持民主集中制原则，把集体领导和分工负责有机结合起来，广开言路，多方听取群众意见，大家出主意，想办法，发挥每个成员的聪明才智，较好地完成各自分管的工作。做到带头参加学习，带头遵守各项规章制度，为县水利局团队战斗力、凝聚力的发挥起到较好的表率作用；督促党员自觉参加组织生活，完成党组织交给的任务，按期按规定交纳党费，自觉接受党组织的教育和培训。并利用“七一”等节日广泛开展各种活动，党员领导干部无论职务高低，都能以普通党员的身份参加组织生活，自觉接受党组织和党员的监督。

【开展“两学一做”】 年内，认真学习党章、习近平总书记系列讲话，大力开展支部委员讲党课活动，加强党的基层组织建设，使全局广大共产党员成为顾全大局、爱岗敬业、服务群众、公道正派的先锋，充分发挥党支部和广大共产党员在全县水利建设中的战斗堡垒及先锋模范作用。累计召开专题会议十余次，制订“两学一做”学习教育实施方案、学习计划、观影计划、党员志愿者活动计划等，并扎实贯彻落实，每位党员形成学习笔记5000字以上，影片观后感4篇以上。通过扎实开展“两学一做”学习教育，支部学风不浓、信念动摇、纪律涣散等问题明显改善，支部凝聚力进一步增强。

【党风廉政建设】 2016年，白朗县水利局坚持以毛泽东思想、邓小平理论、“三个代表”重要思想和科学发展观为指导，深入贯彻落实党的十八大、十八届三中、四中、五中、六中全会精神，严格遵守党中央“八项规定”、自治区“约法十章”“九项要求”，紧扣中心、服务大局，加强自身建设，严明工作纪律。深刻领会全面从严治党新内涵新要求，如：将党风廉政建设主体责任上升到全面从严治党主体责任，不仅涵盖了党风廉政建设主体责任，还包括加强党的思想建设、组织建设、制度建设等方面的责任；提出并践行“把纪律和规矩挺在前面”的全新理念，严惩与深治相统一，严管与厚爱相结合，运用“四种形态”，用纪律管住大多数，推动全面从严治党要求有效落实；深刻领会“两个没有变”（党中央坚定不移反对腐败的决心没有变，坚决遏制腐败现象蔓延势头的目标没有变），坚持“四个足够自信”（全党同志对党中央在反腐败斗争上的决心要有足够自信，对反腐败斗争取得的成绩要有足够自信，对反腐败斗争带来的正能量要有足够自信，对反腐败斗争的光明前景要有足够自信），严格遵循党章、严守政治纪律和政治规矩，自觉做到廉洁用权、廉洁修身、廉洁齐家，为推进水利改革发展提供坚强的纪律保证；深刻领会强化党内监督新的更高要求，积极探索强化党内监督的有效途径，坚持、完善、落实民主集中制，进一步健全集体领导与个人分工负责相结合的具体制度，严格落实重要情况通报和报告制度，切实将民主基础上的集中和集中指导下的民主有机结合起来；深刻领会把作风建设抓到底的重大部署，以《准则》《条例》这两部重要的党内法规为准绳，持续深入改进作风，把违反中央“八项规定”、自治区“约法十章”“九项要求”的行为作为检查重点，严查“四风”问题，用铁的纪律整治各种以上顶风违纪行为。

（次旺普赤）

【领导名录】

局 长 杜 纯（10月任）

副局长 索朗次仁（藏族）

达 娃（藏族）

要海燕（女，5月免）

巴桑扎杰（藏族，10月任）

白朗县科学技术局

【概况】 白朗县科学技术局属政府下属正科级行政管理单位，下设白朗县科学技术协会，现有干部职工5人，党员3人，其中行政在编人员3人，事业在编人员2人（正科级2人、专业技术员2人、行政人员1人）。农牧民科技特派员222名（其中农业种植技术95人，蔬菜种植技术37人，畜牧养殖90人）县、市、区三级“三区”人才有22名（其中县级有5人）。

【自治区级中央引导地方科技发展专项项目】 白朗县绿色蔬菜系列深加工技术和示范及品牌建设项目：该项目主要依托白朗县绿色蔬菜发展有限公司完成，项目总投资100万元，项目通过引进4个果蔬新品种，在洛江镇宗下村、扎林村进行种植，完成两年内17户84人需要脱贫的目标，辐射带动周边种植户200户、500人，培育致富能手6人。拟建立绿色蔬菜深加工技术科技示范基地，引进净菜加工、方便面菜包烘干、红萝卜酱等技术生产线2条，进行绿色蔬菜脱水烘干加工，加工的脱水蔬菜产品作为日喀则是西部县冬季的蔬菜供给，为白朗县绿色蔬菜深加工起到示范和带动作用。构建绿色蔬菜生产、加工、销售等网络信息库，进步一步推动白朗县绿色蔬菜走向市场化、产业化，将通过网络信息库能使消费者查询到每样蔬菜的生产过程，进一步打响白朗县设施绿色蔬菜的品牌，从而达到扩大生产，增加收入的效益。

【实施市级科技科研项目】 高原蔬菜温室大棚土壤处理技术应用推广项目：该项目由绿色蔬菜发展有限公司来完成，项目总投资10万元。该项目主要采用国内先进的温室大棚土壤净化技术，根据白朗县温室蔬菜种植多年土壤退化，造成蔬菜病虫害增加，影响蔬菜的品质和产量问题，对扎林、唐党、彭仓等地的200座温室内使用土壤净化剂进行净化，起到减少蔬菜病虫害、提高产量、提升品质的作用，并使试验区的200座温室的蔬菜产量达到130万公斤，该项目正在实施中。

【强基惠民送科技项目】 洛江镇宗下村青稞一级种子田标准化种植示范项目，该项目总投资10万元，通过该项目建立良种繁育基地300亩，培养30名农民技术员，促使宗下村青稞生产实现品质标准化和管理专业化，从而提高良种品质，降低生产成本。

【科技特派员年度考核】 为更好地管理和发挥科技特派员的优势资源，科技局于2016年12月开展了系统的科技特派员信息采集工作，并做好了科技特派员网上信息核对、录入等工作，进一步规范了科技特派员的基本信息，不仅推进了农牧业科技特派员工作的有效开展，也使科技特派员管理考核工作制度化、规范化，加快科技成果转化步伐，促进了农牧业增产、农牧民增收。白朗县农牧民科技特派员服务涉及蔬菜生产、农业生产、畜牧养殖三个领域的科技指导、服务。科技局根据市选派农牧民科技特派员的通知，经村、乡（镇）、县直相关部门层层筛选，截至年底，白朗县共有222名农牧民科技特派员，农牧业科技服务队伍进一步壮大，已覆盖11各乡镇，111个行政村，科技特派员行政村覆盖率达到100%。根据科技特派员的考核鉴定情况，于4月25日对222名科技特派员及时发放下乡补助资金1332000元。

【“三区”人才管理】 2016年，区、市、县共有22名“三区”人才。分别为：西藏自治区畜牧兽医研究所选派的科技人才4名，在白朗县巴扎乡恰仓村从事肉羊良种改良与现代养羊新技术指导和普及工作；西藏自治区农牧科学院农业研究所选派的科技人才11名，在白朗县巴扎乡从事藏青2000良种基地建设和藏青2000大面积示范推广技术服务及在白朗县洛江镇实施蔬菜高产栽培技术；市农科所选派2名科技人才在嘎东镇推广种植橄榄油菜新品系“2007-55”，指导农户进行科学种植。白朗县分别从畜牧站、推广站和蔬菜园区选拔5名科技人才，在全县区从事娟姗奶牛、萨福克羊、藏青2000和蔬菜种植方面的科技服务。22名“三区”科技人才在白朗县服务日期为2016年1月1日至2016年12月31日，基层一线服务天数累计不少于100天。

【白朗县中学科技馆使用情况】 在上级部门的大力支持和县教育的积极配合下，2015年8月中学科技馆正式开馆。县中学科技馆设立在县中学内，场馆面积75平方米，科技馆内现有共21个设备，从中学科技馆成立以来，协会制定了县中学科技馆管理制度、挂立门牌、送去500份科普书籍。每月至少组织青少年学生在科技馆参观两次，每季度开展参观活动6次，参观人数达到3000余人次。自从科技馆使用以来，让学生不仅近距离感受到了科技的魅力，拉近学生与科学的距离，而且认识到科学的重要性，也为学生学科学、用科学、爱科学打下了坚实的基础。

【科技精准扶贫】 科学技术局把精准扶贫工作作为2016年工作的重中之重，统一思想认识，强化组织领导，按照《日喀则市科技精准扶贫工作实施方案》（日脱贫指办〔2016〕10）号文件要求，坚持“一乡一策”扶贫方针，全面动员，迅速行动，深入调研贫困村、贫苦户贫困情况，制定帮扶措施，狠抓工作落实，确保各项工作顺利开展、有序推进。积极向上级部门申报项目，通过引进4个青稞新品种，在洛江镇宗下村、扎林村进行种植；引进一些加工设备，完成两年内17户84人需要脱贫的目标，辐射带动周边种植户200户、500人，培育致富能手6人，积极发挥了科技支撑作用。根据自治区、市、县三级相关文件精神，对科技局驻村点嘎普村进行了结对帮扶认亲7户、32人。

【科技培训】 科技局按照年初既定目标，以“走出去”和“引进来”的形式推动科技创新，加大技能人才培训力度，有计划地进行了各类农牧民科技培训36次、共计28665人次，共计培训资金53950元。

【科普宣传】 科技局结合全国科技活动周、科普宣传日、科技下乡等形式，开展了12次形式多样的科普宣传活动。年内，共发放各种科普资料9种1500余份，接受群众咨询168余次、发放各类蔬菜种子20袋，展示农牧业新成果展板3块，展示宣传图片等展板4块，受益人数达6000多人。

【乡镇科普活动站使用情况】 白朗县11个乡（镇）均建有乡级科普活动站（乡政府内，有独立场所）及科技特派员之家，均配有多媒体设备、科技书籍刊物、宣传栏等办公设备。每季度开展一次科普活动，每年更新宣传栏内容。开展每一次活动时，乡镇科技工作人员采取展览、发放资料、观看影片等形式，向广大农牧民群众宣传文明、健康、科学的生产生活方式。并当天宣传内容让群众做记录，为广大农牧民群众提供各种种养殖技术，通过努力宣传，提高了农牧民群众的科技素质和科技实用知识，体现了构建和谐社会以人为本的精神，丰富了群众技术知识。

【科协工作】 11月24日，白朗县科学技术协会第二届二次代表大会召开，科协技术协会代表31名，科协技术协会委员9名（其中，主席1名，专职副主席1名，副主席1名）。为开好本次代表大会，县委、县政府高度重视，给予人员和经费支持，同时成立以县委常委、副县长鞠正江为组长，科技局副局长次珍为副组长，办公室相关人员为成员的大会筹备工作领导小组。

会议有三项议程：科技局副局长次珍同志汇报科学技术协会第二届委员会工作开展情况；县发改委主任旦增罗白传达了党的十八届六中全会精神；县委常委、副县长鞠正江做了重要讲话。

【“两学一做”学习教育】 “两学一做”学习教育活动启动以来，白朗县科学技术局积极以“尊崇党章、遵守党规”为基本要求，以习近平总书记系列重要讲话精神为行动指南，教育引导广大党员自觉按照党员标准规范言行，切实肩负起“干在实处永无止境、走在前列要谋新篇”的新使命，以实际行动推进“两学一做”活动，为全面提升科技工作科学化水平提供坚强的思想保证和精神动力。突出主题，开展学习讨论，科技局党支部开展党员讲党课等活动，所有党员干部在党支部交流会上分享交流学习心得，紧密联系个人思想、工作和生活实际，围绕“四讲四爱”开展了广泛的学习讨论，营造了积极向上的学习氛围。

通过学习，进一步加强党员干部道德修养和纪律观念，更深一层学到“讲学习、讲忠诚、正风纪、转作风、提效能”的精神，并提升了科技局工作人员素质和学习自觉性。

【党风廉政建设】 年内，科技局深入贯彻中共十八大和十八届历次全会精神，认真贯彻落实八届区纪委第七次全会和市纪委一届四次全会精神。进一步整治党员干部队伍中存在的各种不良风气，坚决纠正“四风”“两问题”等突出问题，坚持党要管党、从严治党，以明确责任主体为基础、以细化责任措施为重点、以完善考核机制为抓手、以严肃责任追究为保障，着力构建责任明晰、权责一致的责任分解体系；着力构建运行顺畅、科学规范的责任落实机制；着力构建公开公正、切合实际的考核机制；着力构建有错必究、有责必问的责任追究体系，促使全局干部职工履职尽责，保障党风廉政建设责任制落到实处，推动全局党风廉政建设和反腐败斗争深入扎实有效开展。

（赵高雷）

【领导名录】

局　长　旦增欧珠（藏族）

副局长　次　珍（女，藏族）

白朗县教育（体育）局

【概况】 2016年，白朗县教育（体育）局始终坚持党的教育方针和社会主义办学方向。现有义务教育阶段学校12所，其中初中1所，在校学生1559人，小学11所，在校学生4179人。全县进城务工人员随迁子女16人，留守儿童69人，残疾儿童少年随班就读4人。通过《白朗县控辍保学实施意见》《白朗县防辍工作管理办法》等相关制度文件的出台，全县小学适龄儿童入学率和巩固率均保持在100%，初中适龄少年毛入学率达100%，巩固率达98.6%。全县共有小学教师279人，本科学历192人，专科学历85人，学历合格率达100%；中级以上职称教师149人，初级职称教师89人。县中学教职工149人，专任教师144人，本科学历129人，专科学历15人，学历合格率达100%；中级以上职称教师88人，初级职称教师43人，严格按照教育教学需求配备各学科教师。

【办学条件】 小学各类办学条件。全县小学教学及辅助用房面积生均4.55平方米；体育运动场馆面积生均9.56平方米；各类教学仪器设备生均1138.99元。教学计算机每百名学生拥有计算机13.95台；生均图书16.70册；初中各类办学条件。县中学教学及辅助用房面积生均4.98平方米；体育运动场馆面积生均7.51平方米；各类教学仪器设备生均737.65元。教学计算机每百名学生拥有计算机9.36台；生均图书26.52册。各项指标均超出区、市规定标准，基本能够满足各学校的日常教学需求。2015年以来，累计投入资金3878万元，新建10所村级幼儿园、新建旺丹小学教工宿舍1栋、全民健身活动中心1个，同时对县幼儿园实施改扩建项目，进而完善了学校基础设施建设和教育教学设施设备，办学条件得到明显改善，教育事业呈现出健康发展的良好态势。

【领导重视】 年内，县委、县政府高度重视教育工作，成立以政府县长为组长、分管副县长为副组长、相关单位为成员的教育工作领导小组。先后制定出台《中共白朗县委白朗县人民政府关于进一步加强教育教学质量工作的实施意见》《县级领导定点联系学校方案》《白朗县关于全面推进素质教育工作的实施方案》《教育教学奖励办法》等各项管理制度。县级领导、乡镇干部、学校校长层层签订素教评估目标责任书，进一步明确了工作职责。切实形成上下一心、互相协作、齐抓共管的良好局面。形成了县级领导亲自抓、分管领导具体抓、乡镇党委配合抓的工作新格局。为进一步巩固提高“均衡验收”成果，严格落实“防流、控辍、保学”工作责任制。各定点联系学校的县级领导和分管教育的乡镇主要负责人切实履行了自身的监督义务，行使了监督权力。也基本掌握了学校管理层面、教研教改、师德师风等方面存在的突出问题。对教师工作和生活中存在的各方面困难进行了最大限度的帮助和解决。白朗县各级单位履职教育工作情况良好，下一步将继续加大对学校的关注度和帮扶力度，从校园管理、教学常规、规范教学行为等方面多提意见，多作指导，形成合力，全面推进学校健康稳定发展。

【奖励机制】 为激发广大教师的工作热情，提高教育工作活力，县委、县政府特设立白朗县教育教学奖励资金100万元，该奖惩办法以“重奖轻罚，完成指标，提升质量，鼓励师生”为原则。该办法实施以来，全县各级学校狠抓教学质量，全县教学水平明显提升。2016年白朗县全市统考小学总平均成绩位居全市第10名，中考成绩位居全市12名，区内外重点高中上线人数为70人，各单科成绩个位数所占班级比例不足3%。2016年9月10日，在第32个教师节表彰大会上，共授予教育先进集体奖29个、个人单项奖91个、优秀学生家长7名，共发放奖金100万元，此举充分激发了教师的工作热情，提高了教师的工作效率。

【投入力度】 2016年，全县新建村级幼儿园6所，总投资1080万元（国家投资）。工程于2016年8月开工至今已完成总工程量的70%。2017年8月将全部竣工，9月正式投入使用。2016年度续建项目4个，总投资1188万元（国家投入）。现已按照施工图及工程量清单要求全部完工。2017年援藏投入教育资金1010万元，用于新建巴扎乡小学和嘎普乡小学学生宿舍，其中巴扎乡小学投入640万元，嘎普乡小学投入370万元。此外，县级投入力度也进一步加大，2016年县财政投入教育资金903万元，占全县上年财政收入的60%。

【素教迎检】 素质教育督导验收工作，是白朗县2016年教育工作的重点。白朗县先后3次组织召开全县素质教育督导评估推进会，及时出台整改措施，明确下一步工作方向。此外，县层面还采取“外出取经”“专家指导”等方式进行问题查摆。2016年7月，由县委、县政府牵头，各中小学校长、各校教务主任、教育局相关科室工作人员共计30余人组成参观考察团到林芝市巴宜区参观学习，进一步开阔了白朗县教育工作者的视野、拓宽了办学思路，为实施素质教育提供了经验基础。2016年7月，白朗县邀请了市素质教育专家为各学校老师进行专业培训，进一步明确了实施素质教育工作的方向，为实施素质教育提供了专业基础。经过全县各级党委政府、各相关部门和各校师生的共同努力，白朗县于2016年10月22日顺利通过素质教育督导验收。

【传统文化】 传统文化“三进”工程是白朗县丰富校园文化、夯实文化底蕴、提升办学品味的重要手段。通过科学制定、区域对待、积极筹划，本县传统文化“三进”工作在全市范围内取得了优异成绩。在全市传统文化“三进”评选中，白朗县共荣获市级3个单项奖和2项综合奖。此外，白朗县传统文化“三进”工作还被日喀则电视台作为教育亮点在全市范围内进行大力宣传和推广。

【“四讲四爱”】 年内，按照市委、市政府和县委、县政府的总体部署要求，教育局及时成立“四讲四爱”主题活动领导小组，局班子研究制定《白朗县教育系统关于认真开展“四讲四爱”主题教育活动方案》，以围绕一个主题、办好一所学校、当好一名校长、当好一名老师、上好一堂课、抓好德育教育、夯实校园文化、推进学前教育、抓好思想教育等9个方面为活动载体，深入开展主题教育活动。

【“两学一做”教育活动】坚持党对教育工作的绝对领导，以学习贯彻党的十八届历次全会精神和习近平总书记系列重要讲话精神为核心任务。各学校积极推进党务公开工作，教育引导教育系统党员干部牢固树立群众观念，转变工作作风。教育局支部以“做好一本笔记、写好一篇体会、做好一名党员、上好一堂党课”为载体，坚持抓在日常，促进“两学一做”入脑入心、入言入行。全年共计撰写读书笔记50万字以上，读书心得体会30余篇，举办各类组织活动会议20余次。县教育总支领导班子还多次召开专题研究会议。县教育系统还在去年全县举办的“两学一做”知识竞赛中获得第一名的好成绩。

【党建工作】在认真学习领会党章、习近平总书记系列重要讲话、《中国共产党廉洁自律准则》和《中国共产党问责条例》精神的基础上，对照“严明党的纪律、全民从严治党”和《关于新形势下党内政治生活的若干准则》《中国共产党党内监督条例》的要求，坚持把思想教育放在首位，采取个人自学、集中上党课、每周集体学习日集中学等方式开展学习，全面提升学习教育和专题教育实效；认真查找“从严治党”方面存在的突出问题；班子成员之间开诚布公进行谈话、谈心交流，互相提出意见建议；广泛征求基层学校、社会各界、县直单位等的意见建议，并深刻剖析了产生问题的思想根源。

【教育扶贫】为解决农牧民子女上学问题，保障农牧区学生、贫困家庭学生平等接受教育的权利，消除因学致贫、因学返贫现象，提高教育扶贫富民能力，深入推进教育扶贫工作，根据精准扶贫发展教育脱贫相关政策要求，对建档立卡贫困户进行认真识别，将1666名符合条件的在校生和659名建档立卡“两后生”纳入到发展教育脱贫规划中。2016年第一次资助学生109人，其中区外60人、区内49人，发放资助金556000元，后来又补充了8人，区外7人、区内1人，发放资助金46000元。前后两次共资助117名学生，共发放资助金60.2万元，自助覆盖率达到100%。贫困生资助金已经全部落实到位，有效控制了学生因家庭经济困难而失学和因学返贫的现象。另外经多方协调后，全县27名建档立卡贫困户“两后生”到拉萨、山南、日喀则、那曲等地的职业技术学校全部就学。

（田龙海）

【领导名录】

党总支副书记、局长

米玛次仁（藏族，6月免）

党总支书记、局长

郑　应（10月任）

副局长　刘永才（9月免）

党支部书记、副局长

边巴旺堆（藏族）

城市建设·环保

白朗县住房和城乡建设局

【概况】 1999年成立白朗县建设局，2009年更名为白朗县住房和城乡建设局。县住建局自成立以来，共有52人，编制5人（行政编制3人，机关事业编制2人）。其中公务员9人，事业人员2人，聘用干部1人（自来水公司经理），高级工1人（司机），中级工1人（城管大队队长），工人1人，志愿者1人，企业合同工2人，公益性11人，临时工23人。内设城管综合执法大队和自来水公司，其中城管综合执法大队29人，自来水公司8人。

【党建工作】 抓好组织建设，打好“两学一做”专题教育的思想和组织基础。及时传达学习县委、县政府关于活动部署的精神要求，制定“两学一做”学习教育实施方案，成立领导小组，召开动员大会，搞好思想发动，全面部署安排学习教育活动开展。充分利用各种宣传方式，深入宣传“两学一做”活动的意义、目的、内容和要求，营造良好的舆论氛围，同时，办公室做好有关学习教育资料的准备工作，统一发放党章等学习资料，并通过专题教育活动研讨会等形式，制定专题学习方案和学习计划，助推“两学一做”学习教育有序开展；持之以恒深化作风纪律建设。对各种作风建设问题进行排查纠治，较好地维护了住建部门的良好形象，切实促进了机关作风的转变；干部职工的晋级晋职、推先评优、考核以及财务收支情况、大宗物资采购事项等，坚持进行党务公开，促进党建工作不断提升；严格执行上下班考勤专人负责制度，做到上班有签到、请假有手续、公差明去向，有效地控制了干部职工的迟到、早退、缺勤现象；严格落实公务用车制度，加强车辆及驾驶员规范化管理，对公务用车使用严格管控，落实车辆出入登记、车钥匙管理、驾驶员管理、用车申请审批、公务用车定点维修、公务用车使用情况公示等制度，严防公务用车失管失控；着力加强机关行风建设。结合实际制定完善《白朗县住房和城乡建设局限时办结制度》《白朗县住房和城乡建设局岗位责任制度》《白朗县住房和城乡建设局政务公开服务承诺制度》《白朗县住房和城乡建设局首问负责制度》等系列规章制度，进一步规范服务窗口工作人员的行为，并使全局干部职工形象公开、姓名公开、服务公开、职工联系电话公开，切实解决百姓的实际需求，不断提高局机关的对外服务水平。

【项目建设】 2016年，负责组织实施项目共12个，共计投资2.54亿元，开工建设11个，项目前置资料办理1个。

【2014年国家投资续建项目】 2014年县乡公租房建设项目：新建县乡公租房98套，总建筑面积

3920平方米，项目总投资845.49万元，截至年底，主体形象进度达到100%。

【2015年国家投资续建项目】 2015年乡镇干部职工周转房建设项目：新建乡镇干部职工周转房574套，总建筑面积28394.74平方米，总投资为8087.35万元，其中建安总投资7526.16万元，截至年底，主体形象进度达到100%。2015年县公租房建设项目：新建公租房100套，建筑面积4000平方米及相关附属工程，项目总投1289.98万元，截至年底，主体形象进度达到100%。周转房维修项目：2016年4月至2016年6月，对县城9栋保障性住房屋顶防水实施改造，项目总投资70万元，该项目现已完工。

【2016年国家投资新建项目】 2016年公租房建设项目：新建公租房150套，总建筑面积7496.48平方米，总投资2068.78万元，截至年底，主体形象进度达到100%。白朗县供水工程建设项目：新建自来水厂一座，项目总投资1700万元，共分为2个标段，截至年底，主体进度达到100%，洛江村、雪布村、觉如村主管道铺设已完成。一站式审批服务中心建设项目：新建一站式审批服务中心主体一座及附属配套设施，项目投资175.06万元，截至年底，该项目主体形象进度达到100%。职工之家建设项目：新建职工之家主体一栋及配套附属设施，主体三层，框架结构，一层为数字电影院，二层为职工食堂，三层为职工综合活动中心，项目总投资495.48万元，截至2016年底该项目主体形象进度达到100%。白朗县农机综合维修服务中心建设项目：新建农机综合维修服务中心主体3栋及其配套附属设施等，项目总投资785.36万元，截至年底，项目主体形象进度达到100%。白朗县洛江市政道路项目：新建工业路延伸段和规划路及市政大桥一座，项目总投资5638万元，截至年底，项目主体形象进度达到65%。2013—2014公租廉租附属项目：对2013—2014年实施修建的公租、廉租房进行亮化、硬化、绿化等附属配套，项目总投资834.95万元，该项目现已完工。

【2016年计划实施国家投资项目】 2016年，计划实施国家投资项目1个，即白朗县污水处理厂项目.项目新建日处理污水0.4万吨污水处理厂1座，污水主管网长度22公里及相关附属设施，计划项目总投资6200万元，截至年底，该项目已进入可研阶段。

【行政审批和行政许可】 “一书三证”和施工许可证：严格遵守《中华人民共和国城乡规划法》《西藏自治区城乡规划条例》《中华人民共和国建筑法》《建筑工程施工许可管理办法》以及自治区、市相关行政审批、许可规章制度，结合《白朗县住房和城乡建设局限时办结制度》，依法依规核发“一书三证”和施工许可证，保障建设项目的正常实施。截至年底，2016年度建设项目选址意见书共计核发证书17件，建设用地规划许可证共计核发证书9件，建设工程规划许可证共计核发证书9件，乡村建设规划许可证共计核发证书76件，施工许可证共计核发证书15件。

农牧民施工队资质审核：住建局自2014年1月起，按照自治区及市业务部门有关农牧民施工队资质管理规定开展白朗县农牧民施工队资质申请审核工作。截至年底，共收到农牧民施工队资质申请共计38个，鉴于白朗县申请农牧民施工队资质的人次较多，根据《西藏自治区农牧民建筑施工队伍管理办法》文件精神及上级业务部门相关要求，住建局实际筛选出相对符合农牧民施工队资质申请条件的共计22个。为能够有效促进白朗县劳动力转移就业、增加农牧民群众收入，促进城乡一体化发展，提升白朗县农牧民建筑施工操作规范化水平，2016年4月，经住建局多次向市住建局建管科请示，同时结合白朗县实际情况，经过多次严格审核，筛选出符合农牧民施工队资质申请条件的共计5个，审核合格的农牧民资质申请材料上报市住建局建管科，市住建局组织了相关业务培训后发放了资质证书。

根据《中华人民共和国房屋登记办法》及自治区相关规章制度要求，开展房屋登记工作。截至年底，共办理房屋登记26件，其中：初始登记16件，变更登记6件，转移登记2件，他项权登记2件。

根据《国家发展改革委财政部关于取消收费许可证制度加强事中事后监管的通知》（发改价格〔2015〕36号）以及《关于规范自治区房屋登记费计费方式和收费标准等有关问题的通知》（藏发改价格〔2008〕224号）文件要求，住房登记收费标准为每件80元，非住房房屋登记收费标准为每件550元。截至年底，住建局共收取2016年度房屋登记费5680元，待2017年初将16年房屋登记费统一上交县财政。

【保障性住房管理】 白朗县保障性住房建成已入住的共有729套，其中廉租房169套，公租房152套，周转房408套。廉租房租住给城镇低收入住房困难家庭135套，公租房租住给城镇低收入住房困难家庭22套，剩余廉租房34套、公租房130套按照《日喀则地区公共租赁住房管理暂行办法》和《住房城乡建设部财政部国家发展改革委关于公共租赁住房和廉租住房并轨运行的通知》文件要求并轨周转住房使用。白朗县保障性住房入住审批立足"合理使用、有效周转"的工作原则，严格按照自治区住房政策规定，依规管理，公开透明。2016年，白朗县符合发放住房租赁补贴条件的城镇低收入住房困难家庭共有140户，共计140人。根据每人每月255元的补贴标准，采取年底一次性全额发放的方式发放住房租赁补贴，共计发放住房租赁补贴资金428400元。

【建筑市场管理】 2016年，住建局以日喀则市建筑工程领域专项整治活动为契机，按照集中治理与日常监管相结合的方式，针对建筑市场弄虚作假、安全生产、未批先建等现象，突出重点，综合治理，标本兼治，惩防并举，不断规范白朗县建筑领域市场行为，维护建筑领域市场秩序。加强管理，依法规范建筑市场各方主体行为。严把市场准入、施工图审查、招标投标和施工许可等各个关口，严禁违法违规项目开工建设；规范有形建筑市场运作，打造诚信平台。白朗县建设项目均以委托招标公司招标的形式公开招标，确保招标公开、公正、透明，保证投标单位公平竞争；加大监管力度，查处违法行为。对未办理施工许可擅自开工建设的工程按照《中华人民共和国建筑法》《建筑工程施工许可管理办法》及自治区有关规章制度依法进行处理；查找薄弱环节，进行专项整治。有计划、有步骤地开展建设工程监理、施工质量和安全生产、拖欠民工工资等专项检查，对检查中存在问题的工程，责令停止施工，限期整改；转变管理模式，狠抓建筑施工安全生产监管工作。针对已往企业抓安全生产只为应付检查和评优的现象，住建局加强施工现场全过程的监管，落实建设工程监理责任，对脚手架、起重机械、施工用电等安全薄弱环节开展了专项治理，对不符合《建设工程安全生产管理条例》规定的工程，限期进行整改；加强管控，保证民工工资按时发放。凡在县域内新建、扩建、改建的建设工程项目，均按照自治区、市有关规定缴纳民工工资保证金，保障民工的合法权益。

【安全生产】 年内，住建局始终坚持"安全第一、预防为主、综合治理"的方针，加强对建筑施工地点工程安全管理薄弱环节的监管工作，强化施工企业对施工现场危险源的控制能力，建立健全建筑施工重大事故应急救援预案，定期进行安全生产形势分析，及时发现安全隐患，找出薄弱环节，加大对事故多发地区和薄弱环节的监督检查力度，狠抓事故超前防范。扩大宣传，增强意识。加大辖区内建筑施工从业人员的法规技能、业务知识的指导力度，加大施工、监理安全技术交底及安全培训台账的检查力度，保证从业人员具备安全生产知识。通过现场办公会、设立宣传牌、发放宣传材料等多种方式加大宣传力度，极大程度地提升了广大从业人员的安全意识；强化监督，杜绝隐患。深入施工场地、液化气站进行巡查监督，重点就用电、用气、施工建筑内宿舍、脚手架搭设、安全网、安全带设置使用、五大员配备到场等情况进行督查，强化参建各方责任主体的履职情况，对排查出的问题及时督促相关责任单位制定可行的处理方案，限时进行整改，对拒不整改或整改不达标的，采取果断措施予以处理，确保不留下任何安全隐患。2016年，住建局安全生产工作持续稳定良好运行，未发生任何安全生产事故。

【白朗县自来水厂（公司）】 白朗县自来水厂成立于2012年8月，2016年10月正式更名为白朗县自来水公司。主要任务是管理县城生活用水服务体系，保障县城安全饮水，改善县城居民饮水条件。县城供水主管网总长14.7公里，排水总长17.3公里。年供水量达28.86万吨，公司日供水量800吨/日。

【城管综合执法大队】 2014年3月，正式组建成立白朗县住建局城管综合执法大队。县城清扫面积近16万平方米，垃圾日产量约6吨左右，清扫面积全覆盖各路段。县城共计划分为15个卫生责任区（包括6座公厕管理），由20名环卫工人分组负责，另外4名环卫工人负责垃圾清运工作。环卫工人每天早上8：00之前将分管责任区打扫完毕，并将所清扫垃圾全部入桶，并做到8小时随时保洁；公厕管理员实行全天8小时上岗，负责公厕的日常清洁、维护等工作；垃圾清运员每天进行两次垃圾清运，每日上午9：00之前完成县城各路段垃圾清运工作，中午时段沿日江公路、工业路等主次干道巡回收集生活垃圾。由于县城没有设立垃圾转运站，日常生活垃圾采用通过垃圾运输车将垃圾运送到垃圾填埋场的直运的工作模式，做到垃圾封闭式清运，没有出现清运路上撒落导致产生二次垃圾的现象。同时根据制度要求，垃圾清运车进入垃圾填埋场后按照管理员指定位置倾倒，及时对垃圾填埋场内的垃圾进行平整，实行分层覆盖，并做到运行情况有记录，随时掌握动态信息，做到场容环境良好，周边村庄无污染。

此外，城管综合执法大队重点整治擅自在街道两侧和公共场地搭建临时设施和堆放物料的行为，特别是洛江大街和日江公路两侧乱摆摊位、占道经营、越店经营、乱盖遮棚、乱倒污水、乱倒垃圾、车辆乱停乱放以及违规从事建筑活动等现象。为大力弘扬环卫工人的无私奉献精神，在全县形成理解、关心环卫事业，尊重环卫工人劳动成果的社会氛围，激发全县环卫职工的工作积极性。2016年11月1日，由住建局精心组织，举行第四届环卫工人节庆祝活动，全体环卫工人参加此次活动。活动中县委书记陈昊，县委副书记、县长赤列朗杰，县委副书记、人大常委会主任尼玛顿珠，县委副书记、常务副县长何继文，政协主席普布次旦等一行为每位环卫工人发放了棉被、大米等慰问品。同时，为表彰先进，鼓舞士气，进一步激发广大干部职工的积极性和创造性，推动环卫事业向“科学化、市场化、现代化”方向发展，形成“学先进、赶先进、争当先进”的浓厚氛围，县住建局经过严格评选，报县委、县政府研究决定，2016年给予尼玛次仁、占都、吉巴等6人“白朗县2016年度先进环卫工作者”荣誉称号。

【开展驻村工作】 年内，按照县强基办的有关要求，住建局组织单位工作人员派驻巴扎村，倾听群众意见，组织开展基层调研，解决了群众最急需和最困难的几项问题，得到村领导和群众的一致好评，出色地完成县强基办交办的各项工作任务。

（孙海艳）

【领导名录】

局　长　庞　　剑（6月免）
　　　　达　　次（藏族，10月任）
副局长　刘 军 涛（山东援藏，7月任）
　　　　王 宝 强
自来水公司经理
　　　　果　　吉（藏族，聘用干部）
城管综合执法大队队长
　　　　多吉次仁（藏族）

白朗县环境保护局

【概况】 白朗县环境保护局成立于2010年10月，是政府主管环境保护工作的职能部门，履行环境监管职能，主要负责全县环境保护工作，在编人员3人，实有2人。下设环境监察大队、环境监测站2个事业单位。在编干部职工4人，实有4人。

【环境监测】 强化污染源的监督性监测，做好全县环境质量监测，保障环境安全。完成县城空气环境质量1个点位（白朗县委）、地表水环境质量3个点位（白朗县年楚河上游500米，白朗县年楚河下游1公里，白朗县楚松水库）。集中式生活饮用水2个点位（白朗县自来水厂、白朗县备用水源地）。每年监测四次，每季度一次。根据全年监测报告，县城空气质量总体优良，县城大气监测4项指标均达到《环境空气质量标准》（GB3838—2002）一级标准；白朗县自来水厂监测指标全部达到Ⅰ类标准限值要求；地表水环境质量指标均达到《地表水环境质量标准》（GB3838-2002）Ⅰ类标准。

【污染物减排】 根据上级环保部门签订的《日喀则市“十三五”主要污染物总量削减目标责任书》的要求，全县2016年化学需氧量、氨氮、二氧化硫和氮氧化物排放总量分别控制在41.8吨、4.6吨、1.4吨和20.2吨范围内，白朗县委、县政府高度重视，积极组织实施，编制《白朗县大气污染防治行动实施方案》《白朗县水污染防治行动实施方案》《白朗县土壤污染防治行动实施方案》，与县直各部门签订环境保护职责目标责任书，与各乡镇签订环境保护目标责任书，与各企业签订污染物减排责任书。按照上级环保部门要求，开展小型燃煤锅炉淘汰工作，全县范围内禁止使用每小时2吨以下燃煤锅炉，2015—2016年间查处燃煤2吨以下锅炉5台，现已全部淘汰，替换使用电子锅炉。

【建设项目管理】 把主要污染物总量控制作为新改扩建项目环评审批的前置条件。认真贯彻执行国家环境保护法律、法规，严格执行《环境影响评价法》、“环境影响评价制度”和建设项目“三同时”制度。全年新开工项目环评文件无越权审批、无未批先建情况发生；建设项目的环境影响评价文件均符合《建设项目环境保护分类管理名录》的要求。2016年环保审批项目110件，总投资157755.517万元，其中环保投资1577.55517万元。新建项目环评执行率和“三同时”执行率达100%。

【执法监察】 加强对环境污染防治政策措施落实情况的监督检查，坚决查处环境保护违法案件。认真按照监察频次要求对辖区内企业开展环境执法检查。全年共出动人员120余人次，车辆80余台（次），检查企业30余家；开展重点企业专项检查，集中式饮用水源地专项执法检查，每年组织全体干部职工实地监察11个乡镇111个行政村（共132个水源地，包括9个地下水水源点，123个地表水水源点），开展“百日安全生产活动”、食品安全大检查、农村环境专项整治、敏感节假日环境专项整治等，对辖区内存在问题的企业开展“整改一批，停产一批，处罚一批”等15项环保专项行动。

【解决突出环境问题】 为提高农村环境综合整治工作，制定《白朗县农村生活垃圾综合整治考核实施方案》，向县人民政府请示解决农村生活垃圾处置经费111万元，对落实情况纳入年底考核工作。对年河沿线相关乡镇管辖内的18家砂场进行整顿，选址搬迁8家，关闭3家，随即采取平整、种树等方式将砂场复原。

【规范排污申报与排污费征收】 大力宣传排污申报工作，做好排污申报登记与核定，对全县辖区内所有污染源和污染排放种类、数量等情况进行调查登记。依法依规向排污单位分别发送《排污核定通知书》和《排污费缴纳通知书》，保证了排污费征收工作的公开公正和规范化管理。全年共征收排污费3.9754万元。

【生态村建设】 全面启动并推进自治区级生态村建设工作。为创建自治区级生态村总体目标，白朗县委、县政府高度重视，对生态创建工作进行统一安排部署，下达目标任务，制定措施，签订目标责任书。按目标任务要求，全面推进生态村创建工作。2016年巴扎乡恰仓村获得自治区生态村命名。

【开展“两学一做”学习】 年内，按照“两学一做”学习教育活动的部署要求，积极开展“两学一做”学习教育活动，制定学习方案、计划，召开讨论会等。采取集中学习和个人学习相结的方式，深入学习《党章》、习近平总书记系列重要讲话精神等，组织召开“如何做好一名共产党员”研讨会，全体党员干部结合个人及工作实际，积极发言，发表个人观点，全年共开展集中学习24次，形成个人心得体会共12篇。

【干部结对帮扶】 年内，为贯彻落实白朗县脱贫攻坚、精准扶贫工作，进一步了解和掌握结对帮扶贫困户的基本情况，增强帮扶工作的针对性。截至年底，白朗县环境保护局干部职工在局领导的带领下，先后3次到白朗县巴扎乡扎西村和曲奴乡金确村贫困户的家中查看他们的生产生活情况，详细询问其家庭的收入情况、家人身体情况以及致贫原因、下一步的脱贫打算，并认真做好记录。同时，局领导带领全局干部职工向贫困户带去大米、面粉、现金3000元等价值约4080元的慰问品并宣传党和国家各项“支农、强农、惠农、富农”政策，增强帮扶对象脱贫致富实现小康的信心和决心，鼓励贫困户自食其力提高生活质量。

【开展党建主题活动】 在党建作风建设主题活动中，按照县委的安排部署，制订了活动方案，召开专门会议进行动员部署，制订学习计划，采取走出去参观学习，请进来做报告、讲党课等形式，扎实开展党建工作。全年共撰写心得体会30篇，观看教育片12部，专题讨论12次。组建“1+1”帮扶小组，通过个别走访、召开座谈会、发放调查问卷等方式，深入了解驻村点存在的困难和问题，采取有效措施为驻村点排忧解难。

【党风廉政建设】 严格落实党风廉政建设责任制，按照党风廉政建设责任的要求，始终以“为发展出力、为环保尽责、为社会服务”为工作方针，结合本单位的实际情况，制订了内容翔实的党风廉政教育工作计划，坚持党风廉政建设与环保工作两手抓、两手都要硬。保证党风廉政建设和反腐败工作的各项任务落到实处；组织全体党员干部深入学习《关于实行党风廉政建设责任制的规定》《中国共产党纪律处分条例（试行）》《中国共产党廉洁自律准则》、中央八项规定、自治区“约法十章”“九项要求”等文件精神。形成党风廉政建设主体责任调研报告3篇，填写内设机构岗位风险点自查表7张，对照实际，对党员干部采取一对一约谈的方式，查摆自身问题，并进行认真整改，使党员干部真正提高了遵纪守法的自觉性，增强了防腐拒变的能力。

【环保宣传】 2016年，在依法行政的同时加大法规及宣传教育力度。大力开展全民环境保护教育，增强环保意识，倡导生态文明。为牢固树立全面、协调、可持续的科学发展理念，不断提高公众关注环保、参与环保的热情和积极性，释放和传递建设美丽中国人人共享、人人有责的信息，突出以防治PM2.5为重点的大气污染防治工作，倡导全社会群策群力，共同行动，积极参与到防治大气、水污染的行动中来，共同建设天蓝地绿水净的美丽中国要求，以三月敏感期间综治宣传日、安全生产宣传日、“6·5”世界环境日等活动为载体，采取悬挂横幅和走村入户等形式，开展以“改善环境质量推动绿色发展”为主题的环境保护宣传活动。共发放宣传单、宣传资料5000余册，环保宣传手提袋2500个、发布工作简报12篇，完成各级下达的政务信息任务；通过宣传，充分调动“保护环境从我做起、从小事做起”积极性和主动性，促使社会各界人士和农牧民群众对环境保护的认识有所增强。

（张红娟）

【领导名录】

局　长　米　　玛（藏族）

监测站站长

巴桑欧珠（藏族）

交通·通信

白朗县交通运输局

【概况】 白朗县交通运输局是负责全县交通事业的主管部门，行政编制8名，领导职数3名，其中1名援藏副职，藏族4名，汉族4名，公益性1名。本科学历4名，专科4名。紧紧围绕2016年年初制定的主要指标开展工作，不断完善以服务经济发展为核心的公路建设与管理，推进全县交通事业又好又快发展。白朗县农村公路总里程697.82公里，其中沥青路面39.18公里、水泥路面68.871公里，砂石及以下等级路面589.769公里。白朗县9乡2镇、111个行政村及22座寺庙公路已实现全部通达，9个乡（镇）、57个行政村、5座寺庙均实现通畅，其中乡（镇）通畅率82%（除嘎普乡、东喜乡）、行政村通畅率51%、寺庙通畅率23%。

【重点项目建设】 白朗县曲奴乡至者下乡公路改建工程，项目里程27.69公里，路面类型为沥青，批复投资8576.579255万元，解决玛乡、旺雪村、吉定村、索康村、厅卓村、门康村、厅卓村、普喜村、桑顿村的通畅问题，截至年底，累计完成投资6430万元，项目法人为日喀则市交通运输局。

【农村公路项目审查工作完成】 旺丹乡至东喜乡公路，建设里程44公里，设计路基宽度7.5米，预算投资17641万元，解决东喜乡、嘎普乡、夏麦村、楚松村、普奴村、嘎普村、强日村的通畅问题。截至年底，该项目已审查完毕。

【嘎东镇珠峰有机产业园公路项目】 嘎东镇珠峰有机产业园公路，项目全长7.5公里，预算总投资2500万元，解决嘎东镇产业园区公路。

【公路灾后重建项目】 白朗县农村公路灾后重建项目有4条公路，项目计划投资6450万元，2017年4月初设计单位到实地进行设计工作，前置手续有序推进。

【农村公路养护管理】 为提升白朗县农村公路建设与养护的重要性，年初制定养护计划指标及实施方案，年终统一进行养护考核，考核与奖惩相结合来激励养护施工队的干劲。截至年底，已完成农村公路养护、水毁的各项工作任务，其中2016年农村公路养护计划总里程367公里，其中县道3条、乡道3条、村道10条，养护投资80余万元。

【农村公路水毁后修复】 由于2016年7月至8月受强降雨天气，对白朗县农村公路受到不同程度的影响，对公路路基、路面、桥涵及防护设施造成不同程度的损毁，农村公路损毁65公里，农村公路桥涵损毁17座，桥涵引道冲毁的26座；农村公路防护设施损毁960米，其中农村公路桥梁导流堤650米，路肩墙损毁150米，挡土墙损毁160米，据初步概算农村公路直接路产损失66万元。根据上级业务部门及县政府主要领导指示，县交通运输局对破坏的路基、路面及受损涵洞进行及时恢复。

【农村公路抢险保通工作】 2016年，白朗县交通运输局按照“安全第一、预防为主，全力抢险”的工作方针，切实抓好防汛工作的责任制，做到责任到位，人员到位、措施到位，抢险及时，确保汛期农村公路安全正常通行。灾情出现后，县交通局立即深入受灾现场了解灾情，先后到受灾实地进行抢险指挥工作，紧紧与乡党委、政府保持沟通联系，采取有效措施抢险保通工作进展顺利，无人员生命安全事故。迅速启动公路抢险应急预案，及时派遣抢险保通设备，第一时间赶赴现场进行抢险保通工作，及时清理道路淤泥、边沟和泥石流等造成的塌方，组织者下乡、东喜乡、曲奴乡等当地施工队，先后投入20余台装载机、6余台挖掘机以及运输车辆对水毁路段进行抢险保通工作。

【安全生产】 2016年，根据西藏公路局要求，县交通运输局组织专人负责上报白朗县提前实施“十三五”安全生命防护工程的统计及实地审核工作，该项目2017年有望提前实施。

【交通基础设施建设】 2016年，县交通运输局成立公路普查外业采集人员及内业数据审核小组，对全县农村公路进行普查，并编制和完善白朗县公路网规划，认真开展剩余乡镇、建制村及寺庙公路项目前期工作。

【党建工作】 2016年，完成县委安排部署的各项工作，组织开展“两学一做”学习教育活动。通过教育活动的开展，使班子成员和广大干部职工进一步解放思想、转变作风、开拓进取，强化服务意识和为民意识，扎实推进“两学一做”教育各项长效机制的落实。

【党风廉政建设】 2016年，制定年度党风廉政建设和反腐败工作计划，及时调整班子成员分工，制定出台《白朗县交通运输局党风廉政建设和反腐败工作方案》《请销假制度》《白朗县农村公路建设管理办法》《白朗县农村公路养护管理办法》等54个制度，做到用制度管权管人管事、用教育促廉。

（欧　珠）

【领导名录】

局　长　普布次仁（藏族）

副局长　拉巴旦达（藏族，10月免）

程 凤 国（山东援藏，6月任）

欧　　珠（藏族，12月任）

副主任科员

斯朗拉姆（女，藏族，5月任）

中国邮政集团公司西藏自治区白朗县邮政分公司

【概况】 中国邮政集团公司西藏自治区白朗县分公司距日喀则市49公里，距江孜县45公里。白朗县分公司位于科技街东段1号，辖11个乡（镇）、114个行政村，平均海拔4200米，县城驻地海拔3890米，邮路共36条，邮路里程835.15公里，鉴于以上邮路共配备乡邮投递员11名及乡邮营业员1名、乡邮驾驶员1名、县城投递员1名、营业员2名、分拣员1名、负责人1名。主要业务为收寄包裹、汇兑、报刊、函件、集邮，2016年白朗县邮政分公司认真贯彻落实集团公司和区（市）分公司的各项决策部署，积极应对复杂多变的市场环境，积极进取，克服各种困难和市场环境的不利因素，圆满完成了各项市分公司下达的目标任务，取得了一定成效。

【完成各项考核计划】 2016年，白朗县邮政分公司经营指标任务为500730元。为实现任务目标，秉承“激情，实干，争先”的企业精神，深化企业改革，加速业务转型。抓住业务发展重点，努力提升服务质量，深刻落实绩效考核制度，提高员工积极性。另外公司积极推进内部机制改革，增强内控制度，加强员工队伍建设。着力提高员工服务素质，各项工作得到了有利发展。

【安全工作】 年内，在局内外配备一定的消防设施。定期组织员工进行安全知识培训。并将安全问题纳入到员工的绩效考核中。并每月实行定期组织安全生产检查，使安全生产工作制度化、规范化。确保了邮政通信生产安全，维护了社会稳定秩序。这使得白朗县邮政分公司在安全问题上又上了一个新的台阶。

【党建工作】 年内，以十八大精神为指导，立足分公司的实际。加强管理，发挥好负责人的职责，鼓励有突出表现的职工，并落实绩效考核办法，调动员工积极性。开展《日常服务礼仪规范》，提升服务能力，改进工作作风，尽力做好服务为民。增强工作执行力，提高纪律管理水平，加强员工自身素质与整体素质。建设乡镇网点代办点，加强农村建设，为民提供便利。

【党风廉政建设】 年内，公司党委认真组织全体员工干部学习《中国共产党纪律处分条例》，落实中央的“八项规定”，充分认识反腐倡廉，加强党风廉政建设的重要性。始终把党风廉政建设与各项工作结合起来，要求党员干部自重、自省、自警、自励、廉洁奉公，将理论学习作为改善工作作风，树立良好形象的基础工作来抓，自觉加强党性锻炼，努力改造世界观，不断提高员工的思想政治素质、整体业务水平。严格按照民主集中制原则多商量、多反馈，重大决策、安排都必须经过集体讨论后方能做出决定，形成分公司成员之间团结、务实、民主的氛围。

【牢记使命、服务三农】 年内，中国邮政集团公司西藏自治区白朗县分公全局将提高服务质量，本着人民邮政为人民的宗旨，紧紧围绕市邮政分公司的经营指导思想开展工作，严格落实各项经营决策，以企业发展为中心，在市邮政分公司的坚强领导下，求真务实、真抓实干、开拓创新，真诚服务，勇于开拓，克服种种困难，加大基础管理工作力度，加大宣传力度，让更多的人信赖邮政，依赖邮政，为白朗县的经济繁荣做出应有的贡献。

（强巴赤列）

【领导名录】

经　理　边巴玉珍（女，藏族）

中国电信集团公司白朗县电信局

【概况】 白朗县电信业务始于2000年，2001年正式开办电信业务，主要经营固定电话、移动通信、电视电话会议，互联网接入及应用等综合信息服务。2016年，有员工4人，9乡2个镇都没有实体店。截至年底，全县共建设47个基站，9乡2镇及33行政村手机信号已全部覆盖，全县无线网络覆盖达到95%以上。

【工作情况】 年内，净增移动用户数3700部，完成全年计划的100%；来电显示渗透率100%；七彩铃音渗透率95%。全县牧民群众使用电话4783部，9乡2镇及各个独家单位光纤都已到位。累计完成固网1588.05，完成年计划的94.23%。移动业务98.12，完成年计划的113.12%。

【移动通讯】 年内，为更好提高和改善白朗县老百姓通信条件，加快农村建设小康社会步伐，白朗县电信局在上级部门的支持下实施“乡村通光纤”等工程，白朗县电信局每年让广大农民享受优质的通信服务，2016年发展上针对羊年开门红活动和天翼村活动。

【网络覆盖】 全村级覆盖3G信号。全县共建设47个基站，9乡2镇手机信号已覆盖，现已全县无线网络覆盖达到95%以上。

【客户服务感知提升】 年内，白朗县电信局以

"用户至上、用心服务"为理念，以提升用户满意度为指引，以关键服务环节为切入，以感知测评为手段，强化差异化服务优势，积极参与政风行风建设，不断规范萨嘎市场，加强用户信息安全、网络安全和信息化建设。

【科学发展观】 年内，白朗县电信将进一步深入学习和实践科学发展观，积极实施聚焦客户的信息化创新战略，坚持"用户至上、用心服务"的服务理念和"追求企业和客户价值共同成长"的经营理念，努力实现业务又好又快发展，做优秀企业公民，为白朗县经济发展和社会信息化建设做出更大贡献。

（罗　增）

【领导名录】

局　长　周启娟（女）

中国移动通信集团西藏有限公司白朗县分公司

【概况】 白朗县移动分公司2005年8月成立。2016年，公司现有人员13名，其中大专以上文凭5人，高中、中专文凭3人，初中文凭5人。县移动基站105座、2G基站37座、3G基站43座、4G基站25座。渠道合作厅：移动10家、乡级代理点7家、县城3家、直销员3个。

2016年，白朗县移动分公司在日喀则市公司党组，白朗县委、县政府领导下及各部门的大力支持配合中开展了2016年运营生产工作和勇于担当的企业社会责任。

【网路覆盖】 用户规模从2005年900户发展到2016年的16000户，营运收入2005年150元发展到1600万左右。宽带用户从0发展到910户，移动基站从无到有。截至年底，县移动2G基站有37座，覆盖了白朗县9乡2镇和101所行政村，3G基站43座，4G基站25座（建设完成），覆盖了219省道及各个乡镇政府所在地。

2016年7月，白朗县移动按照国家要求信息化时代做了"互联网+"工作，将9所乡镇政府及16所学校（包括6所幼儿园）、县公安局各乡镇派出所平安监控互联网等进行建设和投入使用。"4・25"地震后区、市公司联动投资基站建设：巴扎乡德培林寺庙、旺丹乡秋堆村、嘎东阿亚村、吉琼村、玛乡普西村、者下乡新普村安置点进行3G基站投入和建设使用。2016年基站建设投入重点是3G基站，乡村部分用户使用的2G功能机，出现无信号或弱信号问题，县公司计划2017年对信号覆盖的行政村、自然村进行增加设备来覆盖，提升3、4G终端的渗透和客户感知度。

【党建工作】 年内，白朗县移动分公司贯彻落实中共十八大、十八届三中、四中、五中、六中全会和中央第六次西藏工作座谈会精神，贯彻落实习近平总书记系列重要讲话精神，以深入推进学习型党组织建设为抓手，着力研究新情况、解决新问题、总结新经验，切实在武装头脑、指导实践、推动工作上下功夫，不断提高运用理论分析和解决实际问题的能力，全面提高党建工作科学化水平，为推进落实公司党建和全面从严治党主体责任、加快公司转型发展提供强有力的思想政治保障。

【党风廉政建设】 年内，加强政治理论学习。日喀则移动分公司成立两个党支部，制定分公司党委理论中心组2016年学习计划安排白朗县移动分公司学习领悟，发挥中心组学习龙头带动作用；组织党员干部学习习近平总书记系列重要讲话精神、党的十八届六中全会精神和《中共中央关于制定国民经济和社会发展第十三个五年计划的建议》。

【反腐倡廉建设】 年内，继续开展反腐倡廉教育月活动，加强对各级党员干部的廉洁从业教育，扩大教育覆盖面；加强警示教育，剖析违纪违法案件，用好反面教材，用身边事教育身边人。通过中央纪委监察部网站、中国移动"廉洁从业之窗”网站和西藏公司“廉政专栏”通报案例，使干部员工受警醒、明底线、知敬畏。

【“两学一做”专题教育】 年内，白朗县移动分公司组织13名人员学习市公司党委、县委、县政府各会议精神，重点以“两学一做”为引领加强学习，自身对政治理论、法规禁令、业务能力的学习，提高团队的纪律意识和履职能力。通过深入学习习近平总书记系列重要讲话及有关规章制度和相关业务知识。学习“六条禁令”“六个一律”“党员干部十严禁”等法规禁令，以及“三严三实”“两严”活动的核心内容，认真进行对照自查自省。积极参与“严明纪律、严格履职”主题讨论活动，增强团队的责任感、危机感。对团队人员在执行制度、遵守法纪方面进行检查与督促，找出差距并整改落实，提高团队政治业务素质，强化从警意识。

（刘小军）

【领导名录】

经　　理　刘小军

集团客户经理

扎西色杰（藏族）

渠道经理　准　　吉（女，藏族）

综合事务岗

拉巴琼达（藏族，4月免）

金 融

中国农业银行股份有限公司白朗县支行

【概况】 中国农业银行白朗县支行位于日喀则市洛江南路3号，成立于1995年7月1日，于2009年10月与全国农行一起成功上市，更名为中国农业银行股份有限公司白朗县支行。服务面为县城及11个乡镇111个行政村委，是唯一一家在乡镇上有网点的金融机构，截至年底，辖县5个营业网点，其中已上线网点3个，计划2017年上线网点2个，全辖员工31人，根据业务性质分设有会计、出纳、信贷、联行代理国库业务等，主要经营存款、贷款结算及代理人行、农发行业务。

【业务辐射范围】 中国农业银行股份有限公司是自治区业务辐射范围最广的大型现代化股份商业银行，业务由最初的农业信贷、结算业务，发展为品种齐全，本外币结合，能够办理国际、国内通行的各类金融业务。主要包括：存款服务、综合业务、外汇理财、人民币理财、代客境外理财、银行卡、汇款及外汇结算保管箱租赁缴费服务、代发薪服务、出国金融服务、电子银行服务、私人银行、融资业务、国内支付结算、国际结算、基金相关业、企业理财服务、金融机机构服务。

【业务发展】 截至年底，各项存款余额为107524万元，较年初增加8147万元，增长7.58%。其中对公存款为88313万元，较年初增加6999万元，储蓄存款余额为19211万元，较年初增加1149万元，各项贷款余额为47924万元，较年初增加10076万元，增长16.46%，其中涉农贷款余额为44202万元，较年初增加8305万元，农户贷款净增8121万元，精准扶贫小额到户贷款净增265万元，中间业务收入为62万元，各项基金业务销售额达到24万元，贵金属销售额达到14万元，累计发放各类贷款66879元，其中累放法人客户贷款18820万元，个人贷款48059万元，累计发放扶贫贷款25283万元，其中累放法人扶贫贷款15220万元，农户贷款10063万元。

【精准扶贫】 年内，支行认真贯彻落实中央关于促进西藏发展的一系列特殊优惠金融政策，并紧紧围绕“精准扶贫、精准脱贫”的基本方略，切实加强金融精准服务的精准性和有效性。在区市两极分行的正确领导和积极指导下，2016年12月28日，支行正式向白朗现代藏式服装厂发放首笔“政府风险补偿基金+贷款对象”模式下的贷款300万元，实现全区农行范围内手笔产业扶贫贷款在支行的发放，也标志着支行在支持白朗县脱贫攻坚工作上迈出凝重而坚实的一步；根据区分行《农行西藏分行关于进一步规范扶贫贴息贷款利率政策的通知》（农银藏办发〔2015〕641号）文件精神，对扶贫部门确定的建档立卡贫困户贷款执行扶贫优惠利率政策，截至年底，向273户建档立卡户发放1243万元的精准扶贫农户小额到户贷款，切实解决了广大贫困户的经营资金问题，在下一步工作当中支行继续加强发放扶贫贷款的力度，确保广大贫困户早日脱贫。

【综合竞争能力】 支行在日喀则分行各项业务综合考核当中，2016年一季度荣获综合考评第四名，2016年三季度荣获综合绩效考评第五名、2016年度综合绩效考评第四名、荣获2016年度基层党组织，2016年年度安全保卫工作进步支行，2016年度分行精品网点称号。

【党建工作】 年内，农行白朗县党支部在上级支部的领导安排下有序开展各项党建工作，按照上级支部要求面对不断变化的金融市场，始终保持必胜的信念，坚持以客户为中心、以市场为导向、以效益为目标、以创新为动力，积极拓展市场、优化客户结构、提高资产质量。积极开展“两学一做”学习教育活动，深入学习近平总书记系列重要讲话精神，坚持党要管党，从严治党的的方针，按照“围绕业务抓党建，抓好党建促业务”的原则，把贯彻落实党的基本方针政策与银行实际工作相结合，与时俱进，开拓创新，切实加强党的思想、组织、作风建设，为全面推进支行各项事业更上一层楼而努力奋斗。

（其美多吉）

【领导名录】

党支部书记、行长
　　群　培（藏族，9月免）
　　仓　决（藏族，9月任）
副行长　尼玛仓决（女，藏族）

乡（镇）概况

洛江镇

【概况】 洛江原名“洛布琼孜”，意为“宝凤翅尖”，1988年撤区并乡时改名为洛江镇。镇机关坐落于日江公路侧，为白朗县城所在地，距离日喀则市中心49公里，东南与江孜县热索乡毗邻，与巴扎乡、嘎东镇、强堆乡、杜琼乡接壤，以传统种植业为主，交通便利，环境优美，是干事创业的好场所，全区乡镇（街道）工会规范化建设“八有”达标单位，2016年获得中共西藏自治区委员会、西藏自治区人民政府授予的“全区先进双联户”创建活动先进乡镇（街道）称号。

洛江镇总面积为161.93平方公里，人口密度为41.43人/平方公里，是全县11个乡镇中行政村最多的镇，下辖洛江、觉如、恰嘎、雪布、宗下、门措、扎林、拉贵、唐觉、罗林、康萨、聂布、则嘎、彭国、帮康等15个行政村，2个自然村，平均海拔为3900米。全镇现有耕地面积1266.66公顷，草场面积11411.07公顷，荒山荒沙地造林面积89.5公顷，农作物播种面积1269.41公顷，年末牲畜总头数28115头（只、匹），据2016年国民经济统计，人均可支配收入为13162.09元。

截至年底，全镇共有农业人口1060户，6954人，共有1个联户单位，1名户长，15个行政村共96个联户单元，96名户长；全镇共有23个党支部，461名党员，其中女性党员154人、预备党员20人、积极分子53人；全镇农牧民党员422人，预备党员15人，积极分子5人；全镇人大代表40人、县级代表16人、政协委员6人、党代表14人，共青团员113人。全镇在职干部职工73人，其中镇机关干部职工52人，包括合同工1人，公益性2人，镇卫生院8人，包括公益性3人，镇派出所9人，驻寺干部4人。全镇贫困户94户，贫困人口338人，其中扶贫建档立卡内94户，338人，建档立卡外0户，0人；全镇低保户83户271人，五保户2户、“三老”人员58人、残疾人98人。

【党建工作】 年内，重视党员发展质量。加强对入党积极分子的教育培养，坚持党员发展标准，认真履行入党手续，全镇共有23个党支部，461名党员，其中农牧民党员422人。重视村级班子队伍建设。年初镇党委就专门召开村“两委”班子专题会议，制定完善村干部考核实施细则，采取开会测评、约谈、走访群众等方法对村干部进行了德、能、勤、绩、廉五个方面的考核，将奖惩与考核结果挂钩，有效调动了村干部的工作主动性和积极性。

【脱贫攻坚】 年内，在“回头看”活动中，洛江镇经过仔细甄别，最终确定建档立卡贫困户94户338人，其中，分散供养五保户2户，低保户52户74人。截至年底，其中建档立卡贫困中已脱贫摘帽的有57户，其余37户是低保兜底，贫困发生率控制在3%以内。

【“两学一做”专题活动】 年内，持续推进学习“两学一做”。基础在学，要明确学习内容，就是要围绕党章党规和总书记系列讲话精神开展学习，做到学懂、学深、学透，不断党员干部的政治意识、大局意识、核心意识、看齐意识，做政治上的明白人，将“两学一做”教育纳入到各个层面党员干部的学习计划当中，确保从严治党要求贯彻到每名党员，要坚持常态长效，把学习贯彻“两学一做”作为一项长期的政治任务来抓，推动学习贯彻工作不断向广度和深度扩展，始终保持党员的先进性和纯洁性，要坚持边学边改，重点在改。把学习过程作为深入查摆整改问题、切实改进工作的一次有利契机，狠抓整改落实。对于现在已整改见底的，严格监督检查，巩固前期成果；对于没有落实、整改不到位的，持续加大整改力度；对于新发现的问题，即知即改、立行立改。对于在整改过程中消极怠工、不管不问、不担当不负责，以及对问题视而不见、高举轻放的干部，要严肃追责问责；突出学做结合，关键在做，洛江镇领导干部坚持高标准、严要求，认真履行主体责任，学在前、干在前、带领全镇党员把开展“两学一做”专题教育激发出来的热情，体现在立足岗位做贡献上。

【经济发展】 2016年，洛江镇共实现经济总收入13075.6万元，同比增长18.48%；实现农牧民人均纯收入达到13162.09元，增长率21.3%，其中，现金收入10529.68元。各项支农惠民政策资金落实438.2万元，直接增加人均现金收入630元。

开好三驾“马车”，助推经济强劲发展。开好集体经济“动力马车”：争取资金300余万元对洛江村1300亩和恰嘎村900余亩荒地进行规制平整，种植饲草，促进奶牛合作社健康发展，预备建立洛江村酥油、奶渣、酸奶销售公司，进一步增加集体经济收入；康萨村生猪养殖项目产生效益1.4万元；扎林村农副产品加工厂实现增收1.2万元；彭果编织合作社实现效益0.6万元；罗林村养鸡场产生效益1.2万元；帮康村岗拉粮油加工厂实现收益1.6万元；投资10万元新建聂布村粮油加工厂，截至年底运行良好，得到了群众好评。开好劳务输出“助力马车”：采取抓宣传、抓培训、抓基地、抓服务、抓维权、抓回归的“六抓措施”，实施包村组、包户、包任务的“三包”责任制，大力推行培训、就业、维权“三位一体”的工作模式，拓展区内外劳务输出渠道，促进了劳务经济蓬勃发展。全年共实现劳务输出4882人（次），其中跨地区3084人（次），跨县1322人（次），县城境内劳务输出476人（次），劳务收入990.6万元，同比增加20.2万元，拉动农牧民增收997.2元。开好非公经济“实力马车”：以“五个放”（即政治上放心、思想上放开、政策上放宽、发展上放胆、工作上放手）政策引路，全镇私营企业发展到76家，个体工商户62户，非公经济实现收入2270万元，解决750人就业，非公经济呈强势发展势头。全镇种植能手、养殖能手、加工能手、建筑技工、手工业者等实用人才达925人，为非公经济发展提供了强大的人才、技术支撑。

【生态环境】 年内，完成10650亩生态公益林管护工作；配合实施工程造林2930亩，投资900余万元，制定生态林木管理办法，加强对林业的建设与管理，培养500亩以上园艺林种植大户1户；落实野生动物肇事补偿11.8万元。着手准备自治区级生态村申报工作，建立健全卫生管理制度，顺利完成党如村排水系统建设项目。草原生态建设与保护工作扎实，顺利通过了市级验收考核。

【基础设施】 年内，以“绿化、亮化、美化、净化”建设为重点，加强镇机关及周边环境日常管理与重点整治出租房占道经营行为，每季度开展一次日江公路两侧白色垃圾治理，提高了城镇文明程度。完成仁青岗干渠强堆乡至洛江镇段申报和批复，项目总投资104万元，已正式动工；完成嘎木琼孜导流坝和嘎萨引水钢管工程，总投资31.83万元；完成德吉嘎萨干渠清淤工作；上报拉贵村948米双面防洪坝项目；上报彭国联村灌溉水渠建设，全长2900米，项目投资341万元，已正式批复；同时向上级组织申请康萨村、罗林村灌溉水渠建设项目，已完成设计工作，正在协调审批；已上报德吉嘎萨干渠拉贵段损毁农用桥修复项目；完成党如村社区服务中心配套办公设备、文体设施申报。

【招商引资】 编制完成全镇产业发展项目表，上报产业项目4类26个；以招商引资为重点，配合县产业办完成宗下村、洛江村两个光伏企业和党如村生态农业园区项目一期企业落地所需选址、用地等前期工作，预计总投资47959.2万元，截至年底，生态农业园区一期建设项目已开工建设，两个光伏企业选址等前期手续已完成，预计2017年初可正式落地；依托民族手工业、现代畜牧养殖优势，积极协调县扶贫办，将辖区内6家企业列入2016年度扶贫产业扶持项目；落实高效温室项目产业分红41600元，惠及困难群众30户52人。

【团委工作】 年内，洛江镇十分重视团员的发展和教育工作，将团委工作制度化、经常化、规范化。2016年团员113人，新增团员5人，达到年龄退团的有15人，获评为自治区优秀基层团组织。

【党风廉政建设】 在党风廉政建设和反腐败工作中，洛江镇强化组织领导，成立领导小组，明确领导小组成员职责。分别与15个行政村签订《党风廉政目标责任书》，将各村的党风廉政目标任务细化到个人。

【机关干部作风建设】 年内，以《新形势下党内政治生活的若干准则》和《中国共产党党内监督条例》为纲领，召开党风廉政建设和反腐败惩防体系专题会议，力促“两个责任”落到实处，要求全体干部职工做到五要：要用心谋事、要勤奋做事、要创新成事、要依法办事、要廉洁干事，切实树立“为民、务实、清廉”的良好形象，为构建全面从严治党新格局奠定坚实基础。镇领导上党课共9节，集中学习42次，组织专题辅导15场，组织观看专题片17次，撰写心得体会156篇，组织展开“讲学习、讲忠诚、正风纪、转作风、提效能”活动，查找问题38条，提出整改措施38条。通过学习提高理论素养，切实联系群众。

【为群众办实事解难题】 2016年第五批驻村工作开展以来，洛江镇驻村工作队围绕强基惠民“5+3”工作任务，结合洛江镇实际情况，深刻领会活动指导思想，准确把握工作原则，严格遵守工作纪律，坚持多种方式搞调研，深入农户做宣传，尽心竭力办实事，为此，获得了群众和领导的好评，开创了驻村工作良好局面。各驻村工作队在走访调研的基础上，深入实地调查了解，跟村“两委”干部共同研究解决群众最关心、最直接的问题，孩子的教育问题，在寒假期间洛江村工作队开展“补习班”让小孩们在寒假期间完成寒假作业的同时充分了寒假生活，能够在开学前不忘以前知识，还能够学到了更新鲜的知识，树立了洛江镇驻村工作队的良好形象。同时，洛江镇专门为驻村工作队制作发放《创先争优强基惠民活动为民办实事资金使用明细表》，并要求驻村工作队将每季度强基惠民资金使用情况认真填写在明细表中，并在村务公开栏、活动宣传栏等平台进行藏汉双语公示，主动接受广大群众的监督，杜绝发生为民办实事项目资金截留、挤占、挪用等现象，确保为民办实事资金用在刀刃上，洛江镇驻村工作队经常深入调研，走村入户了解实际情况，充分利用各村的区位优势，积极与上级部门协调沟通争取到多项致富项目；积极组织开展“结对认亲”活动，走访慰问贫困户，为94户贫困户捐赠慰问品、慰问金等约合人民币1万余元。

洛江镇各驻村工作队认真贯彻宣传党和政府的惠民政策，并对每家每户发放惠农政策明白卡，进一步提升村民对党惠民政策的知晓率，使广大村民知道惠从何来，惠到何处；发放“双语”优惠政策资料，各驻村工作队根据本村的实际引导村干部学习“双语”“三本书”，提升村干部的素质。

【维稳工作】 年内，及时更新数据资料，顺利完成26名双联户长选任、交接工作；完成“三大节日”和三月敏感期处置突发事件应急预案、维稳工作计划、各类领导小组等资料的更新工作；完成全镇所有家庭信息采集录入工作；完成全镇外出人员信息登记工作。狠抓驻村督导检查。组织开展驻村督查，已开展督查120次，检查出存在的问题48条，已完成整改48条；派出镇机关干部54人次，保证了4个驻村点每点4人；与驻村工作相结合，深入开展矛盾纠纷排查调处和安全生产大检查活动，共开展矛盾纠纷排查45次，排查出矛盾纠纷10件，开展镇村调解15件次，调解完成10件，成功率达100%；开展安全生产检查80次，发现安全隐患15处，整改完成15处。做好值班备勤工作，安排好值班带班，坚持执行“零报告”制度，由值班人员每天下午4点前向县一线指挥部报平安；落实好考勤制度和值班日志制度，由值班人员每天按时填写；组织各村村干部、双联户长和民兵，组建护村巡逻队，在“三大节日”、三月敏感期和各敏感节点开展夜间巡逻，发放村级“先进双联户”奖金21500元；乡级先进集体奖金5000元；乡级“先进双联户”奖金23500元；发放“双联户长”交通、通信费100800元。

【青稞种植】 年内，优化调整种植结构，狠抓“双脱”、单播等工作，粮食产量不断实现新突破。截至年底，共培养60亩以上种植大户68户；积造使用农家肥1100余吨，并提前安排2017年农家肥积造；投入化肥105吨，病虫害防治1.7万亩；实现青稞品种单一化，全部种植藏青2000，种植面积达1.4万亩以上；单播面积1.33万亩，实现单播面积达到指标数的127.3%；种子田面积2720亩；在宗下村试种京华“165”油菜新品种155亩。扎扭1.73万亩，“双脱”1.7万亩。及时安排落实秋翻冬灌任务，秋翻1.5万亩，冬灌覆盖率达到90%。完成藏青2000种子销售69万斤，通过种子精选、包衣等工作，实现销售单价3.2元/斤，主要销往昌都、阿里，实现销售收入220.8万元。2016年全镇粮油总产量为2060.31万斤，同比增加5.34万斤，增长率0.26%，其中，青稞总产1728.69万斤，小麦257.31万斤，油菜74.3万斤；蔬菜总产1358.86万斤，增产22.06万斤，增长率1.7%；饲草产量2945.7万斤。

【大棚蔬菜业】 年内，大力实施“蔬菜富民”工程，促进蔬菜产业稳步推进。截至年底，全镇温室大棚394座，其中新建扎林村连片大棚25座，温室蔬菜收入达315.2万元，培养1000平方米以上蔬菜种植大户2户。

【畜牧养殖业】 年内，加强引导、统一规划、统一组织、使农户融入“基地+合作社”养殖模式中来，带动农户增收，促进了畜牧业养殖业良性发展。全镇牲畜存栏量达到28115头（只、匹），其中适龄母畜15163头（只、匹），幼畜成活5910头（只、匹），成活率96%，成畜死亡292头（只、匹），死亡率0.9%；牲畜出栏4245头（只、匹），出栏率38%；畜产品总体商品率47%；黄牛改良5161头。各种疫病防治率100%，无一例重大疫情发生。培养发展养殖大户105户；完成聂布村135亩土地平整，种植连片燕麦草，进一步解决好草畜矛盾。

【水利】 年内，以项目建设为抓手，加快基础设施建设，筑牢经济发展基础，2016年全镇开工建设水塘、水渠等项目3个，总投资195万元。

【环境综合整治】 年内，把环境整治工作作为洛江镇的重点工作，镇党委、政府坚持以党的十八大及十八届历次全会精神为指导，以建设美丽家园为目标，以改善城乡人居环境、促进乡风文明、提高农牧民质量为根本，严格落实“以人为本、强化基础、健全机制、优化环境”的要求，组织召开专题会议，研究部署生态文明工作，成立了以镇党委书记为组长的工作领导小组，制订《洛江镇环境整治督查工作方案》，并与各单位、各村签订目标责任书，划分片区，责任落实到位。在全镇集中开展以整治城乡“七乱”和白色污染，推进农村“四清四化”“四改两建”和“一抓一控”为重点的城乡环境综合整治行动，实现镇村面貌明显改善、公共环境洁净优美、公共秩序文明和谐，农村村庄净化、绿化、亮化、美化，生活垃圾收集处理体系运转正常，生活水等污染得到有效治理，饮用水环境安全得到有效保障，村庄居住环境得到显著改善；环境综治整治工作机制有效建立，农牧民文明素质和城乡文明程度明显提升，达到环境优美、秩序优良、生态良好、社会文明、群众满意的目标，为实现碧水蓝天的生态环境奠定了坚实的基础。

【劳务输出】 年内，培养科技特派员和种植技术能手、养殖能手加工能手等共961名；实现安居工程全覆盖，整体完成率达100%。以提高就业能力为目标，以辖区龙头企业为基地，深入开展农牧民就业技能培训，培训农牧民2200余人次，促进了农村剩余劳动力转移就业；新组建农牧民专业合作社2个，带动农户超过150户；共兑现双联户长误工补贴及奖金6.1万元；兑现村监督委员工资26.9万元。

【教育工作】 年内，教育工作作为洛江镇一把手工程，建立起了镇党委书记主抓，分管副镇长具体负责，工作专干落实的工作体系，经常巡检教育教学计划，学生吃、住、学等情况，进一步完善和提高整体教育效率。全乡小学在校生755人，入学率达到100%。

【卫生工作】 年内，严格建立卫生工作台账，实施村医包村和考评制度，确保村医的管理和用药指导工作，全镇农牧民共有6930人参加合作医疗，实现参合工作全覆盖；完成农牧民健康体检工作，15个行政村均建有卫生室，设备及医疗器械、药品等均已配齐，因地制宜对村医进行合理调整和及时补充，调整配备村医28名，实现农村医疗全覆盖。

【妇联工作】 妇联工作是全镇经济稳定发展重要的一个环节，洛江镇妇联主要在“三八”妇女节、“3·28”百万农奴翻身节组织开展妇女活动。年内，落实慰问活动资金2000元；看望患乳腺癌贫困妇女，解决医疗救助、生活补助等资金10000余元。

【新型农村社会养老保险】 新型农村社会养老保险是国家出台的一项惠民政策，是一项好政策，达到年龄后每月就可领取养老金至终身。2016年洛江镇16~59岁应参保人数3482人，实际参保人数3324人。完成农村新型养老保险缴费与发放信息核对工作，全镇参保3482人，参保率达98%，按时发放养老金117.47万元。

【民政工作】 洛江镇2016年10月圆满完成低保户筛选工作，现有低保户52户，74人。“五保户”4户，困难残疾人84人，高龄老人58人，重度残疾人14人，2016年发放重度残疾人补助资金11.84万元，发放高龄老人补助资金21120元，困难残疾人补助资金46860元，兑现村干部误工补贴84.32万元。

【国土工作】 年内，加强基本农田耕地保护，收集各村拟新建房屋农户的宅基地申请表，提前预留可建设用地，防止出现土地资源闲置；积极协调完成永久性基本农田划定、集体土地登记确权、农村宅基地审批统计、县城建设土地征用等上级下达的相关任务；开展耕地保护专项整治行动6次，涉及基本农田8宗15亩，细化上报失地农民统计信息；落实占地补偿82.76万元。

（洛桑德庆）

【领导名录】

党委书记　普　琼（藏族）

党委副书记、镇长
　廖　峰

党委副书记、人大主席
　德吉卓嘎（女，藏族）

党委副书记、组宣委员
　米玛次仁（藏族）

党委委员、纪委书记
普　布（藏族）
统战委员、副镇长
普　布（女，藏族）
政法委员、派出所所长
平措卓玛（女，藏族）
副镇长、人武部部长
如　给（女，回族）
副镇长、主任科员
黎芙蓉（女）
副镇长、中心警务站警长
蒲　梅（女）
农牧综合服务中心副主任科员
次　平（藏族）
卫生院院长　边巴次仁（藏族）

嘎东镇

【概况】 嘎东镇位于年楚河中游断白朗县境内，为白朗县年楚河流域四大乡镇中最大的镇。嘎东镇相邻日喀则市甲措雄乡，距日喀则市40公里，离县城16公里，平均海拔3880米。全年平均降雨量在300毫米左右，属于高原温带半干旱型气候，以农业为主的半农半牧乡，属典型的高原性气候，嘎东镇无霜日期在128天左右，生态植被随着群众环境意识的不断提高，得到进一步的改观。嘎东镇属于平原型土壤，土地肥沃，是后藏粮仓中不可多得一粒璀璨明珠，农田灌溉充足。国家投资修建的团结水渠，总长24公里，贯穿嘎东镇16千米，覆盖10个村的17000多亩农田及林草地。70年代修建的宗萨干渠同样发挥着积极效益，经过近几年农业综合开发，嘎东镇整体基础设施配备相对齐全，农业产业结构趋于合理。

嘎东镇下辖14个行政村和5个自然村，共分三个联村。全镇共14个村民委员会，村“两委”班子人数79人，全镇总面积14.03756352平方公里，其中耕地面积20926亩，总草场面积206345.37万亩，载畜量为48109只（折羊单位），2016年末牲畜存栏数为36067（头、只、匹），据2016年国民经济统计，人均年收入约11200元。

全镇共有1293户，8322人，共有141个联户单位，141名户长，全乡共有党支部21个，党员494人，农牧民党员389人，预备党员34人，积极分子95人；全乡人大代表43人、县级代表16人、政协委员9人、党代表16人，共青团员333人。全镇在编干部职工108人，其中镇机关干部职工39人（公益性3人），镇卫生院10人（公益性7人），乡派出所8人（辅警1人）。驻寺干部14人；全镇在职教职工42人，其中幼儿园教师4人、在校学生263人，3所学前班（分别坐落在吉雄、马义、白雪三村）。全镇建档立卡贫困户203户，贫困人口839人，其中建党立卡内低保户101户，201人，建党立卡外低保户24户，80人；全镇“五保户”1人、“三老人员”78人、残疾人120人。

【党建工作】 年内，以开展“项目推进年”活动为契机，始终坚持用邓小平理论、“三个代表”重要思想武装全体党员干部，深入贯彻落实科学发展观和习近平总书记的一系列讲话精神，认真开展各类党建活动，积极提高党员干部政治素质。重视党员发展质量。加强对入党积极分子的教育培养，坚持党员发展标准，认真履行入党手续，全镇共有21个党支部，494名党员，其中群众党员389人。重视村级班子队伍建设。年初嘎东镇党委就专门召开村“两委”班子专题会议，制定完善村干部考核实施细则，采取民主测评、约谈、走访群众等方法对村干部进行德、能、勤、绩、廉五个方面的考核，将奖惩与考核结果挂钩，有效调动了村干部的工作主动性和积极性。

【扶贫工作】 2016年，嘎东镇把精准扶贫作为当前的重点工作，年内，建档立卡内贫困户203户、839人，脱贫户183户795人。易地搬迁户数52户，受益人数227人；产业扶持29户，受益人数145人；医疗救助52户，受益人数208人；生态就业岗位554人，发放资金1662000万元；信贷扶持10户，社会兜底11户，21人。

【“两学一做”专题活动】 3月7日，嘎东镇党委召开“两学一做”主题活动动员大会，通过“深化五项教育、增进五个意识”主题活动实施方案和工作领导小组，明确活动内容、目标任务、开展形式、方式步骤、工作安排，为开展专题活动指明方向。各党支部也结合自身召开专题组织生活会，就如何开展“两学一做”主题活动任务节点做了进一步细化。

【党风廉政建设】 年内，在党风廉政建设和反腐败工作中，嘎东镇强化组织领导，成立领导小组，明确领导小组成员职责。分别与14个行政村签订《党风廉政目标责任书》，将各村的党风廉政目标任务细化到个人。

【机关干部作风建设】 年内，加强机关干部作风建设，由嘎东镇纪委牵头严格执行考勤制度，要求干部职工严格遵守上下班制度，并将全年考核情况作为干部职工年终考评的重要依据。

【经济发展】 根据2016年国民经济统计全年国民经济总收入17821081，与2015年同比增加20%。其中农业总收入2986300元，与2015年同比增加12%，农业总收入2504442元，与2015年同比增加15%。农牧民人均收入从2015年的4300元增长到2016年的4820元，与2015年同比增加12%。

【农牧业】 2016年粮食作物播种面积1.6万亩，其中推广种植藏青“2000”青稞新品种1.4万亩；小麦种植面积0.2万亩。经济作物播种面积0.42万亩，其中，油菜种植0.25万亩，蔬菜种植0.17万亩，土豆及其他种植0.16万亩，饲草种植面积0.07万亩；狠抓农区畜牧业生产，全镇牲畜存栏36067头（只、匹），新生仔畜成活2620头（只、匹），成活率81%，成畜死亡86头（只、匹），死亡率0.08%，牲畜疫病防治率100%；做好大棚蔬菜种植。在嘎东镇党委、政府的高度重视下，定期不定期的深入到部分村，对大棚温室的蔬菜种植给予督促和指导。全镇共有265座大棚，其中可正常使用197座，利用率达到74%，年收入达400余万元，其余68座因年久失修已不能正常使用。

【农业、产业快速发展】 在市、县相关部门的关怀指导和嘎东镇人民的共同努力下，嘎东镇紧紧围绕农业增效、农民增收两大目标，按照推进社会主义新农村建设的新要求，大力推进农业产业化进程，积极培育和壮大农业龙头企业，加强农产品市场体系建设，催生农业产业化经营组织，将农业的生产、加工、贮藏、销售等各个环节有机结合起来，拉长产业链条，增加农民收入，走出一条符合金塔实际的产业化经营之路。嘎东镇已涌现出一批具有辐射带动作用的龙头企业，其中：农产品加工厂3家，年产值1185万元，纯收入达355万元；民族手工业1家，年产值1500万元，纯收入达300万元；带动全镇366人从事农业产业化经营，给每户带来增收。

【环境综合整治】 年内，环境整治工作作为嘎东镇的重点工作，党委、政府就专门组织召开专题会议，并多次召开专题部署会议，成立以镇党委书记为组长的工作领导小组，制定《嘎东镇环境整治督查工作方案》，并与各单位、各村目标责任书，划分片区，责任落实到位。将环境卫生整治作为长效机制来抓，由各单位、各村委和驻村工作队负责定期组织群众对村居及周边环境进行打扫。乡督导组不定期对各单位、各村开展督查，整改不到位的下发整改任务通知单，限期整改。定期组织干部职工和群众学习环境保护法律法规知识，开展环保知识宣传，增强群众爱护环境、爱护家园的意识。

【卫生工作】 年内，严格建立卫生工作台账，实施村医包村和考评制度，确保村医的管理和用药指导工作，加强医疗卫生队伍建设，提高诊疗水平，不定时的组织村医务人员在乡卫生院进行培训。让广大人民群众就近就医、安心就医。巩固完善基本药物制度，排查过期药物，保证农牧民放心用药。充分利用民族医药特色优势，提升藏医药服务能力。加强妇幼卫生和优生优育工作，保证孕妇在分娩周期得到有效保障，大力开展健康教育宣传工作，提高群众健康意识。

【新型农村社会养老保险】 新型农村社会养老保险是国家出台的一项惠民政策，是一项好政策，达到年龄后每月就可领取养老金至终身。2016年嘎东镇16~59岁应参保人数4433人，实际参保人数4212人。

【民政工作】 2016年9月，圆满完成低保户筛选工作，现有低保户125户，281人。“五保户”5户，困难残疾人120人，高龄老人36人，重度残疾人16人，2016年发放重度残疾人补助资金82800元，发放高龄老人补助资金11900元，困难残疾人补助资金46800元。

（旦增塔巴）

【领导名录】

党委书记 洛　桑（藏族）

党委副书记、镇长

张伟华

党委副书记、人大主席

石　达（藏族）

党委副书记、组宣委员

赵云龙

纪委书记 达娃普赤（女，藏族）

统战委员、副镇长

米玛普尺（女，藏族）

政法委员、副镇长、人武部部长

唐曲顿珠（藏族）

派出所所长 边巴西洛（藏族）

卫生院院长 旺　久（藏族）

巴扎乡

【概况】 巴扎乡地处日江公路沿线，交通便利，距离白朗县城15公里，日喀则市34公里，平均海拔3890米。全乡共有13个行政村（分别为党杰村、拉东村、玉堆村、堆村、查吾冲村、那嘎村、乃琼村、巴扎村、冲堆村、金嘎村、彭仓村、恰仓村、扎西村）。

巴扎乡下辖13个行政村，共13个村民委员会，村“两委”班子人数66人，其中一肩挑4人。全乡总面积98.98平方公里，其中耕地面积17325亩，可利用草场面积共有10765亩，实施草畜平衡奖励面积达10765亩，牲畜总数为21230头（只、匹），新生总数为2844头（只、匹），草畜平衡面积占可利用草场面积100%。据2016年国民经济统计，人均年收入约13472.3元。

截至年底，共有832户5939人，其中劳力3374人，共有83个联户单位，83名户长，在83个联户单位中设立党小组57个；全乡共有16个党支部，党员363名，其中农牧民党员296名、妇女党员71名、预备党员19名；共青团员254名。乡机关共有行政编制20名，核定领导职数7名，实有6名；事业编制19名（农牧综合服务中心10名，文化站5名，后勤服务中心4名）；格培林寺管会编制8名，乡派出所5名，卫生院6名，学校43名；全乡实有干部职工56人，其中：藏族干部37人、汉族干部18人、彝族干部1人；乡机关共有党员31人；乡卫生院现共有干部职工10人（2人长期借调），党员4人；乡小学现有教职工33人，党员21人，其中藏族干部32人，汉族干部1人；乡派出所现有干警4人，辅警1人，党员2人；格培林寺管会现有干部5人，党员4人，其中藏族干部4人，汉族干部1人。全乡建档立卡贫困户共60户238人，其中低保贫困户28户114人，一般贫困户32户124人。

【党建工作】 年内，全乡16个党支部，363名党员。对全乡党员发展十分重视，指定专人制订学习计划、收集学习资料，为加强理论学习，共开展学习40次，撰写学习笔记1200篇，心得体会168篇。结合“三个培养”工作，将有带领群众致富愿望的党员致富能手选拔到村后备干部队伍中，为基层党组织充实一批技术型人才。严格按照“两推一备案”要求和发展党员“十六字”总要求，严把入党关口，发展、吸收一批善经营、会致富、带动力强、群众广泛好评的优秀青年，2016年共发展预备党员19名，预备党员转正14名。大力实施村干部文化素质提升、能读会写两大工程，开展各类培训570余次。顺利完成乡机关、学校党支部换届筹备工作，完善工作机制，提高工作效率，同时做好那嘎村“两委”班子软弱涣散基层党组织整顿工作，基本摘掉软弱涣散基层党组织帽子。

【产业扶持】 年内，为33户119人有劳力的群众每人兑现产业分红资金800元，共计发放95200元；联系5家爱心企业，无偿投资50余万元为6个行政村修建农用桥15座。

【转移就业】 年内，协调西藏华新水泥有限公司为巴扎乡5名贫困户子女解决就业岗位，月收入达5000元以上；已有18人被安排参加民族手工业、驾驶、养殖等培训。

【易地搬迁】 年内，共有14户73人申报易地搬迁，计划有2户搬到县城内，其余12户在本村内新建房屋，该项目计划在2017年实施。

【发展教育】 6名贫困户大学生已有2名分别在仁布县农行和白朗县东喜乡政府实现就业，协助县扶贫办为剩余4名贫困户大学生兑现补助金共6400元；协助县教育局为原有4名和9月新增的2名贫困户大学生按照区外6000元，区内4000元的标准兑现学杂费补助34000元。

【医疗救助】 年内，为贫困群众申报医疗救助33户40人，累计报销金额达30万元以上。

【社保兜底】 对无法依靠产业扶持和就业帮助脱贫的26户96人实行政策性保障兜底，全部纳入农村最低生活保障。

【生态补偿】 年内，已为60户154人贫困户发放生态补偿岗位工资卡，及时兑现2016年生态补偿岗位工资46.2万元。

【金融信贷】 为符合条件的36户建档立卡贫困户中的2户申报5万元以下的信用贷款，待批复。

【结对帮扶】 年内，与60户238人结对认亲，共送去慰问金、慰问品2.57万余元，积极争取区农科院、圣科种业公司、县农行等部门支持，为困难群众办实事好事26件，送去慰问品、慰问金达3万余元，同时解决青稞、油菜良种，农药化肥等农资价值60余万元。

【温暖基金】 发动全乡干部每人出资200元，为尼玛平措等3户12人贫困户兑现帮扶资金2000元；乡党委书记每月固定个人出资1000元作为帮扶金，为全乡干部参与帮扶活动起表率作用。

【教育引导】 年内，针对“等、靠、要”思想严重的6户贫困户，通过教育和引导贫困户群众要克服消极懒惰思想，以感恩的心把党的扶贫富民政策变成强大的动力。截至年底，有5户有了明显转变，1户还在努力教育引导中。

【“两学一做”专题活动】 年内，以“两学一做”学习教育为契机，盘活党建载体。根据县委组织部提出的“2613”载体，结合巴扎乡实际，提出“213”载体，进一步盘活“百姓学校树新风、村民课堂育新人”“党员的辛苦换取群众的幸福——周五奉献日”及“三会一课”党建载体，积极开展讲党课、“手抄党章100天”活动及四项专题讨论活动，截至年底，共开展各类活动130次，为群众办实事10件，受益人数2000人次。在学习教育中展现出的“六大亮点”，9月13日，被区党委组织部“两学一做”专栏刊登。结合“讲学习、讲忠诚、正风纪、转作风、提效能”主题活动，对照“十项措施、百项行动”，共查摆问题55个，限期整改48个，长期坚持7个。

【发展壮大村集体经济】 以恰仓腾飞萨福克肉羊合作社为龙头，积极发展壮大村级集体经济，将投资37万元在冲堆村建设萨福克肉羊养殖点，拟计划于2017年全面施工；新建冲堆村久丹苗木种植厂，该厂覆盖27户417人，其中建档立卡贫困户4户25人，预计年收入13万元，可帮助实现4户建档立卡贫困户顺利脱贫；进一步扩大娟姗牛养殖。初步投资680万元（其中农牧部门投资380万元，援藏投资300万元），在拉东村拟新建娟姗牛养殖专业合作社，前期准备工作已全面完成，拟计划于2017年全面施工。

【团委工作】 年内，坚持党建带团建，将共青团工作放到乡党政工作格局中，严格做好团员推优入党工作，为党组织输送合格接班人。为进一步加强团组织自身建设，提高服务大局、服务青年的能力，4月14日，在乡小学圆满举行乡团委第一届“巴扎乡·青春华章”主题活动，通过开展文艺表演、演讲讨论交流、踩气球、跳绳比赛等一系列文体活动，进一步丰富了全乡干部职工、团员的精神文化生活，参加活动人数共计达200余人次。截至年底，巴扎乡共有团员254名。

【党风廉政建设】 年内，在党风廉政建设和反腐败工作中，巴扎乡成立领导小组，明确领导小组成员职责。完善落实《首问责任制》《服务承诺制》《限时办结制》等相关制度并不定期督促检查，坚决杜绝“门难进、脸难看、话难听、事难办”等现象。乡与所属各单位、各村党支部层层签订《党风廉政建设责任书》，细化分解任务，乡纪委坚持每季度不少于一次的督导检查。

【机关干部作风建设】 年内，加强机关干部作风建设，制定《巴扎乡干部职工考勤管理制度》，由乡纪委牵头严格执行考勤制度，要求干部职工严格遵守上下班制度，并将全年考核情况作为干部职工年终考评的重要依据。年内，组织全体干部职工谈心谈话25人次，查找出工作积极性不高、学而未用、党性缺失等意见共11条，整改完成11条。

【为群众办实事解难题】 结合全县“4321”扶贫帮困工作机制，积极争取区农科院、圣科种业公司、县农行等部门支持，为困难群众办实事好事26件，送去慰问品、慰问金达3万余元，解决青稞、油菜良种，农药化肥等农资价值60余万元；发动全乡干部成立温暖基金，坚持对拉东、查吾冲、恰仓3户特困户每月帮扶1000元以解燃眉之急；争取自治区侨联支持，为贫困户群众发放御寒衣物、墨镜、助听器等物资价值5万余元；同时在自治区政府坚参副主席和县委、县政府主要领导的关心支持下，协调西藏华新水泥有限公司为巴扎乡5名贫困户子女解决就业岗位，月收入达3000元以上，解决了就业增收的问题；积极联系5家爱心企业，无偿投资50余万元为乃琼、查吾冲、觉杰、冲堆、金嘎、彭仓等6个行政村修建农用桥15座，保障了交通出行安全，受益村在秋运期间，将原有需要三天的运输时间缩短为一天。

【经济发展】 2016年，农村经济总收入达到10151.8万元，比2015年增长23%，其中，第一产业收入4429.58万元，第二产业收入1267.4万元，第三产业收入4454.82万元。农牧民人均纯收入达到13472.3元，比2015年增长21.1%，其中现金收入达到9106.3元，占人均纯收入比例达到68.3%。

【农业】 严格按照粮经饲比例67：21：12的要求，全年农作物总播种面积17325亩，其中，青稞播种面积14055亩，小麦播种面积3270亩；粮食作物产量1586.29万斤，油菜产量55.75万斤，饲草料作物产量987.49万斤。粮油总产量1642.04万斤，全年共销售“藏青2000”种子379万斤，直接增加群众现金收入1000多万元。

【牧业】 2016年，巴扎乡牲畜总数为21230头（只、匹），新生总数为2844头（只、匹），2016年巴扎乡牲畜应免数为18723头（只、匹），实免数为18723头（只、匹），免疫密度100%，免疫抗体保护率达85%。截至年底，共繁育萨福克羊530只，现存栏458只，截至年底，现金收益达19万余元，待售育肥120只，现金收益达22万余元。扩大娟姗牛养殖规模，2016年全乡娟姗牛改良1470头，比2015年增加127头，同比增长0.9%。开展草原生态保护奖励机制的各项政策宣传3次，兑现草奖资金16.14万元，涉及补奖农户776户。

【水利】 以项目建设为抓手，2016年，巴扎乡共争取项目资金273.05万，对党杰、查吾冲、巴扎村1450米防洪挡墙进行加固；新建堆村、玉堆村防洪挡墙2380米；对久美嘎萨水渠全段进行维修。最后为堆、查吾冲、巴扎等7个行政村争取编织袋2300个、铁丝圈20卷、铁丝网18卷。

【环境综合整治】 环境整治工作是一项重要工作，乡党委、政府第一时间成立领导小组、督察小组，并制订一系列的工作方案，如《巴扎乡环境整治工作方案》《巴扎乡环境综合整治实施方案》《巴扎乡环境保护督查工作方案》。在乡党委召开动员部署会议后，巴扎乡将每周五定为全民环境美化日，发动全民动员、共同参与。乡干部职工积极联合各驻村工作队对广大群众进行环保知识宣讲、环保知识教育。为环境综合整治营造良好氛围。截至年底，巴扎乡辖区内的乡干部职工、卫生院、派出所工作人员以及13个行政村的群众，每逢周五都能自觉打扫各自辖区内的卫生区域。同时，选派各村党员36名，积极协助县直有关部门开展日江公路沿线、年楚河道垃圾清淤工作。乡政府主要领导也定期或不定期的对照“十项督查重点”具体要求，对辖区内的环境整治情况进行督察，对发现问题及时反馈给各村，并要求限时整改。

【劳务输出】 劳务输出主要是劳动力转移就业和农牧民技能培训相结合让农牧民群众增加收入，使农牧民群众过上幸福生活。根据2016年国民经济统计数据，2016年巴扎乡劳务输出人次4869人/次，劳务输出实现经济收入1947.6万元。

【教育工作】 不断推动教育均衡发展，完善控辍保学机制。年初与乡小学签订《控辍保学目标责任书》，成立教育工作领导小组，由政府乡长主抓教育工作，并定期对乡小学“三包”经费使用、公示情况进行督导检查，全年深入乡小学调研5次，听取汇报3次，办实事2件；把控辍保学列入乡规民约，防止未成年人外出务工。截至年底，乡中心小学在校生578人，小学适龄儿童入学率达到100%，巩固率达100%；与学校签订《安全目标责任书》，同时对学生往返路线和生活中存在的安全隐患进行排查、整治，有效保障了学生人身安全；协调卫生院每月定期对学生食堂进行食品卫生安全检查，并针对存在问题提出整改意见，有效确保了校园食品卫生安全。2016年，巴扎乡获得“重教先进乡镇”荣誉称号。

【卫生工作】 年内，全乡农村合作医疗参保人数5715人，参保率达到100%，人口自然增长率控制在8.5‰以内；加大对村医的培训力度及村医务室管理、检查力度。全乡共有村医25人，村医务室11个；农牧民群众就医条件得到改善，2016年，投资99万元的乡卫生院改扩建工程已完工。

【妇联工作】 妇联工作是全乡经济稳定发展重要的一个环节，年内，巴扎乡妇联主要在“三八”妇女节期间乡党委、政府为各村拨付200元的活动经费。

【新型农村社会养老保险】 新型农村社会养老保险是国家出台的一项惠民政策，是一项好政策，达到年龄后每月就可领取养老金至终身。2016年巴扎乡新农保参保人数3013人，缴费金额共计30.31万元，同时派出2名专职人员全面清理2010年至2015年缴费和发放情况，做好系统录入校验工作，确保准确无误；积极推动劳动就业服务平台建设，更好的服务群众。

【民政工作】 年内，对全乡低保户67户292人进行调整，其中新增26户90人，清退35户168人，调整后的低保户共有58户214人，同时将未纳入建档立卡贫困户的40名低保家庭人员纳入生态岗位；6月初，及时兑现2016年农村低保资金345004元，为困难残疾人39人，重度残疾人35人，兑现2015年度生活补助86400元。为全乡40位80岁以上老人兑现2015年度健康补贴13000元。

【国土工作】 及时上报各村新建宅基地审批相关手续，积极配合国土开展非法搭建、占用耕地建房、地质灾害等排查工作，同时协调做好扎西、彭仓两村幼儿园项目实施工作。

（李 帅）

【领导名录】

党委书记 旦增曲央（藏族）

党委副书记、乡长

滕 斌

党委副书记、人大主席

拖 玉（藏族）

党委副书记、组宣委员

索朗坚参（藏族）

纪委书记 周静静（女，藏族，12月免）

人武部部长、政法委员、副乡长

顿珠朗加（藏族）

统战委员、副乡长

李 帅（女）

派出所副所长

巴 桑（女，藏族）

中心小学校长

琼 达（藏族）

卫生院院长 次旦扎西（藏族）

玛 乡

【概况】 白朗县玛乡位于白朗县城南部，距日喀则市76公里，距县城26公里，乡政府驻地索康村，全乡平均海拔4119米。全乡总占地面积19166公顷，耕地面积13522亩，属半农半牧乡。玛乡北接曲奴乡，南与旺丹乡相邻，西与者下乡接壤，东与杜琼乡毗邻，东西长、南北窄。

玛全乡下辖11个行政村、27个自然村，总户数776户，总人口5065人，其中农牧民4982人；总劳动力2943人；贫困户349户，1475人；低保户48户，145人；“五保户”4户，共4人。2016年，全乡农村经济总收入达7032.44万元，同比2015年增长8%，其中第一产业收入5236.66万元，同比2015年增长0.45%；第二产业收入812.19万元，同比2015年增长38.5%；第三产业收入983.59万元，增长37.2%；劳务输出人数达1202人，劳务收入达到760.42万元，占全乡经济收入总量的10.8%；人均纯收入达9497.79元，其中现金收入6052元。

全乡共有基层党委1个，党支部15个，237名党员，其中女性党员70人、预备党员17人，积极分子45人；乡人大代表41人、县级代表9人，政协委员4人，党代表11人；团总支1个，团支部12个，团员120名，其中农牧民团员有120名。全乡在编干部职工51人，其中乡机关干部职工37人，包括公益性岗位1人，临时工1人，乡卫生院6人（公益性岗位6人），乡派出所民警4人，辅警2人。基干民兵连1个，共两个排，六个班，民兵60名。1所中心小学，2所村级幼儿园，2所村级学前班，1所中心小学附属幼儿园，23个教学班，28名专职教师，17名临时工；在校学生（含幼儿园）569人，其中住校生379人。卫生院1所，村卫生室10所，医务人员26人，其中卫生院6人，村卫生室20人。有4座寺庙，共有僧尼68人，其中僧人19人，僧尼49人。

【党建工作】 在具体抓党建工作中，党委书记作为“第一责任人”，年初召开班子会议深入分析研讨，将基层党建作为年度工作重点。专门成立乡党建工作领导小组，明确分工，根据班子成员个人能力特点，明确党建工作分工，形成党委书记总体抓，分管副书记直接抓，班子其他成员配合抓的党建工作格局；将党建目标任务进一步细化、量化。根据乡党建工作特点制订《党建目标责任书》，并专门召开会议，与辖区各支部签订责任书；坚持每月召开一次专题会议，听取各班子成员的党建工作进展情况，及时研究解决各类迫切问题，真正把党建工作转化为推动科学发展的内在动力。

【“两学一做”专题活动】 年内，玛乡根据上级要求组织全体党员开展“两学一做”主题教育活动。在本次主题学习教育活动开展之际，乡党委专门成立以党委书记为组长的领导及督导检查组，发动全乡15个支部，采取多种形式开展活动，党员参与率达到95%以上。截至年底，全乡分批次进行“两学一做”专题研讨4次，共撰写专题发言稿500余篇，心得体会800余篇；开展“手抄党章100天”活动，并在全村范围内开展学党章征文比赛，同时，督导小组坚持每季度到各支部督导检查一次，有力提高学习教育成效，使全乡的党员干部队伍的理论素养得到极大的提高。“两学一做”学习教育的“讲学习、讲忠诚、正风纪、转作风、提效能”主题活动已在玛乡全面展开。

【党风廉政建设】 年内，在党风廉政建设和反腐败工作中，玛乡党委、政府强化组织领导，成立领导小组，明确领导小组成员职责，坚持带头抓廉政，始终把党风廉政建设摆上重要议事日程，认真履行党风廉政建设“一岗双责”职责。年内，全乡共组织开展各种廉政教育15次，培训教育党员干部835人次。

【精准扶贫】 年内，严格按程序做好建档立卡工作，制定符合玛乡乡情的工作方案，乡村都成立以“一把手”为组长的工作领导小组，积极进行走村入户，通过召开专题会议、村民大会、喷绘宣传标语等多种形式进行宣传政策，并严格按照“一申请、二审核、三公示”的工作要求，层层审核，严格把关，最终确定全乡的349户贫困户，1475名贫困人口名单。同时，将所有的原始材料和更新之后的数据材料、上级文件、贫困户信息登记表以有顺序、有名称的形式进行存档；全面实现脱贫目标，全乡确定建档立卡扶贫人口349户1475人严格按照区、市、县“九个一批”要求，实现产业扶持682人，转移就业80人，易地搬迁53人，生态岗位1011人，发展教育370人，社保兜底27人，信贷扶贫325人，医疗救助57人。截至年底，全乡含社保兜底18户以内的38户未脱贫外，其余扶贫对象共311户1414人已实现脱贫摘帽；发展特色产业，巩固全乡脱贫效果，在市、县的“百企帮百村”活动的支持下，在县委、县政府的帮助下，玛乡的编织产业有了果堆村的厂房、机械等基础，桑顿村也有了自己的编织工厂，在做进一步的技能培训后，已有效带动全乡经济建设，进一步巩固玛乡的脱贫成果。

【教育教学工作】 年内，继续深化教育体制改革，全面推行义务教育，入学率、巩固率不断提高，全乡在校生共计569人，其中学前幼儿教育适龄儿童190名，小学适龄儿童379名，小学入学率为100%，全乡享受三包政策的学生共有567名。同时，高度重视校园安全及周边环境的整治工作，加强小学校内以及幼儿园的人员管理、周边环境监督检查，做到措施具体，责任明确，营造了良好的教育教学环境。

【党委、人大、政府换届工作】 年内，在换届工作中，玛乡党委、政府坚持提早动员部署，成立乡换届工作领导小组和办公机构，同时开展换届纪律宣传教育活动，让换届纪律深入人心。在换届选举过程中，严格遵守选举工作有关规定，认真履行法定程序，做到步骤不减少，标准不降低。通过换届，乡党委、人大、政府班子的结构进一步合理，班子队伍素质进一步提高，为玛乡各项工作的顺利开展提供强有力的组织保证。

【农业】 结合各村实际，理顺工作思路，突显产业发展，并与各村签订协议书，农业产业结构调整落到了实处，农作物种植持续增收。2016年春耕，调整全乡粮、经、饲比例为56：24：20。

农作物播种面积达到1.35万亩，其中粮食作物7558.65亩，经济作物3232亩，饲草料2669.1亩，经过全乡不断努力和调整，实现机耕面积1.1万亩，机收面积达到0.8万亩。全年的粮油总产达到771.29万斤，其中，粮食总产716.39万斤，油菜总产54.9万斤，蔬菜总产542.53万斤，饲草产量为1100万斤，完成了指标任务。

【牧业】 狠抓动物防疫工作，根据安排部署，狠抓春秋两季动物疫病预防工作，在各包村干部的协调督促下，乡、村两级兽医深入11个行政村，开展动物疫苗注射工作，切实做到“五不漏”，防疫注射率达到100%，为全乡牧业工作的稳步推进打下坚实的基础；切实推动牧业工作。截至年底，全乡牲畜总存栏数为27640头（只、匹），适龄母畜12266（只、匹），幼畜成活率达到95%以上，成畜死亡率控制在1.1%以内；出栏率为35%，畜产品商品率达到45.5%。

【强农惠农】 严格按照“户申请、村评议、乡审核、县审批”的程序，进行低保户核查清理工作，经核查后，清退21户、37人，并新增28户44人的困难群众（其中新增寺庙僧尼3户3人）。截至年底，玛乡共有111户208人享受低保政策（其中59户59人为寺庙僧尼），并已兑现上半年低保资金159178元；兑现各类惠农补贴，兑现2015年度、2016年度粮食直补、农资综合补贴及成品油补贴共计703398.40元；加强劳务技术培训，完成种植技术培训1100人次，畜牧业培训495人次，就业引导性培训370人次。

【卫生事业】 加大新型农村合作医疗宣传、管理力度，推动新型农村合作医疗健康运转，2016年，全乡应参加新农合的农牧民群众为4904人，实际参加4904人，农牧民群众集资金额为20元每人每年，达到参保总人数的100%；玛乡的各卫生场所实行报销门诊费用的制度，全年为玛乡的农牧民群众报销的门诊费用达到35万余元；加大巡回医疗及健康教育工作力度。2016年，全乡共进行巡回医疗活动24次，为全乡的农牧民群众进行免费体检，受惠人数达到4300余人；在各行政村开展健康教育18次，受教育人员达到3800余人次，有效提升了全乡的卫生条件。

【社会保障】 2016年，全乡加大农村养老保险政策的宣传力度以及及时兑现养老资金，有效提高全乡的社保水平，全乡2016年的参保人数达到2329人，占全乡应参保人数的92%，缴费金额达到233900元。同时，兑现2015年10月至2016年10月的城乡居民养老金，共计902190元，并为80岁以上的寿星老人发放补贴资金10300元。

【生态建设与保护工作】 充分发挥护林员作用，通过召开会议、发放宣传资料等方式，大力宣传森林生态保护方面的相关政策、知识，扎实开展生态环境、荒地植保护工作，严禁滥采乱挖、破坏生态环境。同时，结合扶贫工作，加强生态岗位建设，生态岗位的人员达到1011人，并兑现生态岗位人员的工资补贴，每人3000元，共计发放资金3033000元；2016年，全乡农牧民种植树苗24770棵，存活率达到95%，进一步增加了玛乡的植被面积；2016年，全乡加大环境卫生整治力度，组织党员志愿者服务队及村干部，坚持每个星期对村里的公共环境卫生进行打扫一次，并在各村中加大监管，对乱丢垃圾、随地大小便等行为进行通报和惩罚，保证了全乡各村干净整洁；2016年，兑现2015年草原生态保护补助奖励机制资金347529元，2014年野生动物肇事补偿资金72760元。

【项目建设领域专项整治】 年内，乡党委、政府高度重视项目建设领域专项整治行动，采取一系列的措施，增加活动效果。年初，专门召开会议，成立以乡党委书记为组长的项目建设领域突出问题专项整治行动工作领导小组，制定行动方案，对行动进行安排部署，并于现场与各村和相关村民签订目标责任书，进一步的落实责任；乡组织专门的宣传小组，深入各村各户、田间地头及项目实施地，宣传相关知识，做到全乡群众对专项整治行动知晓率达到100%；加强监督检查及纠纷调解。每个季度对项目领域进行风险评估，使之成为一项日常制度，同时，对全乡的18个建筑队、1个砖厂、37辆工程运输车辆及12个项目施工地进行安全隐患排查，共排查出隐患10余处，包括公路硬化工程中存在的两个重大安全隐患，已全部责令整改到位；深入到施工现场，全年共调处矛盾20多起，确保全乡的项目建设顺利开展；2016年玛乡续建和新建的项目共12个，总投资达104828692元，包括机井、公路硬化建设等，除公路硬化项目外，其余项目建设已基本完成。

【信访工作】 2016年度，乡党委、政府专门选派乡纪检人员对信访办公室进行平时的管理，对举报箱每周打开检查一次，同时，建立《玛乡信访台帐》，对全乡信访工作进行登记。在全乡范围内公布乡纪检委的举报电话，并专门指派乡检专干进行值班，保证信访渠道畅通。在各项重点、敏感问题上，乡全面施行公开公正的原则，对群众关心的重点、敏感问题进行公示，积极采纳群众的意见建议。

（余恨恨）

【领导名录】

党委书记　多布杰（藏族）
党委副书记、人大主席
扎　西（藏族）
党委副书记、乡长
蒋春岚（女）
党委副书记、组织委员、宣传委员
次　白（女，藏族）
纪委书记　陈雪琳（女）
政法委员、人武部部长、副乡长
次　旦（藏族）
统战委员、副乡长
玉　珍（女，藏族）
副乡长　普布扎西（藏族）
派出所所长　次旺多布杰（藏族）

旺丹乡

【概况】 旺丹乡位于白朗县西南部，东连江孜县加喜乡，西邻者下乡，北邻江孜县日新乡，南与嘎普乡毗邻，“旺丹”系藏语意为“有权势”。1961年建立旺丹区，1968年改为公社，1976年复改为区，1988年撤区并乡。政府驻地为雪村，驻地离县城35公里，辖区10个行政村，（分别为秋麦村、秋堆村、雪麦村、比尼村、思堆村、桑巴村、武日村、雪村、夏麦村、巴金村），787户4517人，辖区面积278平方公里，平均海拔4200米。乡党委、人大、政府现有干部43名（借调13名、病退2名）。乡中心小学现有28名教师、学生400名，乡卫生院现共有10名医护人员、借调4人、其中正式工有4人。乡派出所有5名干警、辅警1人。驻寺人员共有7人。耕地面积9664亩，经济结构以农牧业为主，2016年底农牧民人均纯收入9732.61元，主产青稞等农作物，草场面积27.38万亩，牲畜存栏数28186头（只、匹），湿地面积500亩。

【基层队伍建设】 旺丹乡重视党员发展质量，加强对入党积极分子的教育培养，坚持党员发展标准，认真履行入党手续，全乡共有12个党支部，248名党员，其中群众党员181人。重视村级班子队伍建设。年初乡党委就专门召开村“两委”班子专题会议，制定完善村干部考核实施细则，采取开会测评、约谈、走访群众等方法对村干部进行德、能、勤、绩、廉五个方面的考核。将奖惩与考核结果挂钩，有效调动村干部的工作主动性和积极性。

【扶贫工作】 2016年，旺丹乡把精准扶贫作为当前的重点工作，辖区10个行政村，790户，4517人。现有低保户150户573人（A类低保74人，B类低保77人，C类低保422人），占全乡总人口的12.9%。经过贫困户申请，广大乡、村、驻村干部入户调查、重新筛选、民主评议，2016年共确定脱贫攻坚贫困户288户1342人，占全乡总人口的29.5%。最终确定易地搬迁99户486人，产业扶持212户1179人，转移就业19户20人，生态效益200户930人，发展教育34户36人，医疗救助104户126人，社会兜底76户163人，信贷154户154人。2016年，全乡288户1342人中，人均收入达到3311元以上，符合脱贫标准的有233户1217人，未脱贫55户125人。2017年贫困户57户129人，其中：2016年未脱贫55户125人；产业分红18户、46人、36800元、信贷扶贫87户、3793000元、大学生14名，70000元。

【“两学一做”专题活动】 3月4日，旺丹乡党委召开“两学一做”主题活动动员大会，通过“两学一做”主题活动实施方案和工作领导小组，明确活动内容、目标任务、开展形式、方式步骤、工作安排，为开展专题活动指明方向。各党支部也结合自身召开专题组织生活会，就如何开展“两学一做”主题活动任务节点做了进一步细化。

【党建工作】 乡党委下设12个党支部，其中农村党支部10个。全乡共有党员248人，其中农村党员181人，占党员总数的73%。有男性党员166人，占党员总数的70%；女性党员82人，占党员总数的33%。35岁以下的党员94人，占38%；36—59岁的党员121人，占48.7%，60岁及以上的党员33人，占13.3%。2016年共发展11名党员，培养27名积极分子。

【团委工作】 旺丹乡在团建方面十分重视团员的发展和教育工作，将团委工作制度化、经常化、规范化，2016年团员共106人，新增24人，达到年龄退团的有5人。

【党风廉政建设】 年内，在党风廉政建设和反腐败工作中，旺丹乡强化组织领导，成立领导小组，明确领导小组成员职责，分别与10个行政村签订《党风廉政目标责任书》，将各村的党风廉政目标任务细化到个人。

【机关干部作风建设】 加强机关干部作风建设，由乡纪委牵头严格执行考勤制度，要求干部职工严格遵守上下班制度，严格请销假制度，并将全年考核情况作为干部职工年终考评的重要依据。

【为群众办实事解难题】 11月8日，为帮助贫困户家庭解决越冬口粮问题，旺丹乡党委班子组织开展贫困户慰问活动给10个行政村790户贫困户家庭送去300袋大米、500袋青稞、235袋糌粑。

【经济发展】 根据2016年国民经济统计全年国民经济总收入5382.18，与2015年同比增加10%。农业总收入1777.32元，与2015年同比增加20%。农牧民人均收入从2015年的8732.01元增长到2016年的9732.01元，与2015年同比增加10%。

【农业】 2016年，旺丹乡大力发展特色农牧业，稳步推进农业结构调整，2016年播种良种青稞7400亩，经济作物播种面积2100亩，其中油菜播种面积为1300亩；蔬菜播种面积为700亩；饲草料种植面积400亩。全乡青稞总产量345.28万斤，油菜总产量27.7万斤、蔬菜总产量106.03万斤，饲草料总产量438.26万斤化肥150吨，农家肥1000吨。

【牧业】 2016年，新生子畜6711（头、只、匹），成活率达100%；牲畜出栏229（头、只、匹），出栏率达42%；牲畜存栏677头、只、匹；兑现草原生态保护补助奖励机制资金48万元，野生动物肇事资金28070元，2015年旺丹乡林业生态补偿资金共发放88875元，农资综合补贴233201.69元，科技特派员补贴46700元；口蹄疫O（欧）型、亚洲I（哎）型三价灭活疫苗牲畜数为29303（头、只），实免数量为29275（头、只）接种率达99.9%；冬圈夏草种植面积50亩。

【基础设施建设】 以项目建设为抓手，加快基础设施建设，筑牢经济发展基础。2016年全乡开工建设水塘、水渠、防洪渠、易地搬迁等项目18个，总投资4000万元。2016年9月，旺丹乡进行乡政府大院干部职工周转房工程，项目总投资400万元，该项于11月竣工完成，乡政府干部职工周转房工程有效解决了乡政府干部住房问题。

【环境综合整治】 年内，环境整治工作作为旺丹乡的重点工作，党委、政府专门组织召开专题会议，并多次召开专题部署会议，成立以乡党委书记为组长的工作领导小组，制定《旺丹乡环境整治督查工作实施方案》，并与各单位、各村签订目标责任书，划分片区，责任落实到位。将环境卫生整治作为长效机制来抓，由各单位、各村委和驻村工作队负责定期组织群众对村居及周边环境进行打扫。乡督导组不定期对各单位、各村开展督查，整改不到位的下发整改任务通知单，限期整改。定期组织干部职工和群众学习环境保护法律法规知识，开展环保知识宣传，增强群众爱护环境、爱护家园的意识。

【劳务输出】 劳务输出主要是劳动力转移就业和农牧民技能培训相结合让农牧民群众增加收入，使农牧民群众过上幸福生活。根据2016年国民经济统计数据，2016年旺丹乡劳务输出人次407人／次，劳务输出实现经济收入7万元。2016年派送120名农牧民群众到市人社局下属的9家培训机构参加太阳能设备维修、创业、装载机、挖掘机、钢筋机、混泥土工、农机维修、藏餐厨师等技能培训。

【教育工作】 教育工作作为旺丹乡一把手工程，乡党委书记为主抓的配备了专干工作人员，经常巡查教育教学计划，教师请销假制度、学生吃、住、学等情况，进一步完善和提高整体教育效率。全乡小学在校生400人、入学率达到100%。

【卫生工作】 严格建立卫生工作台账，实施村医包村和考评制度，确保村医的管理和用药指导工作，全乡农牧民参合2720人，参合率达到100%，各种疫苗接种率100%，卫生知识宣传12次，门诊人数7822人次，住院分娩79人。

加强医疗卫生队伍建设，提高诊疗水平，不定时的组织村医务人员在乡卫生院进行培训。让广大人民群众就近就医、安心就医。巩固完善基本药物制度，排查过期药物，保证农牧民放心用药。充分利用民族医药特色优势，提升藏医药服务能力。加强妇幼卫生和优生优育工作，保证孕妇在分娩周期得到有效保障。大力开展健康教育宣传工作，提高群众健康意识。

【妇联工作】 妇联工作是旺丹乡经济稳定发展重要的一个环节，年内，旺丹乡妇联主要在“三八”妇女节期间乡党委、政府为各村拨付1000元的活动经费。在“3·28”期间旺丹乡组织开展贫困妇女慰问活动，并送去2000元的慰问金和慰问品。

【新型农村社会养老保险】 新型农村社会养老保险是国家出台的一项惠民政策，是一项好政策，达到年龄后每月就可领取养老金至终身。2016年旺丹乡16~59岁应参保人数1968人，实际参保人数1968人。

【民政工作】 2016年10月，旺丹乡完满完成低保户筛选工作，现有低保户82户，398人。五保户3户，3人。困难残疾人36人，高龄老人40人，重度残疾人32人，2016年发放重度残疾人补助资金57600元，发放60岁以上老人补助资金119550元，困难残疾人补助资金21600元。

【强基惠民】 结合旺丹乡实际情况，大力培养有文化、懂技术、会经营、讲文明的新型农牧民，有针对性地发展特色产业，拓宽增收渠道，增加群众收入，努力实现户户有门路、人人有活干。民族手工业发展日新月异。旺丹卡垫作为旺丹乡的支柱手工业品牌，年初制订“公司+合作社+农户”的生产目标。形成以秋麦、桑巴、夏麦的三个生产、技术辐射点，共培训5期，培训人次达到240人次，增加就业岗位60个，人均增加现金收入2.8万元；根据旺丹乡实际情况，乡财源建设项目，通过县强基办申报，旺丹乡各类项目资金达120万元，以待上级审批：2016年旺丹乡非公经济新增1家，现已达到7家，全年共新建村集体经济3个，解决就业岗位8个，村集体实现收入10万元。

（兰靖宇）

【领导名录】

党委书记 平措央金（女，藏族）

党委副书记、乡长

吕华操

党委副书记、人大主席

米玛扎西（藏族）

纪委书记 卓玛次仁（女，藏族）

政法委员、派出所所长

格桑次仁（藏族）

党委副书记、组宣委员

尼玛普赤（女，藏族，9月免）

统战委员、宣传委员、副乡长

次旦米久（藏族）

副乡长、人武部部长

米玛扎西（藏族）

副乡长 陈倩（女）

主任科员 拉普（藏族）

农牧综合服务中心主任

巴桑普赤（女，藏族）

卫生院院长 顿珠（藏族，7月免）

普石（藏族，7月任）

曲奴乡

【概况】 曲奴乡位于县府西南，距县府13公里。属高山河谷宽谷地貌地势，西南高，东北低；高原温带半干旱季风气候区，日照充足，太阳辐射强烈，年温差小，昼夜温差大。全乡平均海拔4200米，乡政府驻地海拔4020米。2016年年末总户数535户，总人口3601人，2016年农村户数529户，农村人口3521人，其中男1832人，女1689人，劳动力1908人。全乡耕地面积15721亩，人均耕地面积为4.46亩；草场面积143804亩、人工种草面积1612亩；森林生态效益补偿面积65050亩。

“曲奴”系藏语，意为“河西”。1960年定名“曲努”乡，1972年改为公社，1976年更名曲奴乡。曲奴乡下辖奴麻、达玉、金确、彭嘎、麦措、桑林、萨嘎、甲、昂嘎、如康、思布、团结新等12个行政村。曲奴乡是以农业生产为主，农牧结合的乡。农作物主要有青稞、春小麦、豌豆、马铃薯、油菜等。主要饲养牦牛、犏牛、黄牛、马、驴、山羊、绵羊、猪等。

曲奴乡设党委，下辖14个党支部（1个机关党支部、12个村党支部、1个学校党支部），2016年全乡共有党员219人，其中农牧民党员169人。内设3个行政机构，即曲奴乡人民政府、曲奴乡人民代表委员会、曲奴乡纪律检查委员会；3个事业机构，即曲奴乡农牧综合服务中心、曲奴乡文化站、机关后勤；4个派出机构，即曲奴乡卫生院、派出所、曲奴乡曲宗寺寺庙管理委员会、曲奴乡中心小学。班子成员9人，其中副县级1名、正科级2名、副科级6名；一般干部10名；专业技术干部23名，其中初级职称2名，未聘人员21名；其他人员6名。全乡人大代表40人、县级代表8人、党代表39人，僧尼代表1人。全乡共有57个联户单位，57名户长，其中12个行政村56个联户单元，56名户长。

全乡共有两座寺庙，分别在金确村与桑林村，共有14名尼姑、1名僧人，寺庙管委会1个，3名干部、1名干警，其中正科级管委主任1名、一般干部2名。乡卫生院共有医生5名，其中正式干部2名。乡派出所工作人员5名，其中干警4名。曲奴乡全面推行和实施新型农村各项医疗制度，全乡新农保参保人数1758人，参保率达97%。合作医疗保险参保人数3418人，参保率达97%。全乡建档立卡贫困户202户、1025人，边缘贫困户1户、7人，2016年脱贫户173户，942人；低保户96户、296人，残疾人数83人，80岁及以上老年人数37人。

【基层党组织建设】 加强基层组织建设，是巩固党的执政地位、提高党的执政能力，构建和谐社会的必然要求和重要体现。一方面，切实加强党员队伍建设。全面开展“两学一做”活动，全力实施“项目推进年”活动，不断夯实党建工作基础，在农村党员中坚持党员定期培训和“三会一课”制度，进一步加强示范点和示范基地建设，充分发挥示范带动作用。同时，严格领导干部党建联系点制度，继续落实好党建工作责任制，加强调查研究和检查指导，形成一级抓一级、一级带一级的党建工作格局，不断增强基层党组织凝聚力、战斗力和创造力。加强党员发展，壮大党员队伍，不断为党组织输送新鲜血液。另一方面，加强人才队伍建设。完善人才队伍建设的基础体系、服务体系、制度体系和保障体系，制定全乡的人才建设规划，着力把善管理、懂经营的优秀青年发展成为党员，把善管理、懂经营的优秀党员培养成为村干部，建设一支推动经济社会发展的党政人才队伍、企业经营管理队伍和农村人才队伍。做好2017年村“两委”班子换届选举工作，加强村干部后备库人员推选，选举出一批有文化、有素质、有威信、有能力等综合素质高的班子。同时，切实关心老干部工作，充分发挥老干部在加快经济社会发展中的积极作用。

【党风廉政建设】 年内，为切实加强曲奴乡党风廉政建设工作力度，结合本乡实际制定并完善《党政班子成员廉政建设岗位职责分解》《干部职工管理制度》《党风廉政责任追究制度》《公车管理制度》等各项规章制度；同时，为明确责任，成立乡党委书记为组长的党风廉政建设领导小组，切实加大、加强对全乡干部职工作风建设的组织领导与监督落实。加强学习型机关建设，以“学习准则、严守纪律、廉洁从政”为主题，制定周五集中学习日，组织乡广大党员干部先后学习《中国共产党党内监督条例》《关于新形势下党内政治生活的若干准则》、习近平总书记系列重要讲话精神、党的十八届历次全会精神及中第六次西藏工作座谈会精神、警示教育、案例通报等政策法规和理论知识，通过学习提高党员干部廉洁自律意识，增强反腐倡廉决心，筑牢拒腐防变思想。

【“两学一做”学习教育活动】 年内，曲奴乡党委高度重视“两学一做”学习教育工作活动，专门研究全乡工作计划、方法措施、领导分工和乡领导联系基层支部学习教育要求和目标，并及时制定曲奴乡“两学一做”学习教育活动实施方案，成立领导组及办公室、督导组等。5月12日，召开全乡“两学一做”学习教育活动动员部署大会。为确保“两学一做”学习教育落到实处、取得实效，促使基层党建与脱贫攻坚工作“双推进”，曲奴乡在召开“两学一做”学习教育动员会的基础上，坚持舆论先行，积极营造开展“两学一做”学习教育的浓厚氛围。严格按照“两学一做”学教活动要求，明确时间步骤，完成手抄党章100天任务，开展“两学一做”专题学习12次，专题研讨8次，撰写心得体会120多篇，同“讲学习、讲忠诚、正风纪、转作风、提效能”主题活动相结合，认真落实推进“两学一做”学教活动。

【精准扶贫】 年内，曲奴乡脱贫攻坚工作始终坚持以日喀则市“十三五”时期扶贫开发规划为引领，以建档立卡贫困人口为对象，以精准扶贫、精准脱贫为抓手，坚持精准发力、精准实策，努力在“六个精准”方面狠下功夫，实现贫困对象“三不愁”“三有”“三保障”。

乡党委和政府切实承担主体责任，书记和乡长是第一责任人，成立以乡党委书记为组长的脱贫攻坚指挥部，指挥部下设办公室（含10个专项工作组），分工负责脱贫攻坚的各项任务，把精力集中放在贫困群众如期脱贫上。结合全乡实际制定脱贫攻坚实施方案、工作计划及“九个一批”脱贫措施，根据驻村轮换情况，及时调整充实工作领导小组。同时与各村、户、驻村工作队层层签订责任书，明确目标任务，确保层层分解任务、层层落实责任、层层传导压力，形成乡、村、驻村工作队三级抓扶贫、全党动员促攻坚的局面。成立专门的扶贫机构，配备专干3人，负责扶贫开发工作落实。在遇到重大紧急任务时，全乡工作力量优先向精准扶贫倾斜，为打赢脱贫攻坚战奠定坚实的人才基础。

通过多形式、多方式开展宣传。统一思想认识。组织召开宣传动员部署会，开展各类集中宣讲80余次，入户宣传120余次；自制宣传资料《曲奴乡精准扶贫政策宣传手册》，发放400余册；自制《白朗县曲奴乡2016年建档立卡贫困户脱贫审查手册》，发放202本；发放精准扶贫政策精神解读240多册；利用LED滚动播出宣传标语70余条；制作悬挂宣传横幅35条；在12个行政村醒目位置以藏汉双语形式喷涂宣传标语57条；在重要路段设立大型宣传栏2个；充分发挥驻村工作队的作用，大力宣传打赢脱贫攻坚战的重大意义、目标任务、具体措施，调动群众参与扶贫脱贫的积极性、主动性和创造性；发挥基层组织政治核心作用，引导村党员干部全力投入扶贫攻坚工作，振奋广大干部群众精神，激发贫困群众奋发脱贫的热情。

全乡共有建档立卡贫困户202户、1025人，其中产业扶持202户237人，兑现产业分红资金共189600元；易地搬迁13户77人；生态补偿202户705人，兑现生态岗位资金共2115000元；发展教育152户305人，兑现教育帮扶资助金共78000元；社会兜底53户159人，已全部纳入低保；转移就业95户121人，实现培训12次、95人，已就业6人；医疗救助29户37人，完成门诊报销12人共6243.54元，住院报销3人共54289.2元；信贷扶持183户183人；实现202户、1025人结对帮扶全覆盖。

【经济发展】 2016年，农村经济总收入达到4977.53万元，同比2015年增长16.21%，其中，第一产业收入2388.65万元，第二产业收入916.46万元，第三产业收入1672.42万元（包括外出务工收入）。2016年农牧民纯收入达到3472.52万元；人均纯收入达到9862元，同比2015年增长18.48%。

【农牧业生产】 2016年，全乡实现藏青2000全面推广，实现播种面积11838亩。年末牲畜存栏数15975头（只、匹），其中大畜2879头（只、匹），小畜13096只，新生仔畜4182头（只、匹），仔畜成活率96.9%，成畜死亡率控制在1.1%以下，出栏率36%。

【农业机械化】 2016年，落实农机具购置补贴527160元，新增拖拉机42辆，购置农机具212台；通过驻村工作队，投入资金8万余元，为群众购置脱粒机23台。

【动物防疫】 充分发挥各村兽医人员的作用，全面落实家禽家畜的防疫工作，实现防疫率100%。

【水利】 以项目建设为抓手，加快基础设施建设，筑牢经济发展基础。为全面做好防汛工作，在县水利局、农牧局的大力支持下，2016年新建灌溉机井6座，投资757.2万元新建防洪堤4处，为全乡防洪抗旱工作提供坚强的保障。2016年雨季，全乡不断发生暴雨灾情，曲奴乡党委、政府高度重视，向县水利局争取防汛编织袋1.9万个，铅丝笼10个，铁丝20圈，全面保障安全度汛。在县水利局的大力支持下，落实昂嘎等7个行政村涉及水渠7条18741米、农桥31座、水塘4个等项目。

【环境综合整治】 年内，环保宣传教育不断深入辖区12个行政村。以提高全乡群众的环境保护意识为主要内容，通过发放宣传材料、制作宣传标语、LED显示屏滚动播放宣传标语等形式，结合生态岗位开展环境卫生整治工作，大张旗鼓地开展10次环境保护集中宣传教育活动。曲奴乡按照属地管理原则，对各村分划卫生区域，实现公共卫生区责任到村，村范围的卫生区责任到户，确定每周二为卫生清扫日，制定了乡干部职工每日“小扫除”，周五“大扫除”制度。利用精准扶贫生态岗位人员及村级保洁员，对洛江镇交界处至曲奴乡政府道路周边，以及各个村的周边环境卫生多次开展整治工作，基本实现了全乡可视范围内无成堆的垃圾，道路两旁无白色垃圾。

【教育工作】 年内，曲奴乡始终把优先发展教育列入乡党委、政府工作的重要议事日程，牢牢把握教育优先发展的地位不动摇，形成了重视教育工作的良好氛围，教育观念不断更新，教育环境不断优化，教师队伍整体素质不断提高，教育质量逐年上升。乡党委、政府从仅有的包干经费中列出5万元资金，作为教学成绩突出教师的奖励资金，制定《曲奴乡小学教学成绩奖励兑现方案》。

全乡1所中心小学，在校生共366名（其中，男生183名，女生183名；一到三年级学生共168名，四年级和五年级学生各77名，六年级学生共44名）；学前教育学生共105人（其中中班学生49人，大班学生55人）。共有教职员工26名，其中党员22名，全乡适龄儿童入学率、巩固率均为100%。全乡初中生145名，高中生87名。

【卫生工作】 年内，全乡共有3418人参加农村合作医疗，参保率为97%。同时加大对贫困农户开展医疗救助。门诊人数3709人次，住院人数108人，其中住院分娩68人。加强医疗卫生队伍建设，提高诊疗水平，不定时的组织村医务人员在乡卫生院进行培训。让广大人民群众就近就医、安心就医。巩固完善基本药物制度，排查过期药物，保证农牧民放心用药。加强妇幼卫生和优生优育工作，保证孕妇在分娩周期得到有效保障。大力开展健康教育宣传工作，提高群众健康意识。

【民政工作】 发放2016年上半年低保资金157户676人，共430677.5元。为积极落实低保调整工作，曲奴乡利用三天时间深入各村对贫困户进行摸底，确定96户、317人低保户。发放60岁以上207人，养老保险金435880元；残疾人“两项”补贴及80岁以上寿星补贴资金全部及时发放到位，共兑现困难残疾人38人、重度残疾29人、80岁以上寿星30人，共计84500元人民币；同时上半年在县民政局的支持下，为曲奴乡140户缺粮户解决200袋面粉、80袋大米救济粮。为甲村一户农户解决救灾帐篷。

【驻村工作】 用好办实事经费，落实好“5+3”任务。深入贯彻落实强基惠民工作，累计开展办实事、解难事137件，开展感党恩教育60余次；甲村驻村工作队投入8万余元，为群众购置脱粒机23台；达玉村驻村工作队为群众解决72袋化肥；萨嘎村工作队投入25.76万元购置铁犁尖293个、磨面机3台，改善群众生产生活；奴麻村整合2014年、2015年办实事经费12.1万元，购买小型装载机作为村集体资产，为村集体经济创收；桑林村驻村工作队投入3.46万元新建村级医务室；团结新村驻村工作队投入4.7万元改造线路等。以上累计投入88.34万元推动12个村开展“5+3”任务；做好信息报送工作。上报简报150余份、月报150份、各类材料180余份、记录民情日记1000余份等。

（扎西顿珠）

【领导名录】

党委书记　石　达（藏族）
党委副书记、乡长
　张爱云（女）
党委副书记、人大主席
　西　洛（藏族）
党委副书记、组宣委员
　确　吉（女，藏族）
纪委书记　白玛卓嘎（女，藏族，12月免）
综治委员、副乡长、人武部部长
　边巴次仁（藏族）
统战委员、副乡长
　石惠之（女）
副乡长　索朗白珍（女，藏族）
　刘　燕（女，5月任）
曲宗寺管委会主任
　达　普（女，藏族）
派出所所长　土登西绕（藏族）
卫生院院长　群　培（藏族）
中心小学校长
　旦　增（藏族）

杜琼乡

【概况】 杜琼乡位于天曲河中游、白朗县城南部

10公里处，平均海拔3890米，紧靠日江公路，交通便利。全乡总面积116.49平方公里，下辖9个行政村（分别为东普村、杜琼村、久布村、帕措村、来强村、普拉村、差强村、多旦村、党精村）。

杜埻乡以农业为主、牧业为辅，耕地总面积19200亩；草场总面积130248亩（其中可利用草场123359亩）；林地面积28725亩。2016年全乡粮油产量达到1255万斤，2016年全乡牲畜存栏17536头（只、匹），牲畜出栏率35%、牲畜商品率45%。2016年，全乡农村经济总收入5721.9万元，其中第一产业2639万元、第二产业1414万元、第三产业1667万元，三次产业比例为46：25：29；农牧人均纯收入实现11050元，其中现金收入达到8500元，占76%。

全乡共有520户3620人，其中劳动力1929人，共有55个联户单位，55名户长，其中9个村54个联户单元，54名户长；全乡共有11个党支部，297名党员，其中女性党员111人、预备党员19人、积极分子38人；全乡群众党员254人，预备党员10人，积极分子26人；全乡人大代表40人、县级代表9人、政协委员7人、党代表11人。现有机关干部职工43名（已借调15名），其中：藏族21名，占75%；大专以上文化程度的38名，占88.4%；女性干部职工24名，占55%；35岁以下的38名，占88%；事业干部33名，占76%；公益性岗位3名，占7%。乡纪委配有干部3名，其中，书记1名，纪检专干2名。派出所现有干部5名，其中，干警4名，辅警1名。乡卫生院现有医护人员5名，均为公益性岗位。

【党建工作】 年内，重视党员发展质量，加强对入党积极分子的教育培养，坚持党员发展标准，认真履行入党手续，全乡共有11个党支部，297名党员，其中群众党员254人。重视村级班子队伍建设。年初，乡党委就专门召开村“两委”班子专题会议，制定完善村干部考核实施细则，采取开会测评、约谈、走访群众等方法对村干部进行了德、能、勤、绩、廉五个方面的考核。将奖惩与考核结果挂钩，有效调动村干部的工作主动性和积极性。

【扶贫工作】 2016年，杜琼乡把精准扶贫作为当前的重点工作。年内，建档立卡内贫困户133户、542人，脱贫户101户451人，卡外低保6户27人，易地搬迁户数59户（差强村17户、党静村8户、多旦村7户、久布村2户、普拉村6户、东普村8户、来强村2户、帕措村4户）；产业扶持69户，将受益人数200人；医疗救助25户，受益人数28人；生态就业岗位360人，发放资金1080000元；信贷扶持114户，受益人数114人；社会兜底63户，217人；拟易地同步搬迁76户、223人。

【“两学一做”专题活动】 4月29日，杜琼乡召开“两学一做”主题活动动员大会，通过制定实施方案、成立工作领导小组的形式，明确活动内容、目标任务、开展形式、方式步骤、工作安排，为开展专题活动指明方向。各党支部也结合自身召开了专题组织生活会，就如何开展“两学一做”主题活动任务节点做了进一步细化。

【发展壮大村集体经济】 年内，以发展壮大村集体经济为突破口，促进农牧民增收。截至年底，杜琼乡辖9个行政村已有集体经济5个（杜琼村、帕措村、来强村、差强村、多旦村）。

【团委工作】 年内，杜琼乡在团建方面十分重视团员的发展和教育工作，将团委工作制度化、经常化、规范化。2016年团员47人，新增团员6人，达到年龄退团的有5人。

【党风廉政建设】 年内，在党风廉政建设和反腐败工作中，杜琼乡强化组织领导，成立领导小组，明确领导小组成员职责。分别与9个行政村签订《党风廉政目标责任书》，将各村的党风廉政目标任务细化到个人。

【干部作风建设】 年内，加强机关干部作风建设，由乡纪委牵头严格执行考勤制度，要求干部职工严格遵守上下班制度，并将全年考核情况作为干部职工年终考评的重要依据。

【经济发展】 根据2016年国民经济统计全年国民经济总收入5721万，与2015年同比增加14%。其中牧业总收入5755040.75元，与2015年同比增加12%，农业总收入20567202.95元，与2015年同比增加15%。农牧民人均收入从2015年的9100元增长到2016年的11639元，与2015年同比增加27%。

【农业】 2016年，杜琼乡大力发展特色农牧业，稳步推进农业结构调整，2016年播种良种青稞17000.1亩（“藏青2000”、320）；油菜播种面积为957亩；蔬菜播种面积为697.6亩；饲草料种植面积428.8亩。全乡青稞总产量10094719.25斤，油菜总产量247974.4斤、蔬菜总产量2559837斤，饲草料总产量10531549.25斤。

【牧业】 2016年，新生子畜5794（头、只、匹），成活率达91%；牲畜出栏6137（头、只、匹），出栏率达35%；牲畜存栏17536头、只、匹；兑现草原生态保护补助奖励机制资金185038.5元，野生动物肇事资金24120元，2016年杜琼乡林业生态补偿资金共发放139316.3万元，科技特派员补贴137500元；口蹄疫O（欧）型、亚洲I（哎）型三价灭活疫苗牲畜数为23673（头、只），实免数量为23673（头、只）接种率达99.9%。

【环境综合整治】 年内，环境整治工作作为杜琼乡的重点工作，党委、政府就专门组织召开专题会议，并多次召开专题部署会议，成立以乡党委书记为组长的工作领导小组，制订方案，并与各单位、各村签订目标责任书，划分片区，责任落实到位。将环境卫生整治作为长效机制来抓，由各单位、各村委和驻村工作队负责定期组织群众对村（居）及周边环境进行打扫。乡督导组不定期对各单位、各村开展督查，整改不到位的下发整改任务通知单，限期整改。定期组织干部职工和群众学习环境保护法律法规知识，开展环保知识宣传，增强群众爱护环境、爱护家园的意识。

【劳务输出】 年内，劳务输出主要是劳动力转移就业和农牧民技能培训相结合让农牧民群众增加收入，使农牧民群众过上幸福生活。根据2016年国民经济统计数据，2016年杜琼乡劳务输出1255人/次，劳务输出实现经济收入360万元。

【教育工作】 年内，教育工作作为杜琼乡一把手工程，乡党委书记为主抓的配备了专干工作人员，经常巡查教育教学计划，教师请销假制度、学生吃、住、学等情况，进一步完善和提高整体教育效率。

【卫生工作】 加强医疗卫生队伍建设，提高诊疗水平，不定时的组织村医务人员在乡卫生院进行培训。让广大人民群众就近就医、安心就医。巩固完善基本药物制度，排查过期药物，保证农牧民放心用药。充分利用民族医药特色优势，提升藏医药服务能力。加强妇幼卫生和优生优育工作，保证孕妇在分娩周期得到有效保障。大力开展健康教育宣传工作，提高群众健康意识。

【新型农村社会养老保险】 新型农村社会养老保险是国家出台的一项惠民政策，是一项好政策，达到年龄后每月就可领取养老金至终身。2016年杜琼乡16—59岁应参保人数1790人，实际参保人数1767人，参保率达到98.7%。

【民政工作】 2016年10月，杜琼乡完满完成低保户调整工作，现有低保户79户，254人。困难残疾人38人，重度残疾人28人。

（旦增达瓦）

【领导名录】

党委书记　杨全义

党委副书记、乡长

普布次仁（藏族）

党委副书记、人大主席
次仁罗布（藏族）
统战委员、副乡长
边　吉（女，藏族，正科级）
党委副书记、组织委员、宣传委员
旦增达瓦（藏族）
纪委书记 魏　巍（女）
人武部部长、副乡长
康　峰
政法委员、派出所所长
次仁卓玛（女，藏族）

强堆乡

【概况】 强堆乡位于白朗县东南部，年楚河河谷地段，距离县城13公里，交通便利，东与江孜县接壤，西与白朗县洛江镇相连，北与桑珠孜区江当乡接壤，总面积96.6平方公里。全乡平均海拔3950米，年降雨量288毫米，年平均气温5.6℃，具有显著的高原季风、温带半干旱气候特征，干湿冷暖季节分明。

强堆乡下辖7个行政村（分别为夏吉村、吉定村、亚龙村、当嘎村、扎西普村、洁白村、白岗村）；7个自然村。全乡共7个村民委员会，村“两委”班子人数37人。全乡耕地面积5708亩，人均耕地2亩，林地面积26028.2亩，草场面积121514亩，年末牲畜存栏数为10797（头、只、匹），据2016年国民经济统计，农牧民人均年收入约13292元。

全乡共有370户，2833人，共有35个联户单位，35名户长，其中7个村34个联户单元，34名户长；全乡共有11个党支部，223名党员，其中女性党员74人、预备党员7人、积极分子13人；全乡群众党员174人，预备党员6人，积极分子12人；全乡人大代表40人、县级代表8人、政协委员4人、党代表12人，共青团员219人。全乡在编干部职工42人，其中乡机关干部职工35人，包括公益性2人，乡卫生所在编3人，包括公益性3人，乡派出所4人。驻寺干部4人；全乡在职教职工15人，其中正式教师14人、公益性0人，临时工4人（厨师3人、老师1人），在校学生250人，1所学前班。其中扶贫建档立卡内53户，317人，建党立卡外310户，2414人；全乡低保户48户，292人、“五保户”5人、“三老人员”33人、残疾人53人。

【基层队伍建设】 年内，加强对入党积极分子的教育培养，坚持党员发展标准，认真履行入党手续，全乡共有11个党支部，223名党员，其中群众党员174人。重视村级班子队伍建设。年初乡党委就专门召开村“两委”班子专题会议，制定完善村干部考核实施细则，采取开会测评、约谈、走访群众等方法对村干部进行了德、能、勤、绩、廉五个方面的考核，将奖惩与考核结果挂钩，有效调动了村干部的工作主动性和积极性。

【扶贫工作】 年内，强堆乡把精准扶贫作为当前的重点工作，建档立卡内贫困户53户、317人，脱贫户42户264人。易地搬迁户数36户，受益人数160人；产业扶持47户，受益人数149人；医疗救助10户，受益人数13人；生态就业岗位53户，受益人数213人，发放资金645000元；信贷扶持52户，受益人数52人；社会兜底6户，受益人数35人；结对帮扶53户、317人。

【“两学一做”专题活动】 3月4日，强堆乡党委召开“两学一做”主题活动动员大会，通过“两学一做”主题活动实施方案和工作领导小组，明确活动内容、开展形式、方式步骤、工作安排，为开展专题活动指明方向。各党支部也结合自身召开了专题组织生活会，就如何开展“两学一做”主题活动任务节点做了进一步细化。

【发展壮大村集体经济】 年内，以发展壮大村集体经济为突破口，促进农牧民增收。截至年底，强堆乡正在实施的村集体经济有：亚龙娟姗奶牛养殖场，项目资金54万元。吉定村藏鸡养殖场，项目资金25万元。吉定村藏猪养殖场，项目资金30万元。

【团委工作】 年内，强堆乡在团建方面十分重视团员的发展和教育工作，将团委工作制度化、经常化、规范化。2016年团员219人，新增团员45人，达到年龄退团的有10人。

【党风廉政建设】 年内，在党风廉政建设和反腐败工作中，强堆乡强化组织领导，成立领导小组，明确领导小组成员职责。分别与11个党支部签订《党风廉政目标责任书》，将各村的党风廉政目标任务细化到个人。

【机关干部作风建设】 年内，加强机关干部作风建设，由乡纪委牵头严格执行考勤制度，要求干部职工严格遵守上下班制度，并将全年考核情况作为干部职工年终考评的重要依据。

【为群众办实事解难题】 10月14日，为帮助贫困户家庭解决越冬口粮问题，强堆乡党委班子组织开展贫困户慰问活动给7个行政村53户贫困户家庭及杜琼乡、曲奴乡的贫困家庭进行了慰问，共送去3.48万元慰问资金，户均约355元。

【经济发展】 根据2016年国民经济统计全年国民经济总收入5640.79万元，与2015年同比增加12%。其中农业总收入2333.46万元，与2015年同比增加月12%。农牧民人均收入13292元，与2015年同比增加17%。

【农业】 2016年，强堆乡大力发展特色农牧业，稳步推进农业结构调整，2016年播种良种青稞3200亩，其中“藏青2000”和“藏青320”分别占2050亩、1150亩；经济作物播种面积1700亩，其中油菜播种面积为1000亩；蔬菜播种面积为700亩；饲草料种植面积400亩。全乡青稞总产量435万斤，油菜总产量23万斤、蔬菜总产量375万斤，饲草料总产量660.7万斤；化肥48吨。

【牧业】 2016年，全乡牲畜存栏10797头（只、匹），总增率达到34.8%，新生仔畜成活率95%，牲畜死亡率控制在1.1%以内，牲畜出栏1868头（只、匹），出栏率35%，转化商品率为45%。黄牛改良867头，牲畜防疫和禽流感防控工作得到全面加强，建立并完善了防疫应急预案，落实防疫责任，做到防疫、生产“两手抓，两不误”，以“W”病、禽流感为主的免疫注射密度均达到应免疫的100%。

【水利】 年内，以项目建设为抓手，加快基础设施建设，筑牢经济发展基础。2016年全乡水利项目建设总投资达到837万元，其中夏吉村水渠续建项目113万元；亚龙村水渠续建项目90万元；扎西普村水渠建设项目44万元；白岗村防洪堤建设项目178万元；洁白村水塘建设项目56万元；当嘎村水渠建设项目70万元；吉定、夏吉村人畜饮水机井建设项目各75万元；亚龙村农田支渠建设项目67万元；吉定村农田水渠建设项目136万元。

【环境综合整治】 年内，环境整治工作作为强堆乡的重点工作，党委、政府就专门组织召开专题会议，并多次召开专题部署会议，成立以乡党委书记赵俊峰为组长的工作领导小组，制定《强堆乡环境整治督查工作方案》，并与各单位、各村签订目标责任书，划分片区，责任落实到位。将环境卫生整治作为长效机制来抓，由各单位、各村委和驻村工作队负责定期组织群众对村居及周边环境进行打扫。乡督导组不定期对各单位、各村开展督查，整改不到位的下发整改任务通知单，限期整改。定期组织干部职工和群众学习环境保护法律法规知识，开展环保知识宣传，增强群众爱护环境、爱护家园的意识。

【劳务输出】 劳务输出主要是劳动力转移就业和农牧民技能培训相结合让农牧民群众增加收入，使农牧民群众过上幸福生活。根据2016年国民经济统计数据，2016年强堆乡劳务输出人次1826人/次，劳务输出实现经济收入369万元。2016年，派送113名农牧民群众到市人社局下属的9家培训机构参加太阳能设备维修、创业、装载机、挖掘机、钢筋机、混泥土工、农机维修、藏餐厨师等技能培训。

【教育工作】 年内，教育工作作为强堆乡一把手工程，乡党委书记为主抓的配备了专干工作人员，经常巡查教育教学计划，教师请销假制度、学生吃、住、学等情况，进一步完善和提高整体教育效率。全乡小学在校生250人，入学率达到100%。

【卫生工作】 年内，严格建立卫生工作台账，实施村医包村和考评制度，确保村医的管理和用药指导工作，全乡农牧民参合2673人，参合率达到99%，各种疫苗接种率100%，卫生知识宣传12次，门诊人数5138人次，住院人数46人，住院分娩32人。

加强医疗卫生队伍建设，提高诊疗水平，不定时的组织村医务人员在乡卫生院进行培训。让广大人民群众就近就医、安心就医。巩固完善基本药物制度，排查过期药物，保证农牧民放心用药。充分利用民族医药特色优势，提升藏医药服务能力。加强妇幼卫生和优生优育工作，保证孕妇在分娩周期得到有效保障。大力开展健康教育宣传工作，提高群众健康意识。

【妇联工作】 妇联工作是全乡经济稳定发展重要的一个环节，年内，强堆乡妇联主要在“三八”妇女节期间乡党委、政府为各村拨付1000元的活动经费。在“3·28”期间强堆组织开展贫困妇女慰问活动，并送去2000元的慰问金和慰问品。

【新型农村社会养老保险】 新型农村社会养老保险是国家出台的一项惠民政策，是一项好政策，达到年龄后每月就可领取养老至终身。2016年强堆乡16~59岁应参保人数1427人，实际参保人数1427人。

【民政工作】 2016年10月，强堆乡圆满完成低保户筛选工作，现有低保户48户，292人。“五保户”5户，困难残疾人27人，高龄老人26人，重度残疾人26人，2016年发放重度残疾人补助资金46800元，困难残疾人补助资金16200元。

【国土工作】 2016年，强堆乡经过实际勘察，为合理利用国土资源，2016年5月，在通过与上级业务部门进行沟通后，开始关于年楚河河道改造，2016年年底工程结束，此工程便捷了农牧民的土地灌溉。

（黎新宇）

【领导名录】

党委书记　赵俊峰

党委副书记、乡长　扎西江白（藏族）

党委副书记、人大主席　旦木真（藏族）

党委副书记、组织委员、宣传委员、人武部部长　肖杰

副乡长　格桑玉珍（女，藏族）

纪委书记　索朗普尺（女，藏族）

政法委员、派出所所长　次仁多吉（藏族）

卫生院院长　边巴（藏族）

小学校长　米玛次仁（藏族）

嘎普乡

【概况】 西藏自治区日喀则市白朗县嘎普乡，"嘎普"系藏语，意为"欢乐谷地"。1968年设嘎普公社，1976年改乡。嘎普乡位于县境南部，辖普奴、嘎普、玛岗、楚松、塔叶5个行政村，16个自然村。政府坐落在普奴村，距县城52公里，平均海拔4300米，北接旺丹乡下麦村，南与东喜乡相邻，西与萨迦县接壤，东南与江孜县加克乡毗邻，东西长、南北窄。为半农半牧乡，种植青稞、小麦等，牧养绵羊、山羊、牦牛等。一江两河开发项目之一的楚松水库建于乡内。嘎普

乡境内有德久寺，初建于1340年。属典型的高原性气候，空气稀薄，日照充足，昼夜温差大。山势险峻、沟壑纵横，道路崎岖，交通条件极为不便。

嘎普乡辖5个行政村（分别为楚松村、普奴村、普奴村、塔叶村、玛岗村）。全乡共5个村委员会，村“两委”班子人数27人，全乡总面积169平方公里，其中耕地面积5510亩，林地面积1.5万亩，可利用草场面积46.6万亩，载畜量为26479只（折羊单位），2016年末牲畜存栏数为22431（头、只、匹），2016年国民经济统计，人均年收入约9210元。

全乡共有379户，2240人，共有34个联户单位，34名户长，其中5个村33个联户单元，33名户长，1个联户单元，1个户长；全乡共有8个党支部，199名党员，其中女性党员30人、预备党员7人、积极分子41人；全乡群众党员156人，预备党员5人，积极分子41人；全乡人大代表40人、县级代表5人、政协委员3人、党代表8人，共青团员103人。全乡在编干部职工35人，其中乡机关干部职工34人，包括公益性1人，乡卫生院4人，包括公益性4人，乡派出所4人，包括辅警2人。驻寺干部3人；全乡在职教师17人，临时工2人，在校学生161人，5所学前班，分别坐落在5个行政村。全乡贫困户131户，贫困人口625人，其中扶贫建党立卡内131户，625人，建党立卡外225户，997人；全乡低保户136户，623人、“五保户”2人、“三老人员”50人、残疾人42人。

【基层队伍建设】 重视党员发展质量。加强对入党积极分子的教育培养，坚持党员发展标准，认真履行入党手续，全乡共有8个党支部，199名党员，其中群众党员156人。重视村级班子队伍建设。年初乡党委就专门召开村“两委”班子专题会议，制订完善村干部考核实施细则，采取开会测评、约谈、走访群众等方法对村干部进行了德、能、勤、绩、廉五个方面的考核。将奖惩与考核结果挂钩，有效调动了村干部的工作主动性和积极性。

【扶贫工作】 2016年，嘎普乡把精准扶贫作为当前的重点工作，年内，建档立卡内贫困户131户、625人，脱贫户116户575人。易地搬迁户数20户（塔叶村7户、玛岗村3户、嘎普村3户、普奴村5户、楚松村2户），受益人数83人；产业扶持116户，将受益人数575人；医疗救助13户，受益人数49人；生态就业岗位426人，发放资金127.8万元；信贷扶持85户，受益人数428人；社会兜底15户，60人；同步搬迁6户、21人。

【“两学一做”专题活动】 4月13日，嘎普乡党委召开“两学一做”主题活动动员大会，明确活动内容、目标任务、开展形式、方式步骤、工作安排，为开展专题活动指明方向。各党支部也结合自身召开了专题组织生活会，就如何开展“两学一做”主题活动任务节点做了进一步细化。

【团委工作】 嘎普乡在团建方面十分重视团员的发展和教育工作，利用党建带团建，结合“两学一做”开展“一学一做”工作，将团委工作制度化、经常化、规范化。2016年团员103人，新增团员36人，达到年龄退团的有28人。

【党风廉政建设】 年内，在党风廉政建设和反腐败工作中，嘎普乡强化组织领导，成立领导小组，明确领导小组成员职责。分别与5个行政村签订《党风廉政目标责任书》，将各村的党风廉政目标任务细化到个人。

【机关干部作风建设】 年内，加强机关干部作风建设，由乡纪委牵头严格执行考勤制度，要求干部职工严格遵守上下班制度，并将全年考核情况作为干部职工年终考评的重要依据。

【为群众办实事解难题】 8月19日，为帮助精准扶贫户顺利实现脱贫，嘎普乡党委、政府组织全乡干部职工开展结对帮扶慰问活动。

【经济发展】 2016年，国民经济统计全乡国民经济总收入2634.02万元，与2015年同比增加14.37%。其中农业总收入525.48万元，与2015年同比增加4.03%，牧业总收入946.1万元，与2015年同比增加1.3%。农牧民人均收入从2015年的7792.25元增长到2016年的9210元，与2015年同比增加18.2%。

【农业】 2016年，嘎普乡大力发展特色农牧业，稳步推进农业结构调整，2016年播种良种青稞3630亩（GH88009号、当地品种）；经济作物播种面积1880亩，其中油菜播种面积为696亩；蔬菜播种面积为298亩；饲草料种植面积886亩。全乡青稞总产量341.44万斤，油菜总产量21.9万斤、蔬菜总产量265.8万斤，饲草料总产量307.5万斤；化肥80吨。

【牧业】 2016年，新生子畜688（头、只、匹），成活率达98%；牲畜出栏5970（头、只、匹），出栏率达35%；牲畜存栏22431头、只、匹；兑现草原生态保护补助奖励机制资金69万元，野生动物肇事资金4.67万元，2016年嘎普乡林业生态补偿资金共发放21.78万元，农资综合补贴9.23万元，科技特派员补贴22500元；口蹄疫O型、亚洲I型三价灭活疫苗接种率达99.9%。

【水利】 以项目建设为抓手，加快基础设施建设，筑牢经济发展基础。2016年全乡开工建设水塘、水渠等项目5个。2016年9月，嘎普乡进行乡政府大院新建饮水设施工程，项目总投资33万元，该项目于11月竣工完成。乡政府大院饮水设施工程有效解决了乡政府干部职工饮水问题。

【交通】 为方便偏远村群众的出行，自治区人社厅驻嘎普乡玛岗村工作队积极与交通厅协调，新修嘎普乡大桥至玛岗村村委会道路10.3公里，投入资金1444万元。

【环境综合整治】 年内，环境整治工作作为嘎普乡的重点工作，党委、政府就专门组织召开专题会议，并多次召开专题部署会议，成立以乡党委书记为组长的工作领导小组，制定《嘎普乡环境整治督查工作方案》，划分片区，责任落实到位。将环境卫生整治作为长效机制来抓，实行每天小扫除，每周大扫除的工作方式，发挥人大代表监督作用，监督各村环境整治情况。乡督导组不定期对各单位、各村开展督查，整改不到位的，责令限期整改。

【劳务输出】 劳务输出主要是劳动力转移就业和农牧民技能培训相结合让农牧民群众增加收入，使农牧民群众过上幸福生活。根据2016年国民经济统计数据，2016年嘎普乡劳务输出人次1137人／次，劳务输出实现经济收入512.74万元。2016年派送70名农牧民群众到县人社局培训机构参加设备维修、创业、装载机、挖掘机、钢筋机、混泥土工、农机维修、藏餐厨师等技能培训。

【教育工作】 教育工作作为嘎普乡一把手工程，乡党委书记为主抓，配备了专干工作人员，经常巡查教育教学计划，教师请销假制度、学生吃、住、学等情况，进一步完善和提高整体教育效率。全乡小学在校生161人，入学率达到了100%。

【卫生工作】 年内，严格建立卫生工作台账，实施村医包村和考评制度，确保村医的管理和用药指导工作，全乡农牧民参合2240人，参合率达到100%，各种疫苗接种率100%，卫生知识宣传10次，门诊人数3415人次，住院人数46人，住院分娩42人。

加强医疗卫生队伍建设，提高诊疗水平，不定时的组织村医务人员在乡卫生院进行培训。让广大人民群众就近就医、安心就医。巩固完善基本药物制度，排查过期药物，保证农牧民放心用药。充分利用民族医药特色优势，提升藏医药服务能力。加强妇幼卫生和优生优育工作，保证孕妇在分娩周期得到有效保障。大力开展健康教育宣传工作，提高群众健康意识。

【妇联工作】 妇联工作是全乡经济发展稳定的一

个重要环节，年内，区妇联主席江措拉姆到嘎普乡进行工作指导的同时给各村送去500元慰问金。在“3·28”期间嘎普乡党委、政府组织开展贫困妇女慰问活动。

【新型农村社会养老保险】 新型农村社会养老保险是国家出台的一项惠民政策，是一项好政策，达到年龄后每月就可领取养老金至终身。2016年嘎普乡16~59岁应参保人数1276人，实际参保人数1207人。

【民政工作】 2016年9月，嘎普乡完满完成低保户筛选工作，现有低保户136户，623人。“五保户”2户，高龄老人19人，困难残疾人42人，其中重度残疾人21人。

【国土工作】 2016年，经国土局与上级测绘部门实地勘察，完成嘎普乡25个泥石流点的排查，并制定合理有效的措施方案，在每个点都设立了监测人，有效地保护了人民的生命财产安全。2016年新审批宅基地7户。

（安　月）

【领导名录】

党委书记　旦　增（藏族）
党委副书记、乡长
　任振西
党委副书记、人大主席
　巴桑果吉（藏族，5月免）
　央　珍（女，藏族，5月任）
党委副书记、组宣委员
　德吉卓嘎（女，藏族，5月免）
　索朗卓嘎（女，藏族，5月任）
纪委书记　阿旺次仁（藏族）
副乡长　刘永才（5月任）
　马　宁（6月任）
　索朗卓嘎（女，藏族，5月免）
副乡长、人武部部长
　晋美朗杰（藏族，5月任）
副乡长　德吉卓嘎（女，藏族，5月任）
副主任科员　边巴次仁（藏族，5月任）

者下乡

【概况】 者下乡位于白朗县西南部，距县政府驻地48公里，东与旺丹乡、玛乡毗邻，西与萨迦县毗邻，南与噶普乡接壤，北靠桑珠孜区确布雄乡，全乡平均海拔4500米左右，乡政府驻地海拔4390米。全乡总面积475817亩。现辖7个行政村22个自然村。一所小学19名教职工，213名学生，有1座寺庙15名僧尼（其中编内10名，编外5名）。截至年底，全乡共有319户1970人，其中男性1062人，女性908人。

农村经济总收入达到1896.33万元，增长333.45万元，牧民人均纯收入达到7345.78元，其中现金收入达到4701.3元，占人均纯收入的64%。全乡农作物播种面积为800亩，其中粮食播种面积为300亩、经济作物100亩、饲草料400亩。粮油总产量达24万斤，其中粮食产量达22万斤、油料达2万斤。年末存栏各类牲畜30902头（只、匹），其中大畜3565头（匹），小畜27337只，新生仔畜11894头（只、匹），成活数11748头（只、匹），成活率达到98.7%，成畜死亡265头（只、匹），死亡率控制在2.5%以内，适龄母畜15914只，占牲畜总头数的58%，各种毛类产量18.21吨，年皮张产量17952张。

全乡共有182名中共正式党员，其中农牧民党员154名，乡机关、学校、卫生院、派出所、驻寺党员28名。每年各村制定计划发展党员名额2—3名，保证党员素质和质量。全乡参加合作医疗人数1933人，参合率达98%，有效提高了人民群众的健康水平。截至年底，全乡拥有329辆农用拖拉机。依托“4·25”地震灾后重建、新农村建设、牧业综合开发等平台，采取集中和分散相结合的安置方式，已完成普村灾后重建整村推进项目108户733人；完成建档立卡易地扶贫搬迁任务130户742人，让搬迁对象搬得出、留得住、富得起。

【党建工作】 为适应新形势下农村工作的需要，

乡党委班子认真执行党建制度，重视党员发展质量。加强对入党积极分子的教育培养，坚持党员发展标准，认真履行入党手续，全乡共有9个党支部，182名党员，其中群众党员154人。重视村级班子队伍建设。年初乡党委专门召开村“两委”班子专题会议，制定完善村干部考核实施细则，采取开会测评、约谈、走访群众等方法对村干部进行了德、能、勤、绩、廉五个方面的考核。将奖惩与考核结果挂钩，有效调动了村干部的工作主动性和积极性。同时以提高党委领导班子的素质、能力和水平为目标，以者下乡党建工作“星级评定”为载体，形成一把手抓党建，一级抓一级的工作机制，充分发挥党委领导的核心作用和党员的先锋模范作用，以发展者下经济为主攻点，使者下乡社会发展进入全新的领域。

【“两学一做”专题活动】 3月4日，者下乡党委召开“两学一做”主题活动动员大会，通过“深化五项教育、增进五个意识”主题活动实施方案和工作领导小组，明确活动内容、目标任务、开展形式、方式步骤、工作安排，为开展专题活动指明方向。各党支部也结合实际召开了专题组织生活会，就如何开展“两学一做”主题活动节点任务做了进一步细化。

【扶贫工作】 年内，全乡共有建档立卡（精准扶贫对象）255户1516人，其中，产业扶持类217户706人，转移就业扶持94户115人，易地扶贫搬迁130户742人，生态补偿扶持对象255户1148人，发展教育扶持对象154户278人，医疗救助扶持对象32户46人，社会兜底38户106人，金融信贷170户170人。

【发展壮大村集体经济】 年内，以发展壮大村集体经济为突破口，促进农牧民增收。截至年底，者下乡正在实施的村集体经济有2万亩草场，和正在筹建的藏香厂。

【党风廉政建设】 年内，在党风廉政建设和反腐败工作中，者下乡强化组织领导，成立领导小组，明确领导小组成员职责。分别与7个行政村签订《党风廉政目标责任书》，将各村的党风廉政目标任务细化到个人。

【机关干部作风建设】 年内，加强机关干部作风建设，由乡纪委牵头严格执行考勤制度，要求干部职工严格遵守上下班制度，并将全年考核情况作为干部职工年终考评的重要依据。

【农业】 2016年，者下乡大力发展特色农牧业，稳步推进农业结构调整，2016年播种良种青稞800亩（喜马拉雅19号、藏青2000、320）；主要种植在者下乡普村、宗村。

【牧业】 2016年，新生子畜307（头、只、匹），成活率达91%；牲畜出栏89（头、只、匹），出栏率达42%；牲畜存栏30903头、口蹄疫O型、亚洲i型三价灭活疫苗牲畜数为30900（头、只），实免数量为29275（头、只）接种率达99.9%；冬圈夏草种植面积20000亩。

【环境综合整治】 年内，环境整治工作作为者下乡的重点工作，乡党委、政府专门组织召开专题会议，并多次召开专题部署会议，成立以乡党委书记为组长的工作领导小组，制定《者下乡环境整治督查工作方案》，并与各单位、各村目标责任书，划分片区，责任落实到位。将环境卫生整治作为长效机制来抓，由各单位、各村委和驻村工作队负责定期组织群众对村居及周边环境进行打扫。乡督导组不定期对各单位、各村开展督查，整改不到位的下发整改任务通知单，限期整改。定期组织干部职工和群众学习环境保护法律法规知识，开展环保知识宣传，增强群众爱护环境、爱护家园的意识。

【妇联工作】 妇联工作是全乡经济稳定发展重要的一个环节，年内，者下乡妇联主要在“三八”妇女节期间，根据全乡各村人口标准分别拨付

1000元、500元（全村人口500人以上各村拨付1000元、全村人口500人以下的拨付500元）的活动经费。在“3・28”期间者下乡组织开展各村文艺表演，拔河比赛等活动，全面展示农牧民在新中国成立以来的美好生活，赞颂共产党好，社会主义好。

【卫生工作】 年内，严格建立卫生工作台账，实施村医包村和考评制度，确保村医的管理和用药指导工作，全乡农牧民参合1970人，参合率达到100%，各种疫苗接种率100%，卫生知识宣传10次。

加强医疗卫生队伍建设，提高诊疗水平，不定时的组织村医务人员在乡卫生院进行培训。让广大人民群众就近就医、安心就医。巩固完善基本药物制度，排查过期药物，保证农牧民放心用药。充分利用民族医药特色优势，提升藏医药服务能力。加强妇幼卫生和优生优育工作，保证孕妇在分娩期得到有效保障。大力开展健康教育宣传工作，提高群众健康意识。

【教育工作】 教育工作作为者下乡一把手工程，配备了专干工作人员，经常巡查教育教学计划，教师请销假制度、学生吃、住、学等情况，进一步完善和提高整体教育效率，全乡小学在校生213人。

【新型农村社会养老保险】 新型农村社会养老保险是国家出台的一项惠民政策，达到年龄后每月就可领取养老金至终身。2016年者下乡参保人数1210人（15—59岁）。

【民政工作】 2016年10月，者下乡圆满完成低保户筛选工作，现有低保户164户，775人。2016年，发放重度残疾人补助资金614740.15元。

【国土工作】 2016年，者下乡经过实际勘察，为合理利用国土资源，进行了草原划界等工作，更好的服务农牧民，带动全村脱贫发挥了积极作用。

（李发坤）

【领导名录】

党委书记　普　珠（藏族）
党委副书记、人大主席
　　巴　罗（藏族）
党委副书记、乡长
　　李　勇
党委副书记　普布旦增（藏族）
统战委员、副乡长、宗治主任，人武部部长
　　普　琼（藏族）
纪委书记　次　普（女，藏族）
宣传委员、副乡长
　　米玛拉姆（女，藏族，6月任）
政法委员、派出所所长
　　普布顿珠（藏族，6月任）
卫生院院长　普　贵（藏族）

东喜乡

【概况】 东喜乡位于白朗县南部，距县城75公里，辖8个行政村，平均海拔4800米。该乡东连江孜县、康玛县，西临萨迦县，北靠嘎普乡，南与亚东县、岗巴县毗邻。乡境内平均海拔4800米，常年刮风下雪，以高寒气候为主。

乡下辖8个行政村（分别为强日村、普久村、乃直村、思古龙村、曲松村、吾久、比木村、多巴村）。全乡共8个村民委员会，村“两委”班子人数40人，其中一肩挑8人。全乡共有草场总面积有106.9万亩，可利用草场面积为101.8万亩。

全乡共有200户，1238人，共有37个联户单位，37名户长，全乡共有10个党支部，146名党员，其中女性党员60人、预备党员11人、积极分子67人；全乡群众党员116人，预备党员9人，积极分子63人；全乡人大代表31人、县级代表4人、政协委员1人、党代表9人，共青团员86人。全乡在编干部职工49人，其中乡机关干部职工25人，包括公益性1人，乡卫生院3人，包括公益性3人，乡派出所4人，包括辅警2人。驻寺干部2人；全乡在职教职工15人，其中正式教师10人、代课教师1人、公益性4人，在校学生108人。全乡贫困户148户，贫困人口795人，其中扶贫建党立卡内97户，477人，建党立卡外51户，318人；全乡低保户19户，43人、“五保户”2户、2人、“三老人员”8人、残疾人43人。

【党建工作】 年内，重视党员发展质量。加强对入党积极分子的教育培养，坚持党员发展标准，认真履行入党手续，全乡共有10个党支部，146名党员，其中群众党员116人；重视村级班子队伍建设，年初乡党委就专门召开了村“两委”班子专题会议，制定完善村干部考核实施细则，采取开会测评、约谈、走访群众等方法对村干部进行了德、能、勤、绩、廉五个方面的考核。将奖惩与考核结果挂钩，有效调动了村干部的工作主动性和积极性。

【扶贫工作】 年内，东喜乡把精准扶贫作为当前的重点工作。建档立卡内贫困户97户、477人，脱贫户92户469人。易地搬迁户数12户（强日村4户、比木村6户、曲松村2户），受益人数51人；产业扶持92户，将受益人数225人；医疗救助6户，受益人数6人；生态就业岗位305人，发放资金91.5万元；信贷扶持79户，受益人数79人；社会兜底5户8人；拟同步搬迁2户5人。

【“两学一做”专题活动】 3月4日，东喜乡党委召开“两学一做”主题活动动员大会，通过“深化五项教育、增进五个意识”主题活动实施方案和工作领导小组，明确活动内容、明确活动内容、目标认为、开展形式、方式步骤、工作安排，为开展专题活动指明方向。各党支部也结合自身召开了专题组织生活会，就如何开展“两学一做”主题活动任务节点做了进一步细化。

【发展壮大村集体经济】 以发展壮大村集体经济为突破口，促进农牧民增收。截至年底，东喜乡正在实施的村集体经济有：曲松村水磨糌粑加工厂，强日村集体经济养殖，普久村集体经济养殖，思古龙村集体经济养殖，吾久村集体经济养殖，乃直村集体经济养殖，比木村集体经济养殖，多巴村集体经济养殖，项目资金14.25万元。

【团委工作】 年内，东喜乡在团建方面十分重视团员的发展和教育工作，将团委工作制度化、经常化、规范化。2016年团员97人，达到年龄退团的有11人。

【党风廉政建设】 年内，在党风廉政建设和反腐败工作中，东喜乡强化组织领导，成立领导小组，明确领导小组成员职责。分别与8个行政村签订《党风廉政目标责任书》，将各村的党风廉政目标任务细化到个人。

【机关干部作风建设】 年内，加强机关干部作风建设，由乡纪委牵头严格执行考勤制度，要求干部职工严格遵守上下班制度，并将全年考核情况作为干部职工年终考评的重要依据。

【为群众办实事解难题】 11月3日，为帮助贫困户家庭解决越冬口粮问题，东喜乡党委班子组织开展贫困户慰问活动为8个行政村97户贫困户家庭送去97袋大米、97袋面粉、97条砖茶。

【经济发展】 根据2016年国民经济统计，全年国民经济总收入18795665.38，与2015年同比增加16%。其中牧业总收入7444887.84元，与2015年同比增加16%。农牧民人均收入从2015年的8179.54元增长到2016年的9737.54元，与2015年同比增加16%。

【牧业】 2016年，新生子畜10957（头、只、匹），成活率达86.94%；牲畜出栏9291（头、只、匹），出栏率达34.96%；牲畜存栏26573头、只、匹；兑现草原生态保护补助奖励机制资金152万元，2016年东喜乡农资综合补贴5万元，科技特派员补贴5000元；人工种草面积1010亩。

【环境综合整治】 年内，环境整治工作作为东喜乡的重点工作，党委、政府就专门组织召开专题会议，并多次召开专题部署会议，成立以乡党委书记为组长的工作领导小组，制订《东喜乡环境整治督查工作方案》，并与各单位、各村目标责任书，划分片区，责任落实到位。将环境卫生整治作为长效机制来抓，由各单位、各村委和驻村工作队负责定期组织群众对村居及周边环境进行打扫。乡督导组不定期对各单位、各村开展督查，整改不到位的下发整改任务通知单，限期整改。定期组织干部职工和群众学习环境保护法律法规知识，开展环保知识宣传，增强群众爱护环境、爱护家园的意识。

【劳务输出】 劳务输出主要是劳动力转移就业和农牧民技能培训相结合让农牧民群众增加收入，使农牧民群众过上幸福生活。根据2016年国民经济统计数据，2016年东喜乡劳务输出人次799人/次，劳务输出实现经济收入7242000元。

【教育工作】 年内，教育工作作为东喜乡一把手工程，乡党委书记为主抓的配备了专干工作人员，经常巡查教育教学计划，教师请销假制度、学生吃、住、学等情况，进一步完善和提高整体教育效率。全乡小学在校生108人、初中在校人数人，入学率达到了100%。

【卫生工作】 年内，严格建立卫生工作台账，实施村医包村和考评制度，确保村医的管理和用药指导工作，全乡农牧民参合793人，参合率达到100%，各种疫苗接种率100%，卫生知识宣传10次，门诊人数800人次，住院人数60人，住院分娩16人。

加强医疗卫生队伍建设，提高诊疗水平，不定时的组织村医务人员在乡卫生院进行培训。让广大人民群众就近就医、安心就医。巩固完善基本药物制度，排查过期药物，保证农牧民放心用药。充分利用民族医药特色优势，提升藏医药服务能力。加强妇幼卫生和优生优育工作，保证孕妇在分娩周期得到有效保障。大力开展健康教育宣传工作，提高群众健康意识。

【妇联工作】 妇联工作是全乡经济稳定发展重要的一个环节，年内，东喜乡妇联主要在“三八”妇女节期间乡党委、政府为各村拨付1000元的活动经费。在“3·28”期间东喜乡组织开展贫困妇女慰问活动。

【新型农村社会养老保险】 新型农村社会养老保险是国家出台的一项惠民政策，是一项好政策，达到年龄后每月就可领取养老金至终身，2016年东喜乡16—59岁参保人数793人。

【民政工作】 2016年10月，东喜乡完成低保户筛选工作，现有低保户19户，43人。“五保户”2户，困难残疾人6人，高龄老人3人，重度残疾人10人，2016年发放重度残疾人补助资金18000元，发放高龄老人补助资金900元，困难残疾人补助资金3600元。

（拉　次）

【领导名录】

党委书记　达瓦罗布（藏族）

党委副书记、乡长
李　贺

党委副书记、人大主席
巴　桑（藏族）

党委副书记、组织委员
拉　次（藏族）

统战委员、副乡长
普次仁（藏族）

纪委书记　卓　玛（女，藏族）

宣传委员　白玛曲珍（女，藏族）

派出所所长　次旺罗布（藏族）

卫生院院长　顿　珠（藏族）

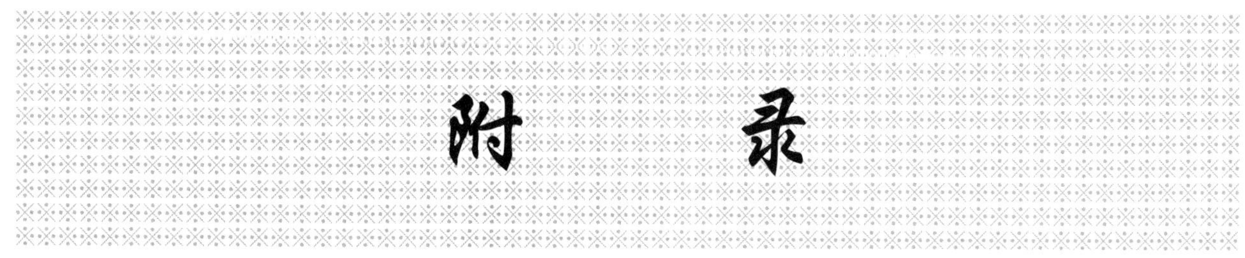

受区（县）级以上表彰的先进集体名录

表1

获奖单位	获奖名称	表彰时间	授予单位
白朗县人民政府	农产品质量安全县	2016年	中华人民共和国农业部
中共白朗县委员会、白朗县人民政府	全区“先进双联户”创建活动先进县（区）	2016年	中共西藏自治区委员会、西藏自治区人民政府
白朗县人民政府	全区粮食生产先进县（区）	2016年	中共西藏自治区委员会、西藏自治区人民政府
白朗县洛江镇	先进驻村工作队	2016年	中共西藏自治区委员会、西藏自治区人民政府
白朗县旺丹乡	优秀组织单位	2016年	中共西藏自治区委员会、西藏自治区人民政府
白朗县洛江镇	全区五四红旗团（总支部）	2016年	共青团西藏自治区委员会
中共白朗县委政法委	全区铁路护路联防工作先进县	2016年	西藏自治区综治委
白朗县洛江镇	全区乡镇（街道）工会规范化建设“八有”达标单位	2016年	西藏自治区总工会
白朗县洛江镇	全区乡镇（街道）工会规范化建设“八有”达标单位	2017年	西藏自治区总工会
白朗县旺丹乡	八有达标单位	2016年	西藏自治区总工会
白朗县妇女联合会	“第三届中国西藏旅游文化国际博览会”民族手工艺参展作品（组织奖）	2016年	西藏自治区妇联、西藏自治区妇女发展协会、西藏自治区女企业家协会
白朗县公安局	“4·25”抗震救灾集体嘉奖	2016年	西藏自治区公安厅
白朗县国家税务局	西藏国税系统法治税务示范基地	2016年	西藏自治区国家税务局
中共白朗县委办公室	先进驻村工作队	2016年	中共日喀则市委员会、日喀则市人民政府
中共白朗县委办公室	驻村工作优秀组织单位	2016年	中共日喀则市委员会、日喀则市人民政府

续表1

获奖单位	获奖名称	表彰时间	授予单位
白朗县人民政府办公室	市级先进驻村工作队	2016年	中共日喀则市委员会、日喀则市人民政府
白朗县人民政府办公室	市级驻村工作优秀组织单位	2016年	中共日喀则市委员会、日喀则市人民政府
中共白朗县委政法委	“先进双联户”创建评选工作先进集体	2016年	中共日喀则市委员会、日喀则市人民政府
白朗县热色寺管委会	上半年市级先进寺管会	2016年	中共日喀则市委员会、日喀则市人民政府
白朗县白岗寺管委会	上半年市级先进寺管会	2016年	中共日喀则市委员会、日喀则市人民政府
白朗县热色寺管委会	下半年先进寺管会	2016年	中共日喀则市委员会、日喀则市人民政府
白朗县德瓦坚寺管委会	下半年先进寺管会	2016年	中共日喀则市委员会、日喀则市人民政府
白朗县参卓林寺管委会	下半年先进寺管会	2016年	中共日喀则市委员会、日喀则市人民政府
白朗县农牧局	先进驻村工作队	2016年	中共日喀则市委员会、日喀则市人民政府
中共白朗县委组织部	基层党建述职评议考核一等奖	2016年	中共日喀则市委员会、日喀则市人民政府
中共白朗县委组织部	信息工作先进集体	2016年	中共日喀则市委员会、日喀则市人民政府
中共白朗县委组织部	网宣工作先进集体	2016年	中共日喀则市委员会、日喀则市人民政府
中共白朗县委组织部	党内统计工作优秀报表单位	2016年	中共日喀则市委员会、日喀则市人民政府
中共白朗县委组织部	编制工作优秀报表单位	2016年	中共日喀则市委员会、日喀则市人民政府
中共白朗县委组织部	驻村工作优秀组织单位	2016年	中共日喀则市委员会、日喀则市人民政府
白朗县嘎东镇	民族团结进步模范集体荣誉称号	2016年	中共日喀则市委员会、日喀则市人民政府
白朗县人民政府办公室	先进驻村工作队	2016年	中共日喀则市委员会、日喀则市人民政府
白朗县扶贫开发领导小组办公室	“精准扶贫 圆梦日喀则”文艺汇演优秀组织奖	2016年	日喀则市脱贫攻坚指挥部、日喀则市扶贫开发领导小组
白朗县人民检察院	全市检察机关先进集体	2017年	日喀则市人民检察院
白朗县人民法院	全市法院目标责任考评先进集体	2017年	日喀则中级人民法院
白朗县司法局	日喀则市2016年度司法行政综合工作第一名	2017年	日喀则市司法局
白朗县文化广播电影电视局	日喀则市第十四届珠峰文化节十八县区主题文艺展演组织奖	2016年	第十四届珠峰文化旅游节组委会
白朗县人力资源和社会保障局	转移就业工作先进集体	2017年	日喀则市人力资源和社会保障局

续表1

获奖单位	获奖名称	表彰时间	授予单位
白朗县国家税务局	先进集体	2017年	日喀则市国家税务局
白朗县国家税务局	全面推开营改增工作先进集体一等奖	2017年	日喀则市国家税务局
白朗县商务局	质检业务联系先进单位	2016年	日喀则市质监局
白朗县嘎普乡	无传销乡镇	2016年	日喀则市工商行政管理局
白朗县疾控中心	疾控工作先进集体奖	2017年	日喀则市卫生局
中国农业银行白朗县支行	安全保卫工作进步支行奖	2017年	中国农业银行日喀则分行
中国农业银行白朗县支行	第一季度综合考评第四名	2016年	中国农业银行日喀则分行
中国农业银行白朗县支行	第三季度综合绩效考评第5名	2016年	中国农业银行日喀则分行
中国农业银行白朗县支行	综合绩效考评第4名	2017年	中国农业银行日喀则分行
中国农业银行白朗县支行	先进基层党组织	2016年	中国农业银行日喀则分行
白朗县玛乡	综治（平安创建）工作先进乡（镇）	2017年	中共白朗县委员会、白朗县人民政府
中共白朗县委办公室	先进驻村工作队	2016年	中共白朗县委员会、白朗县人民政府
中共白朗县委办公室	重教先进单位	2016年	中共白朗县委员会、白朗县人民政府
中共白朗县委办公室	民族团结先进单位	2016年	中共白朗县委员会、白朗县人民政府
中共白朗县委办公室	目标绩效争先进位先进单位	2017年	中共白朗县委员会、白朗县人民政府
中共白朗县委办公室	党风廉政建设与反腐败工作先进集体	2016年	中共白朗县委员会、白朗县人民政府
白朗县人民代表大会常务委员会办公室	驻村工作优秀组织单位	2016年	中共白朗县委员会、白朗县人民政府
白朗县人民代表大会常务委员会办公室	目标绩效争先进位“先进单位”	2016年	中共白朗县委员会、白朗县人民政府
白朗县人民政府办公室	重教先进单位	2017年	中共白朗县委员会、白朗县人民政府
白朗县人民政府办公室	绩效争先进位先进单位	2017年	中共白朗县委员会、白朗县人民政府
中共白朗县委政法委	争先进位目标绩效责任考核先进集体	2016年	中共白朗县委员会、白朗县人民政府
中共白朗县委政法委	先进驻村工作队	2016年	中共白朗县委员会、白朗县人民政府
白朗县政法总支	“七一”男子篮球比赛第一名	2016年	中共白朗县委员会、白朗县人民政府
白朗县政法总支	“七一”女子篮球比赛第二名	2016年	中共白朗县委员会、白朗县人民政府

续表1

获奖单位	获奖名称	表彰时间	授予单位
白朗县政法总支	“七一”男子足球比赛第三名	2016年	中共白朗县委员会、白朗县人民政府
白朗县政法总支	“七一”男子拔河比赛第一名	2016年	中共白朗县委员会、白朗县人民政府
白朗县政法总支	“七一”女子拔河比赛第三名	2016年	中共白朗县委员会、白朗县人民政府
中共白朗县委组织部	目标绩效，争先进位一等奖	2016年	中共白朗县委员会、白朗县人民政府
白朗县发展和改革委员会	驻村工作优秀工作队	2016年	中共白朗县委员会、白朗县人民政府
白朗县发展和改革委员会	先进单位	2017年	中共白朗县委员会、白朗县人民政府
白朗县民政局	综治工作平安单位	2017年	中共白朗县委员会、白朗县人民政府
白朗县民族宗教事务局	驻村工作先进工作队	2016年	中共白朗县委员会、白朗县人民政府
中共白朗县委统战部	综治平安创建工作先进集体	2017年	中共白朗县委员会、白朗县人民政府
中共白朗县委统战部	驻村工作优秀组织单位	2016年	中共白朗县委员会、白朗县人民政府
中共白朗县委统战部	驻村工作优秀派驻单位	2016年	中共白朗县委员会、白朗县人民政府
白朗县白岗寺管委会	先进寺管会	2016年	中共白朗县委员会、白朗县人民政府
白朗县参卓林寺管委会	先进寺管会	2016年	中共白朗县委员会、白朗县人民政府
白朗县谢珠林寺管委会	上半年先进寺管会	2016年	中共白朗县委员会、白朗县人民政府
白朗县曲培林寺管委会	上半年先进寺管会	2016年	中共白朗县委员会、白朗县人民政府
白朗县曲宗寺管委会	上半年先进寺管会	2016年	中共白朗县委员会、白朗县人民政府
白朗县德瓦坚寺管委会	上半年先进寺管会	2016年	中共白朗县委员会、白朗县人民政府
白朗县东喜玛尼拉康特派机构	上半年先进寺管会（特派员机构）	2016年	中共白朗县委员会、白朗县人民政府
白朗县长美坚寺管委会	下半年先进寺管会	2016年	中共白朗县委员会、白朗县人民政府
白朗县参卓林寺管委会	下半年先进寺管会	2016年	中共白朗县委员会、白朗县人民政府
白朗县顿觉寺特派机构	下半年先进寺管会（特派员机构）	2016年	中共白朗县委员会、白朗县人民政府
白朗县强归曲德寺特派机构	下半年先进寺管会（特派员机构）	2016年	中共白朗县委员会、白朗县人民政府

续表1

获奖单位	获奖名称	表彰时间	授予单位
白朗县格培林寺管委会	下半年先进寺管会	2016年	中共白朗县委员会、白朗县人民政府
白朗县司法局	目标绩效争先进位先进单位	2017年	中共白朗县委员会、白朗县人民政府
白朗县司法局	平安单位	2017年	中共白朗县委员会、白朗县人民政府
白朗县人力资源和社会保障局	目标绩效争先进位先进单位	2017年	中共白朗县委员会、白朗县人民政府
白朗县人力资源和社会保障局	驻村工作优秀组织单位	2016年	中共白朗县委员会、白朗县人民政府
白朗县教育（体育）局	教育工作突出贡献奖	2016年	中共白朗县委员会、白朗县人民政府
白朗县公安消防大队	综治（平安创建）工作先进集体	2017年	中共白朗县委员会、白朗县人民政府
白朗县国家税务局	民族团结进步模范集体	2016年	中共白朗县委员会、白朗县人民政府
白朗县国家税务局	平安单位	2017年	中共白朗县委员会、白朗县人民政府
白朗县国家税务局	目标绩效争先进位先进单位	2017年	中共白朗县委员会、白朗县人民政府
白朗县交通运输局	民族团结进步模范集体	2016年	中共白朗县委员会、白朗县人民政府
白朗县农牧综合服务中心	民族团结进步模范集体	2016年	中共白朗县委员会、白朗县人民政府
白朗县农牧综合服务中心	驻村工作先进队	2016年	中共白朗县委员会、白朗县人民政府
中共白朗县委党校	先进驻村工作队	2016年	中共白朗县委员会、白朗县人民政府
白朗县巴扎乡	驻村工作优秀组织单位	2016年	中共白朗县委员会、白朗县人民政府
白朗县巴扎乡	“先进双联户”创建评选工作 先进乡（镇）	2016年	中共白朗县委员会、白朗县人民政府
白朗县巴扎乡	重教先进乡镇	2016年	中共白朗县委员会、白朗县人民政府
白朗县洛江镇	平安创建先进单位	2016年	中共白朗县委员会、白朗县人民政府
白朗县嘎东镇	产业发展贡献奖	2017年	中共白朗县委员会、白朗县人民政府
曲奴乡党委、政府	教育工作重教先进乡镇	2016年	中共白朗县委员会、白朗县人民政府
白朗县嘎普乡	“先进双联户”创建评选工作先进乡镇	2016年	中共白朗县委员会、白朗县人民政府
白朗县嘎普乡	综治（平安创建）工作先进乡（镇）	2017年	中共白朗县委员会、白朗县人民政府

续表1

获奖单位	获奖名称	表彰时间	授予单位
白朗县强堆乡	综治（平安创建）工作先进集体	2017年	中共白朗县委员会、白朗县人民政府
白朗县强堆乡	党风廉政建设先进集体	2017年	中共白朗县委员会、白朗县人民政府
白朗县曲奴乡	驻村工作先进集体	2016年	中共白朗县委员会、白朗县人民政府
白朗县嘎东镇中心小学	传统文化“三进”活动突出奖	2016年	中共白朗县委员会、白朗县人民政府
白朗县杜琼乡中心小学	县统考成绩优秀学校	2016年	中共白朗县委员会、白朗县人民政府
白朗县杜琼乡中心小学	传统文化“三进”活动突出奖	2016年	中共白朗县委员会、白朗县人民政府
白朗县玛乡中心小学	薄弱学科攻坚先进集体	2016年	中共白朗县委员会、白朗县人民政府
白朗县玛乡中心小学	教学成绩优秀学校	2016年	中共白朗县委员会、白朗县人民政府
白朗县者下乡中心小学	传统文化“三进”活动突出奖	2016年	中共白朗县委员会、白朗县人民政府
白朗县巴扎乡中心小学	县统考成绩优秀学校	2016年	中共白朗县委员会、白朗县人民政府
白朗县曲奴乡中心小学	教育工作教学成绩突出学校	2016年	中共白朗县委员会、白朗县人民政府
中共白朗县纪律检查委员会	重教先进单位	2016年	中共白朗县委员会、白朗县人民政府
白朗县人民法院	党风廉政建设工作先进集体	2016年	中共白朗县委员会、白朗县人民政府
白朗县商务局	先进基层党组织	2016年	中共白朗县委员会、白朗县人民政府
白朗县卫生服务中心	先进基层党组织	2016年	中共白朗县委员会、白朗县人民政府
白朗县旅游局	先进基层党组织	2016年	中共白朗县委员会、白朗县人民政府
白朗县教育（体育）局	先进基层党组织	2016年	中共白朗县委员会、白朗县人民政府
白朗县巴扎乡	党风廉政建设工作 先进集体	2016年	中共白朗县委员会、白朗县人民政府
白朗县嘎普乡	基层党建均衡拓展年考核二等奖	2016年	中共白朗县委员会、白朗县人民政府
白朗县人民检察院	目标绩效争先进位先进单位	2017年	中共白朗县委员会、白朗县人民政府
白朗县人民检察院	民族团结进步模范集体	2017年	中共白朗县委员会、白朗县人民政府
白朗县人民检察院	强基惠民先进驻村工作队	2017年	中共白朗县委员会、白朗县人民政府

续表1

获奖单位	获奖名称	表彰时间	授予单位
白朗县工商行政管理局	目标绩效争先进位先进单位	2017年	中共白朗县委员会、白朗县人民政府
白朗县环境保护局	驻村工作优秀工作队	2017年	中共白朗县委员会、白朗县人民政府
白朗县曲宗寺管委会	先进寺管会	2016年	中共白朗县委员会、白朗县人民政府
白朗县卫生服务中心	平安医院	2016年	中共白朗县委员会、白朗县人民政府
中国移动通信集团西藏有限公司白朗县分公司	贡献奖	2017年	中共白朗县委员会、白朗县人民政府
白朗县中学	成绩突出奖	2016年	中共白朗县委员会、白朗县人民政府
白朗县小学	民族团结进步先进集体	2016年	中共白朗县委员会、白朗县人民政府
白朗县小学	内地西藏初中班招生考试成绩优秀学校	2016年	中共白朗县委员会、白朗县人民政府
白朗县小学	传统文化“三进”活动突出奖	2016年	中共白朗县委员会、白朗县人民政府
白朗县强堆乡中心小学	六年级市级水平考试成绩优秀学校	2016年	中共白朗县委员会、白朗县人民政府
白朗县强堆乡中心小学	薄弱学科攻坚先进集体	2016年	中共白朗县委员会、白朗县人民政府
白朗县巴扎乡	先进驻村工作队	2016年	中共白朗县委员会、白朗县人民政府
白朗县公安消防大队	2016年度综治（平安创建）工作先进集体	2017年	中共白朗县委员会、白朗县人民政府
白朗县公安消防大队	“七一”篮子篮球比赛第2名	2016年	中共白朗县委员会、白朗县人民政府
白朗县安全生产监督管理局	党风廉政建设先进集体	2016年	中共白朗县委员会、白朗县人民政府
白朗县住房和城乡建设局	平安单位	2017年	中共白朗县委员会、白朗县人民政府
白朗县司法局	2016年基层党建述职评议考核一等奖	2017年	中共白朗县委员会、白朗县人民政府
武警白朗县中队	白朗县第三节青年杯篮球比赛季军	2016年	中共白朗县委员会、白朗县人民政府
武警白朗县中队	突出贡献奖	2016年	中共白朗县委员会、白朗县人民政府
武警白朗县中队	文明单位	2017年	中共白朗县委员会、白朗县人民政府
白朗县财政局	目标绩效争先进位先进单位	2017年	中共白朗县委员会、白朗县人民政府
白朗县财政局	2016年基层党建述职评议考核二等奖	2017年	中共白朗县委员会、白朗县人民政府

续表1

获奖单位	获奖名称	表彰时间	授予单位
白朗县财政局	重教先进单位	2017年	中共白朗县委员会、白朗县人民政府
白朗县财政局	民族团结进步模范集体	2016年	中共白朗县委员会、白朗县人民政府
白朗县巴扎乡	“两先一优”项目化推进年一等奖	2017年	中共白朗县委员会、白朗县人民政府
白朗县巴扎乡	目标绩效争先进位先进乡镇	2017年	中共白朗县委员会、白朗县人民政府
白朗县巴扎乡	产业发展贡献奖	2017年	中共白朗县委员会、白朗县人民政府
白朗县者下乡	党建述职评议三等奖	2016年	中共白朗县委员会、白朗县人民政府
白朗县者下乡	优秀组织单位	2016年	中共白朗县委员会、白朗县人民政府
白朗县者下乡	重教先进乡镇	2016年	中共白朗县委员会、白朗县人民政府
白朗县者下乡	优秀驻村工作队	2016年	中共白朗县委员会、白朗县人民政府
白朗县洛江镇	白朗县目标绩效争先进位第二名	2017年	中共白朗县委员会、白朗县人民政府
白朗县洛江镇	先进驻村工作队	2016年	中共白朗县委员会、白朗县人民政府
白朗县洛江镇	白朗县创先争优强基础惠民生活动优秀组织单位	2016年	中共白朗县委员会、白朗县人民政府
白朗县洛江镇	2016年基层党建述职评议考核二等奖	2016年	中共白朗县委员会、白朗县人民政府
白朗县洛江镇	白朗县青年杯女子篮球比赛亚军	2016年	中共白朗县委员会、白朗县人民政府
白朗县旺丹乡	先进基层党组织	2016年	中共白朗县委员会、白朗县人民政府
白朗县林业局	文明单位	2016年	中共白朗县委员会、白朗县人民政府

说明：由于各单位资料提供不全，可能有遗漏

受区（县）级以上表彰的先进个人名录

表2

姓　　名	性别	民族	工作单位	获奖名称	表彰时间	授予单位
旦增卓玛	女	藏	白朗县强堆乡中心小学	中国幼儿教师职业技能大赛	2016年	中国基础教育发展中心、教师教育发展管理研究院、中国少儿教育发展协会、中国幼儿教师职业技能大赛组委会
普　　片	女	藏	白朗县强堆乡中心小学	国培计划-2015年西藏自治区教育工作坊培训优秀学员	2016年	全国中小学教师继续教育网
达　　顿	男	藏	强堆乡中心小学	“中国梦全国优秀多媒体教学课件评选大赛”二等奖”	2016年	教育部中国人生科学学会
旦　　增	男	藏	白朗县农牧综合服务中心	全国农牧渔业顺丰奖励	2016年	中华人民共和国农业部
皮 红 凌	男	汉	中共白朗县委政法委	先进驻村工作队员	2016年	中共西藏自治区委员会、西藏自治区人民政府
边　　次	男	藏	中共白朗县委办公室	先进驻村工作队员	2016年	中共西藏自治区委员会、西藏自治区人民政府
扎西顿珠	男	藏	中共白朗县委统战部	优秀涉宗干部	2016年	中共西藏自治区委员会、西藏自治区人民政府
次 卓 嘎	女	藏	中共白朗县委统战部	先进驻村工作队员	2016年	中共西藏自治区委员会、西藏自治区人民政府
尼　　玛	女	藏	白朗县曲培林寺管委会	优秀驻寺干部	2016年	中共西藏自治区委员会、西藏自治区人民政府
罗　　布	男	藏	白朗县谢珠林寺管委会	优秀驻寺干部	2016年	中共西藏自治区委员会、西藏自治区人民政府
格桑次仁	男	藏	白朗县长美坚寺管委会	优秀驻寺干部	2016年	中共西藏自治区委员会、西藏自治区人民政府
央　　珍	女	藏	白朗县格培林寺管委会	优秀驻寺干部	2016年	中共西藏自治区委员会、西藏自治区人民政府
朗　　加	女	藏	白朗县曲宗寺管委会	优秀驻寺干部	2016年	中共西藏自治区委员会、西藏自治区人民政府
洛桑达瓦	男	藏	白朗县强归曲德寺特派机构	优秀驻寺干部	2016年	中共西藏自治区委员会、西藏自治区人民政府
措　　旺	男	藏	白朗县当钦寺特派机构	优秀驻寺干部	2016年	中共西藏自治区委员会、西藏自治区人民政府
确　　来	男	藏	白朗县顿觉寺特派机构	优秀驻寺干部	2016年	中共西藏自治区委员会、西藏自治区人民政府
边　　巴	男	藏	白朗县东喜玛尼拉康特派机构	优秀驻寺干部	2016年	中共西藏自治区委员会、西藏自治区人民政府
格桑曲珍	女	藏	白朗县热色寺管委会	优秀驻寺干部	2016年	中共西藏自治区委员会、西藏自治区人民政府
巴桑普赤	女	藏	中共白朗县委党校	先进驻村工作队员	2016年	中共西藏自治区委员会、西藏自治区人民政府

续表2

姓名	性别	民族	工作单位	获奖名称	表彰时间	授予单位
玉珍	女	藏	白朗县民族宗教事务局	先进驻村工作队员	2016年	中共西藏自治区委员会、西藏自治区人民政府
旦增欧珠	男	藏	白朗县科学技术局	先进驻村工作队员	2016年	中共西藏自治区委员会、西藏自治区人民政府
次旦吉巴	女	藏	白朗县农牧综合服务中心	先进驻村工作队员	2016年	中共西藏自治区委员会、西藏自治区人民政府
白珍	女	藏	白朗县农牧综合服务中心	先进驻村工作队员	2016年	中共西藏自治区委员会、西藏自治区人民政府
国杰	男	藏	白朗县强堆乡	先进驻村工作队员	2016年	中共西藏自治区委员会、西藏自治区人民政府
片多	女	藏	白朗县强堆乡	先进驻村工作队员	2016年	中共西藏自治区委员会、西藏自治区人民政府
旦增曲央	男	藏	白朗县巴扎乡	全区优秀党务工作者	2016年	中共西藏自治区委员会、西藏自治区人民政府
索朗坚参	男	藏	白朗县巴扎乡	全区第一批优秀村（社区）党支部第一书记荣誉称号	2016年	中共西藏自治区委员会、西藏自治区人民政府
张其征	男	汉	白朗县嘎普乡	自治区第一批优秀党支部第一书记称号	2016年	中共西藏自治区委员会、西藏自治区人民政府
措旺	男	藏	白朗县公安局	优秀驻寺干部	2016年	中共西藏自治区委员会、西藏自治区人民政府
次仁南加	男	藏	白朗县中学	“优秀教师”	2016年	中共西藏自治区委员会、西藏自治区人民政府
边巴	男	藏	白朗县嘎东镇中心小学	乡村教师从教20年荣誉奖	2016年	中共西藏自治区委员会、西藏自治区人民政府
巴片	女	藏	白朗县嘎东镇中心小学	乡村教师从教20年荣誉奖	2016年	中共西藏自治区委员会、西藏自治区人民政府
卓嘎	女	藏	白朗县嘎东镇中心小学	乡村教师从教20年荣誉奖	2016年	中共西藏自治区委员会、西藏自治区人民政府
索宗	女	藏	白朗县嘎东镇中心小学	乡村教师从教20年荣誉奖	2016年	中共西藏自治区委员会、西藏自治区人民政府
次旺	男	藏	白朗县杜琼乡中心小学	乡村教师从教20年荣誉奖	2016年	中共西藏自治区委员会、西藏自治区人民政府
普尺	女	藏	白朗县巴扎乡	先进驻村工作队员	2016年	中共西藏自治区委员会、西藏自治区人民政府
尼玛片多	女	藏	白朗县巴扎乡	先进驻村工作队员	2016年	中共西藏自治区委员会、西藏自治区人民政府
普赤	女	藏	白朗县巴扎乡	先进驻村工作队员	2016年	中共西藏自治区委员会、西藏自治区人民政府
尼玛片多	女	藏	白朗县巴扎乡	先进驻村工作队员	2016年	中共西藏自治区委员会、西藏自治区人民政府
米玛次仁	男	藏	白朗县洛江镇	全区第一批优秀村党支部第一书记	2016年	中共西藏自治区委员会、西藏自治区人民政府
拉普	男	藏	白朗县旺丹乡	先进驻村工作队员	2016年	中共西藏自治区委员会、西藏自治区人民政府

续表2

姓　名	性别	民族	工作单位	获奖名称	表彰时间	授予单位
米玛扎西	男	藏	白朗县旺丹乡	先进驻村工作队员	2016年	中共西藏自治区委员会、西藏自治区人民政府
扎西次仁	男	藏	白朗县杜琼乡中心小学	乡村教师从教20年荣誉奖	2016年	西藏自治区人民政府
尼玛盆多	女	藏	白朗县杜琼乡中心小学	乡村教师从教20年荣誉奖	2016年	西藏自治区人民政府
索　朗	男	藏	白朗县强堆乡中心小学	乡村教师从教20年荣誉奖	2016年	西藏自治区人民政府
普　布	男	藏	白朗县东喜乡中心小学	教师从教20年荣誉奖	2016年	西藏自治区人民政府
普　琼	男	藏	白朗县曲奴乡中心小学	乡村教师从教20年荣誉奖	2016年	西藏自治区人民政府
次仁帕珠	男	藏	白朗县国家税务局	全面推开营改增工作个人嘉奖	2016年	西藏自治区国家税务局
旺　扎	男	藏	白朗县教育（体育）局	全区中小学学籍管理培训优秀奖	2016年	西藏自治区教育厅基础教育处
尹海燕	女	汉	白朗县中学	全区教育系统优秀共产党员	2016年	西藏自治区教育厅
参木拉	女	藏	白朗县小学	自治区“最美家庭”	2016年	西藏自治区寻找最美家庭活动领导小组、自治区妇女联合委员会
巴桑多吉	男	藏	白朗县杜琼乡中心小学	全区中小学优秀校长	2016年	西藏自治区教育工委教育厅
普布次仁	男	藏	白朗县巴扎乡中心小学	小学作文比赛优秀指导老师	2016年	西藏自治区出版社及教育厅合作举办
卓　玛	女	藏	白朗县巴扎乡中心小学	小学作文比赛优秀指导老师	2016年	西藏自治区出版社及教育厅合作举办
江　村	男	藏	中共白朗县委政法委	铁路护路联防工作先进个人	2016年	西藏自治区铁路护路联防工作小组
巴桑次仁	男	藏	中共白朗县委政法委	铁路护路联防工作先进个人	2016年	西藏自治区铁路护路联防工作小组
普布次仁	男	藏	白朗县巴扎乡中心小学	五省区课件比赛中荣获三等奖	2016年	五省区教育协作委
强巴曲珍	女	藏	中共白朗县委办公室	先进驻村工作队员	2016年	中共日喀则市委员会、日喀则市人民政府
次卓嘎	女	藏	中共白朗县委统战部	下半年优秀涉宗干部	2016年	中共日喀则市委员会、日喀则市人民政府
尼玛多吉	男	藏	白朗县参卓林寺管委会	上半年优秀驻寺干部	2016年	中共日喀则市委员会、日喀则市人民政府
德吉措姆	女	藏	白朗县强归曲德寺特派机构	上半年优秀驻寺干部	2016年	中共日喀则市委员会、日喀则市人民政府
普　琼	男	藏	白朗县东喜玛尼拉康特派机构	上半年优秀驻寺干部	2016年	中共日喀则市委员会、日喀则市人民政府
王　攀	男	汉	白朗县参卓林寺管委会	下半年优秀驻寺干部	2016年	中共日喀则市委员会、日喀则市人民政府

续表2

姓　　名	性别	民族	工作单位	获奖名称	表彰时间	授予单位
卓　　嘎	女	藏	白朗县格培林寺管委会	下半年优秀驻寺干部	2016年	中共日喀则市委员会、日喀则市人民政府
洛桑格列	男	藏	白朗县谢珠林寺管委会	下半年优秀驻寺干部	2016年	中共日喀则市委员会、日喀则市人民政府
谈世珠	男	藏	白朗县发展和改革委员会	先进驻村工作队员	2016年	中共日喀则市委员会、日喀则市人民政府
欧　　珠	男	藏	白朗县交通运输局	先进驻村工作队员	2016年	中共日喀则市委员会、日喀则市人民政府
王开轩	女	汉	白朗县教育（体育）局	先进驻村工作队员	2016年	中共日喀则市委员会、日喀则市人民政府
德庆益西	女	藏	白朗县农牧综合服务中心	先进驻村工作队员	2016年	中共日喀则市委员会、日喀则市人民政府
旦增欧珠	男	藏	白朗县农牧综合服务中心	先进驻村工作队员	2016年	中共日喀则市委员会、日喀则市人民政府
德　　吉	女	藏	白朗县农牧综合服务中心	先进驻村工作队员	2016年	中共日喀则市委员会、日喀则市人民政府
达瓦欧珠	男	藏	白朗县后勤服务中心	先进驻村工作队员	2016年	中共日喀则市委员会、日喀则市人民政府
白玛曲珍	女	藏	白朗县东喜乡	先进驻村工作队员	2016年	中共日喀则市委员会、日喀则市人民政府
尼　　旺	男	藏	白朗县嘎普乡	先进驻村工作队员	2016年	中共日喀则市委员会、日喀则市人民政府
次　　仁	女	藏	白朗县强堆乡	先进驻村工作队员	2016年	中共日喀则市委员会、日喀则市人民政府
达瓦曲珍	女	藏	白朗县强堆乡	先进驻村工作队员	2016年	中共日喀则市委员会、日喀则市人民政府
次　　央	女	藏	白朗县强堆乡	先进驻村工作队员	2016年	中共日喀则市委员会、日喀则市人民政府
扎西央拉	女	藏	白朗县人民法院	先进驻村工作队员	2016年	中共日喀则市委员会、日喀则市人民政府
米　　普	女	藏	白朗县旺丹乡	先进驻村工作队员	2016年	中共日喀则市委员会、日喀则市人民政府
巴桑普赤	女	藏	白朗县旺丹乡	先进驻村工作队员	2016年	中共日喀则市委员会、日喀则市人民政府
拉　　姆	女	藏	白朗县旺丹乡	先进驻村工作队员	2016年	中共日喀则市委员会、日喀则市人民政府
旺　　姆	女	藏	白朗县旺丹乡	先进驻村工作队员	2016年	中共日喀则市委员会、日喀则市人民政府
米玛扎西	男	藏	白朗县旺丹乡	先进驻村工作队员	2016年	中共日喀则市委员会、日喀则市人民政府
拉　　普	女	藏	白朗县旺丹乡	先进驻村工作队员	2016年	中共日喀则市委员会、日喀则市人民政府
达瓦次仁	男	藏	中共白朗县委组织部	先进驻村工作队员	2016年	中共日喀则市委员会、日喀则市人民政府

续表2

姓　　名	性别	民族	工作单位	获奖名称	表彰时间	授予单位
达娃卓玛	女	藏	白朗县巴扎乡	先进驻村工作队员	2016年	中共日喀则市委员会、日喀则市人民政府
西　　洛	女	藏	白朗县巴扎乡	先进驻村工作队员	2016年	中共日喀则市委员会、日喀则市人民政府
平　　措	男	藏	白朗县洛江镇	先进驻村工作队员	2016年	中共日喀则市委员会、日喀则市人民政府
洛松西热	男	藏	白朗县洛江镇	先进驻村工作队员	2016年	中共日喀则市委员会、日喀则市人民政府
欧洋舰	男	汉	白朗县洛江镇	先进驻村工作队员	2016年	中共日喀则市委员会、日喀则市人民政府
刘　　燕	女	汉	白朗县曲奴乡	先进驻村工作队员	2016年	中共日喀则市委员会、日喀则市人民政府
白　　央	女	藏	白朗县曲奴乡	先进驻村工作队员	2016年	中共日喀则市委员会、日喀则市人民政府
尼玛顿珠	男	藏	白朗县人力资源和社会保障局	先进驻村工作队员	2016年	中共日喀则市委员会、日喀则市人民政府
西　　洛	女	藏	白朗县巴扎乡	先进驻村工作队员	2016年	中共日喀则市委员会、日喀则市人民政府
平措央金	女	藏	白朗县旺丹乡	优秀党务工作者	2016年	中共日喀则市委员会、日喀则市人民政府
普布次仁	男	藏	白朗县巴扎乡中心小学	2016年珠峰文化节书画展获得入围资格	2016年	中共日喀则市委宣传部
达娃次仁	男	藏	白朗县强堆乡中心小学	优秀少先队辅导员	2016年	共青团日喀则市委员会
王晓杰	男	藏	白朗县人民检察院	先进个人	2017年	日喀则市人民检察院
顿珠玉杰	男	藏	白朗县公安局	三等功	2017年	日喀则市公安局
王　　琳	男	汉	白朗县公安局	嘉奖	2017年	日喀则市公安局
王志彪	男	汉	白朗县公安局	警衔晋升培训优秀学员	2016年	日喀则市公安局
伦珠次仁	男	藏	白朗县曲奴乡中心小学	珠峰文化节书画展优秀奖	2016年	珠峰文化旅游节组委会
伦珠次仁	男	藏	白朗县曲奴乡中心小学	珠峰“指尖妙笔”书画展入围奖	2016年	第十四届珠峰文化节组委会
伦珠次仁	男	藏	白朗县曲奴乡中心小学	珠峰“指尖妙笔”书画展三等奖	2016年	第十四届珠峰文化节组委会
龙　　甫	男	汉	白朗县工商行政管理局	优秀党员	2016年	日喀则市工商局
边　　央	女	藏	白朗县工商行政管理局	优秀公务员	2016年	日喀则市工商局
郭　　胜	男	汉	白朗县国家税务局	全面推开营改增工作个人嘉奖	2017年	日喀则市国家税务局

续表2

姓　　名	性别	民族	工作单位	获奖名称	表彰时间	授予单位
拉巴吉巴	女	藏	白朗县嘎东镇中心小学	优秀教师	2016年	中国共产党日喀则市教育局委员会、日喀则市教育局
次仁央拉	女	藏	白朗县嘎东镇中心小学	模范班主任	2016年	中国共产党日喀则市教育局委员会、日喀则市教育局
扎西达瓦	男	藏	白朗县旺丹乡中心小学	德育工作先进个人	2016年	中国共产党日喀则市教育局委员会、日喀则市教育局
小达娃潘多	女	藏	白朗县巴扎乡中心小学	优秀教育工作者	2016年	中国共产党日喀则市教育局委员会、日喀则市教育局
旦　　欧	男	藏	白朗县巴扎乡中心小学	优秀教师	2016年	中国共产党日喀则市教育局委员会、日喀则市教育局
仓　　拉	女	藏	白朗县中学	“优秀教师”	2016年	日喀则市教育委员局、日喀则市教育局
加　　布	男	藏	白朗县玛乡中心小学	优秀教师	2016年	日喀则市教育、体育局
次仁多吉	男	藏	白朗县嘎普中心小学	“2015-2016学年中被评为优秀校长”	2016年	日喀则市教育委员会、教育局
旺　　扎	男	藏	白朗县教育（体育）局	优秀教育工作者	2016年	日喀则市教育局委员会
普　　旺	男	藏	白朗县强堆乡中心小学	“一师一优课一课一名师”	2016年	日喀则市教育局委员会
边　　参	女	藏	白朗县强堆乡中心小学	“一师一优课一课一名师”	2016年	日喀则市教育局委员会
普　　片	女	藏	白朗县强堆乡中心小学	优秀教育工作者	2016年	日喀则市教育局委员会
普　　片	女	藏	白朗县强堆乡中心小学	“一师一优课一课一名师”	2016年	日喀则市教育局委员会
曲　　培	男	藏	白朗县强堆乡中心小学	“一师一优课一课一名师”	2016年	日喀则市教育局委员会
拉　　顿	男	藏	白朗县曲奴乡中心小学	优秀党务工作者	2016年	日喀则市教育局委员会
白玛次仁	男	藏	白朗县杜琼乡中心小学	优秀教师	2016年	日喀则市教育行政委员会
白玛次仁	男	藏	白朗县中学	地区级优秀教师	2016年	日喀则市教育局
玉　　珍	女	藏	白朗县小学	模范班主任	2016年	日喀则市教育局
参木拉	女	藏	白朗县小学	珠峰好教师	2016年	日喀则市教育局

续表2

姓　名	性别	民族	工作单位	获奖名称	表彰时间	授予单位
刘桂荣	女	汉	白朗县小学	优秀教研员	2016年	日喀则市教育局
达娃次仁	男	藏	白朗县强堆乡中心小学	珠峰好教师	2016年	日喀则市教育体育局
普　琼	男	藏	白朗县强堆乡中心小学	珠峰好教师	2016年	日喀则市教育体育局
索　扎	男	藏	白朗县强堆乡中心小学	珠峰好教师	2016年	日喀则市教育体育局
达　顿	男	藏	白朗县强堆乡中心小学	“2016年内地西藏初中班招生考试阅卷工作中表现突出”	2016年	日喀则市教育局
普琼尼玛	男	藏	白朗县者下乡中心小学	优秀校长	2016年	日喀则市教育局
拉　顿	男	藏	白朗县曲奴乡中心小学	优秀党务工作者	2016年	日喀则市教育局
普　珠	男	藏	白朗县东喜乡中心小学	优秀教育工作者	2016年	日喀则市教育局
加　措	男	藏	白朗县中学	模范班主任	2016年	日喀则市教育局
其美多吉	男	藏	中国农业银行白朗县支行	农行日喀则分行优客户经理	2016年	农行日喀则分行
王　潮	男	汉	中共白朗县委宣传部	先进驻村工作队员	2016年	中共白朗县委员会、白朗县人民政府
田　鹏	男	汉	中共白朗县委办公室	先进驻村工作队员	2016年	中共白朗县委员会、白朗县人民政府
拉　仓	女	藏	中共白朗县委办公室	先进驻村工作队员	2016年	中共白朗县委员会、白朗县人民政府
巴桑顿珠	男	藏	中共白朗县委办公室	优秀公务员	2016年	中共白朗县委员会、白朗县人民政府
巴桑普赤	女	藏	中共白朗县委办公室	优秀公务员	2016年	中共白朗县委员会、白朗县人民政府
旦增群旦	男	藏	中共白朗县委办公室	优秀公务员	2016年	中共白朗县委员会、白朗县人民政府
尼玛次仁	男	藏	白朗县人民政府办公室	优秀党员	2016年	中共白朗县委员会、白朗县人民政府
陈虎龙	男	汉	白朗县人民政府办公室	白朗县民族团结进步模范个人	2016年	中共白朗县委员会、白朗县人民政府
江　村	男	藏	中共白朗县委政法委	民族团结进步先进个人	2016年	中共白朗县委员会、白朗县人民政府
江　村	男	藏	中共白朗县委政法委	优秀公务员	2016年	中共白朗县委员会、白朗县人民政府
边巴拉姆	女	藏	中共白朗县委政法委	社会治安综合治理工作工作先进个人	2016年	中共白朗县委员会、白朗县人民政府
白玛洛追	男	藏	中共白朗县委政法委	优秀公务员	2016年	中共白朗县委员会、白朗县人民政府

续表2

姓　　名	性别	民族	工作单位	获奖名称	表彰时间	授予单位
达娃卓嘎	女	藏	中共白朗县委政法委	优秀党员	2016年	中共白朗县委员会、白朗县人民政府
张鸣霄	女	汉	白朗县人民代表大会常务委员会办公室	年度优秀公务员	2016年	中共白朗县委员会、白朗县人民政府
巴桑琼达	男	藏	白朗县民族宗教事务局	优秀公务员	2016年	中共白朗县委员会、白朗县人民政府
央　　金	女	藏	白朗县民族宗教事务局	下半年优秀涉宗干部	2016年	中共白朗县委员会、白朗县人民政府
肖　　瑶	女	汉	中共白朗县委统战部	上半年优秀涉宗干部	2016年	中共白朗县委员会、白朗县人民政府
普布普尺	女	藏	中共白朗县委统战部	下半年优秀涉宗干部	2016年	中共白朗县委员会、白朗县人民政府
白玛措姆	女	藏	中共白朗县委统战部	优秀公务员	2016年	中共白朗县委员会、白朗县人民政府
央　　珍	女	藏	白朗县格培林寺管委会	上半年优秀驻寺干部	2016年	中共白朗县委员会、白朗县人民政府
扎　　西	男	藏	白朗县曲培林寺管委会	上半年优秀驻寺干部	2016年	中共白朗县委员会、白朗县人民政府
措　　旺	男	藏	白朗县当钦寺特派机构	上半年优秀驻寺干部	2016年	中共白朗县委员会、白朗县人民政府
罗　　布	男	藏	白朗县谢珠林寺管委会	上半年优秀驻寺干部	2016年	中共白朗县委员会、白朗县人民政府
扎西平措	男	藏	白朗县白岗寺管委会	上半年优秀驻寺干部	2016年	中共白朗县委员会、白朗县人民政府
加　　布	男	藏	白朗县长美坚寺管委会	上半年优秀驻寺干部	2016年	中共白朗县委员会、白朗县人民政府
格桑旦增	男	藏	白朗县曲宗寺管委会	上半年优秀驻寺干部	2016年	中共白朗县委员会、白朗县人民政府
确　　来	男	藏	白朗县顿觉寺特派机构	上半年优秀驻寺干部	2016年	中共白朗县委员会、白朗县人民政府
次旦卓玛	女	藏	白朗县热色寺管委会	上半年优秀驻寺干部	2016年	中共白朗县委员会、白朗县人民政府
仓　　决	男	藏	白朗县德瓦坚寺管委会	上半年优秀驻寺干部	2016年	中共白朗县委员会、白朗县人民政府
普　　顿	男	藏	白朗县白岗寺管委会	下半年优秀驻寺干部	2016年	中共白朗县委员会、白朗县人民政府
次仁央拉	女	藏	白朗县格培林寺管委会	下半年优秀驻寺干部	2016年	中共白朗县委员会、白朗县人民政府
次仁吉宗	女	藏	白朗县曲培林寺管委会	下半年优秀驻寺干部	2016年	中共白朗县委员会、白朗县人民政府
次仁琼达	男	藏	白朗县当钦寺特派机构	下半年优秀驻寺干部	2016年	中共白朗县委员会、白朗县人民政府
李小洪	男	汉	白朗县谢珠林寺管委会	下半年优秀驻寺干部	2016年	中共白朗县委员会、白朗县人民政府

续表2

姓　名	性别	民族	工作单位	获奖名称	表彰时间	授予单位
朗　加	男	藏	白朗县曲宗寺管委会	下半年优秀驻寺干部	2016年	中共白朗县委员会、白朗县人民政府
朗　多	男	藏	白朗县顿觉寺特派机构	下半年优秀驻寺干部	2016年	中共白朗县委员会、白朗县人民政府
尼　平	男	藏	白朗县东喜玛尼拉康特派机构	下半年优秀驻寺干部	2016年	中共白朗县委员会、白朗县人民政府
洛桑达瓦	男	藏	白朗县强归曲德寺特派机构	下半年优秀驻寺干部	2016年	中共白朗县委员会、白朗县人民政府
白　珍	女	藏	白朗县长美坚寺管委会	下半年优秀驻寺干部	2016年	中共白朗县委员会、白朗县人民政府
晋美旦增	男	藏	白朗县发展和改革委员会	先进驻村工作队员、优秀公务员	2016年	中共白朗县委员会、白朗县人民政府
晋美多吉	男	藏	白朗县发展和改革委员会	优秀公务员	2016年	中共白朗县委员会、白朗县人民政府
普布扎西	男	藏	白朗县民政局	先进驻村工作队员	2016年	中共白朗县委员会、白朗县人民政府
晋磊磊	男	汉	白朗县民政局	先进驻村工作队员	2016年	中共白朗县委员会、白朗县人民政府
巴桑普尺	女	藏	白朗县民政局	优秀党务工作者	2016年	中共白朗县委员会、白朗县人民政府
吉　宗	女	藏	中共白朗县委党校	先进驻村工作队员	2016年	中共白朗县委员会、白朗县人民政府
仁增旺加	男	藏	白朗县公安局	先进驻村工作队员	2016年	中共白朗县委员会、白朗县人民政府
臧艳林	男	汉	白朗县公安局	优秀公务员	2016年	中共白朗县委员会、白朗县人民政府
普布国吉	男	藏	白朗县公安局	优秀公务员	2016年	中共白朗县委员会、白朗县人民政府
格桑罗布	男	藏	白朗县公安局	优秀公务员	2016年	中共白朗县委员会、白朗县人民政府
土旦伦珠	男	藏	白朗县公安局	优秀公务员	2016年	中共白朗县委员会、白朗县人民政府
杨宗林	男	汉	白朗县公安局	优秀公务员	2016年	中共白朗县委员会、白朗县人民政府
扎　西	男	藏	白朗县公安局	优秀公务员	2016年	中共白朗县委员会、白朗县人民政府
次仁多吉	男	藏	白朗县公安局	优秀公务员	2016年	中共白朗县委员会、白朗县人民政府
边巴西洛	男	藏	白朗县公安局	优秀公务员	2016年	中共白朗县委员会、白朗县人民政府
何阿敏	女	汉	白朗县公安局	优秀公务员	2016年	中共白朗县委员会、白朗县人民政府
马　宁	男	汉	白朗县司法局	先进驻村工作队员	2016年	中共白朗县委员会、白朗县人民政府

续表2

姓　名	性别	民族	工作单位	获奖名称	表彰时间	授予单位
加　措	男	藏	白朗县中学	教学成绩一等奖	2016年	中共白朗县委员会、白朗县人民政府
次仁帕珠	男	藏	白朗县国家税务局	优秀共产党员	2016年	中共白朗县委员会、白朗县人民政府
斯朗拉姆	女	藏	白朗县交通运输局	先进驻村工作队员	2016年	中共白朗县委员会、白朗县人民政府
央　珍	女	藏	白朗县农牧综合服务中心	先进驻村工作队员	2016年	中共白朗县委员会、白朗县人民政府
央　吉	女	藏	白朗县农牧综合服务中心	先进驻村工作队员	2016年	中共白朗县委员会、白朗县人民政府
强　珍	女	藏	白朗县农牧综合服务中心	先进驻村工作队员	2016年	中共白朗县委员会、白朗县人民政府
达瓦卓玛	女	藏	白朗县农牧综合服务中心	先进驻村工作队员	2016年	中共白朗县委员会、白朗县人民政府
旺　杰	男	藏	白朗县农牧综合服务中心	先进驻村工作队员	2016年	中共白朗县委员会、白朗县人民政府
次仁普赤	女	藏	白朗县玛乡农牧综合服务中心	先进驻村工作队员	2016年	中共白朗县委员会、白朗县人民政府
德庆普尺	女	藏	白朗县玛乡农牧综合服务中心	先进驻村工作队员	2016年	中共白朗县委员会、白朗县人民政府
仁　曲	女	藏	白朗县玛乡农牧综合服务中心	先进驻村工作队员	2016年	中共白朗县委员会、白朗县人民政府
白玛吉宗	女	藏	白朗县玛乡农牧综合服务中心	先进驻村工作队员	2016年	中共白朗县委员会、白朗县人民政府
次仁卓嘎	女	藏	白朗县玛乡文化综合服务中心	优秀公务员	2016年	中共白朗县委员会、白朗县人民政府
次　吉	女	藏	白朗县玛乡文化综合服务中心	优秀公务员	2016年	中共白朗县委员会、白朗县人民政府
旦　曲	女	藏	白朗县玛乡农牧综合服务中心	优秀公务员	2016年	中共白朗县委员会、白朗县人民政府
次　旦	男	藏	白朗县玛乡	优秀公务员	2016年	中共白朗县委员会、白朗县人民政府
李玉三	男	汉	白朗县玛乡	优秀公务员	2016年	中共白朗县委员会、白朗县人民政府
沙嘎仁	男	藏	白朗县玛乡	优秀公务员	2016年	中共白朗县委员会、白朗县人民政府
次仁央吉	女	藏	白朗县嘎东镇中心小学	优秀教师	2016年	中共白朗县委员会、白朗县人民政府
巴桑普赤	女	藏	白朗县嘎东镇中心小学	优秀班主任	2016年	中共白朗县委员会、白朗县人民政府
白玛曲宗	女	藏	白朗县嘎东镇中心小学	优秀班主任	2016年	中共白朗县委员会、白朗县人民政府
次仁央拉	女	藏	白朗县嘎东镇中心小学	教学成绩三等奖	2016年	中共白朗县委员会、白朗县人民政府

续表2

姓　　名	性别	民族	工作单位	获奖名称	表彰时间	授予单位
达娃仓决	女	藏	白朗县嘎东镇中心小学	优秀教师	2016年	中共白朗县委员会、白朗县人民政府
彭穷吉巴	女	藏	白朗县嘎东镇中心小学	教学成绩二等奖	2016年	中共白朗县委员会、白朗县人民政府
索　　宗	女	藏	白朗县嘎东镇中心小学	教学成绩三等奖	2016年	中共白朗县委员会、白朗县人民政府
旦　　增	男	藏	白朗县嘎东镇中心小学	优秀教育工作者	2016年	中共白朗县委员会、白朗县人民政府
次旺加布	男	藏	白朗县杜琼乡中心小学	教学成绩二等奖	2016年	中共白朗县委员会、白朗县人民政府
尼　　玛	男	藏	白朗县杜琼乡中心小学	教学成绩二等奖	2016年	中共白朗县委员会、白朗县人民政府
巴桑多吉	男	藏	白朗县杜琼乡中心小学	教学成绩突出奖	2016年	中共白朗县委员会、白朗县人民政府
巴桑多吉	男	藏	白朗县杜琼乡中心小学	教学成绩二等奖	2016年	中共白朗县委员会、白朗县人民政府
央　　拉	女	藏	白朗县杜琼乡中心小学	教学成绩二等奖	2016年	中共白朗县委员会、白朗县人民政府
罗布次仁	男	藏	白朗县杜琼乡中心小学	优秀教育工作者	2016年	中共白朗县委员会、白朗县人民政府
达　　央	女	藏	白朗县杜琼乡中心小学	教育教学突出贡献奖	2016年	中共白朗县委员会、白朗县人民政府
达　　央	女	藏	白朗县杜琼乡中心小学	优秀教师	2016年	中共白朗县委员会、白朗县人民政府
尼玛普尺	女	藏	白朗县杜琼乡中心小学	教学成绩三等奖	2016年	中共白朗县委员会、白朗县人民政府
普　　吉	女	藏	白朗县杜琼乡中心小学	教学成绩突出贡献奖	2016年	中共白朗县委员会、白朗县人民政府
拉巴琼达	女	藏	白朗县杜琼乡中心小学	优秀班主任称号	2016年	中共白朗县委员会、白朗县人民政府
达　　顿	男	藏	白朗县强堆乡中心小学	教学成绩三等奖	2016年	中共白朗县委员会、白朗县人民政府
索　　朗	男	藏	白朗县强堆乡中心小学	教学成绩三等奖	2016年	中共白朗县委员会、白朗县人民政府
索　　朗	男	藏	白朗县强堆乡中心小学	优秀教师	2016年	中共白朗县委员会、白朗县人民政府
索朗巴旦	男	藏	白朗县旺丹乡中心小学	教育教学突出贡献奖	2016年	中共白朗县委员会、白朗县人民政府
琼　　达	女	藏	白朗县旺丹乡中心小学	教学成绩二等奖	2016年	中共白朗县委员会、白朗县人民政府
琼　　达	女	藏	白朗县旺丹乡中心小学	教学成绩三等奖	2016年	中共白朗县委员会、白朗县人民政府
米　　顿	男	藏	白朗县旺丹乡中心小学	教育教学突出贡献奖	2016年	中共白朗县委员会、白朗县人民政府

续表2

姓 名	性别	民族	工作单位	获奖名称	表彰时间	授予单位
米 顿	男	藏	白朗县旺丹乡中心小学	优秀班主任	2016年	中共白朗县委员会、白朗县人民政府
白 央	女	藏	白朗县旺丹乡中心小学	教育教学突出贡献奖	2016年	中共白朗县委员会、白朗县人民政府
巴桑普赤	女	藏	白朗县旺丹乡中心小学	教学成绩二等奖	2016年	中共白朗县委员会、白朗县人民政府
平 措	男	藏	白朗县旺丹乡中心小学	教学成绩二等奖	2016年	中共白朗县委员会、白朗县人民政府
平 措	男	藏	白朗县旺丹乡中心小学	教学成绩三等奖	2016年	中共白朗县委员会、白朗县人民政府
卓 啦	女	藏	白朗县旺丹乡中心小学	教学成绩二等奖	2016年	中共白朗县委员会、白朗县人民政府
达 罗	男	藏	白朗县旺丹乡中心小学	教学成绩三等奖	2016年	中共白朗县委员会、白朗县人民政府
巴旦欧珠	男	藏	白朗县旺丹乡中心小学	优秀教育工作者	2016年	中共白朗县委员会、白朗县人民政府
巴旦欧珠	男	藏	白朗县旺丹乡中心小学	教学成绩二等奖	2016年	中共白朗县委员会、白朗县人民政府
边巴吉巴	女	藏	白朗县旺丹乡中心小学	教学成绩二等奖	2016年	中共白朗县委员会、白朗县人民政府
达 片	女	藏	白朗县旺丹乡中心小学	教育教学突出贡献奖	2016年	中共白朗县委员会、白朗县人民政府
达 片	女	藏	白朗县旺丹乡中心小学	优秀教师	2016年	中共白朗县委员会、白朗县人民政府
尼玛片多	女	藏	白朗县玛乡中心小学	教育教学突出贡献奖	2016年	中共白朗县委员会、白朗县人民政府
尼玛片多	女	藏	白朗县玛乡中心小学	教学成绩二等奖	2016年	中共白朗县委员会、白朗县人民政府
尼玛片多	女	藏	白朗县玛乡中心小学	优秀教师	2016年	中共白朗县委员会、白朗县人民政府
格 桑	女	藏	白朗县玛乡中心小学	教学成绩二等奖	2016年	中共白朗县委员会、白朗县人民政府
格 桑	女	藏	白朗县玛乡中心小学	优秀班主任	2016年	中共白朗县委员会、白朗县人民政府
格 桑	女	藏	白朗县玛乡中心小学	教育教学突出贡献奖	2016年	中共白朗县委员会、白朗县人民政府
边巴琼达	男	藏	白朗县玛乡中心小学	教育教学突出贡献奖	2016年	中共白朗县委员会、白朗县人民政府
索朗次仁	男	藏	白朗县玛乡中心小学	教学成绩三等奖	2016年	中共白朗县委员会、白朗县人民政府
次仁吉宗	女	藏	白朗县玛乡中心小学	教学成绩三等奖	2016年	中共白朗县委员会、白朗县人民政府
旦增卓玛	女	藏	白朗县玛乡中心小学	优秀教育工作者	2016年	中共白朗县委员会、白朗县人民政府

续表2

姓　　名	性别	民族	工作单位	获奖名称	表彰时间	授予单位
央金拉姆	女	藏	白朗县玛乡中心小学	教学成绩三等奖	2016年	中共白朗县委员会、白朗县人民政府
次旦玉珍	女	藏	白朗县玛乡中心附设幼儿园	优秀教师	2016年	中共白朗县委员会、白朗县人民政府
普　　片	女	藏	白朗县玛乡普西幼儿园	优秀班主任	2016年	中共白朗县委员会、白朗县人民政府
格桑次仁	男	藏	白朗县嘎普乡中心小学	优秀教师	2016年	中共白朗县委员会、白朗县人民政府
格桑次仁	男	藏	白朗县嘎普乡中心小学	教育教学突出贡献奖	2016年	中共白朗县委员会、白朗县人民政府
米　　玛	男	藏	白朗县嘎普乡中心小学	优秀教育工作者	2016年	中共白朗县委员会、白朗县人民政府
占　　堆	男	藏	白朗县嘎普乡中心小学	优秀班主任	2016年	中共白朗县委员会、白朗县人民政府
扎西平措	男	藏	白朗县者下乡中心小学	优秀班主任	2016年	中共白朗县委员会、白朗县人民政府
巴桑平措	男	藏	白朗县者下乡中心小学	优秀教师	2016年	中共白朗县委员会、白朗县人民政府
巴桑仓决	女	藏	白朗县巴扎乡中心小学	优秀班主任	2016年	中共白朗县委员会、白朗县人民政府
巴桑仓决	女	藏	白朗县巴扎乡中心小学	教育教学突出贡献奖	2016年	中共白朗县委员会、白朗县人民政府
巴桑仓决	女	藏	白朗县巴扎乡中心小学	教学成绩二等奖	2016年	中共白朗县委员会、白朗县人民政府
拉巴片多	女	藏	白朗县巴扎乡中心小学	教学成绩三等奖	2016年	中共白朗县委员会、白朗县人民政府
拉巴片多	女	藏	白朗县巴扎乡中心小学	优秀教师	2016年	中共白朗县委员会、白朗县人民政府
彭　　珠	女	藏	白朗县巴扎乡中心小学	优秀班主任	2016年	中共白朗县委员会、白朗县人民政府
卓　　玛	女	藏	白朗县巴扎乡中心小学	教学成绩三等奖	2016年	中共白朗县委员会、白朗县人民政府
边　　吉	女	藏	白朗县巴扎乡中心小学	教学成绩三等奖	2016年	中共白朗县委员会、白朗县人民政府
罗布次仁	男	藏	白朗县巴扎乡中心小学	教学成绩二等奖	2016年	中共白朗县委员会、白朗县人民政府
旦　　欧	男	藏	白朗县巴扎乡中心小学	教学成绩三等奖	2016年	中共白朗县委员会、白朗县人民政府
格桑德吉	女	藏	白朗县巴扎乡中心小学	教学成绩三等奖	2016年	中共白朗县委员会、白朗县人民政府
次仁白珍	女	藏	白朗县巴扎乡中心小学	教学成绩三等奖	2016年	中共白朗县委员会、白朗县人民政府
次仁白珍	女	藏	白朗县巴扎乡中心小学	优秀教师	2016年	中共白朗县委员会、白朗县人民政府

续表2

姓　　名	性别	民族	工作单位	获奖名称	表彰时间	授予单位
次仁白珍	女	藏	白朗县巴扎乡中心小学	教学成绩二等奖	2016年	中共白朗县委员会、白朗县人民政府
格　　桑	男	藏	白朗县东喜乡中心小学	优秀教育工作者	2016年	中共白朗县委员会、白朗县人民政府
拉　　巴	女	藏	白朗县东喜乡中心小学	优秀班主任	2016年	中共白朗县委员会、白朗县人民政府
普布穷达	女	藏	白朗县曲奴乡	先进驻村工作队员	2016年	中共白朗县委员会、白朗县人民政府
索朗白珍	女	藏	白朗县曲奴乡	先进驻村工作队员	2016年	中共白朗县委员会、白朗县人民政府
边巴次仁	男	藏	白朗县曲奴乡	先进驻村工作队员	2016年	中共白朗县委员会、白朗县人民政府
拥珠措姆	女	藏	白朗县曲奴乡	先进驻村工作队员	2016年	中共白朗县委员会、白朗县人民政府
边　　珍	女	藏	白朗县曲奴乡	先进驻村工作队员	2016年	中共白朗县委员会、白朗县人民政府
穷　　吉	女	藏	白朗县曲奴乡中心小学	教育教学突出贡献奖	2016年	中共白朗县委员会、白朗县人民政府
拉　　顿	男	藏	白朗县曲奴乡中心小学	优秀教育工作者	2016年	中共白朗县委员会、白朗县人民政府
拉姆次仁	女	藏	白朗县曲奴乡中心小学	教学成绩三等奖	2016年	中共白朗县委员会、白朗县人民政府
仓　　吉	女	藏	白朗县曲奴乡中心小学	教学成绩三等奖	2016年	中共白朗县委员会、白朗县人民政府
达　　拉	女	藏	白朗县曲奴乡中心小学	教育教学突出贡献奖	2016年	中共白朗县委员会、白朗县人民政府
桑旦曲珍	女	藏	白朗县曲奴乡中心小学	优秀教师	2016年	中共白朗县委员会、白朗县人民政府
琼　　吉	女	藏	白朗县曲奴乡中心小学	优秀班主任	2016年	中共白朗县委员会、白朗县人民政府
多吉顿珠	男	藏	白朗县后勤服务中心	先进驻村工作队员	2016年	中共白朗县委员会、白朗县人民政府
次　　仁	男	藏	白朗县后勤服务中心	先进驻村工作队员	2016年	中共白朗县委员会、白朗县人民政府
尼玛塔拉	女	藏	白朗县后勤服务中心	先进驻村工作队员	2016年	中共白朗县委员会、白朗县人民政府
张其征	男	汉	白朗县嘎普乡	综治（平安创建）工作先进个人	2016年	中共白朗县委员会、白朗县人民政府
强巴次旦	男	藏	白朗县强堆乡	综治（平安创建）工作先进个人	2017年	中共白朗县委员会、白朗县人民政府
武　　恒	男	汉	白朗县强堆乡	先进驻村工作队员	2016年	中共白朗县委员会、白朗县人民政府
格桑旦增	男	藏	白朗县强堆乡	先进党务工作者	2016年	中共白朗县委员会、白朗县人民政府

续表2

姓　名	性别	民族	工作单位	获奖名称	表彰时间	授予单位
格桑卫增	男	藏	白朗县强堆乡	优秀公务员	2016年	中共白朗县委员会、白朗县人民政府
孟贤坤	男	汉	白朗县强堆乡	优秀党员	2016年	中共白朗县委员会、白朗县人民政府
孟贤坤	男	汉	白朗县强堆乡	优秀公务员	2016年	中共白朗县委员会、白朗县人民政府
格桑旺姆	女	藏	白朗县强堆乡	优秀公务员	2016年	中共白朗县委员会、白朗县人民政府
卓　嘎	女	藏	白朗县强堆乡	优秀事业工作人员	2016年	中共白朗县委员会、白朗县人民政府
达　琼	女	藏	白朗县强堆乡	优秀事业工作人员	2016年	中共白朗县委员会、白朗县人民政府
拉姆次仁	女	藏	白朗县强堆乡	优秀事业工作人员	2016年	中共白朗县委员会、白朗县人民政府
次仁南加	男	藏	白朗县中学	教育教学突出贡献奖	2016年	中共白朗县委员会、白朗县人民政府
仓　拉	女	藏	白朗县中学	教育教学突出贡献奖	2016年	中共白朗县委员会、白朗县人民政府
次　欧	男	藏	白朗县中学	教育教学突出贡献奖	2016年	中共白朗县委员会、白朗县人民政府
扎　次	男	藏	白朗县中学	教育教学突出贡献奖	2016年	中共白朗县委员会、白朗县人民政府
白玛央金	女	藏	白朗县中学	教育教学突出贡献奖	2016年	中共白朗县委员会、白朗县人民政府
达　娃	男	藏	白朗县中学	白朗县优秀教育工作者	2016年	中共白朗县委员会、白朗县人民政府
达　拉	女	藏	白朗县曲奴乡中心小学	教育教学突出贡献奖	2016年	中共白朗县委员会、白朗县人民政府
琼　吉	女	藏	白朗县曲奴乡中心小学	教育教学突出贡献奖	2016年	中共白朗县委员会、白朗县人民政府
普布旺堆	男	藏	白朗县强堆乡中心小学	教育教学突出贡献奖	2016年	中共白朗县委员会、白朗县人民政府
普布旺堆	男	藏	白朗县强堆乡中心小学	优秀班主任	2016年	中共白朗县委员会、白朗县人民政府
何　堃	男	汉	白朗县人民政府办公室	优秀公务员	2016年	中共白朗县委员会、白朗县人民政府
陈虎龙	男	汉	白朗县人民政府办公室	优秀公务员	2016年	中共白朗县委员会、白朗县人民政府
扎西平措	男	藏	中共白朗县委组织部科员	优秀党务工作者	2016年	中共白朗县委员会、白朗县人民政府
扎西平措	男	藏	中共白朗县委组织部科员	优秀公务员	2016年	中共白朗县委员会、白朗县人民政府
白玛央珍	女	藏	中共白朗县委组织部科员	优秀公务员	2016年	中共白朗县委员会、白朗县人民政府

续表2

姓　　名	性别	民族	工作单位	获奖名称	表彰时间	授予单位
仝　　敏	男	汉	中共白朗县委组织部科员	优秀公务员	2016年	中共白朗县委员会、白朗县人民政府
都　　轲	男	汉	中共白朗县委组织部科员	优秀共产党员	2016年	中共白朗县委员会、白朗县人民政府
巴桑次仁	男	藏	中共白朗县委党校	优秀党务工作者	2016年	中共白朗县委员会、白朗县人民政府
边巴西洛	男	藏	白朗县公安局	优秀党务工作者	2016年	中共白朗县委员会、白朗县人民政府
达娃次仁	男	藏	白朗县强堆乡中心小学	教育教学突出贡献者	2016年	中共白朗县委员会、白朗县人民政府
普　　琼	男	藏	白朗县强堆乡中心小学	教育教学突出贡献者	2016年	中共白朗县委员会、白朗县人民政府
索　　扎	男	藏	白朗县强堆乡中心小学	教育教学突出贡献者	2016年	中共白朗县委员会、白朗县人民政府
张 宇 涵	男	汉	白朗县民政局	优秀党员	2016年	中共白朗县委员会、白朗县人民政府
拉巴仓决	女	藏	白朗县纪律检查委员会	嘉奖	2016年	中共白朗县委员会、白朗县人民政府
坚　　增	男	藏	白朗县纪律检查委员会	嘉奖	2016年	中共白朗县委员会、白朗县人民政府
次仁珍拉	女	藏	白朗县纪律检查委员会	优秀纪检工作者	2016年	中共白朗县委员会、白朗县人民政府
格　　桑	男	藏	白朗县人民法院	综治工作先进个人	2017年	中共白朗县委员会、白朗县人民政府
何 秋 蒙	女	汉	白朗县人民法院	先进驻村工作队员	2016年	中共白朗县委员会、白朗县人民政府
米玛普尺	女	藏	白朗县人民法院	先进驻村工作队员	2016年	中共白朗县委员会、白朗县人民政府
片　　珍	女	藏	白朗县人民法院	先进驻村工作队员	2016年	中共白朗县委员会、白朗县人民政府
安　　月	男	汉	白朗县嘎普乡	民族团结进步先进个人	2016年	中共白朗县委员会、白朗县人民政府
安　　月	男	汉	白朗县嘎普乡	优秀工作者	2016年	中共白朗县委员会、白朗县人民政府
张 其 征	男	汉	白朗县嘎普乡	优秀共产党员	2016年	中共白朗县委员会、白朗县人民政府
张 其 征	男	汉	白朗县嘎普乡	优秀公务员	2016年	中共白朗县委员会、白朗县人民政府
索朗卓嘎	女	藏	白朗县嘎普乡	优秀党务工作者	2016年	中共白朗县委员会、白朗县人民政府
索朗卓嘎	女	藏	白朗县嘎普乡	优秀公务员	2016年	中共白朗县委员会、白朗县人民政府
巴　　桑	女	藏	白朗县嘎普乡	优秀工作者	2016年	中共白朗县委员会、白朗县人民政府

续表2

姓　　名	性别	民族	工作单位	获奖名称	表彰时间	授予单位
旦增塔杰	男	藏	白朗县嘎普乡	优秀工作者	2016年	中共白朗县委员会、白朗县人民政府
卓玛次仁	女	藏	白朗县旺丹乡	优秀纪检工作者	2016年	中共白朗县委员会、白朗县人民政府
次旦巴久	男	藏	白朗县旺丹乡	先进驻村工作队员	2016年	中共白朗县委员会、白朗县人民政府
张爱云	女	汉	白朗县曲奴乡	优秀共产党员	2016年	中共白朗县委员会、白朗县人民政府
普　　布	男	藏	白朗县洛江镇	优秀纪检工作者	2016年	中共白朗县委员会、白朗县人民政府
格桑卓嘎	女	藏	白朗县民政局	优秀公务员	2016年	中共白朗县委员会、白朗县人民政府
加央拉姆	女	藏	白朗县人民检察院	优秀公务员	2017年	中共白朗县委员会、白朗县人民政府
拉巴扎西	男	藏	白朗县人民检察院	优秀驻村工作队员	2017年	中共白朗县委员会、白朗县人民政府
索朗旺堆	男	藏	白朗县人民检察院	优秀驻村工作队员	2017年	中共白朗县委员会、白朗县人民政府
平措旺堆	男	藏	白朗县人民检察院	综治先进个人	2017年	中共白朗县委员会、白朗县人民政府
米　　玛	男	藏	白朗县环境保护局	优秀公务员	2017年	中共白朗县委员会、白朗县人民政府
巴桑欧珠	男	藏	白朗县环境保护局	优秀党员	2016年	中共白朗县委员会、白朗县人民政府
桑珠次仁	男	藏	白朗县水利队	先进工作者	2016年	中共白朗县委员会、白朗县人民政府
罗　　琼	男	藏	白朗县中学	优秀党员	2016年	中共白朗县委员会、白朗县人民政府
确　　吉	女	藏	白朗县小学	教学成绩突出贡献奖	2016年	中共白朗县委员会、白朗县人民政府
确　　吉	女	藏	白朗县小学	优秀班主任	2016年	中共白朗县委员会、白朗县人民政府
格桑央珍	女	藏	白朗县小学	教学成绩二等奖	2016年	中共白朗县委员会、白朗县人民政府
格桑央珍	女	藏	白朗县小学	优秀教师	2016年	中共白朗县委员会、白朗县人民政府
达　　拉	女	藏	白朗县小学	教学成绩二等奖	2016年	中共白朗县委员会、白朗县人民政府
达　　拉	女	藏	白朗县小学	优秀班主任	2016年	中共白朗县委员会、白朗县人民政府
次仁玉珍	女	藏	白朗县小学	优秀教师	2016年	中共白朗县委员会、白朗县人民政府
达　　普	女	藏	白朗县安全生产监督管理局	优秀公务员	2016年	中共白朗县委员会、白朗县人民政府

续表2

姓　　名	性别	民族	工作单位	获奖名称	表彰时间	授予单位
达　　次	男	藏	白朗县住房和城乡建设局	优秀公务员	2016年	中共白朗县委员会、白朗县人民政府
洛朗旺布	男	藏	白朗县住房和城乡建设局	优秀公务员	2016年	中共白朗县委员会、白朗县人民政府
多吉次仁	男	藏	白朗县住房和城乡建设局	优秀党员	2016年	中共白朗县委员会、白朗县人民政府
洛朗旺布	男	藏	白朗县住房和城乡建设局	优秀党员	2016年	中共白朗县委员会、白朗县人民政府
孙海燕	女	汉	白朗县住房和城乡建设局	优秀党员	2016年	中共白朗县委员会、白朗县人民政府
马　　宁	男	汉	白朗县司法局	优秀公务员	2016年	中共白朗县委员会、白朗县人民政府
白　　玛	女	藏	白朗县司法局	优秀党员	2016年	中共白朗县委员会、白朗县人民政府
米玛仓决	女	藏	白朗县人力资源与社会保障局	优秀公务员	2016年	中共白朗县委员会、白朗县人民政府
次　　白	女	藏	白朗县玛乡	优秀党务工作者	2016年	中共白朗县委员会、白朗县人民政府
杨兴文	男	汉	白朗县玛乡	优秀党员	2016年	中共白朗县委员会、白朗县人民政府
平措朗加	男	藏	白朗县玛乡	综治工作先进个人	2016年	中共白朗县委员会、白朗县人民政府
旦增曲央	男	藏	白朗县巴扎乡	党风廉政与反腐败工作先进个人	2016年	中共白朗县委员会、白朗县人民政府
旦增曲央	男	藏	白朗县巴扎乡	民族团结先进个人	2016年	中共白朗县委员会、白朗县人民政府
扎　　央	女	藏	白朗县巴扎乡	优秀公务员	2016年	中共白朗县委员会、白朗县人民政府
扎西次宗	女	藏	白朗县巴扎乡	优秀公务员	2016年	中共白朗县委员会、白朗县人民政府
臧　　翠	女	汉	白朗县巴扎乡	优秀公务员	2016年	中共白朗县委员会、白朗县人民政府
袁　　扬	男	汉	白朗县巴扎乡	优秀公务员	2016年	中共白朗县委员会、白朗县人民政府
李　　帅	女	汉	白朗县巴扎乡	优秀公务员	2016年	中共白朗县委员会、白朗县人民政府
扎西旦真	男	藏	白朗县巴扎乡	优秀党务工作者	2016年	中共白朗县委员会、白朗县人民政府
西　　洛	女	藏	白朗县巴扎乡	优秀党员	2016年	中共白朗县委员会、白朗县人民政府
王自花	女	汉	白朗县巴扎乡	先进工作者	2016年	中共白朗县委员会、白朗县人民政府
边巴仓决	女	藏	白朗县巴扎乡	先进工作者	2016年	中共白朗县委员会、白朗县人民政府

续表2

姓　　名	性别	民族	工作单位	获奖名称	表彰时间	授予单位
旦增顿珠	女	藏	白朗县巴扎乡	先进工作者	2016年	中共白朗县委员会、白朗县人民政府
普　　珠	男	藏	白朗县者下乡	优秀公务员	2016年	中共白朗县委员会、白朗县人民政府
卓　　嘎	女	藏	白朗县者下乡	优秀公务员	2016年	中共白朗县委员会、白朗县人民政府
普　　赤	女	藏	白朗县者下乡	优秀事业工作者	2016年	中共白朗县委员会、白朗县人民政府
潘　　多	女	藏	白朗县者下乡	优秀事业工作者	2016年	中共白朗县委员会、白朗县人民政府
扎　　次	男	藏	白朗县者下乡	先进驻村工作队员	2016年	中共白朗县委员会、白朗县人民政府
邓文龙	男	汉	白朗县者下乡	优秀公务员	2016年	中共白朗县委员会、白朗县人民政府
洛　　桑	男	藏	白朗县嘎东镇	优秀公务员	2016年	中共白朗县委员会、白朗县人民政府
白马卓玛	女	藏	白朗县嘎东镇	优秀公务员	2016年	中共白朗县委员会、白朗县人民政府
德　　吉	女	藏	白朗县嘎东镇	优秀党员	2016年	中共白朗县委员会、白朗县人民政府
旦　　增	男	藏	白朗县嘎东镇	先进驻村工作队员	2016年	中共白朗县委员会、白朗县人民政府
旦增塔巴	男	藏	白朗县嘎东镇	先进驻村工作队员	2016年	中共白朗县委员会、白朗县人民政府
米　　普	女	藏	白朗县嘎东镇	优秀工作者	2016年	中共白朗县委员会、白朗县人民政府
达　　普	女	藏	白朗县嘎东镇	先进驻村工作队员	2016年	中共白朗县委员会、白朗县人民政府
扎　　次	男	藏	白朗县嘎东镇	优秀公务员	2016年	中共白朗县委员会、白朗县人民政府
尼玛塔拉	女	藏	白朗县后勤服务中心	先进驻村工作队员	2016年	中共白朗县委员会、白朗县人民政府
次　　仁	男	藏	白朗县后勤服务中心	先进驻村工作队员	2016年	中共白朗县委员会、白朗县人民政府
多吉顿珠	男	藏	白朗县后勤服务中心	先进驻村工作队员	2016年	中共白朗县委员会、白朗县人民政府
米玛次仁	男	藏	白朗县洛江镇	优秀公务员	2016年	中共白朗县委员会、白朗县人民政府
次　　平	男	藏	白朗县洛江镇	优秀党员	2016年	中共白朗县委员会、白朗县人民政府
洛松西热	男	藏	白朗县洛江镇	优秀公务员	2016年	中共白朗县委员会、白朗县人民政府
旦增平措	男	藏	白朗县洛江镇	综治工作先进个人、优秀驻村工作队员	2016年	中共白朗县委员会、白朗县人民政府

续表2

姓　　名	性别	民族	工作单位	获奖名称	表彰时间	授予单位
曲　　吉	女	藏	白朗县洛江镇	优秀公务员	2016年	中共白朗县委员会、白朗县人民政府
扎西次仁	男	藏	白朗县洛江镇	先进驻村工作队员	2016年	中共白朗县委员会、白朗县人民政府
刘 杨 军	男	汉	白朗县洛江镇	先进驻村工作队员	2016年	中共白朗县委员会、白朗县人民政府
白玛央吉	女	藏	白朗县洛江镇	先进驻村工作队员	2016年	中共白朗县委员会、白朗县人民政府
白玛央吉	女	藏	白朗县洛江镇	优秀公务员	2016年	中共白朗县委员会、白朗县人民政府
达瓦仓拉	女	藏	白朗县洛江镇	优秀公务员	2016年	中共白朗县委员会、白朗县人民政府
次　　央	女	藏	白朗县洛江镇	先进驻村工作队员	2016年	中共白朗县委员会、白朗县人民政府
次　　央	女	藏	白朗县洛江镇	优秀党务工作者	2016年	中共白朗县委员会、白朗县人民政府
普　　珍	女	藏	白朗县洛江镇	先进驻村工作队员	2016年	中共白朗县委员会、白朗县人民政府
尼玛卓玛	女	藏	白朗县洛江镇	先进驻村工作队员	2016年	中共白朗县委员会、白朗县人民政府
次旦卓嘎	女	藏	白朗县洛江镇	先进驻村工作队员	2016年	中共白朗县委员会、白朗县人民政府
拉姆曲珍	女	藏	白朗县洛江镇	优秀公务员	2016年	中共白朗县委员会、白朗县人民政府
米玛欧珠	男	藏	白朗县洛江镇	先进驻村工作队员	2016年	中共白朗县委员会、白朗县人民政府
德　　央	女	藏	白朗县旺丹乡	优秀共产党员	2016年	中共白朗县委员会、白朗县人民政府
德　　央	女	藏	白朗县旺丹乡	优秀公务员	2016年	中共白朗县委员会、白朗县人民政府
巴桑普尺	女	藏	白朗县旺丹乡	优秀公务员	2016年	中共白朗县委员会、白朗县人民政府
平措央金	女	藏	白朗县旺丹乡	优秀公务员	2016年	中共白朗县委员会、白朗县人民政府
次旦米久	男	藏	白朗县旺丹乡	优秀共产党员	2016年	中共白朗县委员会、白朗县人民政府
次旦米久	男	藏	白朗县旺丹乡	先进驻村工作队员	2016年	中共白朗县委员会、白朗县人民政府
尼玛曲珍	女	藏	白朗县林业局	优秀驻村工作队员	2016年	中共白朗县委员会、白朗县人民政府
尼玛曲珍	女	藏	白朗县林业局	优秀党务工作者	2016年	中共白朗县委员会、白朗县人民政府
次仁卓玛	女	藏	白朗县林业局	优秀驻村工作队员	2016年	中共白朗县委员会、白朗县人民政府

续表2

姓　　名	性别	民族	工作单位	获奖名称	表彰时间	授予单位
央金卓嘎	女	藏	白朗县财政局	优秀公务员	2016年	中共白朗县委员会、白朗县人民政府
次　　仁	女	藏	白朗县财政局	优秀公务员	2016年	中共白朗县委员会、白朗县人民政府
李 小 会	女	汉	白朗县财政局	优秀共产党员	2016年	中共白朗县委员会、白朗县人民政府
次仁卓玛（小）	女	藏	白朗县财政局	优秀共产党员	2016年	中共白朗县委员会、白朗县人民政府

说明：由于各单位资料提供不全，可能有遗漏

索 引

说 明

一、本索引采用主题分析法编制。索引范围包括篇目、类目、部(门)目、条目等。

二、本索引按主题词首字汉语拼音音序(同音按音调)排列,若首字拼音相同则按第二字音序排列,以此类推。

三、索引款目后的数字表示内容所在的页码,数字后的拉丁字母(a、b)表示栏别(从左至右)。

四、篇目、类目、部(门)目用黑体字。

A

B

C

G

H

J

K

L

M

N

P

Q

R

S

T

W

白朗，藏语意为“两姓氏名”

传说13世纪西藏著名的喇嘛译师巴扎·尼玛扎巴和纳朗·多吉敦炯

曾在此一起念过经

后来取二人姓名首字合称巴朗，后演变为白朗

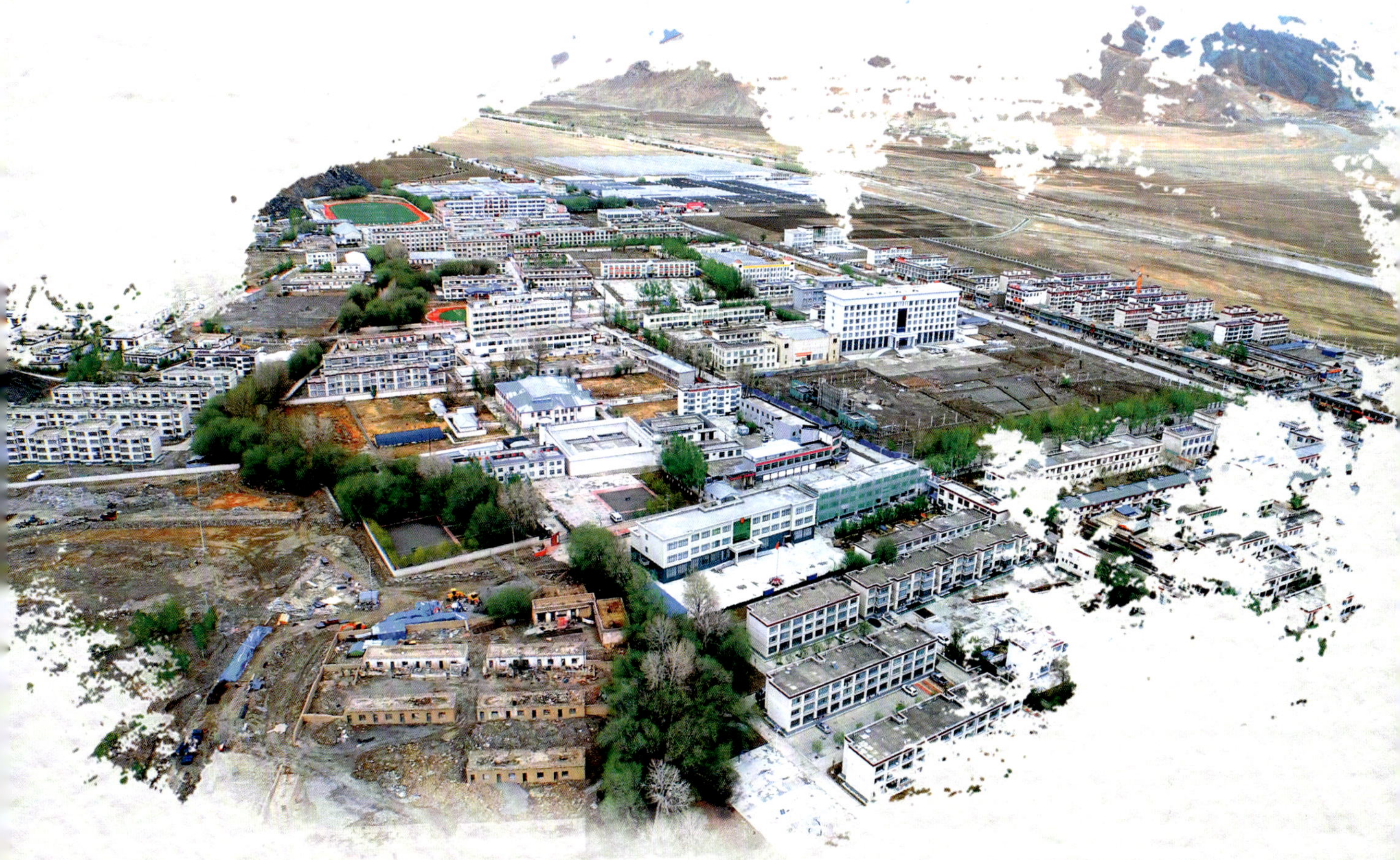

中共白朗县委员会

2016年6月28日，县委书记陈吴欢送第七批援藏干部

2016年11月22日，县委书记陈昊到巴扎乡宣讲自治区第九次党代会精神

2016年11月11日，济南市第八批援藏干部领队、县委常务副书记黄晓广为县教体局捐赠图书

2016年11月19日，县委副书记、县长赤列朗杰到者下乡小学考察教育教学工作

2016年8月2日，县委副书记、人大常委会党组书记、主任尼玛顿珠到强堆乡开展讲党课活动

2016年11月30日，县委副书记、常务副县长何继文在县城督察环境综合整治

2016年7月29日，县委副书记、纪委书记拉巴仓决安排部署巡查工作

2016年12月6日，白朗县召开"述职述责述廉暨党风廉政建设与反腐败工作"表彰大会

白朗县
人民代表大会常务委员会

2016年7月7日，县委副书记、人大常委会党组书记、主任尼玛顿珠到强堆乡慰问退休老干部

2016年9月23日，县委副书记、人大常委会党组书记、主任尼玛顿珠到嘎东镇糌粑厂调研

2016年10月14日，组织区、市、县三级人大代表到白朗县蔬菜公司考察学习

2016年8月8日，组织县人大代表到者下乡监督考察易地搬迁工程

2016年8月10日，组织县人大代表到嘎东镇易地搬迁施工现场安全检查

2016年9月7日，白朗县十三届人民代表大会第一次会议人大班子、政府班子成员就职宣誓

白朗县人民政府

2016年12月28日，县委副书记、县长赤列朗杰实地考察珠峰（白朗）有机产业园项目建设基地

2016年7月11日，县委副书记、常务副县长何继文到洛江镇慰问困难党员、贫困户

2016年7月7日，县委常委、副县长鞠正江到洛江镇调研农业生产情况

2016年3月7日，县委常委、副县长普布次仁到巴扎乡调研砂场工作

2016年12月18日，县委常委、副县长胡卫波到嘎东镇考察项目基地

2016年9月23日，副县长索朗顿珠到县完小考察教育工作

2016年12月10日，副县长付宜锋到嘎普乡考核2016年度农村环境综合整治工作

2016年7月20日，副县长强巴顿旦到嘎普乡督查公路工程质量安全情况

2016年12月22日，副县长顾群艳到旺丹乡调研民政工作

2016年12月22日，副县长强巴曲桑到旺丹乡考察雪域牧草种植项目选址

中国人民政治协商会议白朗县委员会

2016年9月4日，日喀则市政协秘书长达扎在提案培训会上做培训

2016年9月3日，县政协党组书记、主席普布次旦在开幕式上作政协常务工作报告

2016年11月25日，县政协党组书记、主席普布次旦到旺丹乡精准扶贫慰问

2016年11月13日，县政协副主席旺久到洛江镇开展精准扶贫慰问

2016年9月3日，召开政协第二届白朗县委员会第一次会议

2016年9月3日，政协第二届白朗县委员会委员分组讨论

2016年9月4日，白朗县政协召开第二届常委会议

2016年9月4日，政协第二届委员在提案培训会上做笔记

中共白朗县纪律检查委员会（监察局）

2016年3月15日，县委副书记、纪委书记拉巴仓决到旺丹乡检查维稳值班情况

2016年11月20日，县委副书记、纪委书记拉巴仓决组织召开白朗县纪委2016年度乡镇纪委书记集体约谈会

2016年6月20日，县纪委考核组到巴扎乡检查党风廉政建设工作落实情况

2016年4月25日，组织全县纪检监察系统干部在党校进行业务知识考试

2016年3月20日，纪委工作人员在县电信局前发放党风廉政宣传资料

2016年3月21日，召开中共白朗县2016年度党风廉政建设和反腐败工作部署会

援藏工作

2016年10月22日，日喀则市委书记张延清（右四）看望慰问济南市第八批援藏干部

2016年9月12日，济南市历城区委常委、区委办公室主任张庆国（左一）一行到白朗县考察援藏工作情况

2016年3月7日，济南市第七批援藏干部领队、县委书记翟军到东喜乡督导调研维稳工作，并看望慰问贫困户

2016年8月20日，济南市第八批援藏干部领队、县委常务副书记黄晓广调研援藏项目

2016年7月5日，济南市第八批援藏干部到巴扎乡考察历届援藏项目

2016年10月18日，济南市第八批援藏干部领队、县委常务副书记黄晓广主持召开援藏项目任务分解会暨项目培训会

2016年8月15日，济南市第八批援藏干部集体看望慰问优秀大学生

2016年7月6日，济南市第八批援藏干部到嘎东镇参卓林寺考察学习

中共白朗县委办公室

2016年2月22日，县委办公室主任刘川到嘎东镇扎西村开展结对帮扶慰问活动

2016年10月20日，县委办公室主任刘川走村入户了解贫困户生活状况

2016年4月27日，县委办公室副主任王潮组织办公室工作人员布置会场

2016年11月16日，县委办公室召开“讲学习、讲忠诚、正风纪、转作风、提效能”部署会

2016年12月5日，县委办公室召开工作安排部署会

2016年12月6日，县委办公室主任刘川作2016年度党风廉政述职述责述廉报告

白朗县人民代表大会常务委员会办公室

2016年8月29日，人大办公室主任张鸣霄向县委副书记、人大常委会党组书记、主任尼玛顿珠汇报第十三届人民代表大会第一次会议准备情况

2016年12月19日，人大办公室主任张鸣宵到亚龙村慰问驻村工作队

2016年12月27日，人大办公室主任张鸣宵到亚龙村慰问贫困群众

2016年5月26日，人大办公室为区、市、县三级人大代表履职培训做后勤保障

2016年12月20日，白朗县第十三届人大常委会召开第二次会议

白朗县人民政府办公室

2016年12月19日，政府办公室主任尼玛次仁主持召开周例会

2016年5月12日，政府办公室主任尼玛次仁慰问结对帮扶户

2016年10月16日，政府办公室副主任边次接待群众

2016年4月22日，政府办公室副主任何堃指导工作

2016年12月8日，政府办公室党支部慰问困难职工

2016年12月29日，信访工作人员发放信访联系卡

中国人民政治协商会议白朗县委员会办公室

2016年6月20日，日喀则市政协副主席松泽（右二）到白朗县指导县政协换届工作

2016年4月26日，县政协党组书记、主席普布次旦到巴扎乡对推荐委员进行摸底

2016年5月17日，县政协党组书记、主席普布次旦到杜琼乡对推荐委员进行摸底

2016年11月25日，政协办公室主任次卓嘎到玛乡开展精准扶贫慰问

2016年9月30日，政协办公室召开“提升委员履职能力 加强基层政协组织建设”安排部署会议

2016年10月19日，政协办公室召开支部专题会议

中共白朗县委组织部（编办）

2016年6月8日，西藏自治区党委常务副书记吴英杰（左二）到白朗县检查县乡领导班子换届开展情况

2016年5月18日，西藏自治区党委组织部组织二处调研员盛永（右三）到白朗县检查换届风气工作

2016年7月7日，县委常委、组织部部长次仁旺堆到嘎普乡嘎普村看望结对帮扶户

2016年5月13日，县委常委、组织部部长次仁旺堆出席白朗县县乡领导班子换届选举工作动员部署暨培训工作会议

2016年7月12日，组织各乡镇副书记到聂日雄乡学习交流

2016年8月17日，白朗县召开基层党建、强基惠民、“两学一做”交流推进会

2016年7月1日，县委常委、组织部部长次仁旺堆出席白朗县庆祝中国共产党成立95周年暨“两优一先”表彰大会

中共白朗县委宣传部

2016年7月14日，县委常委、宣传部部长赵瑞红看望慰问结对帮扶户

2016年12月20日，县委常委、宣传部部长赵瑞红为强堆乡吉定村授牌

2016年8月31日，县委常委、宣传部部长赵瑞红向白朗县民间艺术团舞蹈演员献哈达

2016年8月31日，县委常委、宣传部部长赵瑞红与参加珠峰文化节白朗县民间艺术团舞蹈演员合影

2016年11月25日，白朗县召开理论中心组学习会议

2016年12月15日，白朗县文化执法大队组织开展专项检查

2016年1月26日，白朗县举行“五下乡”文艺演出活动

中共白朗县委统战部

2016年10月22日，日喀则市委书记张延清（右二）到白朗县长美坚寺管委会调研

2016年2月25日，县委常委、统战部部长扎西顿珠到曲奴乡桑林寺开展慰问活动

2016年6月7日，县委常委、统战部部长扎西顿珠到色热珠德寺调研

2016年5月10日，县委常委、统战部部长扎西顿珠到东喜玛尼拉康检查防火、防盗工作

2016年2月10日，白朗县工商联召开非公有制经济人士座谈会

2016年12月9日，召开白朗县2016年和谐模范寺庙暨爱国守法先进僧人表彰大会

白朗县民族宗教事务局

2016年3月23日，西藏自治区民宗委民族一处处长晋美（左二）到白朗县旺丹卡垫厂检查指导工作

2016年6月1日，民族宗教事务局局长巴桑琼达到嘎东镇白雪村验收防洪坝少数民族发展资金项目

2016年12月29日，民族宗教事务局局长巴桑琼达到巴扎乡巴扎村牲蓄养殖场验收少数民族发展资金项目

2016年9月23日，民族宗教事务局局长巴桑琼达到旺丹乡夏麦村入户了解结对帮扶家庭生活情况

2016年12月29日，民族宗教事务局局长巴桑琼达到旺丹乡比尼村验收防洪坝少数民族发展资金项目

2016年12月22日，民族宗教事务局局长巴桑琼达到嘎东镇藏靴厂参加农牧民转移就业技能培训开班典礼

2016年9月23日，白朗县召开民族团结进步表彰大会

中共白朗县委政法委员会

2016年8月8日，县委书记陈昊到县委政法委开展全县政法综治维稳护路工作调研

2016年4月21日，县委常务副书记陈海英主持召开综治工作会议

2016年3月20日，县委常委、政法委书记、公安局局长罗布顿珠看望灾后护路队员

2016年2月27日，县委常委、政法委书记、公安局局长罗布顿珠动员部署护路联防工作

2016年1月27日，政法委工作人员看望慰问结对帮扶群众

2016年3月10日，政法委组织工作人员在县城开展综治宣传活动

中共白朗县委党校

2016年7月31日，西藏自治区党委组织部副部长（正厅级）边巴扎西到白朗县党校检查指导工作

2016年7月4日，日喀则市委组织部副部长、老干局局长贡桑到白朗县党校出席农村乡土实用人才培训站挂牌仪式

2016年11月20日，县委书记陈昊讲党课

2016年11月4日，县委党校副校长巴桑次仁组织干部职工召开“百日行动”动员部署会

2016年6月14日，县委党校副校长巴桑次仁到洛江镇开展“两学一做”宣讲大会

2016年7月3日，来自全区150名村党支部书记到白朗县参加村（居）组织负责人示范培训班

2016年7月8日，来自全区150名村党支部书记参加升国旗仪式

2016年12月14日，组织全县干部职工学习党的十八届六中全会和自治区第九次党代会精神

白朗县人民法院

2016年12月3日，山东省高级人民法院党组成员、纪检组组长时耀华（右一）到白朗县人民法院调研

2016年10月13日，县法院副院长次仁拉姆到那曲追回民工拖欠工资

2016年5月26日，白朗县人民法院召开党风廉政建设工作会议

2016年11月12日，白朗县人民法院召开迎接目标考评责任汇报会

2017年2月23日，白朗县人民法院召开“深化五项教育 增进五个意识”主题活动动员部署会议

2016年9月28日，组织全院干警到旺丹乡助农收割

白朗县人民检察院

2016年6月29日，自治区人民检察院常务副检察长汪留国（中）到白朗县人民检察院调研

2016年11月24日，县检察院副检察长达娃顿珠慰问农民合作社职工

2016年3月28日，县检察院公诉科科长、正科级检察员平措旺堆带领干警开展综治宣传活动

2016年8月17日，山东省检察机关赴藏考察团一行到白朗县检察院考察并合影留念

2016年11月26日，组织干警集中学习党的十八届六中全会精神

2016年11月30日，白朗县“两学一做”督导组一行到县检察院督导检查材料

2016年11月18日，组织志愿队到福利院慰问孤寡老人

白朗县总工会

2016年1月5日，县委副书记、县长赤列朗杰慰问环卫工人

2016年1月7日，总工会主席国杰慰问困难职工

2016年2月3日，总工会主席国杰到洛江镇则嘎村慰问结对帮扶户

2016年10月29日，总工会主席国杰到嘎普乡慰问结对帮扶户

2016年2月2日，总工会在嘎东镇组织开展“五下乡”活动

2016年3月10日，组织工作人员在县电信营业厅门口开展法制宣传活动

白朗县妇女联合会

2016年12月12日，西藏自治区妇联发展部部长李作梅（左一）到白朗县开展2016年度目标管理责任制考核

2016年9月30日，日喀则市妇联党组副书记、主席叶青莲（中）到白朗县洛江镇则嘎村调研编织工作开展情况

2016年9月12日，日喀则市妇联党组副书记、主席叶青莲（左一）到白朗县洛江镇则嘎村精美编织厂举行“日喀则市妇女编织技能培训基地”授牌仪式

2016年8月15日，日喀则市18个县（区）妇联主席到白朗县强堆乡夏吉村妇女编织坊参观学习

2016年9月12日，阿里地区组织妇女群众到白朗县洛江镇则嘎村开展编织技能培训

2016年3月16日，组织工作人员在县城开展法制宣传活动

共青团白朗县委员会

2016年10月13日，共青团西藏自治区委员会工农部部长泽仁扎西（前排右一）到白朗县开展“走进青年、转变作风、改进工作”调研活动

2016年1月28日，团委开展走访慰问志愿者活动

2016年5月23日，西藏优秀青年事迹分享会在白朗县成功举行

2016年5月17日，到东喜乡小学开展“捐衣物、送温暖、献爱心”主题活动

2016年6月12日，县委组织县中学青年志愿者开展“牵手夕阳红·温暖老人心”慰问活动

2016年9月20日，团委参与白朗县网络安全宣传周活动

2016年6月28日，团委举办庆祝建党95周年、建团94周年暨“七一”系列体育竞技活动

白朗县发展和改革委员会

2016年6月12日，县委副书记、县长赤列朗杰到年楚河沿线砂场进行调研指导

2016年10月6日，县委副书记、县长赤列朗杰到者下乡灾后重建指挥部召开灾后重建推进会

2016年4月27日，县委常委、副县长普布次仁到县粮食公司督导检查粮食消防安全工作

2016年12月10日，县委常委、副县长普布次仁到发改委召开2016年度工作总结大会

2016年11月30日，发改委主任旦增罗白到嘎东镇验收垃圾填埋场项目

2016年2月27日，发改委主任旦增罗白到县委党校召开政府总支党员大会

2016年9月30日，发改委主任旦增罗白到玛乡厅卓村开展结对帮扶慰问活动

白朗县财政局

2016年6月21日，自治区财政厅国库处处长肖厚国（后排中），日喀则市财政局党组书记、副局长阿旺赤列（后排右一）到白朗县财政局调研

2016年7月14日，日喀则市财政局副局长巴桑（左四）到白朗县财政局调研“营改增”改革工作

2016年12月12日，财政局局长旦增杰布到东喜乡强日村驻村点走访慰问

2016年3月20日，财政局干部职工到嘎东镇参加植树活动

2016年5月15日，财政局干部职工参加“两学一做”教育活动

2016年3月28日，财政局驻村干部与东喜乡强日村农牧民举行升旗仪式

白朗县商务局

2016年11月12日，云南省商务厅政策法规处处长林德忠（左一）到白朗县考察民族手工业工作

2016年12月28日，商务局局长索朗平措在白朗县电子商务进农村综合示范项目方案评审会议上发言

2016年11月8日，商务局局长索朗平措到者下乡聂仓村慰问结对帮扶户

2016年9月6日，商务局局长索朗平措带队开展打击侵权假冒工作

2016年8月31日，商务局党员干部参加党建工作会议

2016年9月14日，商务局计算机高级技师卓拉到加气站检查安全工作

2016年9月3日，商务局执法人员开展打击制贩假盐

白朗县交通运输局

2016年7月13日，日喀则市交通运输局党委委员、副局长强巴（左五）一行项目督察组到白朗县检查指导曲奴乡至者下乡公路项目

2016年9月11日，日喀则市交通运输局党委委员、副局长强巴一行项目督察组到白朗县检查指导白东公路岔口至嘎普乡玛岗村公路项目

2016年9月11日，日喀则市交通运输局党委委员、副局长强巴一行项目督察组在白朗县政府召开白朗县第三季度项目督查会

2016年7月15日，西藏自治区审计厅工作组一行到白朗县审计色热珠德寺公路项目

2016年9月13日，副县长强巴顿旦主持召开白朗县农村公路项目推进会

2016年12月2日，副县长强巴顿旦到者下乡验收那堆村公路养护水毁恢复情况

2016年10月25日，区、市两级交通部门工作组一行到白朗县审查旺丹乡至东喜乡公路项目

白朗县科学技术局

2016年10月31日，日喀则市科技局副局长赵双全（中）到白朗县旺丹乡调研

2016年5月13日，县委常委、副县长王士强，科技局副局长次珍组织发放科技特派员补助

2016年10月2日，西藏自治区青年志愿者到白朗县参观学习

白朗县蔬菜培植基地

白朗县蔬菜公司培育新品香瓜

温室培育新种苗

白朗县教育（体育）局

2016年6月7日，县委书记陈昊到县小学调研

2016年11月16日，教育局综合办公室主任米玛欧珠为定点扶贫联系群众送温暖

2016年7月12日，由县委、县政府牵头，各中小学校长、各校教务主任、教育局相关科室工作人员共计30余人组成参观考察团到林芝市巴宜区参观学习

2016年12月9日，组织县域中小学生开展“年河环境卫生”大扫除活动

2016年9月10日，白朗县教体局开展第32个教师节表彰大会并合影留念

白朗县司法局

2016年10月30日，西藏自治区司法厅法制宣传处副调研员陈莉（左二）一行到白朗县司法局进行业务考核

2016年6月14日，西藏自治区司法厅法律援助处副处长柳杨（左一）一行到白朗县司法局调研法律援助工作

2016年10月27日，日喀则市司法局党组副书记、纪检组长米玛（左二）一行到白朗县司法局检查指导工作

2016年10月14日，县委书记陈昊到白朗县司法局调研司法行政工作

2016年11月15日，日喀则市委组织部干部教育科科长章建房（左三）一行到白朗县司法局检查“两学一做”党建工作开展情况

白朗县公安局

2016年6月20日，县委常委、政法委书记、公安局局长罗布顿珠带领民警清理排洪沟

2016年7月30日，公安局党委委员、办公室主任顿珠玉杰到嘎东镇慰问贫困户

2016年2月9日，公安局民警在洛江镇雨雪天气执行勤务

2016年3月10日，公安局民警开展夜间体能训练

2016年3月14日，开展武装巡逻

2016年3月10日，公安局民警在县城开展法制宣传活动

白朗县民政局

2016年12月2日，县委书记陈昊、副县长顾群艳到县民政局检查指导工作

2016年11月25日，县委书记陈昊、副县长顾群艳到嘎东镇低保户家庭进行调研

2016年3月8日，副县长顾群艳到五保集中供养中心与老人共度“三八”妇女节

2016年9月23日，县委常委、宣传部部长赵瑞红到五保集中供养中心慰问老人

2016年12月10日，民政局局长巴桑普尺带领工作人员检查救灾物资

2016年12月23日，县民政局组织各乡镇民政专干开展低保业务培训

白朗县人力资源和社会保障局

2016年9月9日，日喀则市人社局党组副书记、局长旦增加布到白朗县精准扶贫转移就业培训点检查指导恰珠编织坊工作开展情况

2016年12月8日，日喀则市人社局工伤保险科科长李刚（后排左二）到白朗县开展工伤预防培训会

2016年11月3日，人社局局长格桑吉拉到恰珠编织厂召开转移就业开班典礼

2016年12月27日，人社局召开“两学一做”学习教育实践系列活动

2016年10月15日，人社局组织开展各乡镇文化站工作人员培训结业典礼

2016年7月20日，人社局工作人员向11个乡镇发放基层劳动社会保障公共服务平台规范化建设设备

白朗县国土资源局

2016年7月6日，自治区国土资源厅副厅长布琼（中）、日喀则市国土资源局局长多吉旺久（左二）在白朗县主持召开全区农村集体土地所有权确权登记发证工作现场培训会

2016年7月21日，自治区国土资源厅执法局局长崔赤多吉（右二）、日喀则市国土资源局副局长伟色（左一）到白朗县检查指导工作

2016年12月23日，县委副书记、县长赤列朗杰主持召开全县基本农田划定工作会议

2016年7月21日，自治区国土资源厅执法局局长崔赤多吉（右一）、日喀则市国土资源局副局长伟色（左一）到白朗县检查卫片工作

2016年9月22日，北京苍穹公司专业人员到白朗县国土资源局办公室开展农村宅基地发证系统工作培训

2016年12月16日，副县长强巴顿旦、国土资源局局长次仁罗布到旺丹乡整治采石采砂

白朗县环境保护局

2016年7月14日，自治区环保厅监察总队队长达娃、日喀则市环保局副局长罗布检查嘎东镇辖区内机场至日喀则市专线公路环境问题

2016年4月23日，县委副书记、县长赤列朗杰带队，各乡镇、县直相关部门负责人组成工作队到嘎东镇整治砂场工作

2016年2月15日，县委副书记、县长赤列朗杰，副县长付宜锋主持召开迎接中央环境督察工作安排部署会议

2016年6月17日，副县长付宜锋到巴扎乡安排创建自治区级生态村相关工作

2016年10月8日，环保局局长米玛和环境监测人员到者下乡农村水源地保护工程进行摸底调查

2016年2月16日，环保局局长米玛到康桑农产品发展有限公司检查燃煤锅炉使用情况

白朗县住房和城乡建设局

2016年11月1日，白朗县“四大班子”主要领导出席住建局举办的第四届环卫工人节

2016年10月17日，住建局局长达次主持召开“两学一做”学习讨论会

2016年12月29日，住建局局长达次主持2016年度城镇低收入住房困难家庭租赁补贴发放工作

2016年10月20日，自来水公司经理果吉、城管综合执法大队队长多吉次仁查看垃圾填埋场生活垃圾填埋和打压情况

2016年6月21日，仁布县工作组一行到白朗县自来水厂学习交流

2016年11月20日，新建2016年度公共租赁住房建设项目主体完工

2016年11月10日，住建局主管负责白朗县洛江市政道路工程二标段（桥梁，未完工）

白朗县水利局

2016年6月29日，西藏自治区民政厅副厅长姜娟、日喀则市副市长巴桑到白朗县检查2016年防汛抗灾落实情况

2016年6月21日，日喀则市水利局党组副书记琼琼（左一）、防办主任曹伟伟（左二）到白朗县进行第二轮检查在（续）建水利工程项目

2016年9月27日，日喀则市水利局副局长王学通到白朗县玛乡检查水利项目施工情况

2016年11月2日，水利局监理人员到旺丹乡雪麦村对2015年小农重点县水利项目进行自验

2016年8月4日，西藏自治区邀请内地专家到白朗县进行人饮安全巩固提升实地复核

白朗县农牧局

2016年6月26日，日喀则市副市长巴桑（右三）到白朗县巴扎乡召开土地确权工作现场会

2016年6月21日，日喀则市农牧局农机管理局党组书记扎平（中）到白朗县洛江镇宗下村检查土豆长势情况

2016年7月19日，县委书记陈昊到巴扎乡恰仓村萨福克养殖基地检查指导工作

2016年7月24日，县委副书记、县长赤列朗杰到曲奴乡达玉村检查危房

2016年10月1日，农牧局班子成员到洛江镇帮康村慰问结对帮扶对象

2016年8月19日，农牧局举办白朗县首届气象信息员培训班

白朗县
文化广播电影电视局

2016年4月15日，强堆乡组织演出“白岗翁谐”

2016年3月28日，洛江镇开展庆祝“西藏百万农奴解放纪念日”文艺汇演

2016年8月15日，日喀则市珠峰旅游文化节嘎东藏靴展销

白朗县嘎东镇藏靴厂厂长巴桑次仁制作藏靴

2016年3月28日，洛江镇组织演练“杂嘎卓舞”

白朗县卫生局

2016年10月14日，济南市第八批援藏干部领队、县委常务副书记黄晓广到嘎普乡卫生院调研

2016年1月15日，卫生局局长崔玉红主持召开卫生健康教育和新农合培训会

2016年4月5日，卫生局局长崔玉红到曲奴乡彭嘎村检查工作

2016年10月9日，卫生局副局长普珍到曲奴乡彭嘎村慰问贫困户

2016年6月28日，卫生局新农合办公室主任多布杰到扎林村卫生院检查指导工作

2016年10月8日，新农合办公室主任多布杰主持召开村医工作会议

白朗县安全生产监督管理局

2016年6月20日，邀请国家级安全生产专家到白朗县党校讲解安全生产知识

2016年3月7日，县委常委、副县长普布次仁，安监局局长达普到危险化学品经营企业检查工作

2016年7月23日，安监局局长达普在局办公室与江孜县安监局一行交流安全生产工作

2016年3月7日，县委常委、副县长普布次仁，安监局局长达普到巴扎乡指导砖场安全生产工作

2016年9月30日，安监局局长达普同相关单位人员检查日喀则机场高速路白朗施工段安全生产工作

2016年9月26日，安监局局长达普到县加气站指导消防应急演练工作

2016年2月5日，安监局局长达普与相关部门检查危险化学品经营企业

2016年8月15日，国家林业局湿地管理中心处长闫晓红（左三）到白朗县对湿地公园进行验收

2016年5月24日，西藏自治区林业厅党组副书记、厅长云丹（左三）到白朗县检查2015年防沙治沙项目

2016年5月4日，副县长付宜锋、林业局局长余明到嘎东镇铁路沿线检查树苗种植情况

2016年5月6日，日喀则市林业局工作组一行到白朗县验收2013重点区域造林项目

2016年3月7日，林业局局长余明到嘎东镇检查造林苗木长势情况

2016年5月19日，林业局局长余明到S204白朗段指导树木病虫害防治工作

白朗县扶贫开发领导小组办公室

2016年7月16日，西藏自治区人大常委会副主任李文汉（左四）到白朗县嘎东镇荞麦加工厂检查指导工作

2016年12月1日，西藏自治区教育厅副厅长永旦扎巴（左二）到白朗县脱贫攻坚指挥部考核

2016年12月18日，西藏自治区扶贫办副主任陆华东（左一）到白朗县巴扎乡检查指导工作

2016年6月18日，西藏自治区农牧厅副厅长顿吉（右一）到嘎普乡贫困户家中调研

2016年4月19日，日喀则市扶贫办党组书记达珍（左四）到旺丹乡检查指导工作

2016年11月28日，珠峰农机公司白朗作业部工作人员到旺丹乡桑巴村开展“百企帮百村”活动

白朗县重点产业发展领导小组办公室

2016年12月5日，日喀则市委书记张延清（右四）到白朗县调研蔬菜种植

2016年12月22日，日喀则市政协党组书记、主席普布（左三）到嘎东镇万亩枸杞种植示范基地考察

2016年12月8日，县委书记陈昊与西藏国光发新能源开发有限公司人员实地考察洛江镇洛江村光伏项目基地

2016年12月12日，县委书记陈昊与北京中农汇富农业科技（北京）有限公司洽谈生态农业园项目

2016年11月23日，县委常委、副县长鞠正江到万亩枸杞基地实地考察

2016年11月19日，县委常委、副县长鞠正江到嘎东镇实地考察种养殖、加工业发展情况

2016年12月23日，县委常委、副县长胡卫波到嘎东镇实地考察枸杞项目开工建设情况

2016年12月13日，县人大常委会副主任张军到嘎东镇实地部署珠峰（白朗）产业园规划工作

白朗县旅游局

2016年10月20日，旅游局局长米玛次仁传达学习纪委通报典型案例

2016年11月3日，旅游局局长米玛次仁安排部署工作

2016年8月31日，党支部副书记贾文瑞主持召开党建工作会议

2016年7月25日，嘎东镇参卓林寺嘎仪跳神活动

嘎普乡楚松村千年古柏

强堆乡色热珠德寺

白朗县年雄扶贫开发有限责任公司

2016年12月26日，白朗县现代藏式服装厂在年雄扶贫开发有限责任公司政府风险补偿基金担保下与农行日喀则分行签订贷款协议

白朗县年雄扶贫开发有限责任公司成立于2016年6月7日，注册资金1000万元（壹仟万圆整），是根据市委、市政府要求和白朗县精准扶贫项目建设需要，经白朗县人民政府批准设立的国有独资公司。公司出资人为白朗县人民政府，白朗县财政局为出资人代表。公司类型为国有独资有限责任公司，性质为公益性企业。通过设立政府风险补偿基金、引进社会资本等市场化方式为易地扶贫搬迁、扶贫开发产业发展筹集资金；公司现在专职承担易地扶贫搬迁建设资金管理和扶贫产业投融资工作，通过创新扶贫开发投融资模式和组织方式，为全县易地扶贫搬迁工程顺利推进、扶贫产业有序发展提供资金保障。2016年5月20日，第四次县长办公会研究同意，决定成立白朗县年雄扶贫开发有限责任公司，由县委常委、副县长普布次仁担任公司法人，执行董事兼总经理，任职期限为3年，是连选连任；聘任县人大常委会副主任刘万里为公司执行监事、县财政局局长旦增杰布为公司财务总监、县扶贫（农发）办主任格桑扎西为公司副总经理。

公司成立运营后，按相关要求对易地搬迁资金进行有效管理，全年共到位易地搬迁资金5741.47万元，并根据项目进度拨付2354.96万元；积极与日喀则市珠峰扶贫开发有限责任公司协调，合作开发白朗县高效大棚蔬菜基地建设项目，于8月26日签订产业投资精准扶贫协议，并分别于9月2日和11月28日，共到位产业项目资金10000万元；按照相关要求设立政府风险补偿基金，分别于10月1日和11月28日共到位风险补偿资金5200万元；于7月28日到位易地搬迁低息贷款3783.75万元；结合全县扶贫产业发展实际，通过充分论证，决定与白朗县后藏杞原农业科技开发有限公司合作开发白朗县高原有机枸杞基地建设项目，于12月12日签订投资合作协议，于12月29日到位产业整合资金2000万元，并于12月30日将该资金作为投资资金拨付给白朗县后藏杞原农业科技开发有限公司，项目得到有序实施，产业带动效益逐步显现；在公司政府补偿基金的担保下，12月26日，白朗县现代藏式服装厂成功向农行日喀则分行申请产业贷款300万元，用于服装厂扩建。

下一步，公司将强化使命担当和责任意识，注重与易地扶贫搬迁、扶贫发展特色产业、群众就业相结合，从根本上解决贫困群众的长远生计问题。坚持现代金融理念，建立健全风险防控机制，切实增强企业筹融资能力。同时，通过建立健全现代企业制度，加强规范化管理，尽快将公司建成制度健全、内控严密、服务优良、运行高效的扶贫融资企业，确保每一分钱都用于贫困群众，为白朗县脱贫攻坚工作作出应有贡献。公司还将不断加强自身建设，建立团结进取，敢于担当、情系百姓、业务过硬、作风扎实，守纪律、懂规矩、肯奉献的企业团队，为公司的长远发展奠定坚实的基础。

2016年12月30日，有机枸杞种植基地进行土地平整及客土

白朗县年雄扶贫开发有限责任公司与白朗后藏杞原农业科技开发有限公司合作建设有机枸杞种植基地

2016年11月16日，建设中的高效温室大棚

白朗县年雄实业开发有限责任公司

董事长胡卫波到公司检查指导工作

2016年12月3日，董事长胡卫波与西藏藏诺药业有限公司洽谈合作协议

董事长胡卫波带领工作人员到嘎东镇枸杞种植基地检查枸杞苗成活率

为深化白朗县投融资体制改革，加强国有资产经营管理，拓宽融资渠道，提高城市项目投融资能力，加快白朗县现代化建设步伐，缓解财政投入压力，打造一个实力强劲的县级融资和监管平台。根据全县实际情况，通过广泛征求意见建议，2016年11月15日，成立白朗县年雄实业开发有限责任公司。公司注册资金为10000万元，位于日喀则市白朗县洛江大街济南宾馆二楼，系唯一直属于白朗县人民政府的国有独资公司。

公司运营模式：主要负责全县重大城建项目建设资金的筹措和投入，以资本、资产的市场化运作、产业化经营活动，建立和完善城市建设资金投融体制，更好地发挥政府在资本运作和资产经营活动中的导向和调控作用，促进资本合理流动，提升资本运作和资产经营的层次、能级和效益，促进城市建设资金的合理配置和滚动增值，为加快白朗城市化进程服务。

公司经营范围：土地储备整治；土地一级开发；房地产开发；城市基础设施及配套项目建设、运营和管理；建筑工程、土木工程承包与分包；国有资产经营管理；物业管理；投资管理；旅游会展、文化传媒、商业酒店投资及管理；停车收费；建材物资、矿产品（不含专项）销售；广告经营；（经营项目中涉及行政许可的，须持行政许可证经营）法律、法规许可的其他业务。

公司组织机构：公司设立董事会和监事会，董事长1名、监事会主席1名、总经理1名、副总经理2名，拥有工作人员6名。董事会由董事长胡卫波、总经理李勇、副总经理旦增杰布、县发改委旦增罗白、县国土局次仁罗布、县住建局达次、县交通局普布次仁等人组成；监事会由监事会主席张军、县财政局刘亚妮、县纪检委邓文龙、县人大代表格桑吉拉（县人社局）、县政协委员巴桑旺堆（洛江镇明掘建筑队）等人组成。

公司宗旨理念：公司以“创新服务、勇争一流、诚信至上、追求卓越”为企业宗旨，并以务实、诚信、共赢、求精、高效的经营管理为理念，创造良好的企业环境。将以全新的管理模式，完善周到的服务，卓越的品质作为生存之根本。

总经理李勇组织相关部门向村民发放土地流转金

2016年11月18日，白朗县挂牌成立年雄实业开发有限责任公司

白朗县人民医院

2016年11月25日，县委书记陈昊到县医院调研

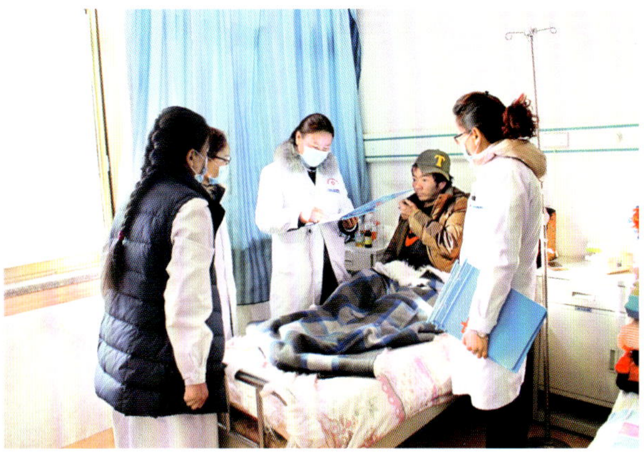
2016年10月5日，县医院副院长琼达到病房查房

2016年8月23日，白朗县第三巡查组进驻卫生系统工作动员会

2016年12月20日，召开卫生工作会议

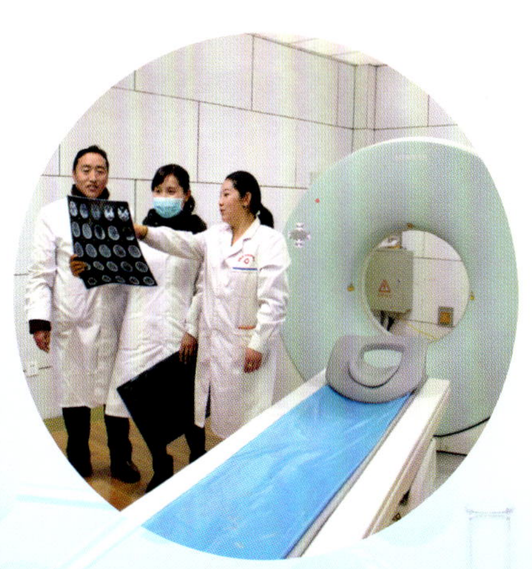
2016年12月15日，白朗县人民医院CT室投入使用

2016年7月8日，青年志愿者下乡义诊医疗队到东喜乡为农牧民免费义诊

白朗县洛江镇

2016年11月26日，日喀则市委组织部副部长候长蓬（左六）、县委书记陈昊到洛江镇看望引进生

2016年10月29日，县委书记陈昊到洛江镇宣讲党的十八届六中全会精神

2016年7月1日，镇党委书记普琼为机关干部职工讲党课

2016年8月12日，镇党委书记普琼宣讲脱贫攻坚政策

2016年6月13日，洛江镇组织驻村干部开展“两学一做”专题研讨会

2016年9月26日，洛江镇组织开展“两学一做”第三专题研讨会议

白朗县嘎东镇

2016年11月8日，日喀则市委书记张延清（右一）到嘎东镇慰问贫困居民

2016年10月21日，日喀则市委书记张延清（右五）到嘎东镇检查指导“4·25”灾后重建工作

2016年6月21日，县委副书记、县长赤列朗杰到嘎东镇检查指导工作

2016年12月5日，嘎东镇党委书记洛桑主持召开全体干部职工大会

2016年5月26日，嘎东镇召开全体党员大会

2016年5月29日，嘎东镇召开第十四届人民代表大会第一次会议全体代表

白朗县巴扎乡

2016年6月8日，西藏自治区党委常务副书记吴英杰（前排右二）到白朗县巴扎乡检查指导工作

2016年8月11日，中央纪委、中组部换届风气第五巡回督查组一行到白朗县巴扎乡督导检查换届选举工作

2016年6月27日，县委书记陈昊到巴扎乡萨福克肉羊养殖基地调研

2016年7月19日，济南市第八批援藏干部领队、县委常务副书记黄晓广一行到巴扎乡调研

2016年6月14日，巴扎乡组织开展干部谈心谈话

2016年10月27日，巴扎乡组织召开脱贫攻坚决战冲刺会

白朗县玛乡

2016年6月22日，县委书记陈昊到玛乡调研

2016年11月24日，县委书记陈昊到玛乡考察“百企帮百村”活动开展情况

2016年7月24日，县委常委、宣传部部长赵瑞红到玛乡开展汛期巡视工作

2016年4月26日，玛乡党委书记多布杰带领全乡“村两委”班子成员到江孜县参观学习

2016年7月4日，玛乡党委书记多布杰主持召开防汛工作会议

2016年5月30日，玛乡召开第十四届人民代表大会第一次会议

白朗县旺丹乡

2016年10月6日，县委常委、副县长普布次仁到旺丹乡检查督导基础设施建设

2016年10月17日，县人大常委会副主任米玛次仁到旺丹乡检查督导精准扶贫工作开展情况

2016年5月6日，乡党委书记平措央金主持召开周五例会，传达学习上级文件精神

2016年9月30日，党委副书记、乡长吕华操到秋堆村看望慰问驻村工作队

2016年5月25日，旺丹乡召开第十四届人民代表大会第一次会议

2016年5月25日，旺丹乡召开党员大会

2016年2月20日，旺丹乡开展村干部素质文化提升活动

白朗县曲奴乡

2016年10月22日，日喀则市委书记张延清（右三）到白朗县曲奴乡调研

2016年12月26日，县委常委、副县长普布次仁到曲奴乡开展水塘建设项目选址工作

2016年12月15日，曲奴乡召开2016年村干部误工补贴及奖励资金发放会

2016年11月4日，曲奴乡组织召开精准扶贫脱贫户公示大会

2016年11月5日，曲奴乡组织精准扶贫生态岗位人员开展乡村环境卫生整治工作

2016年12月9日，白朗县“五下乡”活动服务队到曲奴乡开展宣传活动

白朗县杜琼乡

2016年5月28日，县委书记陈昊，县委副书记、人大常委会主任尼玛顿珠，县委常委、组织部部长次仁旺堆到杜琼乡检查换届工作

2016年6月22日，县委书记陈昊，县委常委、组织部部长次仁旺堆到杜琼乡来强村检查驻村工作开展情况

2016年6月22日，县委书记陈昊到杜琼乡党精村谢玛编织合作社参观

2016年6月7日，县委副书记、县长赤列朗杰到杜琼乡差强村检查驻村工作

2016年5月29日，杜琼乡召开第十四届人民代表大会一次会议

2016年5月30日，杜琼乡小学庆祝“六一”儿童节

白朗县强堆乡

2016年8月5日，日喀则市委书记张延清（左三）到强堆乡夏吉村检查指导工作

2016年5月26日，日喀则市委常委、组织部部长杨昆（左一）到强堆乡检查指导换届选举工作

2016年6月23日，县委书记陈昊到强堆乡督查环境整治工作

2016年1月6日，西藏自治区督导组一行到强堆乡检查督导党建工作

2016年3月10日，县委副书记、人大常委会主任尼玛顿珠到强堆乡督查扶贫工作

2016年6月18日，县委组织部副部长扎西平措到强堆乡扎西普村检查换届选举工作

2016年1月7日，乡党委书记赵俊峰到亚龙村慰问驻村工作队队员

2016年5月16日，党委副书记、乡长扎西江白主持召开“两学一做”学习会议

白朗县嘎普乡

2016年7月12日，西藏自治区妇联主席江措拉姆（右一）到白朗县嘎普乡嘎普村慰问贫困户

2016年6月15日，县委书记陈昊到嘎普乡检查指导工作

2016年10月29日，县委副书记、县长赤列朗杰到嘎普乡检查精准扶贫工作

2016年1月6日，县委副书记、纪委书记拉巴仓决，副县长付宜锋到嘎普乡开展春节慰问活动

2016年3月6日，县委常委、组织部部长次仁旺堆到嘎普乡玛岗村检查指导工作

2016年2月4日，嘎普乡召开“双节”期间维稳工作会议

白朗县者下乡

2016年11月1日，日喀则市委常委、宣传部部长戎新龙（左三），县委副书记、县长赤列朗杰到者下乡检查精准扶贫工作开展情况及下一步脱贫计划

2016年9月8日，县委书记陈昊到者下乡参加斗牛节

2016年12月13日，县委书记陈昊，县委副书记、人大常委会党组书记、主任尼玛顿珠到者下乡慰问易地搬迁户

2016年11月8日，副乡长米玛拉姆到珍木则村召开贫困户自愿脱贫民主会

2016年9月8日，白朗县者下乡斗牛节现场

2016年12月13日，者下乡灾后重建、易地搬迁乔迁仪式

白朗县 东喜乡

2016年5月25日，县委书记陈昊到东喜乡督导党委换届工作

2016年11月10日，县委书记陈昊到东喜乡督导精准扶贫工作

2016年1月16日，县委副书记、县长赤列朗杰到东喜乡检查指导工作

2016年11月23日，县委常委、组织部部长次仁旺堆到东喜乡考核党建工作

2016年7月12日，副县长强巴顿旦到东喜乡卫生院检查指导工作

2016年3月5日，乡党委书记达瓦罗布到吾久村检查督导维稳工作

2016年4月5日，乡党委副书记、人大主席巴桑组织群众开展城乡环境卫生整治

白朗县人民武装部

2016年7月9日，日喀则军分区政治委员许庆明（前排右一）到白朗县人民武装部检查指导工作

2016年10月4日，日喀则军分区司令员马赟（左二）到白朗县人民武装部检查指导工作

2016年10月12日，县委书记陈昊到武装部检查指导工作

2016年6月22日，武装部副部长袁朝葵到应征入伍对象家访

2016年5月4日，召开民兵整组工作任务部署会议

2016年3月2日，组织召开县委议军会暨国动委全体会议

2016年7月9日，组织民兵应急维稳训练

白朗县公安消防大队

2016年8月1日，县委副书记、县长赤列朗杰到县消防大队慰问官兵

2016年3月9日，县消防大队副教导员杨庆森慰问贫困居民

2016年5月19日，县消防大队官兵在银成加气站开展消防演练

2016年3月11日，县消防大队官兵在白朗县开展消防宣传活动

2016年11月8日，县消防大队官兵到县完小开展疏散演练教学

2016年4月30日，县消防大队官兵成功处置一起交通事故

2016年8月3日，县完小师生到消防大队参观学习消防知识

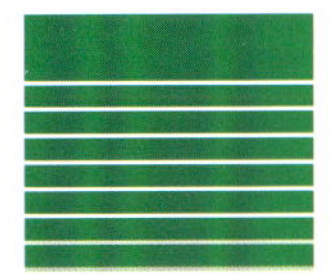

武警白朗县中队

2016年3月6日，中队官兵到敬老院帮助孤寡老人洗头

2016年3月24日，组织战士武装越野训练

2016年3月6日，中队官兵到敬老院维修损坏栅栏

2016年2月8日，中队官兵训练场景

2016年5月12日，培训护路队员

2016年11月15日，中队官兵在县城武装巡逻

2016年3月24日，中队官兵野外训练

白朗县 国家税务局

2016年6月2日，日喀则市国税局局长平措（右一）到白朗县国税局考察“营改增”运行情况

2016年9月22日，西藏自治区国税局绩效办工作人员到白朗县国税局检查绩效工作

2016年6月8日，日喀则市国税局总经济师次仁央宗（左一）到白朗县国税局调研

2016年10月11日，县委书记陈昊到县国税局调研

2016年5月1日，“营改增”税制转换成功上线运行

白朗县国税局荣获全市全面推开“营改增”工作先进集体一等奖

2016年9月8日，纳税人向白朗县国税局办税服务厅赠送锦旗

白朗县工商行政管理局

2016年3月15日，工商局局长旦增在县城开展“3·15”宣传活动

2016年12月1日，工商局副局长龙甫发放县首张“两证整合”营业执照

2016年9月12日，工商局党支部全体党员在局党员活动室开展“两学一做”第三专题讨论活动

2016年7月1日，工商局党支部和非公党支部到唐党村慰问困难老党员

2016年11月24日，工商局工作人员在县城开展“两证整合”宣传活动

2016年12月6日，工商局工作人员到嘎东镇兴旺传统服饰农民专业合作社开展商标指导

中国邮政集团公司西藏自治区
白朗县邮政分公司

2016年3月23日，营业员为客户办理业务

2016年4月26日，分拣员分报纸

分拣员邮件接收

2016年5月26日，投递员、乡邮员卸包裹

2016年4月25日，投递员投递包裹

2016年4月28日，营业员为客户解释相关业务

白朗县邮政分公司营业厅

中国移动通信集团西藏有限公司白朗县分公司

2016年12月27日，移动分公司经理刘小军积极参与“河道治理”

2016年12月29日，客户经理扎西色杰到县武警中队慰问官兵

2016年12月29日，渠道经理准吉为营业厅员工发放小礼品

白朗县移动分公司全体职工合影

白朗县移动分公司营业厅

2016年10月15日，移动分公司技术人员在基站铁塔处理故障

中国电信集团公司白朗县电信局

2016年12月27日，电信局局长索朗平措到金嘎乡拉瓦村驻村点慰问

2016年12月28日，电信局营业厅组织工作人员学习业务知识

2016年1月5日，电信局工作人员在互惠互利超市拓展翼支付

2016年6月6日，电信局工作人员维修机房设备

2016年6月6日，电信局工作人员巡检机房

2016年12月28日，电信局营业厅召开“两学一做”学习教育活动

2016年3月27日，电信局工作人员办理百兆宽带现场

中国农业银行股份有限公司 白朗县支行

2016年3月12日，组织白朗县小企业开展银企座谈会

2016年4月25日，工作人员到杜琼乡评定信用村

2016年2月13日，组织开展“财、税、银”座谈会议

2016年12月12日，基层网点开展情系“三农”下乡工作

2016年2月13日，组织召开“财、税、银”工作协调会议

2016年11月15日，组织支行全体员工开展文娱活动

青稞“藏青2000”

青稞“藏青2000”品种独具抗倒伏、抗蛀虫、产量高等特点。白朗县是西藏最早的“藏青2000”示范种植区，也是全区最大的“藏青2000”良种繁育基地，自2013年大面积推广以来，在确保青稞播种面积稳定的基础上，不断优化种植模式，主攻单产，提升总产，形成了以年楚河四乡镇为主的优质青稞产业带和良种繁育主产区。白朗县“藏青2000”良种繁育基地的建设，不仅实现了粮食增产、群众增收，同时推进了全区青稞产业的发展。